GROUP

中国建投 | 远见成就未来

中国建投研究丛书·报告系列

JIC Institute of Investment Research Books · Report

中国投资发展报告

(2018)

主编 / 中国建银投资有限责任公司投资研究院

ANNUAL REPORT ON THE DEVELOPMENT OF CHINA'S INVESTMENT (2018)

社会科学文献出版社
SOCIAL SCIENCES ACADEMIC PRESS (CHINA)

总　序

一千多年前，维京海盗抢掠的足迹遍及整个欧洲。南临红海，西到北美，东至巴格达，所到之处无不让人闻风丧胆，所经之地无不血流成河。这个在欧洲大陆肆虐整整三个世纪的悍匪民族却在公元 1100 年偃旗息鼓，过起了恬然安定的和平生活。个中缘由一直在为后人猜测、追寻，对历史的敬畏与求索从未间歇。2007 年，维京一个山洞出土大笔财富，其中有当时俄罗斯、伊拉克、伊朗、印度、埃及等国的多种货币，货币发行时间相差半年，“维京之谜”似因这考古圈的重大发现而略窥一斑——他们的财富经营方式改变了，由掠夺走向交换；他们懂得了市场，学会了贸易，学会了资金的融通与衍生——而资金的融通与衍生改变了一个民族的文明。

投资，并非现代社会的属性；借贷早在公元前 1200 ~ 公元前 500 年的古代奴隶社会帝国的建立时期便已出现。从十字军东征到维京海盗从良，从宋代的交子到曾以高利贷为生的犹太人，从郁金香泡沫带给荷兰的痛殇到南海泡沫树立英国政府的诚信丰碑，历史撰写着金融发展的巨篇。随着现代科学的进步，资金的融通与衍生逐渐成为一国发展乃至世界发展的重要线索。这些事件背后的规律与启示、经验与教训值得孜孜探究与不辍研习，为个人、企业乃至国家的发展提供历久弥新的助力。

所幸更有一批乐于思考、心怀热忱的求知之士勤力于经济、金融、投资、管理等领域的研究。于经典理论，心怀敬畏，不惧求索；于实践探索，尊重规律，图求创新。此思索不停的精神、实践不息的勇气当为勉励，实践与思索的成果更应为有识之士批判借鉴、互勉共享。

调与金石谐，思逐风云上。《中国建投研究丛书》是中国建银投资有限责任公司组织内外部专家在瞻顾历史与瞻望未来的进程中，深入地体察和研究市场发展及经济、金融之本性、趋向和后果，结合自己的职业活动，精制而成。《丛书》企望提供对现代经济管理与金融投资多角度的认知、借鉴与参考。如果能够引起读者的兴趣，进而收获思想的启迪，即是编者的荣幸。

是为序。

张睦伦

2012 年 8 月

编辑说明

中国建银投资有限责任公司（以下简称“集团”）是一家综合性投资集团，投资覆盖金融服务、工业制造、文化消费、信息技术等行业，横跨多层次资本市场及境内外区域。集团下设的投资研究院（以下简称“建投研究院”）重点围绕国内外宏观经济发展趋势、新兴产业投资领域，组织开展理论与应用研究，促进学术交流，培养专业人才，提供优秀的研究成果，为投资研究和经济社会发展贡献才智。

《中国建投研究丛书》（简称《丛书》）收录建投研究院组织内外部专家的重要研究成果，根据系列化、规范化和品牌化运营的原则，按照研究成果的方向、定位、内容和形式等将《丛书》分为报告系列、论文系列、专著系列和案例系列。报告系列为行业年度综合性出版物，汇集集团各层次的研究团队对相关行业和领域发展态势的分析和预测，对外发表年度观点。论文系列为建投研究院组织业界知名专家围绕备受市场关注的热点或主题展开深度探讨，强调前沿性、专业性和理论性。专著系列为内外部专家针对某些细分行业或领域进行体系化的深度研究，强调系统性、思想性和市场深度。案例系列为建投研究院对国内外投资领域的案例的分析、总结和提炼，强调创新性和实用性。希望通过《丛书》的编写和出版，为政府相关部门、企业、研究机构以及社会各界读者提供参考。

本研究丛书仅代表作者本人或研究团队的独立观点，不代表中国建投集团的商业立场。文中不妥及错漏之处，欢迎广大读者批评指正。

前　言

《中国投资发展报告》是中国建投集团向社会推出的年度系列化研究成果，是《中国建投研究丛书》报告系列的重要组成部分。《中国投资发展报告》已经连续出版7年，在投资界产生了较好反响，受到舆论及各方面的广泛好评。

2017年，世界经济进入相对强势复苏轨道，全球股市表现也相当出色，明晟国家投资指数（MSCI ACWI）连涨12个月累升21.62%，而恐慌指数创历史最低。2017年，中国经济表现不俗，投资和消费表现平稳，出口出现明显回升，GDP实现6.9%增长，结束了2011年以来持续下滑的态势。展望2018年，世界经济环境有望继续改善，在减税等政策的刺激下，美国经济继续向好，欧元区增长前景逐步明朗，新兴市场稳定性增强，全球经济继续保持复苏。党的十九大提出，中国经济将从高速增长转向高质量发展。2018年中国宏观政策的重点将是推进供给侧结构性改革，提高经济发展质量，防控系统性风险。在防风险和严监管的大背景下，价值投资的理念正在被中国投资者接受。2018年投资者应该积极关注"一带一路"、雄安新区、长江经济带和粤港澳大湾区等的规划和落实，关注高端制造、生态环保、消费升级等行业。《中国投资发展报告（2018）》将为投资者解读2017年的投资市场、展望2018年的投资方向。

《中国投资发展报告（2018）》从宏观政策、金融资管、产业投资和区域发展等方面为投资者做了全方位梳理。同时，结合学习贯彻党的十九大精神，围绕直接投资和资产管理，对热点行业和领域进行重点分析。本书分为总报告、宏观政策篇、金融资管篇、产业投资篇和区域投资篇五个部分。总报告综述全文核心内容和主要观点；宏观政策篇重点对2018年全球宏观经济、中国宏观经济以及党的十九大精神进行专题分析解读；金融资管篇主要针对信托、租赁、基金等领域的政策环境、市场格局、创新变化、问题挑战和发展趋势等进行分析研判；产业投资篇重点对先进制造、信息科技、文化传媒、养老健康等领域的发展趋势和投资机会进行分析；区域投资篇主要分析了雄安新区、粤港澳大湾区及海外并购的相关投资机会。

《中国投资发展报告（2018）》由建投研究院组织编写，中国建投集团旗下 8 家成员企业的有关专家共同参与了本书的研创工作。需要说明的是，本书文章只代表作者和课题组观点，不代表所在单位的立场。据此投资，风险自担。我们对一直以来关心和支持中国建投集团研究工作的各位领导和专家表示衷心的感谢！

目　录

总 报 告

宏观政策篇

金融资管篇

产业投资篇

区域投资篇

中英文摘要

总报告

GENERAL
REPORT

2018年中国投资市场分析与展望 ／003

2018年中国投资市场分析与展望

张志前　马天月
张志前，博士，研究员，中国建投投资研究院副秘书长
马天月，中国建投投资研究院博士后

投资提示

- 2017 年全球经济复苏，中国经济结束了连续七年的增速下滑，投资和消费表现平稳，出口明显回升，实现了 6.9% 的增幅。

- 2017 年，中国 A 股市场 IPO 领跑全球，主要指数表现分化，权重股类指数领涨，债券市场全年低迷，房地产市场进入调整阶段，但全国商品房交易量增长。

- 展望 2018 年，世界经济复苏势头有望延续。美国经济会继续向好，欧元区增长前景逐步明朗，新兴市场稳定性增强。

- 中央经济工作会议确定 2018 年总基调依然是稳中求进，以供给侧结构性改革为主线，重点打好“防范化解重大风险”、“精准脱贫”和“污染防治”三大攻坚战。

- 2018 年，沪深 300 指数将会延续慢牛行情。债券市场依然处于调整筑底的过程中，但进一步调整的空间有限。房地产市场调控政策还将延续，交易量将会下降，但房价将会保持相对稳定。

- 2018 年，大宗商品市场中，国际金价可能继续走高，原油价格也会继续保持振荡上行。银行理财收益率将维持在 4% 左右，集合信托产品收益率将达 8%。

- 2018 年整体的配置思路应是，坚持价值投资理念，把握国家政策动向，寻找收益确定性较高的资产，避开高估值风险资产。

一、2017年投资市场回顾

2017 年以来，世界经济进入相对强势复苏轨道。世界银行预测，发达经济体经济增长 2.2%，新兴市场和发展中国家经济增长 4.6%，增速均超过上年，为近年来最好。跟随全球经济复苏，2017 年全球股市表现也相当出色，明晟国家投资指数（MSCI ACWI）连涨 12 个月累升 21.62%，而恐慌指数 VIX 最高仅 17.28，是有记录以来的最低。全球资产价格处于高位，存在一定的泡沫。2017 年，在出口和服务业的带动下，中国经济结束了连续七年增速下滑的局面，实现了 6.9% 的增幅，结构进一步优化。与经济平稳发展相随，A 股市场出现了可喜的蓝筹股慢牛行情，房地产市场表现平稳。以股市和楼市为代表的中国资产价格整体不存在泡沫，但在结构上存在价格走势分化的迹象。

（一）股票市场

2017 年 A 股市场主要指数表现分化，蓝筹和权重股类指数领涨，基本与全球股市涨幅接近，小市值类、中小盘指数则远远落后于全球各主要股市。截至 12 月 29 日收盘，涨幅最大的是上证 50 指数，上涨 25.08%；跌幅最大的是创业板指数，下跌了 10.67%。从其他具体板块指数看，上证综指收于 3307.17 点，上涨 6.56%；深证成指收于 11040.45 点，上涨 8.48%；沪深 300 指数收于 4030.86 点，涨幅 21.78%；上证 180 指数涨幅 19.68%；中小板指数涨幅 -1.25%（见图 1）。与此同时，2017 年 A 股市场共有 436 宗 IPO，共筹资 2304 亿元，分别较 2016 年增长 92% 和 53%。IPO 数量领跑全球。

图1 2017 年上证综指、沪深300 指数、创业板指数走势情况

注：为便于比较，以创业板指数为基准进行标准化处理。
资料来源：Wind，建投研究院。

但个股总体上跌多涨少。在可统计的 3011 只个股中，2017 年涨幅为正的有 665 只，占比仅约 22%；跑赢大盘的有 519 只，占比不到两成。其中跌幅超过 50% 的个股达到 169 只，主要集中在计算机、电子元器件、电气设备、机械设备、传媒等板块。创业板下跌股票最多，在跌幅前 20 位中有 9 只。创业板年内下跌，主要因为其估值明显高于主板与中小板，估值风险较为突出。次新股下跌数量也较多。上海亚虹、丝路视觉、中潜股份、永和智控、优博讯、天能重工、威龙股份、海天精工、世名科技、古鳌科技等次新股跌幅超过 60%。169 只年度熊股中，有 18 只为 ST 股，＊ST中安、＊ST 昌鱼、＊ST 上普及、＊ST 众和 2017 年跌幅超过 60%。

从行业看，食品饮料、家电和电子元器件行业涨幅位列前三；而纺织服装、建筑和基础化工则跌幅位列前三（见图 2）。2017 年 A 股表现彰显了价值投资理念。蓝筹股和白马股表现抢眼。白酒股自年初一路上扬，涨势贯穿整个年度，其中贵州茅台涨幅达 119.54%，水井坊、五粮液、山西汾酒、沱牌舍得和泸州老窖股票价格也都翻番。金融股同样表现不俗。银行板块中，招商银行涨幅超过 70%，平安银行、建设银行、工商银行年内

涨幅也超过 40%。保险股中，中国平安年内增长超过 100%，新华保险全年涨幅超过 50%。以人工智能、国产芯片、半导体、OLED、5G 等为代表的新兴科技板块年内走势也可圈可点。士兰微年内增长超过 100%，兆易创新、三安光电年内涨幅超过 80%。中兴通讯、亨通光电年内增长超过 100%，英维克、信维通信年内上涨超过 70%。

图2　2017 年 A 股市场分行业涨幅排行

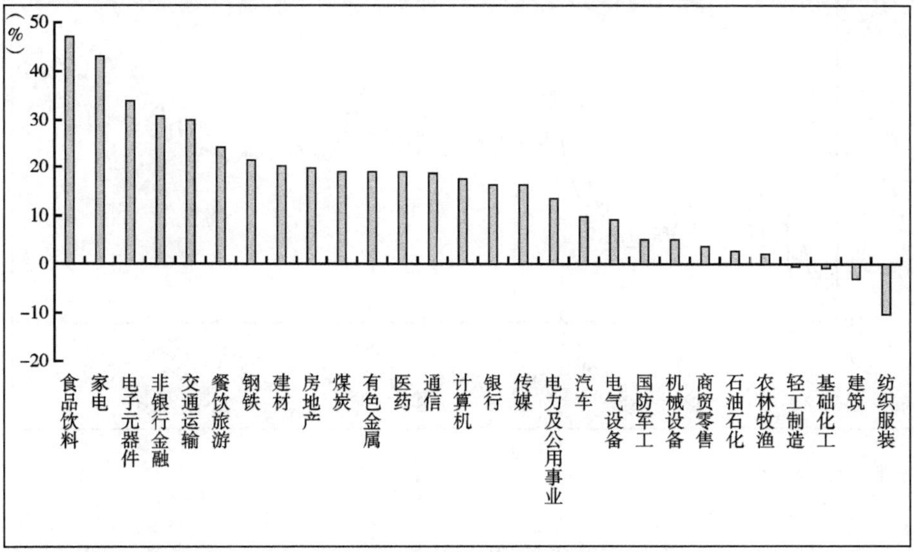

资料来源：Wind，建投研究院。

（二）债券市场

2017 年债券市场全面下跌。10 年期国债利率从 3% 上升至 3.9%（见图 3），10 年期国开债利率从 3.7% 升至 4.8%，5 年期 AA 级企业债利率从 4.6% 上升至 5.9%。从品种上来看，长久期品种收益率上行幅度小于短久期，信用债收益率上行幅度略大于利率债，信用利差走阔。2017 年债市总发行量为 4.04 万亿元，到期偿还量为 2.88 万亿元，净融资额为 1.11 万亿元，相比2016年的1.66万亿元减少33%，也低于2015年的1.31万亿元。非金融企业的信用债融资额萎缩更为明显。包括公司债、企业债、中票和短融几个品种在内的信用债总发行量为4.77万亿元，相比2016年的7.81万亿元减少39%；净融资额仅为2405亿元，相比2016年的3.02万亿元大降92%。

图3　10年期国债利率走势

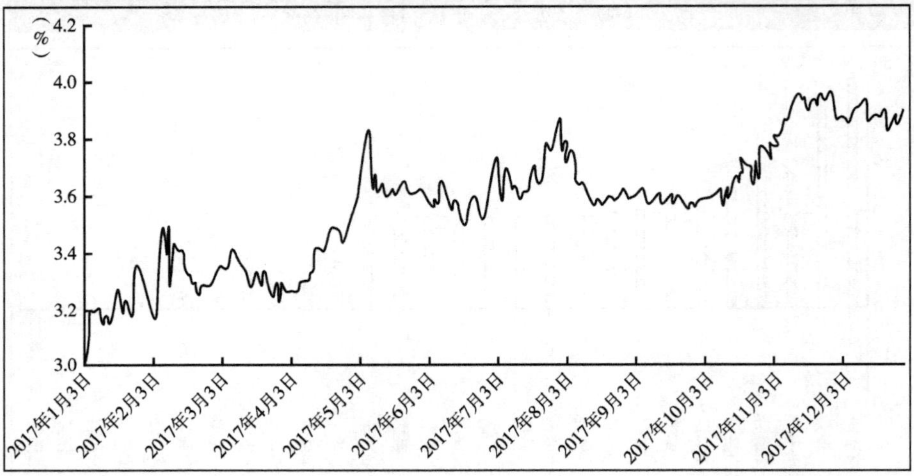

资料来源：Wind。

2017年上半年债市调整主要源于经济基本面向好。上半年GDP增速回升，投资、消费和出口全面改善。PPI一度高达6.9%，企业盈利持续改善。央行和银监会一系列监管政策密集出台，推动利率不断上行。下半年，党的十九大召开，金融防风险和严监管继续升温，特别提出要“健全金融监管体系，守住不发生系统性金融风险的底线”。11月17日《中国人民银行、银监会、证监会、保监会关于规范金融机构资产管理业务的指导意见（征求意见稿）》（本文以下简称“资管新规”）发布，12月6日银监会发布《商业银行流动性风险管理办法》。监管政策接连出台增强了市场对金融监管加强的预期，同时全球经济持续向好，通货膨胀超预期，大宗商品价格上涨等多重因素共同推动利率大幅上行。2017年各债券指数相对2016年增长情况见图4。

图 4　2017 年各债券指数相对 2016 年增长情况

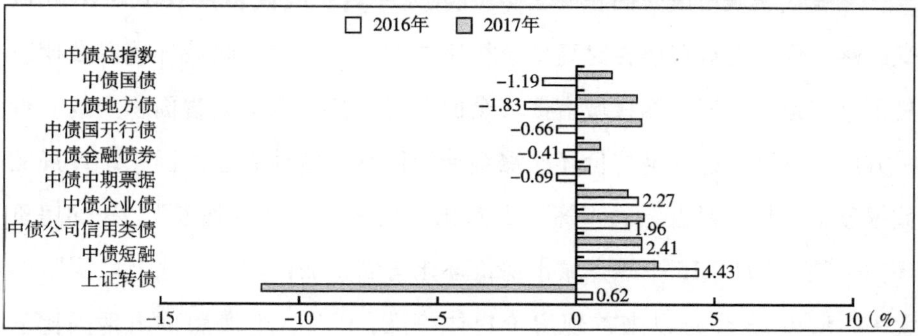

资料来源：Wind。

（三）房地产市场

2017 年中国房地产市场进入量化调整阶段。2016 年中央经济工作会议明确提出："房子是用来住的，不是用来炒的。"党的十九大报告也强调了这一基本论调。因此 2017 年各地限购限贷限售政策紧锣密鼓，北京、广州率先出台了调控政策限制二套房购买。7 月，住建部会同九部门出台了《关于在人口净流入的大中城市加快发展住房租赁市场的通知》，要求大中城市加快发展住房租赁市场。广州首次提出"租购同权"概念。随后，北京、上海、沈阳、南京、广州、深圳等 12 个国内城市开展住房租赁试点工作。此后，多个城市陆续出台房屋租赁相关政策。第四季度，中国建设银行、中国银行、中国工商银行、中信银行、交通银行等也先后宣布为住房租赁市场提供多渠道资金支持。

在政策深化调控的背景下，虽然全国的商品房销售量增长，但是一线、二线重点城市成交量下降。2017 年全国商品房销售面积 169408 万平方米，同比增长 7.7%，其中住宅销售面积增长 5.3%。全国商品房销售额 133701 亿元，同比增长 13.7%，其中住宅销售额增长 11.3%。从不同级别城市来看，一线代表城市成交规模下降最为明显，绝对水平与2011年相当。二线代表城市成交面积降至2015年水平。三线代表城市较2016年成交回落，但绝对规模居相对高位。相比之下，在宽松的政策环境以及棚改货币化支持下，三、四线城市楼市全面回暖，拉动全国销售面积上扬。价格方面，百城新建住宅均价环比涨幅持续回落，整体趋稳。国家统计局的数据显示，从5月开始，上海和北京出现房价环比“零增长”，深圳房价环比下跌。8月，15个热点城市房价环比全面止涨，其中“北上广深”四大一线城市33个月以来首现房价集体停涨；9月，上海房价出现同比下跌；至10月，10个热点城市新建商品住宅价格跌回1年前水平，重点城市房地产市场呈集体降温之势，去投资化趋势明显。

（四）大宗商品市场

2017年，大宗商品整体处于上涨格局，然而市场活跃度和趋势度均有所下降。数据显示，2017年1～12月全国期货市场累计成交量为30.76亿手，累计成交额为187.9万亿元，同比分别下降25.66%和3.95%。2017年涨幅最大的五个品种分别是胶合板、焦炭、硅铁、螺纹钢和硅锰。胶合板涨68.32%，为商品中涨幅最大的品种，焦炭、硅铁、螺纹钢的涨幅也均超过30%。最亮眼的板块是黑色系品种。整个板块中，除铁矿石以外，其他品种均实现较大涨幅。工业原料中，焦炭、硅铁、硅锰涨幅均超过20%，其中焦炭涨幅最大，为39.43%；成材中，螺纹钢、热卷、线材涨幅均超过10%，其中螺纹钢涨幅最大，为36.45%。此后是有色板块。农产品板块以及化工板块的部分品种表现欠佳。橡胶是年度表现最差品种，跌幅超过20%。油脂板块跌幅最大，其中豆油跌19.55%，棕榈油跌17.19%。

2017年国际原油表现强劲。年初受OPEC国家以及俄罗斯等产油国联合限产影响，布伦特原油价格一度上升至60美元/桶左右。此后，市场普遍担心美国借OPEC限产之际抢占市场，布伦特原油价格开始快速下跌，走出了一波调整行情。6 月下旬布伦特原油价格跌至年内最低的 45 美元/桶。随后受美元指数加息落地后调整影响，油价从低位开始一路反弹。特别是中东局势不稳定对油价形成利好。10 月底，在国际经济逐步复苏、原油需求相对稳定以及产油国集体限产等多重因素下，布伦特原油突破 60 美元/桶。11 月，通往美国中西部地区的石油管道关停，加拿大的进口量减少，欧美原油期货上涨至两年来最高价位，年底布伦特原油更站上了 67 美元/桶的高位（见图 5）。

图 5　2017 年布伦特原油期货价格指数走势

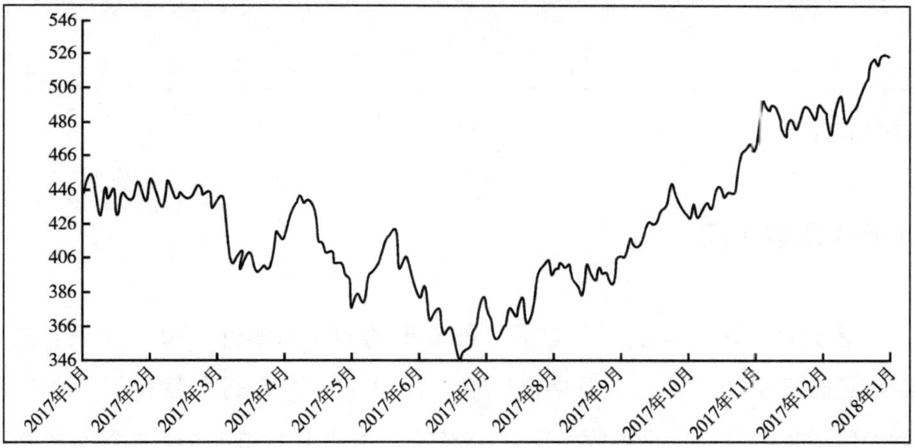

资料来源：Wind，建投研究院。

2017 年全年国际黄金价格上涨 13.11%，涨幅甚至超过股票基金。从内生因素来看，在经历了 OPEC 的数轮减产之后，2017 年全球油价明显企稳回升，并在根本上打破了市场的看跌预期，这无疑提升了市场对于通胀的整体预期。同时，在利率预期方面，美联储始终采取明确的具有前瞻性且渐进式的加息策略，包括 10 月开始的缩表，都给了市场十分明确的利率路径。通胀预期和加息预期共同作用形成美元波动性。同时，从外部方面来看，2017 年欧洲央行和日本央行都采取了相对滞后的预期管理，即维持宽松的货币政策。综合内外因素，2017 年黄金整体走出一波增长上行的行情（见图 6）。

图6　2017 年国际黄金价格走势

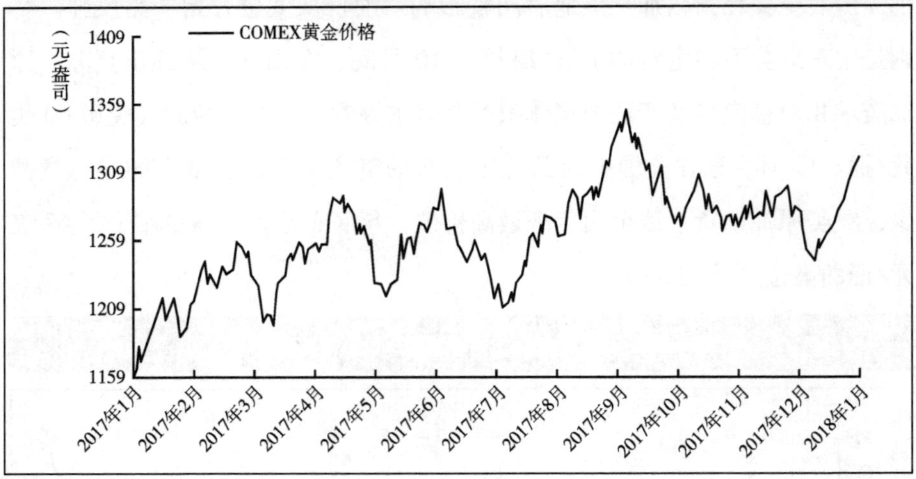

资料来源：Wind，建投研究院。

（五）理财市场

继 2015 ~2016 年的下滑之后，随着市场利率的攀升，2017 年银行理财市场触底反弹，年内收益屡创新高。2017 年，各银行共发行了 143181 款人民币理财产品，平均收益率达 4. 81%。2017 年，有两个月银行理财收益率出现了明显的大幅上涨。一个是临近年中的 6 月，收益率水平环比增长约 0. 2%；另一个是年末的 12 月，年末效应下资金面趋紧，收益率水平突破 5%，出现了不少高收益理财产品。

从发行数量看，25 家上市银行产品发行数量共计 21591 款。其中，中国民生银行的发行数量最多，为 3828 款。从产品期限看，相较 2016 年的发行情况，2017 年理财产品委托期结构向较长期移动。其中，小于 1 个月的理财产品及 1 ~3 个月的理财产品占总发行产品的比例分别为 4. 34% 和 32. 15%，较 2016 年占比分别下降 1. 21 个百分点和 4. 26 个百分点。产品结构仍以中期产品为主，2017 年 1 ~3 个月产品数量发行量最大，占比达到 32. 15%；其次为 3 ~6 个月产品，占比达 31. 31%；6 ~12 个月产品占比为 25. 52%。

（六）信托市场

2017 年，监管部门从信托资金运用方式和资产类别出发，将信托业务分为八大类，标志着信托行业逐步建立了完整的业务分类体系、监管体系和保障体系。在政策的引导下，信托资金更多投向实体经济。从信托资产的投向结构看，2017 年，几大重点投向的占比变化符合当前宏观经济与行业市场的发展形势。截至 2017 年第三季度，基础产业、房地产、证券、金融机构、工商企业及其他投向，单季分别新增 766 亿元、1749 亿元、1072 亿元、2080 亿元、1806 亿元和 1342 亿元。从变化趋势来看，房地产、证券市场和工商企业投向占比均有不同幅度的上涨。2017 年，在中性偏紧的货币政策和强监管的环境下，国内流动性逐步趋紧，直接导致新发行信托收益呈现逐步走高趋势（见图 7）。

图7　2016 年、2017 年各月发行信托平均收益率变化趋势情况

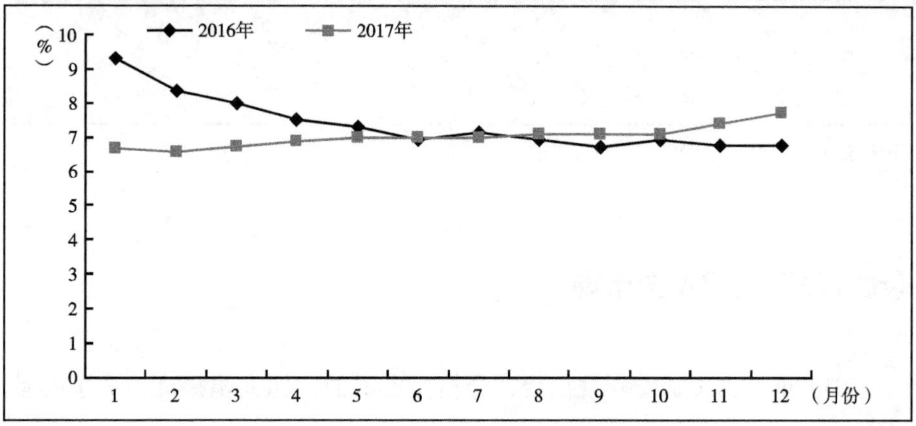

资料来源：同花顺 iFinD，建投研究院。

截至 2017 年第三季度末，我国信托资产规模共计 24.41 万亿元，同比增长 34.33%，环比增长 5.47%，延续了 2017 年初以来的较快增长速度（见图 8）。从单季表现来看，第三季度信托资产规模新增 1.27 万亿元，连续 4 个季度单季新增超过 1 万亿元。从信托资产来源上看，2017 年集合资

金信托的规模和占比持续提升，第三季度集合资金信托规模为 9.1 万亿元，占总规模的比重上升至 37.29%；单一资金信托规模略升至 11.5 万亿元，但占比下降至 47.29%；财产权信托规模升至 3.76 万亿元，占比 15.42%。集合资金信托规模和占比的上涨表明行业主动管理能力不断提升，对信托资产规模的持续增长起到支撑作用。

图 8　信托资产规模与增速

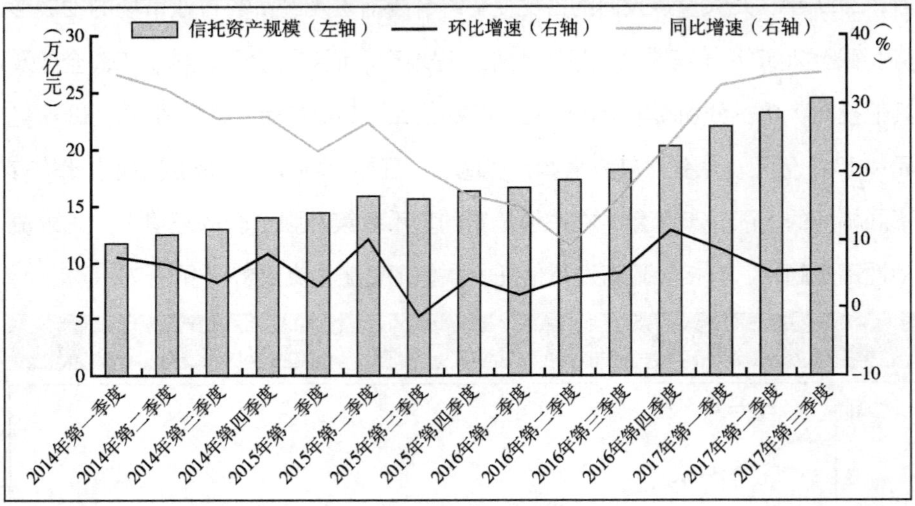

资料来源：中国信托业协会。

（七）私募股权投资市场

2017 年，由于资管新规出台，合格投资者的门槛大幅提高，中国的私募股权投资行业洗牌的迹象加剧，私募股权投资基金募集的数量与金额双双出现大幅下滑。2017 年，完成基金募集 552 只，募集金额 1753.48 亿美元，同比分别下降 28.03%、42.26%，基金募集规模回落到 2015 年的水平。2017 年，我国私募股权投资案例 9768 个，比 2016 年大幅减少 3953 个，同比减少 28.81%；但投资规模大幅增长，2017 年投资总额 2.03 万亿元，增加了 45.11%。投资案例最多的前五个行业分别是 IT、互联网、生物技术/医疗健康、娱乐传媒、机械制造，投资金额最多的前五个行业分别是互联网、电子及光电设备、金融、电信及增值业务。2017 年完成并购案例 3490 个，同比增长 11.11%。

2017 年退出案例数 1634 个（按退出项目中的机构数量统计），平均退出年限 9.39 年，平均回报倍数 3.4 倍。分退出方式看，随着 IPO 发行的提速，项目通过 IPO 退出的案例数量最多，高达 65.36%，其次是并购和股权转让，分别占 20.38% 和 10.77%。根据私募通统计的历年 12341 个退出案例，平均退出年限 7.56 年，平均回报倍数 6.84 倍。从长期趋势上看，退出案例逐年增加，从数百个上升到近几年的 1600 个左右，不过平均退出年限有所拉长，从 10 年前的 2.8 年增加到目前的 3.5 年左右，平均回报倍数呈现下降态势，这说明退出难度有所增加，获取高额回报的难度不断加大。

根据中国证券投资基金业协会的统计数据，截至 2017 年 11 月底，协会已登记私募股权、创业投资基金管理人 12764 家，已备案且存续运作的私募股权投资基金（含 FOF 基金）21036 只，管理规模 5.8 万亿元；创业投资基金（含 FOF 基金）4126 只，管理规模 5500 亿元，在投项目 51125 个、在投金额达 3.63 万亿元，相当于全社会融资规模存量的 2.1%。其中，投向中小企业的项目数量达 34538 个，占比 67.6%，投向高新技术企业的项目数量达 17250 个，占比 33.7%，初步显露出股权资本推动实体经济发展的重要价值。随着私募股权市场的逐步成熟，市场竞争趋于激烈，集中度开始增加，大机构募集资金相对容易。

二、2018年经济环境和政策分析

（一）全球宏观经济环境

2017 年以来，世界经济进入相对强势复苏轨道。经济合作与发展组织

（OECD）追踪的45个国家中，有33个国家的增速快于一年前；新兴市场和发展中国家经济增长也普遍提速。国际货币基金组织（IMF）预测，2017年全球经济增长3.6%，高于2016年0.4个百分点，增速创3年来新高。本轮经济复苏呈现超预期性和同步性。其中，发达经济体预期增长2.2%，较2016年提高0.5个百分点，美国经济增长2.2%，欧元区、日本和加拿大表现突出，预期增速较预测有所加快。发展中国家经济增长总体加快，但走势分化，亚洲新兴经济体增长稳健，能源资源出口国经济持续低迷，预计2017年新兴市场和发展中国家经济增长4.6%，增速高于2016年0.3个百分点。

跟随全球经济复苏，2017年全球股市表现也相当出色，明晟国家投资指数（MSCI ACWI）连涨12个月累升21.62%，而恐慌指数VIX最高仅17.28，是有记录以来的最低，比历年均值低60%左右。随着各国经济增长逐渐恢复，加息周期打开，非常时期非常手段逐渐变为正常化，资金由债转股。2017年全年，标普500指数累涨19.4%，道琼斯指数累涨25.1%，纳斯达克指数累涨28.2%，三大股指均创2013年以来最大年度涨幅。港股全年12个月中有11个月收涨，全年累计涨幅更达到35.99%。截至2017年底，香港证券市场市价总值达34万亿港元。明晟国际新兴市场指数（MSCI EM Stock Index）累计上涨近46%，自2008年全球金融危机以来风险资产表现首次优于标准普尔500指数。印度股市敏感指数上涨超过27%，俄罗斯股市RTS指数下跌1.4%，巴西股市上涨24%。

展望2018年，世界经济环境有望进一步改善，美国经济继续向好，欧元区增长前景逐步明朗，新兴市场稳定性增强，会推动2018年全球经济继续复苏。OECD先行指标显示，除英国和俄罗斯预期经济增速放缓外，其他OECD成员和主要新兴经济体前景均较为乐观。国际货币基金组织（IMF）预计，2018年世界经济增速为3.7%。这不仅高于2008~2017年年均增速3.3%，也高于1980~2017年年均3.4%的历史增速。世界银行预测2018年将会出现明显反弹。中国社会科学院预测相对保守，其发布的最新“黄皮书”预计2018年全球经济按PPP计算的增长率为3.5%，按市场汇率计算的增长率约为2.9%。

随着世界经济增长形势巩固，全球贸易开始触底反弹，加快复苏进程。受各主要区域经济增长、贸易增速回升以及跨国公司利润率提升影响，全球跨国直接投资呈现温和复苏势头。联合国贸发会议预计，2017年全球跨国直接投资流量增长5%，达1.8万亿美元，2018年将进一步增加到1.85万亿美元。但贸易和投资保护主义并未彻底消退，一旦出现新的恶化，可能导致世界经济复苏进程停滞。全球经济政策的不确定性和地缘政治风险可能阻碍跨国直接投资的复苏进程，特别是美国等发达经济体税制改革对跨境投资将产生重大影响。

随着世界经济复苏步伐加快，主要发达经济体央行开始逐步退出刺激经济的量化宽松货币政策，这将对金融市场、通胀走势和经济增长前景造成重大影响。据国际金融协会估计，到2017年底，各大央行对国债及抵押债的新增购买额将缩减至相当于全球GDP总额2.4%的水平；到2018年底降至0.8%；到2019年中，发达经济体央行将实现资产净收缩。与此同时，发达经济体央行加息步伐也在加快。自2015年以来，美联储已经四次提高利率，预计2018年加息三次，2019年将加息两次。

2017年底，美国参众两院投票通过了最终版税改方案，有望在2018年开始施行。短期来看，税改会提振美国国内总需求、刺激经济增长，但长期或对私人投资产生挤出效应。从外部效应来看，美国作为全球资本市场的核心腹地，其税制改革势必对全球经济造成重大影响，可能引发世界各国竞相开展减税竞争。事实上，早在参众两院投票之前，欧洲国家早有行动，英国一系列减税政策已于2017年4月开始的新财年生效；德国、法国也相继宣布了它们的减税政策。日本对积极加薪和投资的企业，投资物联网和人工智能、致力于创新技术和提高生产效率的企业将给予更多减税支持。税收竞争局面下，可能出现两种极端情况：一种是经济全面强劲复苏，全球迎来新一轮增长周期；另一种是税收竞争恶化了部分经济体的财政金融状况，国际资本流动加速了经济失衡，触发新的风险。

（二）中国宏观经济环境

2017 年，世界经济复苏势头超预期，中国经济也表现不俗，投资和消费表现平稳，出口明显回升。全年全国固定资产投资 631684 亿元，比上年增长 7.2%，增速比上年回落 0.9 个百分点。全年社会消费品零售总额 366262 亿元，比上年增长 10.2%，消费支出对 GDP 增长的贡献率为 58.5%。2017 年全国居民人均可支配收入增长为消费增长提供了基础性支撑。受全球经济复苏影响，中国的出口出现了大幅回升。全年进出口总额 277921 亿元，比上年增长 14.2%，扭转了连续两年下降的局面，成为 GDP 增速反弹的决定性因素。全年 GDP 增速将达到 6.9%，好于上年且高于全年 6.5% 的预期目标。

2018 年是贯彻党的十九大精神的开局之年，是改革开放 40 周年，是决胜全面建成小康社会、实施“十三五”规划承上启下的关键一年。鉴于新时代中国社会的主要矛盾已经转化为人民日益增长的美好生活需要和不平衡不充分的发展之间的矛盾，党的十九大已经明确指出，我国经济已由高速增长阶段转向高质量发展阶段，中国经济的发展已经不再纠结于速度，重点是提升质量和提高效益。为此，中央经济工作会议确定 2018 年经济工作的总基调依然是稳中求进，以供给侧结构性改革为主线，重点打好“防范化解重大风险”、“精准脱贫”和“污染防治”三大攻坚战。因此从中央政府的角度看，2018 年中国经济的增速不会定很高，可能会比 2017 年略低，但发展的质量将进一步提升。

在固定资产投资方面，2018 年，受房地产调控不断升级的影响，房地产投资增速可能会在反弹后回落，基建投资占固定资产投资的比重已经达到 27%，难以继续提升，而制造业投资和民间投资依然不足。PPP 项目管理将更加严格和规范，资管新规也会对融资端产生影响。因此，我们预计 2018 年固定资产投资将会继续缓慢下行。在消费方面，随着居民收入的增加和消费升级，居民消费将稳步提升，但短期内中国经济还主要靠投资和出口拉动，在投资端总需求整体向下和出口带动作用边际减弱的判断下，消费难以独立支撑中国经济走出拐点。在出口方面，海外主要经济体的通胀和工业景气度持续向好，反映复苏确定性较高，2018 年外需将继续对中国的出口形成支撑，但结合实际有效汇率和基数的影响来看，净出口对经济的拉动作用将边际下滑。

在提升发展质量方面，将进一步深化供给侧结构性改革。改革的主要领域将集中在国企和重资本行业，激发各类市场主体活力。中央经济工作会议强调，要在去产能的过程中，培育一批具有创新能力的排头兵企业。预计 2018 年政府将加大对部分行业龙头企业的支持，特别是对战略性新兴产业龙头企业的支持，提升这些企业的竞争力。与此同时，供给侧改革政策将继续刺激工业品价格保持上升，上游企业盈利继续改善。在产能过剩状况有明显好转之前，经济增速难以达到新的高度，在经济新动能没有形成之前，短期中国经济难以完全对冲政策退出的影响。预计 2018 年 GDP 实际增速小幅回落至 6.7% 左右。价格方面，全球大宗商品保持高位运行。2017 年，PPI 在结束了 54 个月负增长之后开始飙升，持续处于 5% 以上的高位。预计 2018 年中国 PPI 同比将有所回落，均值在 3.5% 附近。CPI 增速均值将有所抬升，进入“2”时代，全年 CPI 达到 2.3% 左右。

（三）中国宏观政策预测

中央经济工作会议强调，2018 年继续坚持稳健中性的货币政策和积极的财政政策。预计 2018 年中国的货币政策将延续目前审慎态势，在发达国家加息和国内去杠杆防风险的大背景下，短期内中国货币政策宽松无望。在财政政策方面，2018 年营改增、资源税、环保税改革将在税制完善等方面深入推进，减税是大势所趋。2018年预算内赤字率也可能继续保持2017年的水平，但是广义财政赤字规模可能有所下降。总体来看，2018年中国的宏观政策继续保持相对偏紧态势。目前市场普遍预计美联储2018年加息三次；欧洲央行2018年初启动缩减QE后，加息最早可能在2019年启动。鉴于中国目前依然处在去杠杆、防风险和调结构的供给侧改革阶段，中国经济与世界经济复苏不同步的现象可能还会持续一段时间。2017年中国货币供应量M2同比仅增8.2%，处于历史最低水平，资金脱虚向实开始显现。预计2018年，中国M2将继续保持低位增长，市场利率将继续保持在高位运行，并有可能在美联储加息的间隙进一步抬升。

党的十九大报告提出，“深化投融资体制改革，发挥投资对优化供给结构的关键性作用”，这为进一步优化投资结构、扩大有效投资指明了方向。未来将平衡投资和消费的作用，逐步降低对投资的过度依赖。既要旗帜鲜明地反对重复投资、盲目投资、无效投资，又要理直气壮地增加有效投资、坚定不移地扩大有效投资，做到保持定力、精准发力，让“花在刀刃上的钱”在稳增长、促发展中发挥好关键性作用。2018年，国家将会出台政策进一步激发民营经济主体活力，促进投资转型升级。深入推进“放管服”改革，进一步下放投资项目审批权限，构建以信用为核心的新型市场监管体制。营造公平竞争的市场环境，进一步放开民间投资市场准入。提高直接融资占比，促进融资结构多样化，提升融资结构灵活性。鼓励发展中小金融机构，放宽中小金融机构的业务经营范围审批和地域服务范围审批。健全地方政府融资机制，防范地方政府债务风险。在防控地方政府债务风险的政策背景下，探寻政府项目切实可行、更为有效的投融资模式、渠道和途径。

2017年是我国资产管理行业调整、分化的一年。2017年7月召开的中央金融工作会议明确指出：金融回归本源，服从服务于经济社会发展。同时，确定了强化金融监管的原则，设立国务院金融稳定发展委员会，强化中国人民银行宏观审慎管理和系统性风险防范职责。2017年11月17日，央行等 5 部委联合下发了“资管新规”，提出要规范资产管理业务发展，金融机构开展资产管理业务时不得承诺保本保收益，资产管理产品资产应当由具有托管资质的第三方机构独立托管，不得开展或者参与具有滚动发行、集合运作、分离定价特征的资金池业务，不得为其他金融机构的资产管理产品提供规避投资范围、杠杆约束等监管要求的通道服务。如果“资管新规”在 2018 年推出，必将对我国的资产管理业务产生重要而深远的影响。我国资产管理行业将加快回归本源，逐步改变资金脱实向虚在金融体系内部空转而脱离实体经济发展的局面。

三、2018年投资市场展望

（一）股票市场

在严监管态势下，中国 A 股市场主导力量正在发生根本改变，投资者的风险偏好正在下降，赌徒心理、听消息投机炒作、非法内幕交易等将逐步淡出。股灾之后，散户投资者正在退出市场，由机构投资者逐步主导的 A 股市场将趋于理性。2018 年 A 股市场仍然以价值投资为主。随着供给侧结构性改革的深化，市场将逐步向行业内的龙头企业集中，“赢者通吃”是市场竞争的必然结果。中央经济工作会议提出要培育行业内的“排头兵”企业，预计今年国家对重点龙头企业将给予更多的重点政策扶持，其应是价值投资的首选。

从指数表现来看，创业板已经连续两年在低位徘徊，但市盈率仍然较高，投资风险依然较大，指数振荡将加剧，2018 年依然难有大的趋势性行情。蓝筹股的盈利水平虽然增速有所放缓，但随着供给侧改革的稳步进行和金融去杠杆的有序推进，整体增速将保持两位数增长。随着价值投资理念深入人心，大盘蓝筹股仍然是投资者尤其是机构投资者的首选。在国际金融市场不发生风险的情况下，2018 年沪深 300 指数和上证综指将会延续慢牛行情。对于大多数普通散户投资者而言，应逐步退出 A 股市场，把钱交给专业的机构，选择基金进行投资，通过投资沪深 300 指数基金获取市场平均收益。

从行业表现看，2018 年大消费、大健康、节能环保等抗周期品种的投资机会将更多，而 TMT、芯片制造、智能制造、军民融合等领域的创新、升级、融合、改革也将带动相关概念股票的上行。2018 年，在收入提升和精准扶贫的驱动下，以大众消费、大健康为代表的消费升级主题将维持较高景气，而环保核查风暴的持续与以碳排放为代表的绿色能源发力，也将带动节能环保领域的大量投资，给环保公用事业、环保服务、环保设备、新能源等带来新一轮投资机会。2018 年，随着供给侧结构性改革的深化和建设创新型国家的推进，TMT、芯片制造、智能制造、军民融合等主题投资将成为市场热点，带来行业和主题的投资机会。

（二）债券市场

在 2017 年货币政策中性偏紧、资金利率上升以及强监管政策等多重因素的推动下，2018 年债券市场基本面向好，收益率曲线将平坦化上行，货币市场利率中枢或将小幅提升，但外汇占款的正面贡献和定向降准的流动性释放，一定程度抑制了利率中枢的提升幅度。预计 2018 年 7 天质押式回购利率的月度中枢将在 3.1% ~3.7%，10 年期国债收益率在 3.7% ~5.0%。央行货币政策中性偏紧，货币市场利率中枢或将小幅提升，将使债券收益率水涨船高。因此，2018 年，中国债券市场难以出现趋势性行情，依然处于调整筑底的过程中；然而从调整空间上来看，进一步调整的空间十分有限。

2018 年债券供给压力较 2017 年明显下降。由于债券收益率上行，预计 2018 年利率债将发行 9.9 万亿元，较上年大幅减少 1.8 万亿元；净供给约4.9万亿元，较上年大幅减少1.9万亿元。财政部数据显示，2017年11月末全国地方政府债务余额16.59万亿元，其中，政府债券14.71万亿元，非政府债券形式存量政府债务1.88万亿元。2018年8月之前需完成全部政府债券置换工作，据此推算全年地方政府债券的发行规模约在3.5万亿元。

2018年，高等级信用债供给大幅减少。非金融企业高等级信用债2018年将到期2万亿元，较上年大幅减少1.1万亿元，到期续发压力锐减。2017年末AAA级信用债收益率全面超过同期贷款利率上浮10%的水平，1年期及以内信用债利率接近贷款利率上浮20%。随着债券融资成本升高，AAA级企业将转向其相对成本较低的贷款融资，高等级信用债的供给将进一步减少。2018年银行存款增长乏力，贷款增长迅猛，在债市可投资金额增量有限的情况下，地方债发行规模仍然较大，银行会减少对信用债的投资，腾挪资金配置实际收益率最高的地方政府债券，对高等级信用债市场利空。

（三）房地产市场

2018年，房地产政策仍会延续“房子是用来住的，不是用来炒的”总基调，坚持调控目标不动摇，稳定房地产市场，防范和化解系统性风险。但是，2018年的房地产调控将更加强调针对性和有效性。一线城市的调控政策不会放松，但有些二线城市的调控将会根据当地情况有所调整，“一城一策”甚至“一城多策”的差别化精准调控措施将会普遍推行。受调控政策和稳健中性货币政策的影响，2018年商品房销售面积可能会出现一定程度的回调。一线、二线城市由于供给改善和引进人才等政策放宽，叠加低基数效应，长时间积累的刚需可能会开始释放，成交量可能会有所反弹，销售占比会有所增加。在金融去杠杆和严监管的大背景下，三线、四线城市棚改促销售情况不容乐观。受棚改货币化安置力度走弱和需求透支等因素影响，2018 年三线、四线城市的销售预计将有所回落。

房地产市场调控的关键在于建立长效机制，它是促进房地产市场长期健康发展的根本保障，限购、限贷、限价等行政手段只是抑制房价过快上涨的权宜之计。中央经济工作会议已经取消了“抑制房地产泡沫”的说法，并强调政策的“连续性和稳定性”及实施“差别化调控”。房地产长效机制和调控的核心在于保证行业的平稳健康发展，“既要抑制房地产泡沫，又要防止大起大落”。实际上，房地产泡沫并不可怕，可怕的是房地产泡沫破灭。房价大跌的危害性远远大于房价大涨。房地产长效机制既包括需求端调控，也包括供给端改革。在土地主要由政府供给的情况下，长效机制的重点应在供给端。因此，建立房地产长效机制也是供给侧结构性改革的重要内容。

建立房地产长效机制必须坚持市场化的原则，将发挥市场在资源配置中的决定性作用和更好发挥政府作用结合。通过建立和完善相关法规和制度，让市场机制发挥作用，实现房地产市场供需有效平衡，防止房地产价格大起大落。建立房地产长效机制的举措包括土地供给、保障房制度、金融信贷制度、减少对土地财政的依赖以及房地产税收整合等诸多政策和法规措施，开征房地产税仅仅是其中税收整合的一个环节。建立房地产长效机制涉及方方面面的利益调整，是一个复杂的系统工程，不可能一蹴而就。受理论和技术两方面的限制，2018 年房地产税不大可能出台。2018 年房地产价格将继续保持稳定。

租售并举是落实“住房不炒”的最好办法之一。为此，2017 年 7 月 18 日，住建部等九部委联合印发文件，推进在人口净流入的大中城市加快发展住房租赁市场。此后，广州市公布了推进租售同权的相关规定，以法律形式规定租房人应该享有的权利。2017 年 8 月 29 日，国土资源部等部委制定了《利用集体建设用地建设租赁住房试点方案》。在租售并举背景下，租赁市场将迎来新机。各级政府先后出台多个政策鼓励住房租赁市场发展。从流动人口数量看，未来一、二线城市住房需求仍然强劲，租房市场发展空间很大。租售并举说起来容易，但实施起来仍然面临很多问题，必须要有相应的一系列配套政策和措施，如教育、医疗机构等需要跟进，才能保证住房租赁市场的持续健康发展。

（四）大宗商品市场

全球经济向好复苏会为大宗商品需求提供一定的支撑。同时美元走势疲软的预期有望继续利好大宗商品市场。2018 年大宗商品价格整体呈上涨趋势，但品种间的机会存在一定的差异，市场波动或将成为常态。

金属和黑色系产品方面，2018 年可能呈分化走势。由于智利矿商将与 32 家工会举行薪酬谈判，这有可能影响全球 20% 的铜矿产能，进而影响铜价。中国持续推进供给侧结构性改革和加大力度保护环境的政策也将持续影响黑色系、有色金属和建材的需求。相关新产能的投资增速将有所放缓，受此影响，2018 年铁矿石、煤炭价格将进一步温和下降。尤其是 2018 年第一季度，中国政府在供暖季的环保政策将持续压低全球煤炭和铁矿石需求，同时采暖季限产也会使电解铝需求大大降低。

在贵金属方面，尽管美联储加息成为主旋律，但美元指数不断下跌，以美元计价的贵金属价格不断走高。2018 年，随着全球经济复苏，美元指数进一步走低，新兴市场国家居民购买力增强，黄金需求上升，预计黄金价格可能继续保持上涨态势。此外，比特币崩盘及全球地缘政治事件也是支持金价上升的因素。黄金价格有可能会冲击 1500 美元/盎司。

原油方面，受库存及需求因素影响，2018 年原油市场价格仍会继续上涨，有望冲击 80 美元/桶，同时波动幅度会加大。全球经济延续复苏步伐对原油需求有一定拉动作用，但随着油价中枢上移，需求端会受到抑制。如果原油输出国不延长减产协议，市场将处于供应过剩状态。此外，美国页岩油的扩大出口在 2018 年将继续对油价形成不利影响。

农产品方面，随着供给侧改革取得阶段性成果和环保整治初见成效，资金会逐渐向农产品倾斜，2018 年农产品持仓和成交量都将会有所改善。由于供需缺口，粕类、软商品和玉米淀粉行情有望加速放大，更具投机价值。

（五）理财市场

2018 年，在金融监管趋严的大背景下，银行理财将逐渐回归理性。随着“资管新规”的落地，银行理财面临转型，将会推出更多浮动型和净值化理财产品，保本型理财产品将逐渐减少，结构化理财产品将逐渐增多。2018 年，在金融去杠杆和严监管的政策大背景下，银行理财规模将有所下降。在货币政策偏紧和严监管的背景下，2018 年市场利率将保持高位并有可能进一步上扬，银行理财市场基本无风险收益将继续维持在 4% 左右。

无论是封闭式、开放式还是结构化产品，其收益分布均呈现“中间高，两头低”的现象。在封闭式、开放式和结构化产品中，投资起点为 10 万 ~50 万（含）元的收益率最高，达到 4. 65%、4. 54% 和 6. 22%。不难判断，理财产品收益率会随投资起点的增加而增加。面向机构的理财产品投资起点一般较高，机构产品更追求收益的稳定性，所以收益率较低，同时由于其规模较大，所以会大幅拉低高投资起点的理财产品收益率，因此投资起点维度上的收益分布呈现“中间高，两头低”的现象。

（六）信托市场

2018 年，新兴产业投融资业务或将成为信托公司的重点创新业务领域，信托公司将在政府重点支持的中高端消费、创新引领、绿色低碳、共享经济、现代供应链等领域主动寻求业务机会，形成新的增长动力。供给侧结构性改革仍是现阶段我国经济工作的主轴，稳货币、防风险、去杠杆的政策导向在 2018 年不会发生改变。随着经济工作继续围绕去杠杆、抑泡沫和稳增长展开，货币环境或将进一步收紧，2018 年市场上“缺钱”的状况不会有大的改变，资金成本上行的趋势仍将延续，集合信托计划的收益率将会继续上扬，可能会超过 8%。但同时，信托规模扩张的速度将会受到限制。

2018 年，信托公司将进一步转变传统政府平台融资业务模式，积极推进 PPP、基础设施建设基金、基建资产证券化等业务。首先，更多信托公司将会以 PPP 模式参与基础设施投资，并通过资产证券化等方式，有效解决资金期限不匹配、投资退出渠道单一等难题，在一定程度上保留政府信用背书情况下实现政府与社会资本有效结合。其次，信托还可以基金化形式为基础设施建设提供资金支持，这一方面可以极大丰富投资标的，增加产品配置类型；另一方面可以缓解信托刚性兑付压力。

（七）私募股权投资市场

私募股权投资基于技术创新服务企业生命全周期，为长期资金追求长期价值提供最佳工具。党的十九大强调，加快建设创新型国家，加强对中小企业的创新支持，促进科技成果转化。2017 年 7 月，国务院下发的《关于强化实施创新驱动发展战略进一步推进大众创业万众创新深入发展的意见》提出，要不断完善金融财税政策，发展创业投资，优化投入方式，推动破解创新创业企业融资难题。2018 年，科技创新将继续成为中国经济发展新主题以及投资热点。未来几年，人工智能、共享经济、智能制造、半导体、新零售等领域的创新企业将继续吸引私募股权机构的重点投资。

2018 年私募股权投资市场竞争将更加激烈，项目估值也将更加合理。根据投中网 2017 年对普通合伙人（GP）调研问卷的统计，目前 GP 对项目估值水平的判断趋于理性。调研结果显示，35.05% 的受访机构认为估值水平普遍偏高，存在一定投资风险。相较于 2016 年 55% 的受访机构认为估值水平普遍偏高，2017 年这一比例有所降低，更多受访机构持中立态度。在对拟投资项目的估值水平判断上，调研结果显示，受访机构可接受的投资市盈率多集中在8～15倍，占总数的73.37%。GP愿意接受8倍以下市盈率的占比与上年调研结果基本相同，愿意接受15倍以上市盈率的投资人占比由上年的11%增长为14.47%。

四、2018年投资策略和资产配置

（一）产业投资机会

（1）先进制造业。制造业是一个国家经济的重要基础。自2010年起，中国制造业产值占全球比重的约20%，超越美国位列第一，并持续保持至今。在当前的全球经济形势和产业结构背景下，各大主要国家都开始制定并实施自己的工业战略，如德国的“工业4.0”、美国的“工业互联网”等。无论是“再工业化”还是“工业升级”，发达国家和发展中国家政府均瞄准了新一代工业技术的巨大潜力，预见了以信息产业、工业深度融合为特征的“新工业”的宏伟前景。2015年5月，中国政府公布的《中国制造2025》是引领中国制造业发展的重要文件。在“制造强国”这一国家战略的引导下，中国制造业未来仍将保持整体向好的态势，并将呈现高端化、智能化和自动化的发展趋势。2018年需要重点关注国家战略支持的细分领域行业龙头，在全球并购和技术升级等方面寻找投资机会。

（2）信息技术产业。中国大陆信息技术产业目前已经跻身全球第二梯队，仅次于美国、韩国、中国台湾，并仍在快速增长中。基于《中国制造2025》《中华人民共和国国民经济和社会发展第十三个五年规划纲要》（本文以下简称《“十三五”规划纲要》）《2017年国务院政府工作报告》等一系列政策推力，我国的5G通信技术研发得以加速。根据国内三大电信运营商公开披露的资料，中国移动计划于2018年率先实现5G通信技术在国内多个城市的预商用，而中国联通、中国电信也计划在不晚于《“十三五”规划纲要》所要求的 2020 年实现 5G 通信技术的正式商用。基于产业链分布与投资时间周期的维度，我们建议，关注受益于 5G 通信技术发展的主设备、网络规划服务、光纤光缆、光模块、射频器件、天线提供商，特别是与三大运营商建立过长期合作关系的企业。此外，2018 年还需要关注人工智能、大数据、信息安全等存在确定性投资机遇的领域。

（3）养老健康产业。中国自 2000 年左右进入老龄化社会以来，老年人口增长速度加快，预计在 2020 年左右进入深度老龄化阶段，成为老龄化速度最快的国家之一。预计到 2050 年，中国 65 岁以上的人口将达到 3.6 亿人，占总人口的比重达到 26.3%。根据发达国家的经验，中国的养老健康产业目前尚处于发展初期，未来仍将有一段时间的产业沉默期，结合中国当前的医疗体系和养老服务产业现状，在医疗体系深化改革的基础上，医养结合模式是未来养老健康业发展的重要方向。党的十九大报告提出实施健康中国战略。要完善国民健康政策，为人民群众提供全方位、全周期健康服务。在养老健康业中，除养老服务业态外，其他业态多数为与其他行业结合的融合业态。2018 年养老健康业整体仍处于快速布局发展中，核心服务业态是养老健康业的基础，存在产业升级布局机会，其他融合业态存在转型投资的机会。

（4）文化传媒产业。作为社会消费背景下发展起来的“朝阳产业”，文化产业具有较强的综合性、渗透性和关联性，通过借助传统文化产业自身深厚的发展基础和广阔的提升空间，以“文化 +”为突破口，推动文化产业跨行业、跨产业链融合，可培育新的利润增长点，提高产业的文化附加值。近年来随着全面深化改革的推进，国家在文化领域密集出台了许多政策，确立了文化体制改革的主体框架，极大地推动了文化产业的发展。2018 年，国有文化产业“混改”存在很大的投资机会。随着互联网和数字技术的发展，以“互联网 +”为代表的新兴业态给文化传媒产业带来强烈的冲击，将直接推动传统文化产业向数字化转型升级。“互联网 + 文化”

的融合使传统文化产业向智能化、数字化、网络化纵深发展，在延伸产业链的同时也带动了商业模式创新，推动了动漫游戏、网络直播、网络文学、网络音乐、网络视频等数字文化产品的发展。这些领域也都值得投资者关注。由于文化传媒行业往往具有轻资产性、产品不稳定性以及产业不成熟性，投资文化产业需要控制好风险。

（二）区域投资分析

（1）雄安新区的投资机会。习近平总书记提出，雄安新区的规划建设要坚持“世界眼光、国际标准、中国特色、高点定位”，是中国未来城市建设的标杆。只有从“高”处着眼，才能挖掘城市本身深刻而丰富的内涵，为全国乃至全世界打造一个值得借鉴、可以复制的城市“样板间”。按照这样的发展思路，为确保以上发展定位的实现，预计雄安新区将以链条长、附加值高、引领性强的高端高新产业作为主导产业来布局，包括生态环保、医疗健康、电子科技、高端制造、大数据、智慧城市、人工智能、新能源、科技金融、数字文创、现代服务业等，也将着力发展租售并举导向的房地产业。雄安新区的设立无疑吸引了全世界的目光，各类产业资本亦蜂拥而至，一些优秀的企业已经捷足先登。截至2017年底，已有阿里巴巴、京东金融、中国建筑等48家企业落户雄安新区。2018年，投资者应积极关注雄安建设规划的出台，挖掘其中蕴含的投资机会。

（2）粤港澳大湾区发展规划。湾区经济是全球经济发展的重要增长极。粤港澳大湾区指的是由广州、佛山、肇庆、深圳、东莞、惠州、珠海、中山、江门9市和香港、澳门两个特别行政区形成的城市群，是继美国纽约湾区、美国旧金山湾区、日本东京湾区之后世界第四大湾区，是我国建设世界级城市群和参与全球竞争的重要空间载体。党的十九大报告提出，以粤港澳大湾区建设、粤港澳合作、泛珠三角区域合作等为重点，全面推进内地同香港、澳门互利合作，制定完善便利香港、澳门居民在内地发展的政策措施。党的十九大会议期间，国家发改委主任何立峰透露，粤港澳大湾区建设也迈出实质性步伐，目前已形成区域规划初稿，正抓紧征求意见。2018 年 1 月 7 日，国务院批复同意撤销深圳经济特区管理线。市场预计，2018 年国家将推出粤港澳大湾区发展规划，港珠澳大桥也将具备通车条件。随着粤港澳大湾区规划的出台，交通基础设施、贸易金融、信息科技、旅游服务业等都存在较多的投资机遇。

（3）“一带一路”带来的对外直接投资机会。2018 年，世界经济将继续保持良好复苏态势，对外直接投资面临良好机遇。美国经济增长稳健，税改政策又进一步提振经济发展。欧元区及英国经济复苏也呈现良好势头，低通胀与宽松的货币政策为投资提供了有利环境，如果欧洲各国跟进美国税改，将更进一步吸引投资。因而 2018 年欧美将继续成为中国企业投资的热点。但投资欧美也存在一定隐忧。美国和欧盟监管机构都在酝酿加强外资收购监管以保护关键技术，这会给企业在高科技领域的并购活动带来一定的制度性障碍。相比之下，亚太地区诸多新兴经济体还处于恢复期，急需投资拉动。亚太地区在政治互信度、地理距离和文化相似度等方面优势突出，对中国投资无严格审查限制，加之“一带一路”政策推动，有更广阔的投资前景。由于国家政策的大力倡导，“一带一路”仍是 2018 年中国企业对外直接投资合作重点区域。交通和基础设施建设、能源和资源开发、国际产能合作、制造业、金融业和旅游业都将有极大投资发展空间。

（三）资产配置策略

总体来看，2018 年，世界经济将继续保持良好复苏态势，中国经济将更加重视发展的质量，经济增速可能会比 2017 年稍低。中国货币政策保持中性，货币供应量继续收紧，市场利率可能会有所上扬。2018 年，在金融防风险和严监管的背景下，各类资产很难形成趋势性机会。在股票方面，应坚持价值投资理念，增配以沪深300指数成分股为代表的蓝筹股，回避题材股短期炒作。债券市场依然处于调整筑底的过程中，然而从调整空间上来看，进一步调整的空间十分有限，可做长线布局。房地产市场调控政策还将延续，交易量将会下降，但房价将会保持相对稳定。大宗商品市场中，国际金价可能会继续走高，原油价格也会继续保持振荡上行，存在较多的投资机会。银行理财方面，将会推出更多净值型产品，无风险收益率将维持在4%左右，依然是普通个人投资者的理财首选。信托产品方面，收益率将会继续上扬，可能会超过8%，高净值人群可以适当增加信托资产的配置。私募股权投资将更加关注科技创新，估值也将趋于合理。综合来看，2018年整体的资产配置思路应是坚持价值投资理念，紧跟国家政策动向，寻找收益确定性较高的资产，避开高估值风险资产。

宏观政策篇

MACRO
POLICY

2018 年全球宏观经济形势分析展望

万建发
中国建投投资研究院秘书长

投资提示

- 2017 年，世界经济进入相对强势复苏轨道。展望 2018 年，世界经济复苏势头有望延续，美国经济向好，欧元区增长前景逐步明朗，新兴市场稳定性增强。

- 全球通胀水平温和抬升，“再通胀”或成为现实。主要是发达经济体失业率持续走低，能源和食品价格上涨，以及全球经济扩张加速等共同作用，但通胀出现过快上行的可能性不大。

- 2018 年国际贸易和投资形势继续改善，但增速或将放缓。一方面受到 2017 年的高基数造成的压力，另一方面是受货币政策收紧、保护主义、地缘政治风险的影响。

- 国际金融市场资产价格处于高位，波动性加大。美元走势方向性存疑，人民币汇率双向波动趋势明显。新兴市场股票较发达市场更具有吸引力。原油价格或将突破 80 美元/桶大关。

- 全球经济步入复苏轨道背后，产业竞争格局正发生深刻变化，呈现三个新情况和新特点：一是以新技术革命为代表的新实体经济迅速崛起；二是国际产业转移呈现双向和回流态势；三是地缘经济力量正在重塑产业竞争版图。

- 影响 2018 年全球经济走势的重大因素主要包括货币政策正常化加快、美国税改政策外溢影响、贸易投资保护主义升级、地缘政治冲突加剧等。

一、世界经济复苏势头有望延续，内生动力正在恢复

2017 年以来，世界经济进入相对强势复苏轨道。经济合作与发展组织（OECD）追踪的 45 个国家中，有 33 个国家的增速快于一年前；新兴市场和发展中国家经济增长也普遍提速。国际货币基金组织（IMF）预计，2017 年全球经济增长 3.6%，高于 2016 年 0.4 个百分点，增速创 3 年来新高（见表 1）。

表 1　2018 年世界经济增长趋势预测

单位：%

年份	2015	2016	2017	2018
世界	3.4	3.2	3.6	3.7
发达国家	2.2	1.7	2.2	2.0
美国	2.9	1.5	2.2	2.3
欧元区	2.0	1.8	2.1	1.9
英国	2.2	1.8	1.7	1.5
日本	1.1	1.0	1.5	0.7
新兴市场和发展中国家	4.3	4.3	4.6	4.9
俄罗斯	−2.8	−0.2	1.8	1.6
中国	6.9	6.7	6.8	6.5
印度	8.0	7.1	6.7	7.4
巴西	−3.8	−3.6	0.7	1.5
南非	1.3	0.3	0.7	1.1

资料来源：IMF。

本轮经济复苏呈超预期性和同步性。其中，发达经济体预期增长 2.2%，较 2016 年提高 0.5 个百分点，美国经济增速将达 2.2%，欧元区、日本和加拿大表现突出，预计增速较预期有所加快。发展中国家经济增长总体加快，但走势分化，亚洲新兴经济体增长稳健，能源资源出口国经济持续低迷，预计 2017 年新兴市场和发展中国家经济增长 4.6%，增速高于 2016 年 0.3 个百分点。

展望 2018 年，世界经济环境有望继续改善，美国经济向好，欧元区增

长前景逐步明朗，新兴市场稳定性增强，会推动 2018 年全球经济继续复苏。OECD 先行指标显示，除英国和俄罗斯预期经济增速放缓外，其他 OECD 成员和主要新兴经济体前景均较为乐观。IMF 预计，2018 年世界经济增速为 3.7%。这不仅高于 2008 ~ 2017 年年均 3.3% 的增速，也高于 1980 ~ 2017 年年均 3.4% 的历史增速。世界银行预测 2018 年将会出现一个明显的反弹。中国社会科学院预测相对保守，其发布最新“黄皮书”预计 2018 年全球经济按 PPP 计算将增长 3.5%，按市场汇率计算的增长率约为 2.9%。

国际机构形成共识的是，世界经济整体形势 2018 年比 2017 年更好。我们分析认为，全球经济复苏并非来自供给侧结构性因素发生的转变，而来自需求侧周期性因素的变化。金融危机后续影响逐步消退，从金融修复到实体经济反弹，最终消费支出意愿上升，周期性因素和内生增长动力增强，支撑了主要经济体经济加快增长，欧美主要国家制造业生产指数持续上行（见图 1）。

图 1 欧美主要国家制造业生产指数持续上行

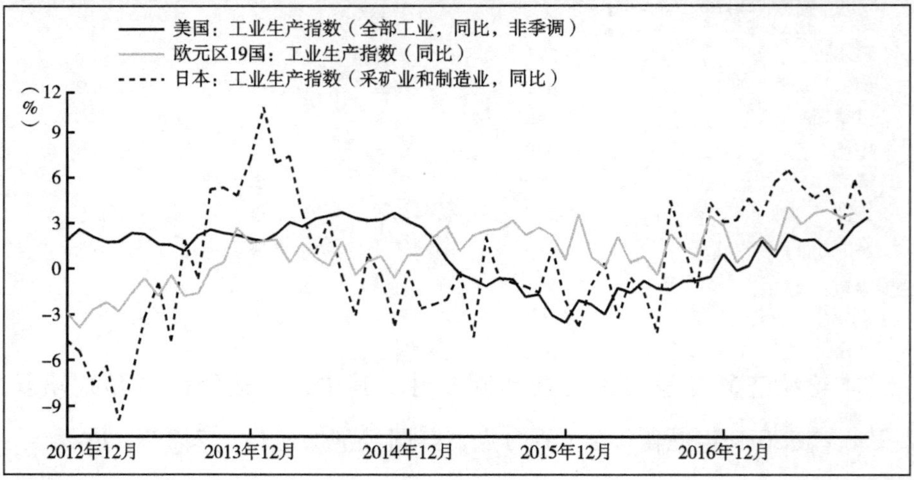

资料来源：Wind。

从增长的驱动力看，除了消费保持稳定以外，企业投资加速将提供新的动力。以美国为例，不论自上而下宏观 GDP 口径下的私人投资增速，还是自下而上的上市公司资本开支增速，都呈加速上行态势；欧元区的情况也是如此。企业资本开支周期与整体经济周期有较高的相关性。在宏观层面，私人部门资本开支周期与实际 GDP 增速的变化基本吻合（见图 2）；在微观层面，企业加大资本投入力度的同时，产能利用率同步上行，企业的赢利能力也会得到提升。

图 2　美国私人部门资本开支周期与实际 GDP 增速的变化基本吻合

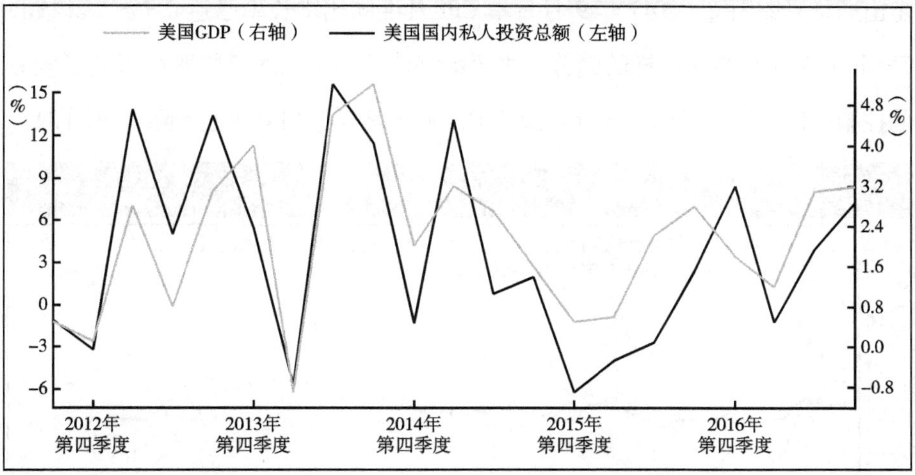

注：采用数据为季调环比折年率。
资料来源：Wind。

二、全球通胀水平温和抬升，有望走出长期低迷困局

控制失业率和通胀是全球多数央行多年来的重要目标。随着经济复苏加快，许多国家总体失业率已经回到衰退之前的水平。美国处于充分就业状态，失业率降至 4.1%。欧洲的劳动力市场处在持续改善过程之中，欧盟整体失业率已经从 2013 年 4 月的最高值 11.0% 下降到 2017 年 9 月的 7.5%。日本季调后的失业率下降到 2.8%，为 21 世纪以来最低值。加拿大的劳动力市场也有所改善，其失业率下降至 5.6%。澳大利亚的失业率下降到 2017 年 9 月的 5.3%。

失业率下降的同时，通胀水平有所改善，但仍处于低位，菲利普斯曲线变得平坦化。2017 年 11 月，美国核心 CPI 同比增速为 1.7%，10 月核心 PCE 为 1.45%，均低于美联储 2% 的目标。欧洲物价摆脱零增长，出现了一定程度的通货膨胀。欧元区 HICP 同比增长率为 1.7%，比上年同期提高 1.2 个百分点，核心 HICP 同比增长 1.1%，比上年同期提高 0.3 个百分点。日本终于走出通货紧缩困境，2017 年 9 月日本 CPI 月度同比增长率已达 0.7%，其核心 CPI 增长率也保持了同样的趋势。主要新兴市场国家的通货膨胀都得到了较好的控制，俄罗斯、巴西、印度、南非 CPI 同比增长率均有明显下降（见图 3）。

图 3　美国、欧元区、日本及新兴经济体通胀走势

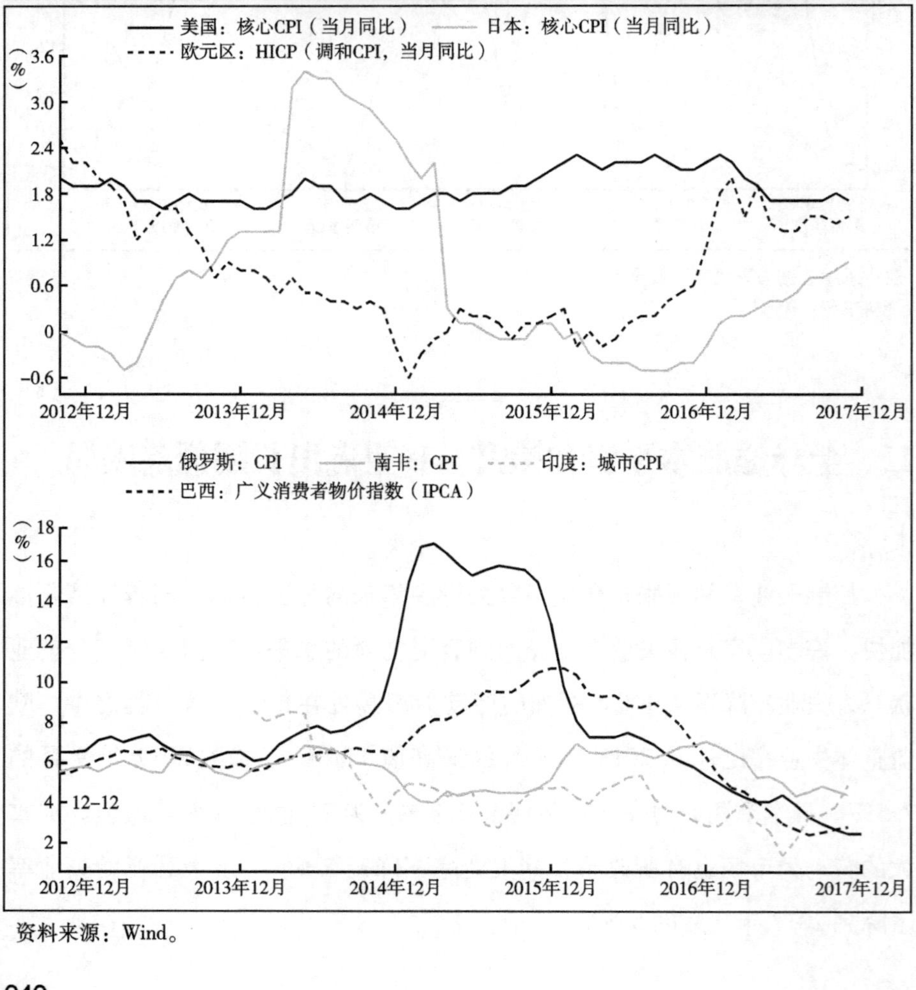

资料来源：Wind。

通胀处于低位，原因是多方面的：劳动参与率下行，临时岗位（服务业居多）增加，薪资提升且通胀传导受阻，同时，共享经济、电子商务等新模式普及应用降低了商品和服务价格，加上能源价格低迷，都令物价水平难以回升至预期目标。在结构性变化不断加剧的情况下，单纯依赖央行刺激实现提升物价的目标越来越困难，各国政策制定者必须寻求新的政策工具和手段。

展望 2018 年，全球通胀将继续温和上升，“再通胀”或成为现实。特朗普减税政策通过并顺利落实后，大概率会刺激美国通胀出现明显上升。德意志银行采用实际 GDP 增长、进口价格指数、工业金属价格和纽联储潜在通胀评估指数等进行预测，这些指标对核心通胀有一年半到两年的领先作用。目前这些指标均显示，美国的核心通胀大概率将在 2018 年开始上升，“再通胀”很可能又会成为市场的关注点。欧元区整体通胀率稳步上行，目前离央行 2% 的目标只有一步之遥。从归因分析看，欧元区通胀贡献主要来自能源和食品价格上涨，随着国际油价企稳，欧元区通胀将保持稳中有增。目前英国就业处于相对饱和状态，长期看，随着经济扩张，通胀压力会比较大。日本依然在通缩和通胀之间徘徊，日本央行的目标还是要将通胀拉到 2% 以上。新兴市场通胀很大程度上取决于能源和食品等大宗商品价格，预计随着全球经济持续扩张，2018 年大部分新兴市场经济体的通胀压力可能会再次上升。

三、贸易投资形势明显改善，增速料将放缓

伴随世界经济增长形势巩固，全球贸易开始触底反弹，加快复苏进程。WTO 数据显示，2017 年上半年全球货物贸易量同比增长 4.2%。其中，发达国家进口、出口分别增长 2.1%、3.1%，发展中国家进口、出口分别增长 6.9%、5.9%。

从地区分布看，北美国家和亚洲国家成为全球贸易增长的主要力量。2017 年上半年北美国家进口和出口分别增长 3.9% 和 4.9%，亚洲国家进

口和出口分别增长 8.9% 和 7.3%。世界经济形势改善，特别是主要经济体经济复苏加快，有力地推动了贸易增长，能源价格上涨也使得相关产品贸易更加活跃。WTO 发布的最新预测显示，2017 年全球货物贸易量增速将达 3.6%，远高于 2016 年的 1.3%，与 IMF 预计的世界经济增速持平，改变自 2012 年以来持续低于世界经济增长的局面（见表 2）。

表 2　2015 ~2018 年世界贸易增长趋势

单位：%

年份	2015	2016	2017	2018
世界货物贸易量	2.6	1.3	3.6（3.2 ~3.9）	3.2（1.4 ~4.4）
出口：发达国家	2.7	1.4	3.0（2.8 ~3.2）	2.8（1.6 ~3.5）
发展中国家	1.9	1.3	4.7（4.2 ~5.2）	4.1（2.1 ~5.7）
北美地区	0.7	0.5	4.2（2.5 ~5.3）	3.8（0.8 ~6.0）
亚洲地区	1.1	1.8	6.4（5.9 ~7.2）	4.8（1.9 ~7.5）
进口：发达国家	4.7	2.0	3.0（2.5 ~3.8）	2.9（2.6 ~3.3）
发展中国家	0.5	0.2	5.1（3.6 ~6.0）	3.7（ -0.9 ~7.0）
北美地区	6.7	0.4	4.1（3.2 ~4.8）	3.5（0.7 ~6.1）
亚洲地区	2.9	2.0	5.8（5.0 ~6.3）	4.0（1.3 ~6.2）

资料来源：商务部。

展望 2018 年，世界经济持续复苏仍是贸易复苏的重要条件，但 2017 年的高基数将对 2018 年增速造成压力，主要发达经济体收紧货币政策、保护主义、地缘政治风险也会对贸易增长产生影响。WTO 预计 2018 年全球货物贸易量增长 3.2%，预期增长区间为 1.4% ~4.4%，低于 2017 年，也低于 IMF 预计的同期世界经济增速。

受各主要区域经济增长、贸易增速回升以及跨国公司利润率提升影响，全球跨国直接投资呈现温和复苏势头。联合国贸发会议预计，2017 年全球跨国直接投资流量增长 5%，达 1.8 万亿美元，2018 年将进一步增加到 1.85 万亿美元。全球经济政策的不确定性和地缘政治风险可能阻碍跨国直接投资的复苏进程，特别是美国等发达经济体税制改革对跨境投资将产生重大影响。

四、国际金融形势动荡不定，波动性将显著上升

2017 年国际金融市场走势两个重要特征：一是全球股市大幅上扬，二是美元持续贬值。

全球股指累计涨幅超过 20%，市值增加了将近 9 万亿美元。新兴市场股市以 34% 的收益率领先全球，美国股市持续创新高，且表现出罕见的低波动率特征。欧洲股市 2017 年的表现也不逊色，2017 年全年涨幅接近 8%，为 2013 年以来最佳年度表现（见图 4）。

图 4　全球各大股指综合表现

资料来源：Wind。

不同于基本面复苏的是，美元并没有相应出现升值，而是总体上出现了一定的贬值。2017 年美元指数下跌 9.89%，从 102.38 跌至 92.25（见图 5）；美元兑欧元跌近 15%，欧元一举成为 G10 货币中表现最佳的货币。这种情况在很大程度上是欧洲和日本超预期经济增长以及美国政策的不确定性造成的。

图5 美元指数走势

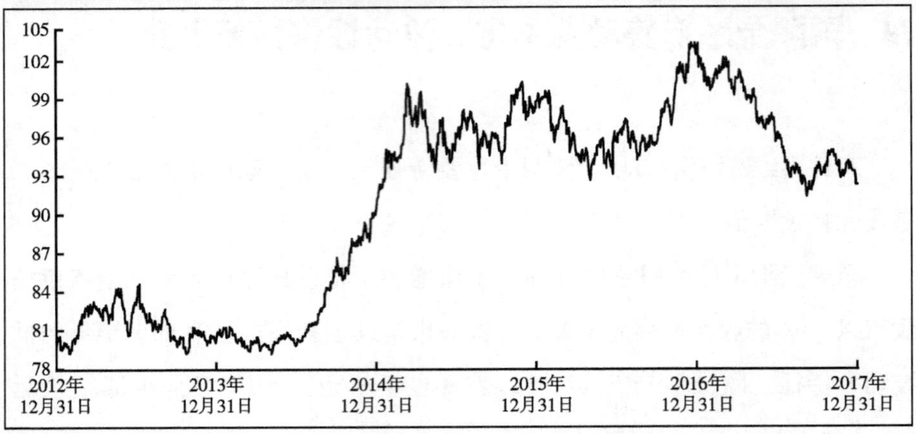

注：1973 年 3 月 =100。
资料来源：Wind。

展望 2018 年，受特朗普减税、加息和缩表政策组合的影响，美元指数可能会走出振荡行情，但方向性存疑。主要原因有三个：其一，美联储加息预期已被市场充分反映，未来美国通胀走势存在不确定性，影响美元指数表现；其二，随着欧洲经济基本面的改善，市场存在乐观预期，市场预计欧洲央行在不久的将来收紧货币政策，欧元可能有超预期表现；其三，投资者对特朗普的经济政策的长期积极影响持怀疑态度。同时特朗普执政团队出于平衡贸易逆差、减轻财政负担的考虑，也不希望美元过于强势。不过美联储若进一步加息可能会给美元带来反弹生机，虽然迄今为止美联储的加息并没有使美元走强，但在美联储之前的紧缩周期中，美元直到第四次加息才会展开反弹。

研究认为，全球政治经济、货币政策等因素变化较大，是全球汇市波动较大的主要原因。根据单一因素往往难以判断一国汇率走势，多重因素的互动与角力对汇率走势的影响更为深远，目前来看，短期内很难找到一种绝对强势的货币。但从今后全球主要货币发展趋势看，美元仍将趋于弱势，欧元兑美元存在升值空间；人民币汇率双向波动趋势明显，预计人民币兑美元中间价将在 6.5 左右的水平上保持相对稳定。

就全球股市而言，新兴市场较发达市场更有吸引力。新兴市场自 2013 年以来便相对发达市场经历持续的资金弱势。在更加强劲的基本面支撑下，新兴市场的表现可能会超越发达市场。结合估值来看，以中国、香港、印度和巴西为代表的新兴市场，和发达市场相比更加具有吸引力。同时，全球股市波动率将会显著上升。得益于经济的逐步复苏和全球范围内超级宽松的货币政策，股市的波动率持续下降并维持在历史低位，这一方面反映了市场单边上涨的格局，另一方面也反映了投资者的乐观情绪。在未来利率上升的背景下，各类资产的预期收益率都需重新框定，并带来货币汇率之间的复杂变动，市场的波动率将会大幅上升（见图 6）。

图 6　利率水平上升往往伴随着较高的市场波动率

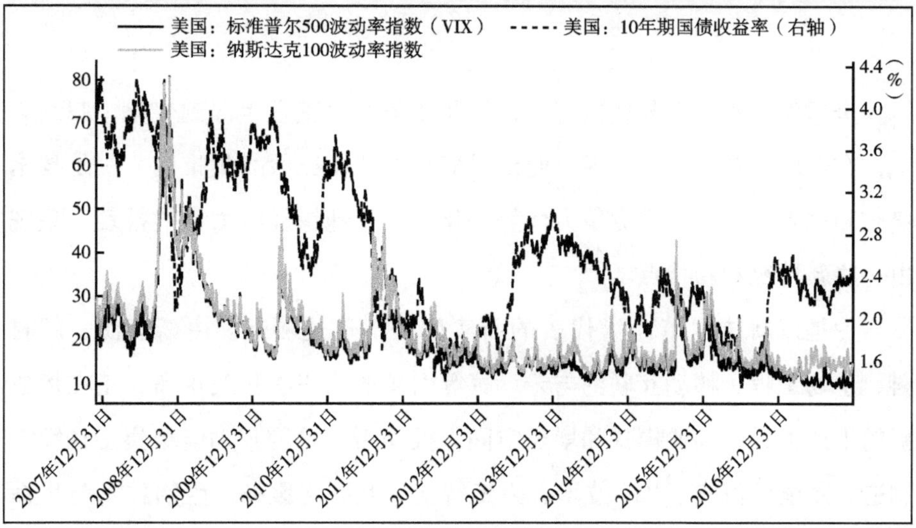

资料来源：Wind。

商品市场波动幅度加大。2017 年布伦特原油现货价格先抑后扬，下半年持续走高，达到 66.98 美元/桶的高点。我们认为，受库存及需求因素影响，2018 年原油市场价格仍会继续上涨，有望冲击 80 美元/桶，同时波动幅度会加大。

国际金融市场的资产价格处于高位，波动率加大，要防止一些意外情景出现。其一，如果原油价格大幅反弹，通胀快速回升，央行将被迫更快收紧货币，造成货币政策出现超调可能。其二，货币政策收紧会导致长期国债收益率大幅波动，迫使美联储采取各种干预措施，压低长端收益率，如此一来利率曲线倒挂的可能性很大。从历史上看，利率曲线倒挂后，一般在一年或略长时间之后经济会步入衰退，如果这种现象持续发酵，投资者的担忧升级，美国股票牛市将会终结。其三，如果通胀率上升较快而美国不得不超预期加息，或者新兴市场本身的增长动能减弱，美元有在短期内迅速走强的可能，资金从新兴市场撤离并回流发达市场，全球资产价格将出现大幅波动。

五、全球产业竞争格局深刻变化，动能变革仍在蓄积

全球经济步入复苏轨道背后，产业竞争格局正发生深刻变化。归结起来，在全球化背景下，世界产业格局变化主要由三股力量推动，一是技术突破和创新，二是成本竞争力优势变化，三是地缘经济力量的推动，呈现出一些新情况和新特点。

一是以新技术革命为代表的新实体经济迅速崛起。由新能源、新材料、生物工程、移动互联网与云计算等引领的第三次科技革命，正在形成新的生产方式、商业模式和增长空间，推动新一轮增长动能聚集。在智能制造、新能源汽车、ICT 技术、人工智能、互联网服务、生物技术与生命科学、海洋及空间产业等热点领域，中美竞争正在引领产业创新趋势，带动产业链、价值链发生重构。据研究分析，中国新兴产业占经济增加值的比重已超过 10%。在最新的全球市值榜单中，全世界价值最高的七家公司全部是科技公司，一些传统的“厚重大长”的企业从名单中消失，取而代之的是美国 FANG（Facebook、Amazon、Netflix、Google）和中国以阿里巴巴、腾讯为代表的互联网新经济等领域的巨头。中美两国的“独角兽”（市值 10 亿美元以上的公司）总市值已经相当接近，未来高科技企业之间的竞争已升

级为中国与美国两大世界经济巨头的赛跑。有别于传统实体经济的规模化工业生产、城市化人口聚集、全球化要素流动、周期性经济循环等特征，新实体经济具有产业跨界融合、信息数据充分流动、价值链网状分布、生产可能性边界拓宽等新特点，资本要素投入和贸易分工的方式迥然不同。

二是国际产业转移呈现双向和回流趋势。“二战”以来，全球曾出现过三次产业转移，目前第四次产业转移正在进行中。不同的是，前三次产业转移都是单方向的由上往下的转移，即由经济发达国家向新兴发展中国家转移，而这次转移出现了双向和回流的转移趋势。基于金融危机以来的反思，发达国家更加重视实体经济空心化带来的一系列问题，注重发挥制造业在促进经济增长、改善就业、抵御通缩、缓解不平等方面的作用。美国、德国、日本、英国等经济体均采取吸引制造业回归的政策，在国际税收竞争、贸易保护主义上做足文章。一些发达国家的企业相继将海外生产线迁回本国，或在本国投资兴建新厂。这种趋势的背后是成本竞争力优势的变化。近年来，我国实体经济的劳动力、资源和环境成本快速上升，对比美欧等发达国家减税降本行动，以及一些“成本洼地”型新兴经济体吸引产业转移的趋势，我国制造业面临双向挤压的挑战。

三是地缘经济力量重塑产业竞争版图。地缘经济学是冷战结束后提出的概念，其核心是各国突破传统地缘政治思维，转而致力于控制全球经济的节点，将其作为实力和影响力的来源，政府和民众从自身利益和国家安全出发，决定选择何种方式与世界经济建立联通和依赖性。节点、联通性和依赖度构成了地缘经济力量的三个主要特征。近年来，英国脱欧、乌克兰危机、特朗普的美国优先战略、美日提出的“印太战略”、俄罗斯的“欧亚经济联盟”、伊朗的“欧亚非中转站”、印度的“南北走廊计划”，都带有鲜明的地缘经济学色彩。各国在节点争夺、联通性管控和依赖度上的不同考量和政策主张，对世界产业竞争格局将产生深刻影响。美国为应对全球经济份额下降的挑战，通过一些政策组合，在科技创新、教育、先进制造、现代金融等领域进一步强化其全球经济的中心节点功能，以增强向心力。中国同样在谋求更重要的中心节点位置、更广泛的联通性和更多元的依赖度，党的十九大提出要建立实体经济、科技创新、现代金融和人力资本协同发展的现代产业体系，提高技术密集型行业的进口替代率和增加值率，并进一步推动“一带一路”倡议，扩大与新兴市场国家的互联互通；欧盟、印度也都将在这个格局中扮演重要的节点和联通角色，而日本、英国的节点位置会逐步下降；此外，土耳其、伊朗、沙特、越南、印度尼西亚等新兴经济体也是需要重点关注的区域。

国际产业竞争力格局变化，对于蓄积增长新动能、推动全球经济再平衡有其正面意义，同时也引发了全球化与地缘经济之争，进而将可能演变为制度竞争，值得我们高度重视和关注。

六、影响2018年全球经济走势的重大因素

1. 货币政策正常化加快

随着世界经济复苏步伐加快，主要发达经济体央行开始逐步退出刺激经济的量化宽松货币政策，这将对金融市场、通胀走势和经济增长前景造成重大影响。据国际金融协会估计，到 2017 年底，各大央行对国债及抵押债的新增购买额将缩减至相当于全球 GDP 总额 2.4% 的水平，到 2018 年底降至 0.8%；到 2019 年中，发达经济体央行将实现资产净收缩。与此同时，发达经济体央行加息步伐也在加快。自 2015 年以来，美联储已经四次提高利率，市场预计其 2018 年加息三次，2019 年将加息两次。2017 年 10 月美联储启动缩减资产负债表，在紧缩货币政策的方向上又迈出了重要一步。欧洲央行将于 2018 年中期逐步退出 QE，并预计在 2019 年小幅调整利率。加拿大、澳大利亚、韩国也都先后实施加息，进一步显现全球货币政策的紧缩趋势。主要发达经济体政策转向，影响是多方面的：推动全球市场利率进一步上行，增加债务持有成本；可能引发资产市场波动，不排除

局部地区存在资产泡沫被刺破的风险；可能导致新兴市场资本外流，将给高杠杆、资产负债表错配、汇率与美元挂钩的经济体带来压力。

2. 美国税改政策的外溢效应

自 2017 年初就任总统以来，特朗普政府年内的最大工作就是致力于推进税收体制改革。2017 年 12 月 21 日，美国参众两院投票通过了最终版税改方案，有望在 2018 年开始在全美施行。税改主要内容包括企业所得税下调至 21%、个人所得税不同程度减免、跨国公司将获得利润回流的减税机会等。短期来看，税改会提振美国国内总需求、刺激经济增长，但长期或对私人投资产生挤出效应。据测算，税改将推动 2018 年美国 GDP 增长 0.7%，但 2025 年后法案对产出的提振效应将迅速减弱，至 2027 年后对 GDP 几乎没有影响。

从外部效应来看，美国税改对全球的冲击不容忽视。美国作为全球资本市场的核心腹地，其税制改革势必对全球经济造成重大影响。事实上，早在参众两院投票之前，发达国家及发展中国家都摩拳擦掌，以顺应即将到来的全球减税热潮。欧洲国家早有行动，英国一系列减税政策已于 2017 年 4 月新财年生效，企业所得税和资本利得税都在降低；德国已宣布对税制进行彻底改革，通过减税政策每年为企业和经济发展减负 150 亿欧元；法国总统马克龙在竞选时就宣布了经济改革计划，在税改方面相关政策直接对标美国。日本也跟风而上，其积极加薪和投资的企业，以及投资物联网和人工智能、致力于创新技术和提高生产效率的企业将获得更多减税红利，所得税税率将降至 20% 左右。印度在推出“废钞”行动后，继续加大税改力度，在简并税种改革方面做出一系列实质性动作。

国际税收竞争态势蔓延，叠加贸易保护主义和货币政策常规化，构成了全球经济政策的新动向、新特点。税收竞争可能形成两种极端情况：一种是经济出现全面强劲复苏，全球迎来新一轮增长周期；另一种是税收竞争恶化了部分经济体的财政金融状况，国际资本流动加速了经济失衡，引发新一轮风险。

3. 贸易投资保护主义升级

世界经济呈现复苏态势，但贸易和投资保护主义并未彻底消退，一旦出现新的恶化，可能导致世界经济复苏进程停滞。目前，一些国家除继续使用传统的“本国优先”、提高壁垒、滥用国际规则等保护手段外，还开始加强对其他国家边境后措施的监督，以及重新制定更加符合自身利益的经贸规则。如美国退出跨太平洋伙伴关系协定（TPP）、与加拿大和墨西哥重谈北美自由贸易协定（NAFTA）、与韩国修改贸易协定等，都给全球贸易环境带来新的不确定性。

此外，投资保护主义沉渣泛起，多国出台限制外来投资的法律、收紧并购政策、加强有针对性的审查制度，这有悖全球化发展趋势，将阻碍世界经济复苏进程。投资保护主义的影响是多方面的，其中主要有两个方面最有针对性：一是以安全审查为由的保护主义；二是基于战略性新兴性产业政策的各式各样的保护，如为防止在战略新兴产业领域的渗透，对外来投资采取更多的限制和监管措施等。

4. 地缘政治冲突局势加剧

全球地缘政治冲突热点升温，相关压力仍在集聚，或将对全球宏观经济复苏与金融市场稳定造成新的冲击。目前，全球地缘政治冲突有两个热点。其一是朝核冲突。目前美朝在对抗的道路上越走越远，半岛局势处于战争边缘，未来如何演变不可预知；其二是中东地区。俄罗斯与美国在叙利亚展开博弈，沙特阿拉伯的国内政权更迭及其与卡塔尔的外交战仍在演化外，伊朗国内政治局势再起波澜，美国决定将其驻以色列使馆迁至耶路撒冷激化中东矛盾等。

此外，欧洲地区的政治风险有重新抬头之势。即将到来的 2018 年意大利和爱尔兰大选，2018 年法国马克龙政府能否在国内劳动力市场改革、欧元区进一步整合等领域取得突破，德国联合政府政策走向，都存在高度不确定性，英国脱欧与西班牙加泰罗尼亚地区的独立运动等风险也会继续发酵。

2018年中国宏观经济形势分析

张志前
博士，研究员，中国建投投资研究院副秘书长

投资提示

- 2017 年，世界经济复苏势头超预期，中国经济也表现不俗，投资和消费表现平稳，出口出现明显回升，全年经济增速达到 6.9%。

- 从三次产业对经济增长的拉动率看，2017 年，第一、第二产业增长较为平稳，经济增长的拉动力主要来自第三产业。

- 党的十九大定调中国经济由高速增长转向高质量发展，预示着决策层对经济增速不再纠结，经济工作的重点将转向结构调整和提升质量。

- 2018 年，世界经济将继续保持较好复苏态势，受投资增速放缓以及出口拉动边际效益递降的影响，中国经济增速可能将不及上年，但是发展的质量将进一步提升。

- 2018 年投资应紧跟政策，关注“一带一路”、长江经济带、雄安新区和粤港澳大湾区等的规划和落实，关注高端制造、生态环保、消费升级等行业。

一、2017年中国宏观经济运行回顾

2017 年全球经济复苏超预期，尤其是发达国家表现抢眼。这不仅有利于中国外需的增长，同时也为中国经济发展提供了良好外部环境。中国经济在党中央的正确领导下，按照年初确定的稳中求进的总基调，在内需整体偏弱的情况下，外需出现明显回升，结构调整取得明显进展，服务业保持良好增长势头，工业经济运行质量明显提升，经济运行平稳并稳步增长，全年国内生产总值达 82.71 万亿元，增速达到 6.9%，高于全年 6.5% 的预期目标，结束了 2011 年以来增速持续下滑的态势。

（一）需求面：内需整体偏弱，外需出现回升

2017 年三大需求走势略有分化，其中，投资增长放缓，消费表现平稳，出口明显回升。因此，在内需总体减弱的情况下，外需成为中国经济回升的主要拉动力（见图 1）。

图 1　三大需求对 GDP 的贡献变化

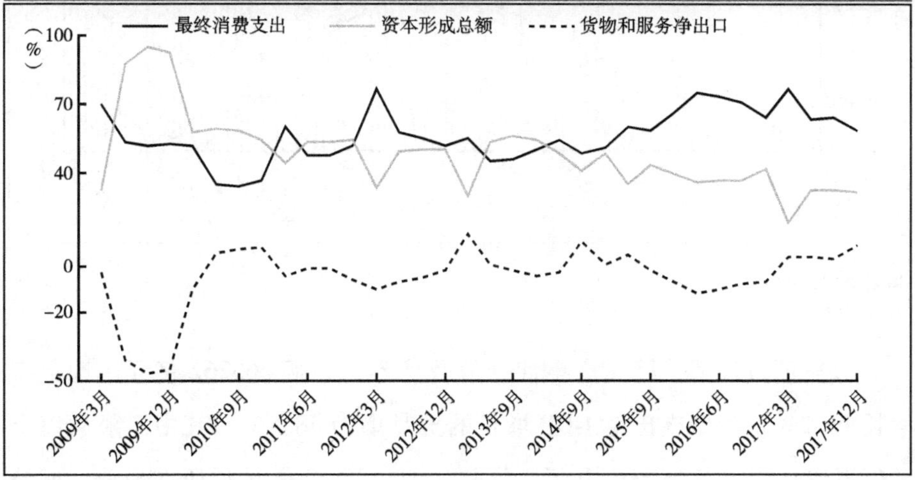

资料来源：Wind。

（1）固定资产投资稳中趋缓。2017 年，全国固定资产投资 631684 亿元，比上年增长 7.2%，增速比上年回落 0.9 个百分点（见图 2）。国有投资增长快于民间投资，民间投资仍为主力，其中国有投资 232887 亿元，增长 10.1%；民间投资 381510 亿元，增长 6.0%，占全部投资的比重为 60.4%。分产业看，第一产业投资 20892 亿元，增长 11.8%；第二产业投资 235751 亿元，增长 3.2%，其中制造业投资 193616 亿元，增长 4.8%；第三产业投资 375040 亿元，增长 9.5%。基础设施投资 140005 亿元，增长 19.0%，比上年加快 1.6 个百分点。受三、四线城市去库存效果显现及土地购置高位运行支撑，2017 年房地产投资表现出较强韧性。2017 年房地产开发投资 109799 亿元，比上年增长 7.0%，增速比上年加快 0.1 个百分点，其中住宅投资增长 9.4%。房屋新开工面积 178654 万平方米，增长 7.0%，其中住宅新开工面积增长 10.5%。

图 2 固定资产投资增幅变化

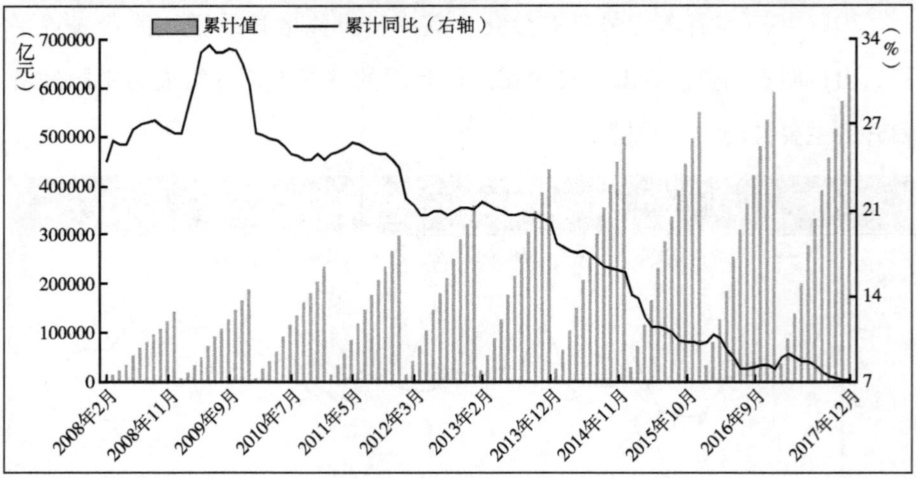

资料来源：Wind。

（2）消费表现平稳。全年社会消费品零售总额 366262 亿元，比上年增长 10.2%，消费支出对 GDP 增长的贡献率为 58.5%。其中，限额以上单位消费品零售额 160613 亿元，增长 8.1%。按经营单位所在地分，城镇消费品零售额 314290 亿元，增长 10.0%；乡村消费品零售额 51972 亿元，增长 11.8%。同时，全年居民消费价格比上年上涨 1.6%，涨幅比上年回落 0.4 个百分点，为居民消费创造了温和的通胀环境。考查限额以上批发和零售业增长情况，1～10 月化妆品、金银珠宝、体育娱乐用品等类别零售额增速有所加快，显示消费结构升级持续带动消费增长；石油制品类零售额增速受油价回升拉动也有明显提升；不过，汽车、家具、建筑及装潢材料等类别零售额增速有所回落，前者主因为汽车购置税优惠退坡，后两者则受商品房销售放缓拖累。

（3）净出口对经济增长实现正向拉动。2017 年以来，全球经济形势持续向好，多数国家的增速超过上年，尤其是发达国家增速表现抢眼。根据 IMF 预测，2017 年全球实际 GDP 同比增速可达 3.62%，增速由降转升。其中，发达经济体 GDP 增速为 2.2%，比 2016 年上升 0.5 个百分点；新兴市场与发展中经济体 GDP 增速为 4.6%，比 2016 年上升 0.3 个百分点。世界经济回暖为中国扩大出口提供了较好的外部环境支持。2017 年，全年进出口总额 277921 亿元，比上年增长 14.2%，扭转了连续两年下降的局面。其中，出口 153318 亿元，增长 10.8%；进口 124603 亿元，增长 18.7%。进出口相抵，顺差 28716 亿元。分季度走势看，出口方面四个季度同比增速水平分别为 6.9%、8.6%、6.6% 和 10.0%，进口增速分别为 25.2%、14.2%、14.3% 和 13.1%。

（二）供给面：服务业贡献突出，结构明显改善

受外需回升、供给侧结构性改革和创新驱动发展战略等因素推动，2017 年供给扩张速度有所加快，供给结构明显改善。

（1）服务业保持较快增长，对经济增长贡献突出。从三次产业对经济增长的拉动率看，2017 年，第一、第二产业增长较为平稳，GDP 增速的回升主要来自第三产业。2017 年，我国第一、第二、第三产业对 GDP 增速

的拉动率分别为0.4%、2.4%、4.1%，经济增长主要来自第三产业。从细分行业看，交通运输、仓储和邮政业，信息传输、软件和信息技术服务业等生产性服务业增长较快，而房地产业（中介服务）和金融业增速则在强监管约束下有所下滑。其中，信息传输、软件和信息技术服务业，租赁和商务服务业保持两位数增长。与此同时，服务业企业的运行效率明显改善。1～10月，规模以上服务业企业营业收入同比增长13.7%，比上年同期加快3.1个百分点；规模以上服务业企业营业利润同比增长29.0%，比上年同期加快27.5个百分点。

（2）工业生产整体加速，企业效益显著改善。2017年，全国规模以上工业增加值比上年实际增长6.6%，增速比上年加快0.6个百分点，主要受出口改善、工业品价格上扬、企业利润好转、工业补库存等因素带动。同时，供给侧结构性改革的推进加速了市场出清，重点行业集中度明显提升，产能利用率不断提高，企业杠杆率开始下降，赢利能力显著改善。1～11月，全国规模以上工业企业实现利润总额68750亿元，同比增长21.9%，比上年同期加快12.5个百分点。规模以上工业企业主营业务收入利润率为6.36%，比上年同期提高0.54个百分点。2017年中国经济供给面向好特征更为明显，这在很大程度上受政策手段的推动，而需求面仍然缺乏有效的转型配合，内需动能扩增迹象有限。下半年随着外需改善的边际效应减弱，金融去杠杆和环保限产力度加大，补库存周期进入尾声，宏观经济数据开始普遍回落，第三季度GDP同比增速较上半年下滑0.1个百分点至6.8%，第四季度继续保持6.8%的增幅（见图3）。

（三）政策面：经济去杠杆，金融防风险

（1）供给侧结构性改革进一步深化。2017年，以“三去一降一补”为代表的供给侧结构性改革的深入推进，成为推动中国经济稳中向好的重要力量。在去产能方面，钢铁、煤炭去产能年度目标已超额完成，1.4亿吨

图 3　中国 GDP 季度走势

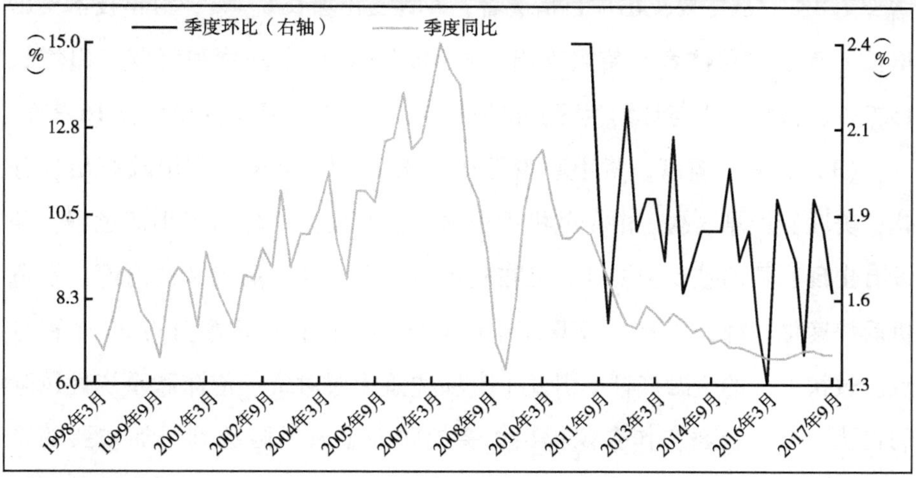

资料来源：Wind。

"地条钢"产能出清；在去库存方面，截至 2017 年 12 月末，全国商品房待售面积 58923 万平方米，比上年末下降 15.3%；在去杠杆、降成本方面，市场化债转股稳步推进。据国家发改委数据，截至 2017 年 9 月 22 日，各类实施机构已与 77 家企业签署市场化债转股框架协议，金额超 1.3 万亿元。据国资委统计，截至 2017 年 9 月末，中央企业平均资产负债率继续稳定在 66.5%，比年初下降了 0.2 个百分点。在补短板方面，持续加大对环境保护、生态治理等方面的投入，2017 年 1 ~ 10 月，全国在生态保护和环境治理业、公共设施管理业、农业等短板领域投资增速均比全部投资快 10 个百分点以上。

（2）财政政策更加积极有效。2017 年，中央继续实施减税降费政策，适度扩大支出规模，支持供给侧结构性改革，促进经济运行保持在合理区间。2017 年中央继续推行营改增税收改革，降低企业负担。根据相关部门负责人估算，近年来已经为企业减少税负 2 万亿元，预计 2017 年还将减负 1 万亿元。1 ~ 11 月，全国一般公共预算收入累计 161748 亿元，同比增长 8.4%，其中税收收入 136072 亿元，同比增长 11.2%；非税收收入 25676 亿元，同比下降 4.5%。支出方面，继续增加对公共基础设施和节能环保等短板的投入。1～11月，全国一般公共预算支出累计179560亿元，同比增长7.8%。从主要支出项目情况看，教育支出增长8.1%；科学技术支出增长11%；文化体育与传媒支出增长10.3%；社会保障和就业支出增长15.7%；医疗卫生与计划生育支出增长9.5%；节能环保支出增长16.7%。

（3）金融严监管，货币政策无法宽松。2017年全球货币政策出现分化，美联储加息3次。由于危机后中国并没有发生一轮市场出清过程，即没有出现剧烈的被动去杠杆，且在政策引导下企业、居民和政府部门在危机后快速加杠杆，2008～2010年中国非金融部门杠杆率攀升近20个百分点。过快上涨的金融杠杆率引发了市场和监管层对资产泡沫和系统性风险的担忧，全国金融工作会议提出，要把防控金融风险放到更加重要的位置。在这种情况下，2017年中国货币政策无法保持宽松。根据中国人民银行公布的数据，2017年全年人民币贷款增加13.53万亿元，同比多增8782亿元；社会融资规模增量累计为19.44万亿元，同比多增1.63万亿元。2017年12月末，广义货币（M2）余额167.68万亿元，同比增长8.2%，为历史最低（见图4）。

图4　中国广义货币M2供应量走势

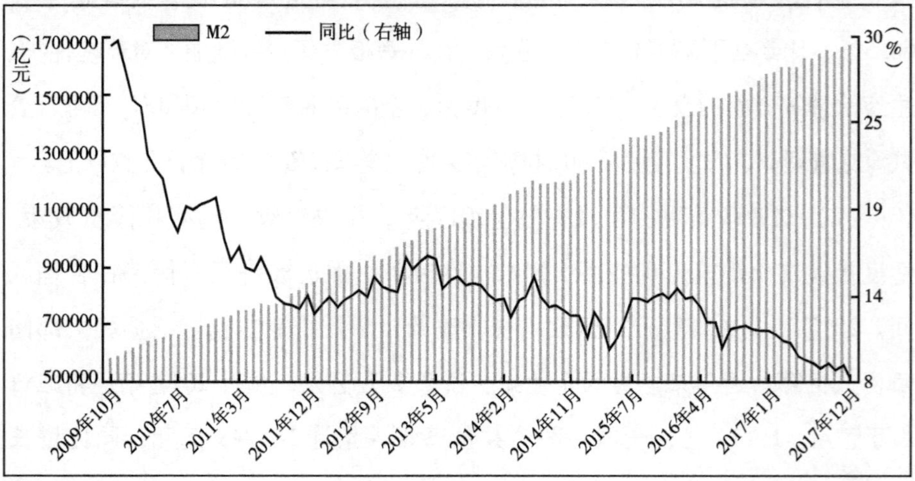

资料来源：Wind。

二、中国经济高速增长转向高质量发展

经过改革开放近 40 年的高速发展，今天中国经济总量已稳居世界第二，对世界经济增长贡献率超过 30%。连续多年的高速增长，为我们解决了一个又一个国计民生难题，让我们用几十年时间走完了发达国家几百年走过的发展历程，创造了人类发展史上的奇迹。中国特色社会主义道路的引领者、建设者善于用“速度”创造辉煌，却不会被“速度”束缚手脚，也不会因“速度”迷失方向，对于“速度”始终有着清醒的认识、科学的决断。

全球金融危机之后，世界经济深度调整，中国经济进入新常态。过去那种高速度增长所带来的一系列问题逐渐显现，环境污染、资源短缺、劳动力价格上升、人口老龄化等已经制约了中国经济的高速增长。在这种情况，转变发展方式、提升发展质量，解决经济发展不平衡、不充分的问题成为我们必须解决的主要矛盾。经过党的十八大以来五年多的探索和实践，中国经济发展已经不再纠结于经济增速快一点还是慢一点，而以提高全要素生产率为抓手，推动经济发展质量变革、效率变革、动力变革。

（一）中国经济增速走势判断

1. 高增长面临的约束瓶颈

随着我国人口老龄化，劳动人口数量呈下降趋势。从 2012 年开始，我国已经连续 6 年出现劳动力人口净减少。随着“二孩”的全面放开，人口抚养比还会进一步上升。劳动参与率下降，导致经济增长速度放缓。我国经济结构服务化趋势逐步形成，使劳动生产率降低，劳动力成本上升，经济减速势成必然。与发达国家不同之处在于，我国产业结构服务化发生在相对较短的时间和较低的收入水平上，对转型期间经济的冲击较大。

投资是我国经济增速的关键动力。经过这几年城镇化和大规模的基础设施建设，我国东部和部分中部省份的公路等基础设施密度已接近或达到发达国家水平；过去30余年的城镇化和工业化快速推进，铁路、公路、港口、机场等已经基本建成，大规模基础设施建设的任务基本完成。汽车的长期需求峰值将在2020年左右出现；钢铁、建材等重化工业产品的长期需求峰值已经或接近出现。未来投资增速难以持续。

虽然我国拥有大量的煤炭资源，但由于燃煤污染严重，依然需要进口大量的原油，我国已经成为全球最大石油进口国。能源消费总量增长速度惊人，而我国的人口规模、资源禀赋和环境承受力以及可持续发展的内在要求，都决定了我们不能肆无忌惮消费能源。我国能耗水平是世界平均水平的2倍。随着污染加重，民众对环保的诉求越来越强烈。在这种情况下，一些之前拉动经济高增长的高污染、高耗能行业将被限制。

2. 经济增速的世界比较

从主要经济体的发展经验来看，经济增速从高速增长区间向中低速增长区间的“下台阶”是必然，关键是其后是继续保持一定速度的持续增长，还是出现所谓断崖式的下跌。对于多数发展中国家，当人均GDP达到世界中等收入国家水平之后，经济发展的后劲明显不足，可能始终无法成为发达国家。中等收入陷阱的概念最早由世界银行在《东亚经济发展报告2006)》提出，描述的是后发国家在从中等收入国家向高收入国家转型的过程中，低附加值、高耗能、高污染的传统模式难以持续，经济发展的潜力空间消失，增速大幅波动或长期陷入停滞，长期在中等收入阶段徘徊不前。表现最为明显的就是阿根廷、巴西、智力等拉美国家，目前只有韩国、中国台湾等少数国家和地区成功跨越了中等收入陷阱。

根据世界银行的数据，2016年，全球GDP总量（国际汇率法）为756415.77亿美元，人均GDP为10164美元。2016年中国GDP总量为111991.45亿美元，居世界第二位，人均GDP为8123美元，在全球196个国家和地区中居第77位，相当于世界平均水平的79.92%，正好处于世界人均GDP中等偏下的水平。根据多数机构和专家的预测，中国的GDP增量将在2020～2030年超越美国，成为全球最大的经济体。但是，即使我们能在未来十年内超越美国成为全球最大的经济体，中国的人均GDP可能还是处于全球中等水平，还没有达到发达国家的水平。中国跨越中等收入陷阱可能还需要较长一段时间。

从世界经济结构看，一个国家能够成为全球经济的领跑者，必须在新一轮科技经济变革中处于领先地位。20世纪初美国超越英国成为世界最大的经济体，一直保持至今天没有被其他国家超越。在美国领导全球经济的100年时间里，美国曾经有过两次被其他国家逼近的经历：一次是其冷战对手苏联，另一次是其亚洲主要盟友日本。然而苏联和日本对美国的逼近都止于经济规模略超美国2/3之时：日本GDP在1995年达到峰值为美国的71%后一路下滑至2017年仅为美国的20%；苏联国民收入在1978年前后达到高点，为美国的67%，而目前俄罗斯的GDP仅为美国的11%。有人把这种现象称为“赶超美国陷阱”，显然中国可以较为轻松地跨越这个陷阱。但即使超越美国成为全球最大的经济体，中国要成为世界经济的领跑者，还必须进行结构性的变革，进一步提升发展的质量。

（二）经济高质量发展的特点

党的十九大报告指出，我国经济已由高速增长阶段转向高质量发展阶段。在这个阶段，中国经济将完成以下三个方面的转变和调整。

（1）发展方式的转变。经济发展方式指的是一切能够实现经济增长的方式，这个过程中所包含的内容相对比较广泛，不只包含经济增长方式、经济结构、发展质量等。经济发展方式很大程度上决定着经济增长的质量。改革开放以来，我国的发展方式就在不断地转变。从过去自产自销、封闭式的发展不断向开放型发展方式的转变。但总体而言，我国经济的发展方式还是比较粗放，主要表现在技术水平相对落后、资源消耗大、环境污染严重等。我国经济进入新常态之后，这种粗放式的发展方式将难以为继，必须向集约化、高质量的发展方式转变。

（2）经济结构的优化。经济结构指国民经济的组成和构造，可分为部门结构、产业结构、地区结构、所有制结构等。经济结构的变迁体现的是生产力水平的提高。实现经济发展方式的转变，必须深化供给侧结构性改革。在产业结构上，由以资源密集型、劳动密集型产业为主向以技术密集型、知识密集型产业为主转变；在产品结构上，由以低技术含量、低附加值产品为主向以高技术含量、高附加值产品为主转变；在经济效益上，由高成本、低效益向低成本、高效益的方向转变；在国际市场上，创新对外投资方式，促进国际产能合作，形成面向全球的贸易、投融资、生产、服务网络，加快培育国际经济合作和竞争新优势。

（3）增长动力的转换。中国经济进入由高速增长向中高速增长转换的新阶段，其本质上是原有经济增长动力正在逐步衰减，而新的增长动力尚在孕育和形成之中。党的十九大报告指出，创新是引领经济发展的第一动力，是建设现代化经济体系的战略支撑。转换经济增长动力就是要将传统的生产方式和经济发展模式慢慢淘汰，以创新技术带动经济发展，将创新作为经济发展的主导力量。党的十九大报告指出，要加快建设制造强国，加快发展先进制造业，推动互联网、大数据、人工智能和实体经济深度融合，在中高端消费、创新引领、绿色低碳、共享经济、现代供应链、人力资本服务等领域培育新增长点、形成新动能。

（三）推动高质量发展的举措

党的十九大报告指出，建设现代化经济体系，必须把发展经济的着力点放在实体经济上，把提高供给体系质量作为主攻方向，显著增强我国经济质量优势。进入新时代，经济总量的不足已经不是我们最突出的问题，我国钢铁、煤炭等产量全球第一，同时在数百个行业出现了产能过剩。中国经济的主要矛盾已经不是总量不足的问题，而是发展不平衡和发展质量不高的问题。这个判断也是同党的十九大报告关于中国特色社会主义进入新时代及主要矛盾的变化等判断相一致的。所以，推动高质量发展也是我们全面建设社会主义现代化的内在要求。未来几年经济工作将在以下几个方面发力。

（1）深化供给侧结构性改革。党的十九大报告中指出，在建设现代化经济体系中，要“以供给侧结构性改革为主线”“必须把发展经济的着力点放在实体经济上，把提高供给体系质量作为主攻方向，显著增强我国经济质量优势”。我国面临的主要问题不是供给的数量和总量不足，而是供给体系的质量有待提高。深化供给侧结构性改革就是要解决供给质量不高、供给不充分和供给不平衡的问题。如在制造业中，传统制造业和先进制造业的比重仍在向前者倾斜。这表明我国“加快建设制造强国，加快发展先进制造业”还有很长的路要走，因此推动产业发展迈向中高端，也是我国供给侧结构性改革的重点之一。

（2）加快建设创新型国家。党的十九大报告指出，“创新是引领发展的第一动力，是建设现代化经济体系的战略支撑。要瞄准世界科技前沿，强化基础研究，实现前瞻性基础研究、引领性原创成果重大突破”。创新不仅引领和助推各领域的供给侧结构性改革，其本身也是一种供给。近年来我国在创新产出方面取得了突出成就。如果用专利申请量在全球的占比来衡量，那么我国在全球的排名从 2008 年的第四位提高到现在仅次于美国和日本的第三位，科技水平有了显著提高。但从目前以科技创新为核心的创新能力来看，我国自主创新能力整体上依然薄弱。未来国家将会在创新方面加大投入和支持力度，战略性新型行业发展前景广阔。

（3）实施乡村振兴战略。党的十九大报告首次明确提出了“实施乡村振兴战略”，这是对过去几年“城镇化战略”的补充和完善。通过实施乡村振兴战略，解决留守农村人口的脱贫问题，同时促进经济增长，提升经济发展的质量。报告提出，“农业农村农民问题是关系国计民生的根本性问题，必须始终把解决好‘三农’问题作为全党工作重中之重”。报告提出，保持土地承包关系稳定并长久不变，第二轮到期后再延长30年。这为加快土地流转改革铺平了道路。由于农村经济发展相对滞后，农民消费升级也很迟缓。乡村振兴战略涉及面很广，如果从促进经济增长和经济结构调整角度看，乡村的振兴不仅有利于“三农”问题的解决和农村经济的发展，也有利于增强消费在整个经济增长中的基础性作用，促进经济结构转变。

（4）实施区域协调发展。区域协调发展是我国长期以来指导地区经济发展的基本方针，是新时代影响人民日益增长的美好生活需要和不平衡不充分的发展之间矛盾的重要因素。我国当前区域发展中还存在诸多困难，地区经济增长内生动力尚需增强，个别地区环境污染形势依然严峻，区域发展的体制机制还存在不少短板，需通过协调发展去破解、补齐短板。要针对不同区域发展的短板，在培育后发优势上下功夫，在协调发展中拓空间，在加强薄弱领域中增强发展后劲。报告特别强调了“以疏解北京非首都核心功能为牛鼻子，推动京津冀协调发展，高标准推动雄安新区建设”。未来雄安新区的规划建设工作将会提速。

（5）推动形成全面开放新格局。中国已经成为国际经济贸易大国。在深化开放过程中，我们要从贸易大国转变为贸易强国，同时还要积极“走出去”，参与全球经济大循环。党的十九大报告中指出，中国坚持对外开放的基本国策，坚持打开国门搞建设，积极促进“一带一路”国际合作。“一带一路”建设在未来全面开放新格局中必然是重要方向、重点区域，是国际国内联动发展的纽带，同时也关系到政治外交格局。“一带一路”已经不仅局限于经济和技术合作，还包括政治、文化、安全等全方位的区域合作。在未来相当长的一段时间内，“一带一路”建设不仅是个国家对外开放问题，还是内外联动的发展问题，也是企业加快“走出去”步伐的历史契机。

三、2018年中国宏观经济形势预测

展望 2018 年，世界经济复苏的势头将会延续，美国特朗普减税计划的落实将使美国经济继续保持较强的竞争力，欧元区将不改稳健增长趋势，主要新兴经济体增速有望进一步回升，我国所处的外部经济环境整体较为有利。2017 年末，中央经济工作会议定调高质量发展，指出我国经济已由高速增长阶段转向高质量发展阶段，且未再提及“适度扩大总需求”。这意味着我国经济施政理念正在发生重要调整，政府对经济增速适度放缓的容忍度将有所提高，经济增长的速度可能比 2017 年适当放缓，宏观政策的重点将是推进供给侧结构性改革，提高经济发展质量，防控系统性金融风险。

（一）宏观经济预测

（1）中央定调高质量发展。2018 年是贯彻党的十九大精神的开局之年，是改革开放 40 周年，是决胜全面建成小康社会、实施“十三五”规划承上启下的关键一年。鉴于新时代中国社会的主要矛盾已经转化为人民日益增长的美好生活需要和不平衡不充分的发展之间的矛盾，党的十九大已经明确指出，我国经济已由高速增长阶段转向高质量发展阶段，中国经济的发展已经不再纠结于速度，而重点提升质量和提高效益。为此，中央经济工作会议确定 2018 年经济工作的总基调依然是稳中求进，以供给侧结构性改革为主线，重点打好“防范化解重大风险”、“精准脱贫”和“污染防治”三大攻坚战。因此从中央政府的角度看，2018 年中国经济的增速不会定很高，可能会比 2017 年略低。这样也为结构改革和提高质量留出了空间、创造了条件。

（2）经济高速增长难以持续。在固定资产投资中，基础设施建设投资、房地产开发投资和制造业投资三足鼎立，占全部固定资产投资的75%以上。2018年，受房地产调控不断升级的影响，房地产投资增速可能在反弹后回落，基建投资占固定资产投资的比重已经达到27%，难以继续提升，而制造业投资和民间投资依然不足。中国房地产投资情况见图5。2018年，PPP项目管理将更加严格和规范，资产管理新规也会对融资端产生影响。因此，我们预计2018年固定资产投资将会继续缓慢下行。在消费方面，随着居民收入的增加和消费升级，居民消费将稳步提升，但短期内中国经济还主要靠投资和出口拉动，在投资端总需求整体向下和出口带动作用边际减弱的判断下，消费难以独立支撑中国经济走出拐点；在出口方面，海外主要经济体的通胀和工业景气度持续向好，反映复苏确定性较高，2018年外需将继续对中国的出口形成支撑，但结合实际有效汇率和基数的影响来看，净出口对经济的拉动作用将边际下滑。

图5　中国房地产投资情况

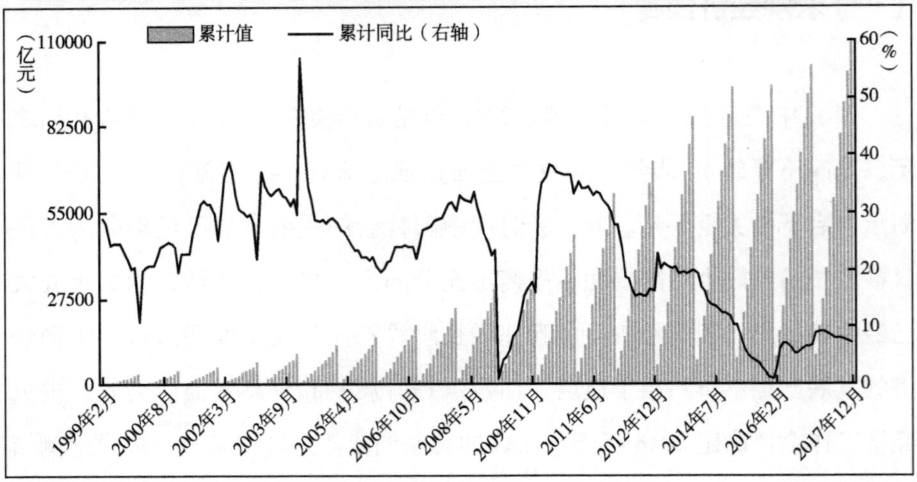

资料来源：Wind。

（3）供给侧结构性改革继续深化。在“去”的同时加快“补”，完善制度，建立长效机制，改革的主要领域将集中在国企和重资本行业，激发各类市场主体活力。中央经济工作会议强调，要在去产能的过程中，培育一批具有创新能力的排头兵企业。预计今年政府将加大对部分行业龙头企业的支持，特别是对战略性新兴产业龙头企业的支持，提升这些企业的竞争力。与此同时，供给侧改革政策将继续刺激工业品保持通胀，上游企业盈利继续改善。在产能过剩状况有明显好转之前，经济增速难以达到新的高度，在经济新动能没有形成之前，短期中国经济难以完全对冲政策退出的影响。预计 2018 年 GDP 实际增速小幅回落至 6.7% 左右。价格方面，全球大宗商品保持高位运行。2017 年，PPI 在结束了 54 个月负增长之后开始飙升，增速持续处于 5% 以上的高位。预计 2018 年中国 PPI 同比将有所回落，增速均值大致在 3.5% 附近。CPI 增速均值将有所抬升，进入“2”时代，全年 CPI 达到 2.3% 左右。

（二）宏观政策预测

（1）宏观经济政策整体偏紧。中央经济工作会议强调，2018 年继续坚持稳健中性的货币政策和积极的财政政策。在货币政策方面，预计 2018 年中国的货币政策将延续目前审慎态势，在发达国家加息和国内去杠杆、防风险的大背景下，短期内中国货币政策宽松无望。央行货币政策调控将更加有针对性和灵活性，货币供应量增速将继续保持在低位。在财政政策方面，2018 年营改增、资源税、环保税改革将在税制完善等方面深入推进，减税是一种大势所趋的选择。2018 年预算内赤字率也可能继续保持 2017 年的水平，但在利率上升后城投债融资减少，以及对地方政府债务管控压力下，PPP 等各类地方政府融资规模收缩，广义财政赤字规模可能有所下降。总体来看，2018 年中国的宏观政策继续保持相对偏紧态势。但稳增长依然十分重要，要实现全面建成小康社会的目标，GDP 必须保持一定的增长速度。如果国际环境发生变化或国内经济下行压力加大，偏紧的宏观经济政策也可能进行适当调整。

（2）市场利率将有可能抬升。2017 年美联储加息三次，并在 10 月启动资产负债表缩减计划；10 月欧洲央行宣布次年启动 QE 缩减，加拿大央行紧跟美联储步伐加息二次，11 月初英国央行也宣布十年来首次加息，发达国家央行正在逐步从货币宽松的环境中退出。市场普遍预计美联储 2018 年加息三次；欧洲央行 2018 年初启动缩减 QE 后，加息最早可能在 2019 年启动。鉴于中国目前依然处在去杠杆、防风险和调结构的供给侧改革阶段，2016～2017 年出现的中国经济与世界经济复苏不同步的现象可能还会持续一段时间。在国际大宗商品价格不断上涨的背景下，2018 年中国的 CPI 也会不断走高。中国市场利率趋势变化见图 6。预计 2018 年国内市场利率将继续保持在高位运行，并有可能随着美联储的间隙进一步抬升。在 CPI 和市场利率不断走高的情况下，中国央行可能会有一两次加息动作。

图6　中国市场利率走势变化

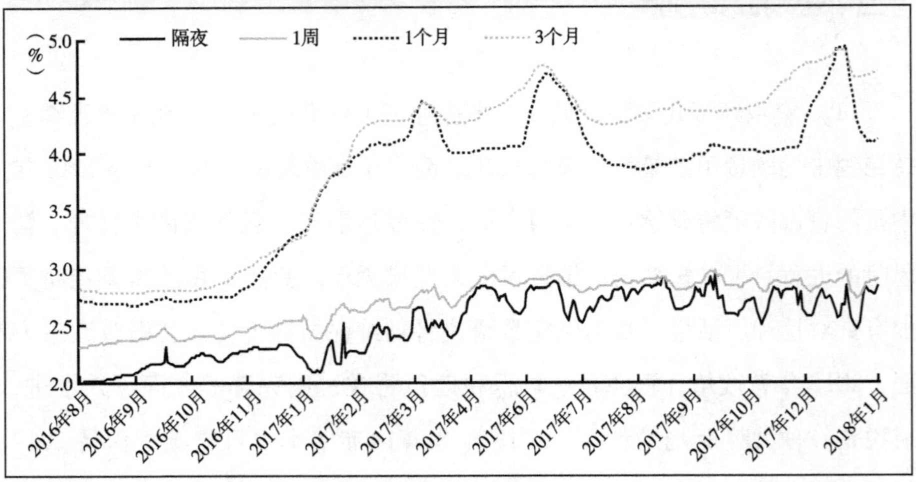

注：2016 年 12 月、2017 年 5 月和 11 月数据不可得。
资料来源：Wind。

（3）人民币汇率将保持小幅振荡。2017 年 1～11 月，我国境内投资者共对 174 个国家和地区累计实现投资 1075.5 亿美元，同比下降 33.5%，非理性对外投资得到了有效遏制。2017 年 12 月 26 日，国家发改委公布《企业境外投资管理办法》，在进一步促进投资便利化的同时，也将境内企业和自然人通过其控制的境外企业开展的境外投资纳入管理框架，补齐了多项监管短板。商务部也强调中国支持战略清晰及坚持主业的企业对外投资。2018 年，随着发达国家经济复苏、美国减税政策落实以及“一带一路”的推进，中国对外直接投资将会有所增长。2017 年以来人民币兑美元汇率大体处于上升区间。由于人民币尚未实现自浮动，中国央行仍然在国内外汇市场上占据主导地位，市场预期建立在与中国央行的博弈之上。2018 年央行保持人民币汇率稳定的意图不变，人民币的走势将很大程度上仍取决于美元指数变化。目前，强势美元已经处于尾声，美元指数从 2017 年初的高点 103 降至最低在 90 附近。在这种背景下，预计 2018 年人民币兑美元将大体保持在目前的水平并做小幅波动。

（三）投资机会预测

进入新时代，中国经济增长将不再只是数量和规模性增长，而将转向质量和效益型增长，投资需要更多地关注国家政策的变化，沿着国家政策取向寻找投资机会。除前两年提出的“一带一路”、长江经济带和雄安新区建设之外，2018 年还将推出“粤港澳大湾区”建设规划，应该引起重视。未来，随着供给侧结构性改革的深化，政府将更多支持产业升级和“中国制造 2025”战略，大力发展租赁住和共有产权住房，加速金融业对外开放。环保产业也将继续受到政府政策的扶持。政府培育行业排头兵，一些行业的龙头企业，尤其是大型国有企业将会得到政策的关照和投资者的青睐，而国有企业混合所有制改革也非常值得期待。

（1）高端制造业。2015 年 5 月，中国政府提出“中国制造 2025”战略来实现中国制造业的产业升级，是“十三五”规划重要的一部分。党的十九大报告也提出“加快建设制造强国，加快发展先进制造业，推动互联网、大数据、人工智能和实体经济深度融合，促进我国产业迈向全球价值链中高端，培育若干世界级先进制造业集群”。中央经济工作会议还提出，要积极推进军民融合深度发展，强化科技创新，大力培育新动能。军工企业多数都是制造企业，拥有很多先进的技术，推进军民融合战略，将一些先进的军工技术用于民用领域将会提升我国制造业水平。我们预计，2018年政府将会采取财政补贴、贴息贷款、动用政府产业基金入股、税收优惠等措施支持相关企业的发展，特别是对于人工智能、互联网技术、航空航天、新能源、船舶、新材料、生物技术、通信等新兴行业以及一些军民两用技术和军转民技术，政府补贴和产业政策将发挥更加积极作用。

（2）生态环保产业。随着中国城市雾霾的加重，环保产业越来越受政府重视和支持，将迎来大发展的黄金时期。党的十九大报告有整整一个章节描述环保措施，具体要点如下：一是构建市场导向的绿色技术创新体系，发展绿色金融，壮大节能环保产业、清洁生产产业、清洁能源产业；二是推进能源生产和消费革命，构建清洁低碳、安全高效的能源体系；三是推进资源全面节约和循环利用，实施国家节水行动，降低能耗、物耗，实现生产系统和生活系统循环链接；四是倡导简约适度、绿色低碳的生活方式，反对奢侈浪费和不合理消费，开展创建节约型机关、绿色家庭、绿色学校、绿色社区和绿色出行等行动。生态环境影响中华民族的生存和发展，影响全面建成小康社会的成效。中央政府已经把防治污染攻坚战作为三大攻坚战之一。2017 年，北京等城市防治雾霾已取得了明显成效，这进一步增强了政府和民众对防治污染的信心和决心。未来几年，随着防治污染攻坚战的打响，预计环保产业将会得到更多的政府扶持。

（3）消费升级行业。随着中国进入工业化后期，工业占比将逐步回落，服务业占比将逐步上升，消费将成为三大需求的主力。2018 年，中国的社会消费品零售总额可能将赶上或超过美国，成为全球第一大消费国。随着国内人均收入的提高，保障居民生活和工作的行业连续多年稳定快速增长，而且随着年龄结构和受教育程度的变化，新的消费形式将大量涌现，消费升级成为大势所趋。党的十九大明确提出“完善促进消费的体制机制，增强消费对经济发展的基础性作用”。消费体制和机制的完善，有望给相关行业带来显著的增长契机，存在很多投资机会，比如，迪士尼带动的主题公园游、文化旅游、出境游等机会；现代农业、农业电商带来的现代新农业发展的机会；以医疗服务、医疗美容、辅助生殖、养老健康等新业态为代表的医药行业新机会；社会服务业崛起带来的教育、体育、养老、消费服务业发展的新机会等。

（4）国资国企改革。供给侧结构性改革的关键是国企改革，中央经济工作会议提出要培育行业排头兵，国企必将获得更多的扶持并将发挥更大作用，而国企改革将进一步深化。2017 年 9 月以来，国家发改委负责推动的国有企业混合所有制改革被视为国企改革的主要突破口。目前，已经公布两批 19 家央企进行混改试点，包括引人瞩目的联通混改。有关媒体报道，目前第三批 31 家试点企业已经国务院批准，正在按照方案落实。第三批试点的亮点在于油气、铁路等垄断行业以及钢铁、煤炭、电力等产能过剩行业的国企将被纳入，包括一些地方国有企业。根据国资委的数据，从混合所有制企业户数来看，商业一类中央企业占比达 73.6%，商业二类中央企业占比达 62.6%，公益类中央企业占比为 31.1%。这说明央企的分类已经基本确定。未来混合所有制改革将加快，特别是对拥有众多先进技术，具有行业领先地位，又得到军民融合战略倾斜的军工企业，应给予更多关注。

新时代中国投资发展环境和形势分析

文玉春
中国建投投资研究院博士后

投资提示

- 投资并非现代社会的属性，但社会主要矛盾的变化、经济进入高质量发展阶段、金融服务实体等环境深刻地影响着投资逻辑、投资方式和投资行业领域。

- 新时代投资应紧跟社会主要矛盾转化和政策变化，立足提高供给质量、优化供给结构大方向，深挖公共产品和服务供给、新型产业体系构建、“双创”战略、对外投资等领域的机会。

- 国有资本应重点布局信息通信、新材料、节能环保等基础大功能性产业，以高端装备制造为代表的先进制造业，大健康和文化消费等民生类产业。

资金的融通与衍生是一国发展乃至世界发展的重要线索。消费、投资和出口是拉动经济增长的“三驾马车”。从根本上说，生产的发展、生活的改善、社会的进步，都离不开投资。国际经验表明，发达国家在工业化和城市化过程中，大多有过以投资驱动为主的发展历程。长期以来，投资一直是我国经济增长的重要动力。目前我国仍处于工业化中后期和城镇化提速发展期，投资和消费“双轮驱动”的基本经济格局没有变,① 投资“建功立业”的舞台还很广阔，其作用不可替代。但是经济进入新时代，需要科学理性地看待投资的作用，贯彻落实党的十九大报告精神，“发挥投资对优化供给结构的关键性作用”。合理平衡投资和消费的作用，逐步降低对投资的过度依赖，保持固定资产投资平稳增长，预计增速维持在6%左右。一方面，要旗帜鲜明地反对重复投资、盲目投资、无效投资，另一方面，要理直气壮地增加有效投资、坚定不移地扩大有效投资，做到保持定力、精准发力，让“花在刀刃上的钱”在稳增长、促发展中发挥好关键性作用。

一、新时代投资环境新变化

投资，并非现代社会的属性。但是经济大环境深刻影响着投资逻辑、投资方式和投资行业领域。当前，全球经济发展进入深度调整期，数字经济、共享经济、产业协作正在重塑传统实体经济形态，整个产业正处于转换发展理念、调整失衡结构、重构竞争优势的关键节点。尤其中国特色社会主义进入新时代，我国社会主要矛盾发生了新变化，发展不平衡、不充分等问题较为突出。投资需要关注主要矛盾转化过程中的机会，紧扣破解

① 2018年1月5日《经济参考报》报道，未来几年中国经济需求仍将以投资和消费“双轮驱动”格局为主。

主要矛盾进行谋划和布局，立足于通过投资来提高供给质量、优化供给结构的主攻方向。

（一）社会主要矛盾发生变化

30 余年来，我国社会主要矛盾发生了变化。党的十九大报告提出，我国社会主要矛盾已经转化为人民日益增长的美好生活需要和不平衡不充分的发展之间的矛盾。这是 1981 年以来的重大改变。1981 年党的十一届六中全会提出“在现阶段，我国社会的主要矛盾是人民日益增长的物质文化需要同落后的社会生产之间的矛盾”，再往前是 1956 年党的八大提出“当前主要矛盾不再是阶级斗争，而是人民对于经济文化迅速发展的需要同当前经济文化不能满足人民需要的状况之间的矛盾”。

社会主要矛盾的变化是关系全局的历史性变化，这一矛盾转化折射出以下变化：一是经济发展方式发生重大变革，从以前的重总量转化为未来的重结构，从以前的重增长转化为未来的重发展，从以前的重需求转化为未来的供需并重；二是社会需求层次提升了，从“物质文化需要”转变为“美好生活需要”，内涵放宽了，层次提高了，更多重视人的感受和人的发展，美好生活可以包括物质、文化、蓝天白云的自然环境、政治参与感、社会安全感、分配公平感等；三是生产力的发展进入新阶段，“落后的社会生产”变为“不平衡不充分的发展”，即生产力的发展已经从“寡”的阶段进入“不均”的阶段，不再是总量问题，而是分配、结构和协调问题。

进入新时代，投资要充分挖掘社会主要矛盾的新变化带来的巨大机会。譬如，可以密切关注居民消费结构升级带来巨大市场需求。新时代将面对强烈的居民生活质量升级需求，或将经历一场消费结构升级“革命”。消费层次由温饱型向全面小康型转变，① 2013 ~ 2016 年，全国居民恩格尔

① 接近联合国划分的 20% ~ 30% 的富足标准。

系数从31.2%下降到30.1%。技术发展带来的定制化、个性化需求升级，消费方式由线下向线上线下融合转变。城乡居民消费结构呈现三大新趋势，正在由生存型消费向发展型消费升级、由物质型消费向服务型消费升级、由传统消费向新型消费升级。尤其，环保、绿色食品、休闲、养老[①]、文化等服务消费需求不断提升，成为新的消费增长点。这场消费革命及其蕴含的巨大消费潜力，不仅成为经济增长的突出优势，而且成为产业转型升级的强大动力。再譬如，新型城镇化深入推进也将带来巨大投资机会。城镇化是扩大内需的最大潜力所在，巨大的消费潜力将转化为经济持续发展的强大动力。目前我国城镇化率为57.4%，不仅远低于发达国家80%的平均水平，也低于人均收入与我国相近的发展中国家60%的平均水平，还有较大的发展空间。城镇化进程的推进将带动若干个行业的发展，居民生活水平将大幅改善，产生大量产品和服务需求。

（二）经济进入高质量发展阶段

在世界经济深度调整、复苏动力不足、局部冲突和动荡频发、全球性问题加剧的外部环境下，实现中国经济发展的新常态，加快由高速增长转向高质量发展，培育经济新动力，成为当前及今后一段时间经济工作的重点。

推动高质量发展，是保持经济持续健康发展的必然要求。随着中国特色社会主义进入新时代，我国经济发展也进入了新时代，基本特征就是经济已由高速增长阶段转向高质量发展阶段。推动高质量发展是当前和今后一个时期确定发展思路、制定经济政策、实施宏观调控的根本要求。高质量发展意味着高速发展不再是主要目标。2018年及今后一段时期经济增速目标或被继续淡化，不会重走大力刺激投资的老路。这就迫切需要转换经济发展方式，加快新旧动能转换，培育经济自身发展的新动力。优化存量

① 据预测，到2020年，我国老年消费市场规模将达到3.3万亿元，养老服务市场潜力巨大。

资源配置，扩大优质增量供给，实现供需动态平衡。统筹推进稳增长、促改革、调结构、惠民生、防风险各项工作，推动质量变革、效率变革、动力变革。

进入新时代，结构性政策将会发挥更大作用，“三去一降一补”供给侧结构性改革仍是主题主线，但重点将从减法转移到加法。在这种背景下，投资应紧跟政策，可以考虑在数字经济、先进制造、节能环保、高端消费等行业进行投资布局。

（三）金融突出服务实体

金融与实体经济密切联系、互促共生。实体经济是经济持续健康发展的根本，是强国之基。立足于实业，以提高质量和核心竞争力为中心，扩大高质量产品和服务供给，是解决一国经济运行面临的突出矛盾和问题的重要手段。金融体系的演进发展历程就是改进和提升服务实体经济能力的过程，其根本动力就是服务实体经济。当前，中国经济正在向形态更高级、分工更复杂、结构更合理的阶段演化，做好实体经济是我国经济转型的重要举措。然而，一些资金“脱实向虚”，金融在一定程度和一定范围内自我循环、自我膨胀的现象日趋严重。比如，资金过多地流向股票市场和房地产领域，“以钱生钱”，资金在金融体系内部空转，金融体系自我循环膨胀、虚拟增值。银行、证券、保险公司获利丰厚，人才、资源聚集，而一些实体企业人才紧缺、资金缺乏。资金经过金融体系链条多次转手才到企业，造成企业资金成本昂贵。近几年，实体经济依然存在融资难、融资贵的现象，金融并没有很好地支持服务实体经济。因此，金融“脱虚向实”、坚定不移地服务于实体经济，显得尤为必要和紧迫。

党的十九大报告指出，“深化金融体制改革，增强金融服务实体经济能力，提高直接融资比重，促进多层次资本市场健康发展。健全货币政策和宏观审慎政策双支柱调控框架，深化利率和汇率市场化改革。健全金融监管体系，守住不发生系统性金融风险的底线”。还指出，“着力加快建设实体经济、科技创新、现代金融、人力资源协同发展的产业体系”。实体经济是现代经济体系的骨干。“四位协同”的产业体系是推进产业现代化的现实要求，重在解决经济体系中资源要素配置严重“脱实向虚”的现象。2017 年 12 月 18～20 日召开的中央经济工作会议提出，金融机构要突出主业、下沉重心，金融要服务于供给侧结构性改革这条主线，促进形成金融与实体经济、金融与房地产、金融体系内部的良性循环，这将是下一步金融发展的新方向，将展开金融服务实体经济的新局面。

进入新时代，在增强金融服务实体经济能力方面，投资要有担当。投资要瞄准以中国制造为核心的实体经济转型升级，加快优化投资功能。投资要立足有于新动能培育，支持先进制造业和现代服务业迈向中高端，在补短板、强弱项、民生保障和公共服务领域增加供给。投资要适应消费型社会、创新驱动型经济增长的特点，围绕人民群众和实体经济多样化的需求进行创新。以更具针对性的深度和更有普惠性的广度，服从和服务于经济社会发展和改革大局，为经济发展的重点和民众创新创业的热点输送更多“金融红利”。

二、发挥投资对优化供给结构的关键性作用

迎接环境形势和历史方位的变化，适应新时代的发展要求，预计投融资体制改革将进一步深化，投资对优化供给结构的关键性作用将进一步加强。对于投资者来说，投资应立足于提高供给质量、优化供给结构的大方向。

（一）要围绕供给侧结构性改革这一主线

2015 年 11 月 10 日，习近平主席在中央财经领导小组会议上提出要加强供给侧结构性改革，经济发展的着力点将从原本的重需求逐步转变为供

给需求共同发力。供给侧结构性改革将继续成为党的十九大以后五年甚至更长时期经济体制改革的主线。

“供给创造自身的需求”是古典供给经济学的核心思想。供给管理针对的是“供需错配”问题。当前的供给侧结构性改革，着力通过降低企业的制度性交易成本，包括减税、减负、降低融资成本及降低社会保障成本等，增强企业的创新能力，优化供给结构，提高供给质量，实现由低水平供需平衡向高水平供需平衡跃升，破解人民日益增长的美好生活需求和不平衡不充分发展之间的矛盾。重点是扩支减税与简政放权，推行“小政府”和“大市场”，让市场的自我创新和自我升级激发“大众创业，万众创新”的活力，重振实体经济。对投资者来说，要立足供给侧改革的关键环节，加大优质资产供给，满足潜在资本需求，通过资本手段促进新供给、创造新需求、形成新动能。

（二）以培育创新驱动能力为重要标尺

创新是国家振兴之源、强盛之基。要以培育创新驱动能力作为评价投资能力和投资质效的重要标尺。整合和引导各种资本力量，加大基础性、核心关键技术的研发投入力度，着力突破重点领域关键和共性技术，增强自主创新能力，推进重要技术和产品实现国产化。探索通过资本的手段推动创新驱动战略落实，培育创新驱动能力。投资要牢控产业链最高端，无论高科技产业还是传统制造业，都要选择“微笑”曲线的上端。投资要聚焦技术进步，以技术导向开展产业投资和战略并购。以技术进步为核心，培育投资特色，积累产业经验。必须把增强技术实力作为各类市场主体投资布局的战略支点，推动科技创新、产品创新、模式创新、业态创新、管理创新、市场创新等全面创新。瞄准全球战略性、引领性、重大基础共性技术和产品，运用股权投资、兼并、收购、转让和产权置换以及资本市场融资等多种手段，抢占产业价值链的制高点，推动行业转型升级，实现

“内生 + 外延”双轮驱动发展。加大海外并购力度，重点投资高新技术、品牌资产和生产性服务等领域。要加强创新驱动的智力支持，建设多层次制造业人才队伍，建设知识型、技能型、创新型劳动者大军，培养一大批具有创新精神和国际视野的企业家人才、各行业各领域技术创新的专家型人才和高级经营管理人才。

（三）统筹区域协调发展、生态文明建设的基本要求

投资要推进优化区域空间结构，统筹区域协调发展。根据国家区域发展总体战略和主体功能区规划，综合考虑资源能源、环境容量、市场空间等因素，优化产业空间布局，引导产业合理有序转移。密切关注国家重大生产力布局调整机遇，面向新型工业化重大战略需求，择机在京津冀、长江经济带、雄安新区、“一带一路”沿线等投资布局。如雄安，根据其疏解北京非首都功能的战略定位，承接的产业是环境友好型产业、高端科技产业或开放型经济产业。可以考虑围绕绿色、智能、高新这条主线，重点关注绿色环保、智能交通、智慧城市等产业的投资机会。

投资要全面落实绿色发展战略，遵循生态文明建设的基本要求。以低能耗、低污染、低排放为基础，减少对非再生资源的依赖和使用，加强对再生资源的开发利用，开展投资业务布局。以资本手段推进制造业绿色、低碳、循环发展，充当国民经济灵活的双手。要坚持有进有退：有进，就是要严格按照国家的产业政策，坚持市场化手段，采取多元性策略，用基金投资、控股投资、并购重组等手段，整合各种力量资源，投资布局绿色节能环保产业、清洁产业、新能源产业，建立绿色、低碳、环境不断优化的经济体系；有退，就是要通过市场化机制退出“两高一资”和落后、过剩产能项目，勇做减法。通过有进有退，尽可能把资金投向具有集约节约、清洁低碳、安全高效优势的重点项目，促进生态文明建设。

（四）深化投融资体制改革、创新金融支持实体经济的方式

深化投融资体制改革。规范政府投资，清晰界定政府投资范围，政府投资主要投向关系国家安全、国民经济命脉的领域。对于可以实行市场化运作、市场能有效配置资源的领域，如基础设施、市政工程和其他公共服务，应鼓励和支持民间资本进入。一是推进“放管服”改革，优化营商环境。规范投资项目报建审批要求，精简合并投资项目报建审批事项，不得擅自增加行政审批事项和环节。充分利用全国投资项目在线审批监管平台作用，加强信息化应用，提高审批效率和服务质量。开展社会投资项目报建审批情况清理核查，提高审批服务水平。二是有效放宽医疗、养老、教育、文化、体育等行业准入，进一步激发社会领域投资活力，制定社会力量进入医疗、养老、教育、文化、体育等领域的具体方案，新增服务和产品鼓励社会力量提供。三是进一步扩大投融资渠道，丰富手段，进一步建立健全产业专项债券、信贷创新产品、政府引导资金的政策制度措施。四是合理吸引外资，规范设置投资准入门槛，创造公平竞争、平等准入的市场环境。对各类投资主体同等对待，杜绝针对民间资本设置附加条件的现象。研究制定放开一般制造业的政策措施。健全和完善外商投资产业安全审查机制，确保外资利用过程中的产业安全。五是发挥中介服务机构的作用。发挥行业协会、民间机构、孵化器的沟通桥梁作用，整合社会资源，加强企业间的沟通交流，规范市场竞争秩序，引导行业健康规范发展，引导企业有效利用主板、中小板、创业板、新三板、区域性股权交易市场等多层次资本市场。

健全促进宏观经济稳定、支持实体经济发展的现代金融体系，创新金融支持实体经济的方式方法，发展直接融资。一是推进银行业金融机构在依法合规、风险可控、商业可持续的前提下，创新开发有利于制造业企业发展的金融产品。二是积极支持相关领域符合条件的企业发行公司债券、

非金融企业债务融资工具和资产证券化产品，研究出台产业专项债券发行指引，制定有利于相关产业发展的鼓励条款。三是发挥财政性资金带动作用，通过投资补助、资本金注入、设立产业投资基金等方式，吸纳各类社会资本，加大对集成电路、轨道交通、“互联网+”、大数据和工业机器人等关键领域和薄弱环节重点项目的投入力度，支持传统产业优化升级和企业技术改造。四是鼓励社会资本参与PPP项目，促进基础设施和公用事业建设。探索采取多种PPP运作方式，丰富社会资本投资机会，回收的资金主要用于补短板项目建设，形成新的优质资产，实现投资良性循环。完善PPP项目价格和收费适时调整机制，建立PPP项目合理回报机制。提高企业融资能力，降低融资成本，推动PPP项目资产证券化，鼓励社会资本采取混合所有制、设立基金、组建联合体等多种方式，参与投资规模较大的PPP项目。五是运用大数据、互联网等新型技术改善融资服务，积极发展多层次资本市场，丰富直接融资工具。

（五）坚持市场主导、政府引导的基本原则

更加尊重市场规律，以市场需求为导向，全面深化投融资体制改革，充分发挥市场在资源配置中的决定性作用，强化企业主体地位。激发各类市场主体活力和创造力，调动各类市场主体的积极性。

积极转变政府职能，更好发挥政府作用。坚持“放管服”改革方向，注重调动社会力量。在政府切实履行好基本公共服务职责的同时，把非基本公共服务更多地交给市场。完善各类国有资产管理体制，发展混合所有制经济。加强战略研究和规划引导，完善相关支持政策，降低制度性交易成本，吸引各类投资进入实体经济。引导企业利用好国际国内两个市场、两种资源，加大对适应国内消费升级和产业转型需要项目的投资力度，支持劳动密集型产业向内陆沿边地区梯度转移。清理废除妨碍统一市场和公平竞争的各种规定和做法，着力完善公平、开放、透明的市场规则，稳定

市场预期、增强市场活力。提供优质公共服务、维护市场秩序、加强市场监管、保障社会公平。

三、投资的重点领域

投资要保持定力、精准发力，在稳增长、促改革、调结构、惠民生、防风险中发挥好关键性作用。同时，在投资的过程中不能“任性”，要做到“有所为，有所不为”。

（一）增加公共产品和服务供给

目前，我国经济社会发展还存在许多不足，民生领域还有不少短板，群众在就业、教育、医疗、居住、养老等方面面临不少难题。在党的十九大报告精神的指引下，将突出抓重点、补短板、强弱项。预计未来一段时期，政府将继续增加公共产品和服务供给，加大对教育、卫生等的投入，并鼓励社会参与，推动基本公共服务均等化。还将加强水利、铁路、公路、水运、航空、管道、电网、信息、物流等基础设施网络建设，落实区域协调发展战略，促进人民生活水平大体相当。

政府工作报告提出，2018 年要完成铁路建设投资 7320 亿元、公路水运投资 1. 8 万亿元，水利在建投资规模达到 1 万亿元，继续加强轨道交通、民用和通用航空、电信基础设施等重大项目建设。除了增加投资财政预算 5376 亿元外，还落实和完善促进民间投资的政策措施，通过深化政府和社会资本合作来保障这些投资项目的顺利进行。今后几年，基建投资可能面临小幅下滑，主要原因在于：一是地方政府融资渠道受到限制；二是财政收入出现下滑；三是地方政府的考核机制调整，不再唯 GDP 论。因此，投资将着力从优化结构的角度来进行。

（二）构建新型产业体系

新时代开启了建设现代化经济体系的新征程。党的十九大报告指出，“要贯彻新发展理念，建设现代化经济体系。着力加快建设实体经济、科技创新、现代金融、人力资源协同发展的产业体系”。“四位协同”的产业体系是现代经济体系的主体部分。在新时代现代化经济体系建设的大背景下，产业体系必将发生新的变化，产业升级进入新的阶段。

在新型产业体系的构建过程中，深化供给侧结构性改革主要应做好三方面工作：一是加快建设制造强国，加快发展先进制造业，推动互联网、大数据、人工智能和实体经济深度融合，在中高端消费、创新引领、绿色低碳、共享经济、现代供应链、人力资本服务等领域培育新增长点、形成新动能；二是支持传统产业优化升级，加快发展现代服务业，瞄准国际标准提高产业发展水平；三是促进产业迈向全球价值链中高端，培育若干世界级先进制造业集群。率先步入景气的产业见表1。

表1　率先步入景气的产业

领域	产业	具体内容
民生类产业	大健康	医药和医疗器械、养老、健康管理、医疗服务等产业
	文化消费	教育、出版传媒、文化创意、旅游、体育、影视等产业
先进制造与生产性服务业	高端装备制造	机器人、新能源汽车、智能制造装备、现代航空装备、卫星及应用产业、轨道交通装备、海洋工程装备等
	生产性服务业	集产品提供者与服务提供商为一体，生产设计高附加值产品的生产性服务产业
基础大功能性产业	信息通信	移动互联网、云计算、物联网、大数据、人工智能、无人驾驶等产业
	新材料	先进基础材料、关键战略材料、前沿新材料等产业
	节能环保	高效节能产业、先进环保产业、资源循环利用产业等

资料来源：建投研究院。

（三）推动落实“双创”战略

自 2014 年夏季达沃斯论坛提出“大众创业、万众创新”构想以来，创业创新已成为国家一项重要战略。在互联网大趋势下，“互联网 +”等发展新技术、新产业、新业态、新模式，吸引创业者共谋共创，帮助更多人创业创新，努力推动小企业“铺天盖地”、大企业“顶天立地”发展格局的形式，实现创新驱动发展，打造新引擎、形成新动力。

推动落实“大众创业、万众创新”战略，在一定程度上将激发民间投资，不仅能够刺激经济需求，而且可以扩大就业。改革开放以来实体经济得到了发展，发展最快的是民营经济，相伴的是民间投资快速发展。几十年民营经济发展成长造就了一批国内国际上知名度很高的企业，同时很多技术的突破也来自民营经济。民间投资在几十年中保持着快速强劲的增长势头。近几年来，民间投资增长速度正在不断上升。民间固定资产投资占全国固定资产投资（不含农户）的比重保持在 60% 以上。尽管区域分化比较明显，但是民间投资政策环境日趋完善，整体发展势头较为强劲。随着投融资体制改革的进一步深化，《关于深化投融资体制改革的意见》等相关投融资改革政策出台，预计今后民间投资还将保持较快的增长速度。

（四）进一步扩大对外投资

全面开放是习近平新时代中国特色社会主义思想和基本方略的重要内容，它既包括开放范围扩大、领域拓宽、层次加深，也包括开放方式创新、布局优化、质量提升。今后，我国将以“一带一路”建设为重点，坚持引进来和走出去并重，加快形成陆海内外联动、东西双向互济的开放格局，不断提高开放型经济的发展层次和水平。国家发改委在 2017 年 12 月 26 日发布《企业境外投资管理办法》（本文以下简称“新办法”），将于

2018年3月1日起在全国施行。[①] 今后，除极少数敏感领域外，其他制造业还要进一步开放，股比、业务范围等限制也将逐步放宽，金融、教育、文化、医疗等服务业领域也将有序开放。

对外投资必将成为党的十九大以来的投资热点。立足于“一带一路”、短缺资源开发利用、促进产能转移以及技术性项目，中国企业“走出去”的步伐将加快。其中，投资机会包括基础设施建设、能源开发、新兴产业、文化旅游等投资合作，铁路、电力、通信、工程机械、汽车、飞机、电子等中国制造对外出口，冶金、建材等产业对外投资等。这一方面可以转移一部分国内产能，[②] 缓解产能过剩的压力；另一方面可以提升我国在国际舞台上的话语权。

四、国有资本的责任担当

国有资本是践行国家战略、推动新旧经济交替的重要市场主体。在优化供给结构的征程中，应该逐渐走向前台。从支持、协助、配合等相对被动的参与，走向更主动的引导、优化和提升。力争在以资本手段推动产业转型升级和优化企业资源配置中发挥主导作用。

（一）识大局，保持战略定力锐意改革

党的十八大以来，习总书记从治国理政的新高度，在多个场合对国有企业的改革和发展做了重要讲话。其中，在全国国有企业党的建设工作会

① 届时《境外投资项目核准和备案管理办法》同步废止。

② 针对产能严重过剩矛盾，中央提出了消化一批、转移一批、整合一批、淘汰一批“四个一批”化解产能过剩的思路。可以预测，产能过剩行业中的某些优势产业，如钢铁、水泥、玻璃、电解铝的技术和经验将推广到全球，尤其是“一带一路”沿线国家和地区。

上指出，国有企业要成为六个重要力量：“使国企成为党和国家最可信赖的依靠力量，……成为贯彻新发展理念、全面深化改革的重要力量，……成为壮大综合国力、促进经济社会发展、保障和改善民生的重要力量。”习总书记还指出，国有企业掌握着国家的经济和金融命脉，要成为执行中央政策的正规军，深化改革和技术创新的主力军，全球化发展的先行者，保障改善民生的压舱石。因此，在服务支持实体经济发展、推进制造强国建设过程中，作为主力军的国有企业，必须提高政治站位、增强使命感，这是国有资本进行战略思考和抉择的根本出发点。国有资本在国民经济和社会发展战略中要发挥应有的作用，勇于担当、有所作为，体现国有企业的使命和价值，不能仅仅满足于创造有限的财务投资收益，更重要的是开展战略性投资，体现社会价值，力求通过资本手段推动产业转型升级和提高供给体系质量，在由低水平供需平衡向高水平供需平衡的跃升中发挥更为主导的作用。

（二）做加减，优化资产对接国家战略

进入新时代，全球经济内生动力疲弱，复苏依然乏力。国内经济步入新常态，经济结构调整与产业转型升级是未来我国经济的主基调。一方面，中央着力推进供给侧结构性改革，部分传统产业实施“去产能、去库存、去杠杆”，单纯依赖投资拉动和要素投入已基本失效；另一方面，新经济发展虽然方兴未艾，但不会一帆风顺，对经济发展的支撑作用还有待检验。国有资本要在对国内外经济和产业发展规律深刻认知的基础上，着眼于优化资源配置，不断通过做“加法”和“减法”调整产业组合，不断融入国家重大战略，严格贯彻落实国家产业政策和区域布局政策的要求。做好加法，要重点瞄准先进制造业、基础设施网络、高新技术、绿色环保、民生、现代农业、中高端消费等领域投资布局，优化供给结构；做好减法，要通过市场化手段去产能、去杠杆，退出不符合发展方向的落后、

产能过剩项目，引导传统产业结构调整，通过资本手段贯彻落实国家的重点战略，体现国有资本价值。

（三）精运作，加强资本运营推动价值提升

资本市场是价值交换的场所，在资源配置的过程中能发挥重要作用。对于国有资本来说，无论是创建投资还是并购投资，都有必要借助资本市场，推动资产证券化，打通资产获取、运营、变现的价值链，实现资金、资产、资本的循环，在交易中发现和创造价值，更好地服务于实体经济发展。要坚持市场化手段，灵活采取多元性策略，用基金投资、控股投资、证券化、并购重组等资本手段来推动产业转型升级和企业资源优化配置。在行业并购和产业整合过程中力争扮演主角，应该逐渐走向前台，从支持、协助、配合等相对被动的参与，走向更主动的引导、优化和提升，发挥更为主导的作用。在坚持国有经济发展方向的同时，要加强与多种经济成分合作。一方面，发挥国有资本的放大作用，用少量国有资本引导和带动大量的社会资本进入国家需要和鼓励发展的产业和重点区域；另一方面，这也有助于国有企业壮大自身的实力和增强发展活力。

（四）强管理，提质增效促进保值增值

服务实体经济发展的过程注定不会一帆风顺，机遇与风险并存。国有资本要增强管理意识，强化经营管理，加强风险防控。现实中，一些国有企业在对市场缺乏可行性研究和投资风险评估不足的情况下，盲目进行项目投资，其投资规模较小、投资区域较为分散、投资结构不合理以及外部监管不到位，致使企业风险成倍增加，从而造成国有资本投资回报率较低，甚至国有资产损失。为此，要通过全面加强经营管理、组织管理、风险管理，逐步建立适合国有企业自身发展特点、适应市场化运作的管理体

制、经营机制和风险防控体系，确保国有资产的保值增值。注重防范风险，坚持不把鸡蛋放在同一个篮子里。考虑在多个区域、多个行业投资不同的产业和项目，对不完全相关的不同市场甚至负相关的产业项目进行投资，分散投资风险，在保持风险敞口不变的情况下提高投资组合的收益。

参考文献

〔1〕习近平、刘云山、张高丽等：《党的十九大报告辅导读本》，人民出版社，2017。
〔2〕任泽平：《中国经济：新5%比旧8%好》，《中国经济周刊》2017年第48期。
〔3〕顾阳：《在优化供给结构的关键处发力》，中国经济网，2017年12月6日。
〔4〕文建东、程先勇：《高质量发展成中央经济工作会议主题词》，《人民日报》2017年12月21日。
〔5〕陈和：《深化供给侧结构性改革》，《经济日报》2017年11月14日。
〔6〕张连起：《供给侧结构性改革的关键在于结构》，《人民政协报》2017年06月29日。

金融资管篇

FINANCIAL
MANAGEMENT

2018年资产管理行业发展趋势分析与展望

祝伟清

中国建投投资研究院副秘书长、高级研究员

投资提示

- 2017 年，在加强金融监管的大政策环境下，我国资产管理行业发展出现明显调整和分化。银行理财业务停止了高速增长，信托继续保持两位数增长，私募基金仍然保持较快增长态势，公募基金的专户理财业务下降幅度较大；券商资管增长乏力，保险资管继续呈现增长态势，但增速有所回落。

- 从全球资管业务的发展趋势看，被动投资理念在国外被广泛接受，增长较快；智能投顾已逐渐成为全球资管行业的热点，增长迅猛，未来资产管理机构要全面拥抱人工智能、机器学习、大数据和分析等先进技术来实现创新发展。

- 展望 2018 年，在加强金融监管、防范系统性风险的大背景下，我国资产管理行业将加速回归本源，继续分化，重塑新的格局，迈入一个新的发展阶段。

- 展望 2018 年，随着我国投融资体制改革深化、资本市场不断完善和发展，将有更多支持实体经济发展的创新资产管理产品在国内市场出现，给我国未来资产管理行业带来广阔的发展前景。

一、我国资产管理行业发展状况分析

（一）资产管理业务政策环境

继 2016 年监管部门下发一系列严监管的政策法规后，2017 年 7 月召开的中央金融工作会议明确指出：金融回归本源，服务于经济社会发展；金融要把为实体经济服务作为出发点和落脚点，全面提升服务效率和水平；要扭转当前资金脱实向虚并在金融系统内空转的困境，重新将金融资源配置到实体经济中，切实为实体经济服务。同时，确定了强化金融监管的原则，会议提出，设立国务院金融稳定发展委员会，强化中国人民银行宏观审慎管理和系统性风险防范职责。坚持从我国国情出发推进金融监管体制改革，增强金融监管协调的权威性、有效性，强化金融监管的专业性、统一性、穿透性，所有金融业务都要纳入监管，及时有效识别和化解风险。具体对资产管理行业，监管部门将按照穿透性监管原则，对其存在的产品规则不统一、层层嵌套、规避金融监管，没有严格遵守投资者适当性原则，投资者的风险承受能力与投资方向不匹配，行业数据和投向不清晰等风险点，出台相应的监管政策，"穿透"到最终的投资者，"穿透"到最后使用资金的产品。

2017 年 10 月召开的中国共产党第十九次全国代表大会指出，经过长期努力，中国特色社会主义进入了新时代。深入学习党的十九大报告精神是当前和今后一段时期首要政治任务，要深刻领会新时代中国特色社会主义思想的精神实质和丰富内涵，在各项工作中全面准确贯彻落实。党的十九大报告再次强调，要深化金融体制改革，增强金融服务实体经济能力，提高直接融资比重，促进多层次资本市场健康发展，健全金融监管体系，守住不发生系统性金融风险的底线。

2017 年 11 月 17 日，中国人民银行、银监会、证监会、保监会、外管局五部委联合下发了《关于规范金融机构资产管理业务的指导意见（征求意见稿）》（本文以下简称《意见》），其核心内容包括：

（1）打破刚性兑付。《意见》提出，金融机构开展资产管理业务时不得承诺保本保收益。出现兑付困难时，金融机构不得以任何形式垫资兑付。金融机构应当加强投资者教育，不断提高投资者金融知识水平和风险意识，向投资者传递“卖者尽责、买者自负”的理念，打破刚性兑付。并要求金融机构对资产管理产品实行净值管理，对刚兑行为的认定进行了明确规定。

（2）第三方独立托管。《意见》提出，金融机构发行的资产管理产品资产应当由具有托管资质的第三方机构独立托管。过渡期内，具有证券投资基金托管业务资质的商业银行可以托管本行理财产品；过渡期后，商业银行可以托管子公司发行的资产管理产品。

（3）规范资金池。《意见》提出，金融机构应当做到每只资管产品单独管理、单独建账、单独核算，不得开展或者参与具有滚动发行、集合运作、分离定价特征的资金池业务。

（4）消除多层嵌套和通道。《意见》提出，金融机构不得为其他金融机构的资产管理产品提供规避投资范围、杠杆约束等监管要求的通道服务。资产管理产品可以投资一层资产管理产品，但所投资的资产管理产品不得再投资其他资产管理产品（公募证券投资基金除外）。

《意见》旨在从制度层面规范金融机构资产管理业务，统一资产管理产品监管标准，有效防范和控制金融风险，其颁布与实施对促进我国资产管理行业健康长远发展具有十分重要的意义。

2017 年 12 月召开的中央经济工作会议对 2018 年全年经济工作进行部署。中央经济工作会议指出，我国经济已由高速增长阶段转向高质量发展阶段，实现 2018 年经济社会发展预期目标，必须注重“时、度、效”，着力打好政策“组合拳”。积极的财政政策取向不变，确保对重点领域和项目的支持力度，加大对防范化解重大风险的支持力度，加强地方政府债务管理，推动规范举债。稳健的货币政策要保持中性，管住货币供给总闸门，更好为实体经济服务，完善金融监管，守住不发生系统性金融风险的底线。要打好防范化解重大风险攻坚战，重点是防控金融风险，做好重点领域风险防范和处置，坚决打击违法违规金融活动，加强薄弱环节监管制度建设。

按照中央的统一部署和近期出台的监管政策法规，预计今后一段时间，我国资产管理行业仍将面临严监管、防风险的局面，且随着中央有关精神的落实，资产管理业务穿透性监管规定将进一步细化，对违法违规行为处罚力度将进一步加大。

（二）各类资产管理业务规模情况

截至2017年末，我国资产管理规模为118万亿元，比上年增长5.5%，增长速度从两位数回落到个位数，回落23.74个百分点。其中，银行理财29.54万亿元，占比25.01%，较上年下降0.94个百分点；信托24.45万亿元，占比20.70%，与上年相比上升2.64个百分点，上升幅度较大；券商资管16.54万亿元，占比14%，与上年相比下降1.7个百分点；公募基金总资产11.60万亿元，占比9.82%，与上年相比上升1.64个百分点；基金公司专户和基金子公司专户12.27万亿元，占比10.39%，与上年相比下降4.7个百分点；私募基金11.1万亿元，占比9.4%，与上年相比上升2.35个百分点；期货0.21万亿元，占比0.18%，与上年相比略有下降；保险资管12.42万亿元，占比10.61%，与上年相比上升0.77个百分点（见图1）。

2017年，我国资产管理业务调整、分化明显。银行理财规模呈现增速大幅回落趋势，信托继续保持两位数增长速度，其规模接近银行理财；私募基金仍然保持高速增长态势，其规模已接近公募基金；公募基金增长速度较快；基金公司专户和基金子公司专户理财业务下降幅度较大，其规模回到2015年水平；券商资管增长乏力，其规模比2016年略有下降；保险资管继续呈现增长态势，但增速有所回落。

图1 2017年中国资产管理业务规模情况

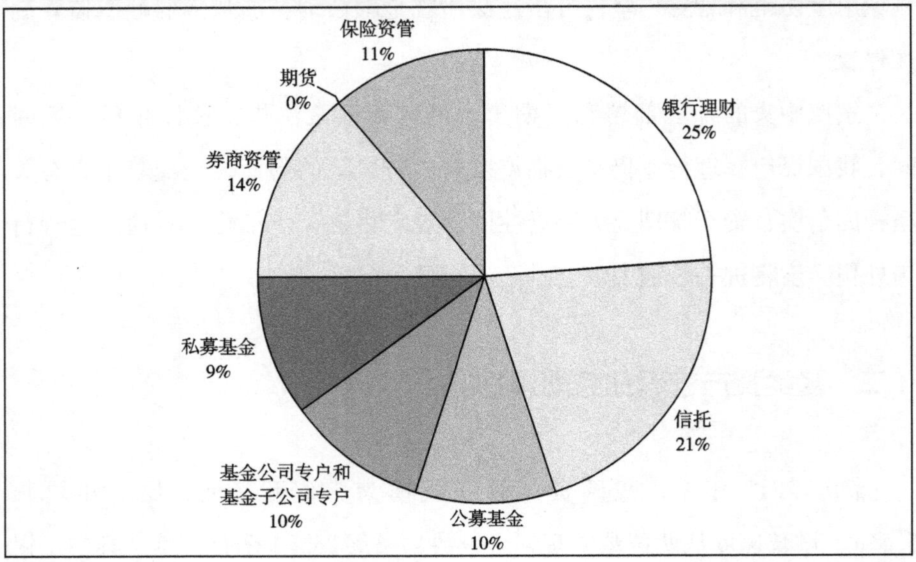

资料来源：建投研究院根据公开数据整理。

1. 银行理财

2017年，全国550家银行发行理财产品147225只，与2016年相比，发行银行家数增加24.15%，产品数量增加48.34%。其中，市场占比超过1%的有13家银行，分别是交通银行（9.19%）、建设银行（5.42%）、中国银行（3.82%）、民生银行（3.72%）、南京银行（2.8%）、杭州银行（2.05%）、浙商银行（1.73%）、工商银行（1.72%）、农业银行（1.70%）、华夏银行（1.51%）、招商银行（1.44%）、江苏银行（1.42%）、渤海银行（1.26%）。与2016年相比，交通银行继续保持最大市场份额，工商银行、浙商银行份额有较大的提高，上海银行、平安银行、广发银行市场份额有较大下降。

从发行产品类型看，保本浮动型占比 21.57%，保本固定型占比 7.18%，非保本型占比 71.25%。与 2016 年相比，保本固定型占比有所提高，非保本型产品占比略有下降。从发行产品基础资产看，债券类数量占比 25.77%，利率类数量占比 25.71%，股票类数量占比 2.92%，票据类数量占比 2.28%，信贷资产类数量占比 2.36%，商品类数量占比 0.81%，其他类数量占比 39.96%（见图 2）。与 2016 年相比，债券类、利率类、股票类数量占比都有所提高，其他类数量占比下降 6.49 个百分点。数据显示，底层非标资产配置下降明显。

图2　2017 年发行产品基础资产数量占比情况

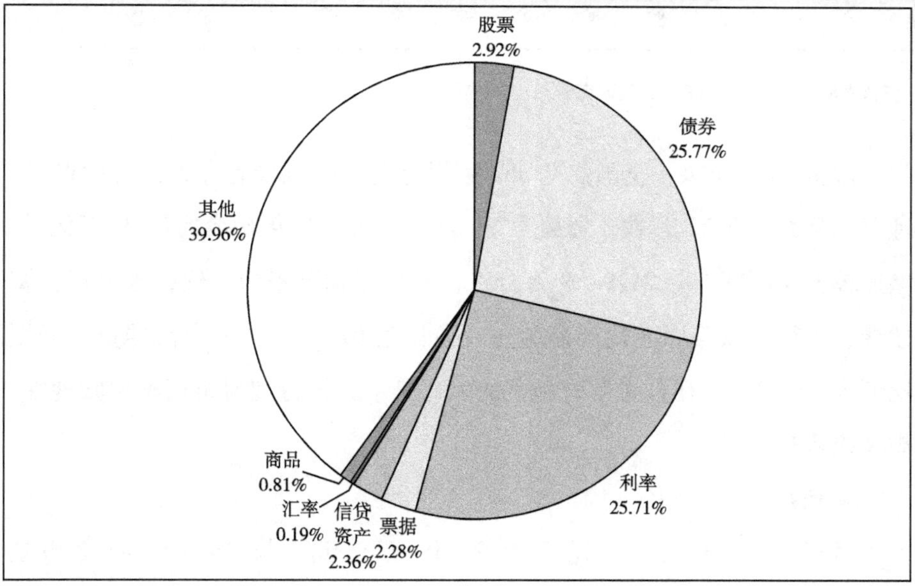

资料来源：Wind，建投研究院。

从发行产品预期收益情况看，2017 年新发行产品平均收益率逐月走高，从年初的 4.19% 上升到年底的 4.9%，上升 71BP，平均收益率提高了近 17%（见图 3）。在国内去杠杆、强化金融监管、推进结构性改革的大背景下，我国货币政策的紧平衡还将延续，银行理财产品平均收益率或将保持上升趋势。

图3　2017 年各月新发行产品平均收益率走势

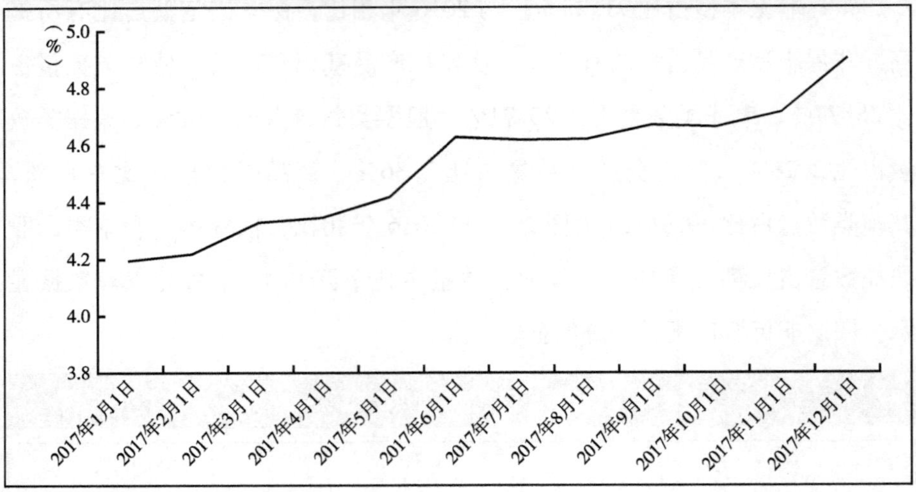

资料来源：同花顺 iFinD，建投研究院。

截至 2017 年末，全国共有 562 家银行业金融机构有存续的理财产品，理财产品数量 9.35 万款，余额为 29.54 万亿元，较年初增加 0.49 万亿元，增速较上年同期下降 21.94 个百分点。从配置情况来看，银行理财以投资债券、银行存款等标准化产品为主，占比达 67.56%，其中债券资产配置比例为 42.19%。在金融监管趋严的大背景下，银行理财将逐渐回归理性，规模或将有所下降。

2. 信托

截至 2017 年末，信托规模 24.45 万亿元，与 2016 年相比增长 20.66%，继续保持高速增长态势。其中，单一信托余额和集合信托余额分别为 11.54 万亿元和 9.1 万亿元。

从走势来看，2016 年以来，两者均出现明显增长，但集合信托增长相对较快。从资金信托投向来看，截至 2017 年 9 月，投资基础产业和工商企业占比较高，合计达 42.5%，比 2016 年提高 2.04 个百分点；此外，资金主要流向金融机构和房地产，占比分别为 18.93% 和 10.01%。流向金融机构的资金有所减少，但流向房地产的资金有所增加，可能与我国房地产调控政策收紧银行对房地产行业的贷款有关，2017 年信托贷款增速明显提高，截至 2017 年底，信托贷款余额达到 8.53 万亿元，比 2016 年末增长 36%，增速高于 2016 年 20 个百分点（见图 4）。

图4　2016 年、2017 年月度信托贷款余额变动情况

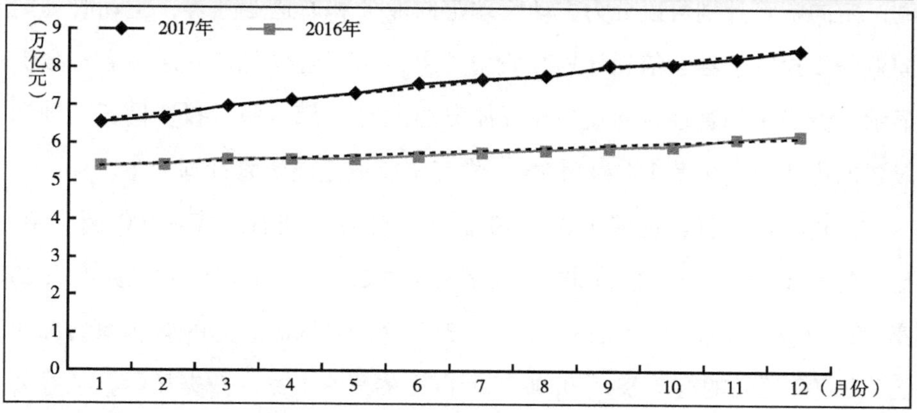

资料来源：根据公开数据整理。

2017 年，在中性偏紧的货币政策和强监管的环境下，国内流动性逐步趋紧，直接导致新发行信托收益呈现逐步走高趋势（见图 5），预计 2018 年将继续实施稳健中性货币政策，流动性趋紧的格局或将延续。

图5　2016 年、2017 年各月发行信托平均收益率变化趋势

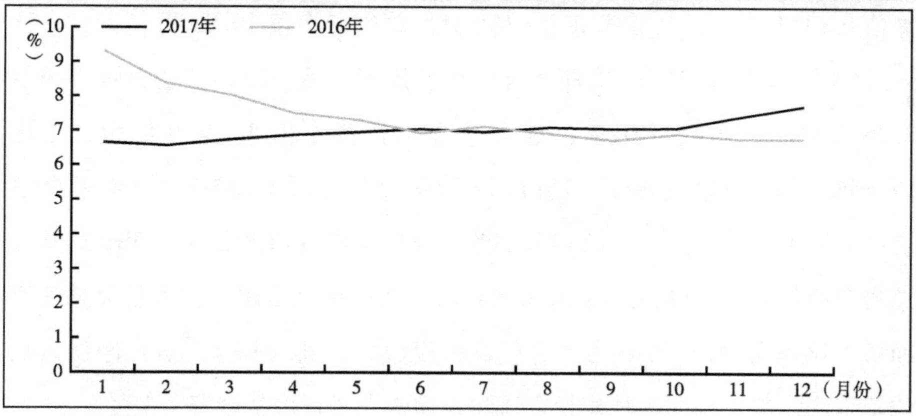

资料来源：同花顺 iFinD，建投研究院。

3. 券商资管

截至2017年末，97家证券公司资管业务规模达16.54万亿元，较2016年底减少1.04万亿元，减少5.92%，增速出现下滑。

从产品类型看，定向资管计划占比最大，达84.8%，其次为集合计划。定向资管计划可以分为主动管理定向业务和通道业务等，主动管理定向业务以投资债券、信托计划和股票为主，因而至少包括一层嵌套。数据显示，券商主动管理定向业务投资债券的占比达55.7%，投资信托计划和股票的占比分别为8.1%和6.4%。券商资管以定向资管计划为主。

从规模看，资管规模在0～100亿元的证券公司有9家，100亿～500亿元的有27家，500亿～1000亿元的有13家，1000亿～2000亿元的有23家，2000亿～3000亿元的有13家，3000亿～5000亿元的有5家，5000亿～10000亿元的有7家，10000亿元以上的只有1家。数据显示，证券公司资管规模主要集中在100亿～2000亿元。

4. 公募基金

截至2017年底，我国境内共有基金管理公司113家，其中，中外合资公司45家，内资公司68家；取得公募基金管理资格的证券公司或证券公司资管子公司共12家，保险资管公司2家。以上机构管理的公募基金数量4841只，总资产净值合计11.60万亿元。其中，封闭基金480只，总资产净值0.61万亿元；开放式基金4361只，总资产净值10.99万亿元，占比94.74%，与2016年相比有所提高。按照投资类型，股票基金总资产净值0.76万亿元，占比6.92%；混合基金总资产净值1.94万亿元，占比17.65%；货币基金总资产净值6.74万亿元，占比61.33%；债券基金总资产净值1.46万亿元，占比13.28%；合格境内机构投资者（QDII）基金总资产净值0.09万亿元，占比0.82%。与2016年相比，货币基金总资产净值占比提高11.11个百分点，提高幅度较大，其余基金总资产净值占比均呈下降态势，说明为规避投资风险，投资人对货币基金有所偏爱。

从新基金数量看，2017年合计成立975只新基金，首募规模达到

7865.43 亿元，相比 2016 年发行数量和募集规模均有所下滑，分别下滑了 15.36% 和 27.46%，新基金平均成立规模为 8.07 亿元，处于历史最低水平，继续呈下滑趋势。

从新基金发行类别来看，混合基金成为发行数量最多的一类品种，2017 年合计成立 462 只混合基金，合计募集金额达到 2509.84 亿元。而债券基金为发行规模最大的一类品种，2017 年合计成立了 297 只债券基金，合计募集资金达到 3696.07 亿元。此外，股票基金、货币基金、另类基金、QDII 基金分别发行 126 只、72 只、2 只、16 只，分别募集资金 671.23 亿元、931.26 亿元、5.04 亿元、51.99 亿元。其中股票基金 2017 年新成立数量和募集规模比 2016 年都有较大的增长，显示投资者 2017 年对股票投资有所关注，其他基金均呈下降态势。

2017 年首募规模高于 100 亿元的新基金有 8 只，基本为债券基金或货币基金，首募规模最高的是工银瑞信丰淳，募集规模 909.55 亿元。

2017 年权益基金业绩表现较好，成为一大亮点。受此影响，2017 年权益类产品发行明显增多，部分基金公司主动权益基金募集金额超过 30 亿元。此外，2017 年是基金中基金（FOF）元年，全年有 6 只 FOF 基金发行，合计募集金额达到 166 亿元。

2017 年，从基金净值增长情况看，2017 年净值增长的基金数量占比 66.79%，其中偏股型基金数量占近一半；净值下降的基金数量占比 10.53%。2017 年净值增长前十位的基金中，偏股混合型占一半，净值下降前十位的基金中，有 9 个是封闭式基金，2017 年偏股混合型基金表现较好（见表 1）。

5. 基金公司专户和基金子公司专户

2017 年以来，基金公司专户和基金子公司专户规模明显下降，拖累整个专户规模下降。截至 2017 年末，110 家基金公司专户和 78 家基金子公司专户规模分别为 4.96 万亿元和 7.31 万亿元，较 2016 年分别下降 22.25% 和 30.38%。从专户构成上来看，无论是基金公司专户还是基金子

表1　2017年净值增长前十位、末十位基金情况

前十位基金名称	基金净值（元）	2017年净值增长率（%）	投资类型	管理公司
华安新丰利灵活配置混合A	3.1350	213.50	偏股混合型	华安基金管理有限公司
招商中证白酒B	1.2800	161.53	封闭式	招商基金管理有限公司
食品B份额	1.6265	132.99	封闭式	国泰基金管理有限公司
鹏华弘达混合A	2.2359	124.65	偏股混合型	鹏华基金管理有限公司
中融新经济混合A	1.7350	122.41	偏股混合型	中融基金管理有限公司
东方惠新灵活配置混合C	2.2541	112.37	偏股混合型	东方基金管理有限责任公司
新沃鑫禧	2.0514	104.96	中长期纯债券型	新沃基金管理有限公司
酒B	1.6360	103.48	封闭式	鹏华基金管理有限公司
华富元鑫灵活配置混合A	1.9880	97.03	偏股混合型	华富基金管理有限公司
国富中证100指数增强分级B	1.0660	84.43	封闭式	国海富兰克林基金管理有限公司
末十位基金名称	**基金净值（元）**	**2017年净值增长率（%）**	**投资类型**	**管理公司**
富国体育A	1.0040	−78.70	封闭式	富国基金管理有限公司
华安创业板50B份额	0.5474	−69.74	封闭式	华安基金管理有限公司
富国体育B	0.7520	−68.29	封闭式	富国基金管理有限公司
申万传媒B份额	0.8355	−63.45	封闭式	申万菱信基金管理有限公司
传媒B级	0.6099	−62.62	封闭式	工银瑞信基金管理有限公司
鹏华国防B	0.7780	−54.90	封闭式	鹏华基金管理有限公司
军工股B	0.9780	−53.50	封闭式	融通基金管理有限公司
中航军B	0.3710	−50.20	封闭式	前海开源基金管理有限公司
华宝中证1000B份额	0.3288	−46.72	封闭式	华宝基金管理有限公司
中欧纯债添利分级债券	0.9940	−45.26	中长期纯债券型	中欧基金管理有限公司

资料来源：同花顺iFinD，建投研究院。

公司专户，一对一（定向）产品占比较高，截至2017年9月末，基金公司、基金子公司一对一产品规模占比分别为66.5%、82.04%，主要投向债券、股票和证券投资基金。

从专户规模看，基金公司专户规模在0~50亿元的有29家，50亿~100亿元的12家，100亿~300亿元的有31家，300亿~500亿元的有15家，500亿~1000亿元的有9家，1000亿~2000亿元的有9家，2000亿~3000亿元的3家，3000亿元以上的只有2家。数据显示，基金公司专户规模主要集中在0~300亿元。基金子公司专户规模在0~100亿元的有12家，100亿~300亿元的17家，300亿~500亿元的有11家，500亿~1000亿元的有17家，1000亿~3000亿元的有14家，3000亿~5000亿元的有7家。数据显示，基金子公司专户规模主要集中在100亿~1000亿元。

6. 私募基金

2017年，中国证券基金协会按照监管要求，结合私募基金行业特点，加大落实私募基金管理人专业化管理原则的力度，明晰私募基金登记备案审核标准，完善私募基金登记备案流程，提高行业信息报送质量，推动私募基金行业健康发展。截至2017年末，已在中国证券基金业协会备案的私募基金管理人22446家，比上年增长28.76%；私募基金数量66418只，比上年增长42.82%；基金规模11.10万亿元，比上年增长40.68%（见表2）。

表2 2015~2017年私募基金管理人、从业人员、基金数量及规模情况

年份	基金管理人（家）	从业人员（万人）	基金数量（只）	基金规模（万亿元）
2015	25005	37.9	25369	4.16
2016	17433	27.2	46505	7.89
2017	22446	23.83	66418	11.10

资料来源：根据公开数据整理。

2017年，私募基金继续保持较快发展速度，但有所分化。其中，私募股权、创业投资基金管理人13200家，基金规模7.09万亿元，占比63.87%，比上年提高4.55个百分点；私募证券投资基金管理人8467家，

基金规模2.28万亿元（比上年下降17.2%），占比20.54%，比上年下降14.43个百分点；其他私募投资基金管理人779家，基金规模1.72万亿元，占比15.78%。2017年，私募证券投资基金尽管基金管理人、私募基金数量都有所增长，但基金总规模和占比都有明显下降，而私募股权、创业投资基金以及其他私募投资基金呈现增长态势。

2017年，中国证券投资基金业协会新注销的私募基金管理人955家，累计已注销13789家。截至2017年底，私募基金从业人员总数比上年减少3.37万人；私募基金规模在20亿元以上的有1024家，比上年增加315家，增幅44.42%，平均管理基金规模4.95亿元，比上年提高9.5%。2017年，私募基金行业无展业能力的空壳机构被注销，从业人员管理进一步规范，私募基金管理规模有所提高。

7. 期货

截至2017年末，我国境内共有125家期货公司，管理资产规模0.21万亿元，与上年相比规模有小幅下降。

从资产管理规模看，100亿元以上的仅有2家期货公司，最大的未超过200亿元；50亿~100亿元的有13家；20亿~50亿元有16家；5亿~20亿元有23家；0~5亿元的有71家。期货公司管理资产规模普遍偏小，发展不平衡。

8. 保险资管

截至2017年末，我国保险资金投资余额为12.42万亿元，比上年同期增加0.77万亿元，增幅13.84%，增幅有所放缓。

其中，固定收益类余额7.09万亿元，占比47.51%，下降3.19个百分点；股票和证券投资基金1.835万亿元，占比12.30%，下降0.98个百分点；长期股权投资1.477万亿元，占比9.90%，上升0.73个百分点。受监管新规的影响，2017年保险资管对证券的投资有所控制。

2017年，我国保险资金运用收益8352.13亿元，同比增长18.12%，资金收益率5.77%，较上年同期上升0.11个百分点。其中，债券收益

2086.98 亿元，增长 11.07%；股票收益 1183.98 亿元，增长 355.46%，2017 年股票投资收益表现亮眼。

（三）资管行业存在的主要问题

1. 空转、嵌套、刚兑等现象依然突出

中国资产管理行业在前期无序高速发展中已形成较大的存量，资金池业务不可能立即禁止，存在流动性风险隐患；仍有多层嵌套的资管产品，尤其是刚性兑付使风险停留在资产管理机构。按照五部委联合下发的《意见》的要求，尽管给予一定的过渡期，但无论是资产管理机构还是监管部门，都要妥善处理好这些问题，逐步释放潜在的风险，防止出现重大风险，尤其要防范风险交叉和传递。

2. 资产管理产品的同质化竞争

由于我国资本市场产品品类相对较少，尚未形成多层次的完善资本市场体系，衍生工具品类也有待进一步丰富。同时，近年来我国股市处于调整期，上证综指在 3000～3450 点窄幅波动，导致无论是资管机构还是投资人都更愿意发展低风险的类固定收益产品，因此金融产品和体系的同质化现象比较突出。以预期收益型的产品为例，除了公募基金以外，专户、银行理财、券商资管、信托资金池计划等产品的本质都一样，产品的吸引力主要以投资人对资产管理机构的认可度和信任度的不同而不同。

3. 万能险的快速发展潜在风险隐患

近年来，我国万能险呈现高速增长态势，在快速发展的同时也带来巨大风险隐患。一是负债久期低于资产久期的错配风险；二是激进投资，资产负债严重错配带来现金流等风险。2017 年监管部门出台一系列政策，有效控制了万能险无序发展。监管政策的核心是将万能险长期化，对中短存续期产品实施更加严格的总量控制，并通过提高短线扣费以及严格限制一

年期万能险等方法，逐渐化解万能险产品存在的风险，引导行业健康发展，回归“保险姓保”的本质，而非完全否定万能险。

4. 部分资产管理机构无序开展资产管理业务

部分资管机构仍存在违规通过通道向不具备风险识别能力的投资者推介产品、开展虚假误导宣传、未充分揭示投资风险、违反监管规定等无序开展资产管理业务的行为，监管套利的惯性仍存在，监管部门对此进行了严厉处罚。2017 年 12 月 8 日，银监会公布了依法查处“广发银行违规担保案”情况，对涉及的浙江稠州商业银行股份有限公司、廊坊银行股份有限公司、国民信托有限公司、上海国际信托有限公司、中国金谷国际信托有限责任公司、陆家嘴国际信托有限公司、平安信托有限责任公司等“通道”机构罚款 515 万元，并对广发银行处以 7.22 亿元罚款，为银监会成立以来对单家机构开出的最大罚单。

2017 年 12 月 26 日，保监会对前海方舟资产管理有限公司、人保远望资产管理公司、上海鼎迎投资管理中心、东方国新创业投资管理（新疆）有限公司、信达风投资管理有限公司 5 家股权基金投资机构违反保险资金运用监管规定的情况进行了通报，督促股权基金投资机构严格执行监管规定。

二、全球资产管理行业发展趋势

（一）被动产品继续保持强劲增长

从近十年的情况看，主动式投资不但收取较高的管理费，且 1 年期、3 年期和 5 年期的投资回报水平大多不如被动式投资，全球资产管理逐渐从主动式投资向被动式投资转变。过去十年，被动式投资保持较高的增长态势，全球 ETF 资管规模年复合成长率近 20%。

全球 ETF 的主要市场在美国、欧洲和亚太区域，美国是世界上最大的 ETF 市场，占据全球七成以上的份额，亚太区的 ETF 市场成长率居全球之冠。尤其是以美国为代表的市场情绪发生变化，资金弃债选股，而大部分资金选择的是 ETF 而非传统的共同基金，监管政策的变化也使 ETF 的低成本结构比共同基金更受欢迎，美国 ETF 资产规模继续保持强劲增长。截至 2017 年末，美国 ETF 产品数量 2115 个，比 2008 年增长近 3 倍，近十年来产品数量复合增长率达 12.58%。总资产规模为 3.44 万亿美元，比上年增加 0.8875 万亿美元，增幅达 34.8%，2017 年美国 ETF 资金净流入近 4755 亿美元，比上年 2870 亿美元增加 1885 亿美元，增长 65.7%，近十年资产规模复合增长率达 23.89%。被动投资理念在国外被广泛接受，以 ETF 指数型基金、FOF 基金为代表的产品迅速崛起，增长较快，成为资产管理行业的发展趋势（见图 6）。

图6　2008 ~2017 年美国 ETF 资产增长趋势

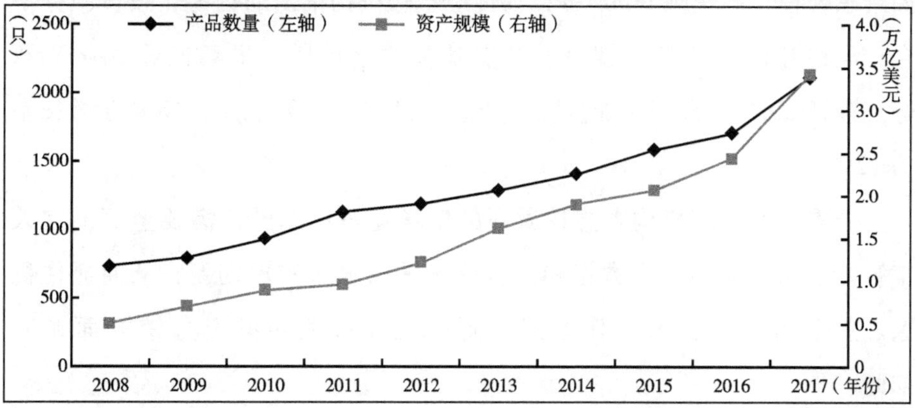

资料来源：根据公开数据整理。

（二）智能投顾规模呈现迅猛增长态势

智能投顾已逐渐成为全球资管行业的热点。首先，国外成熟的 ETF 市场，以及美国分散管理的养老基金模式催生资金托管需求，为智能投顾的兴起奠定了基础。其次，互联网、大数据、人工智能、区块链等技术的发展运用，为智能投顾快速发展提供保证。目前，美国智能投顾已经基本发展出三种类型的机器人投顾：最早的如 betterment 公司利用计算来推荐资产管理组合；将个人投顾建议与机器算法相结合的混合型投顾；应用更加复杂的算法创建主动管理组合。BI 智慧预测，到 2020 年，全球智能投顾的资产管理规模将达到 8 万亿美元。2017 年初，美国智能投顾的资产管理规模只有 300 亿 ~400 亿美元，2017 年底突破千亿美元，预计 2020 年将增长至 2.2 万亿美元。

我国智能投顾尚处于起步阶段，与欧美等国差距较大，但发展迅猛。目前国内智能投顾的相关公司及产品，按照其开发主体可分为 3 类：①独立第三方财富管理机构打造的智能投顾平台，目前国内市场中主流有蓝海智投、理财魔方等；②基于互联网公司业务创新的智能投顾平台，如京东智投、同花顺 iFinD 等；③传统金融机构推出的智能化投资服务平台，如招商银行的摩羯智投、嘉实基金的金贝塔、华泰证券 AssetMark 等。预计 2020 年我国智能投顾资产总规模将达 8 万亿元，年复合增长率约 12%。

未来资产管理机构若想在激烈的市场竞争中制胜，需要全面拥抱人工智能、机器学习、大数据和分析等先进技术来实现创新，从而抓住机遇、果断行动、变革工作方式，而在投资管理和渠道分销方面尤其如此。

（三）管理费继续呈现下降趋势

过去 10 多年来，全球大型基金公司一直在降低费率试图吸引投资者，目前这一趋势没有停止且还会继续。2016 年 12 月，美国领航集团（Vanguard）宣布将降低旗下 35 只产品的管理费率。这场价格战引得富达

(Fidelity)、贝莱德（BlackRock)、嘉信理财（Charles Schwab）等公司纷纷跟进，2016 年上述大型资产管理公司旗下均有产品降低费率。降低管理费率的不仅是共同基金和 ETF，还包括指数基金和主动管理基金以及股票和债券，涵盖国内和国际市场产品。2017 年 9 月，全球最大的资产管理机构安联（Allianz）和富达相继宣布计划调整目前的基金收费模式，降低管理费率，将收费更多地与业绩挂钩。除了本土市场，大型跨国巨头还把这一趋势延伸到全球市场。香港市场上，继 BMO 资产管理公司之后，领航集团也对旗下 5 只 ETF 产品费率进行了不同程度的降低。尽管相对于发达市场，亚洲投资者对投资成本的考量并不排在首位，但跨国巨头的举措也会促使行业管理费用进一步降低。

随着客户结构调整，机构客户增多，加上互联网证券的冲击，我国证券行业经纪业务佣金率呈持续下行态势，2016 年末行业整体佣金率已跌破 0.4‰，2017 年上半年下降为 0.344‰，预计 2017 年末行业整体佣金率为 0.3‰，让传统金融机构尤其是证券机构意识到转型的迫切性（见图 7）。

图 7　2008 ~2017 年我国证券业佣金率变化趋势

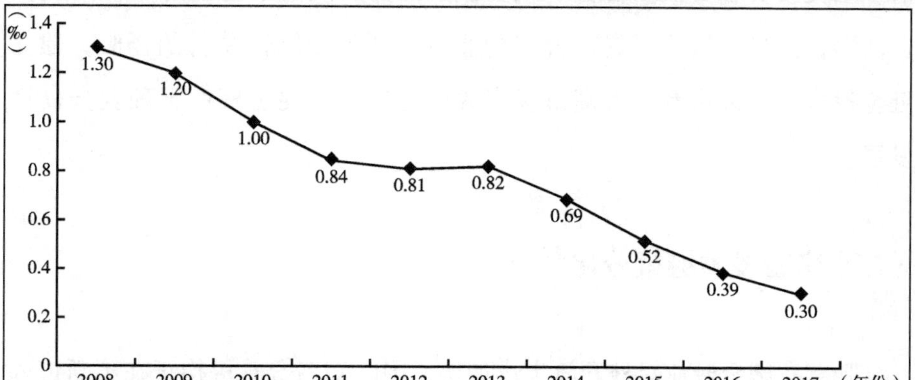

资料来源：根据公开资料整理。

三、2018年我国资产管理行业发展展望

（一）严监管下资管行业将加速回归本源

2018 年仍是严监管年，加强流动性监管、信息透明性监管、投资者权益保护并消除通道是重点监管方向。随着严监管的配套措施不断出台，我国资产管理行业将加快回归本源，有效改变资金脱实向虚在金融体系内部空转的局面。资管行业要发挥资产管理业务的功能，切实为实际经济服务，做到与实体经济协调发展。资管行业加快回归行业发展的本质，提升投研能力是核心，差异化经营是出路。资产管理机构要十分重视合规经营，切实履行勤勉尽责义务，向投资者充分揭示风险，不得承诺保本、保收益，要依法履行相关信息披露责任，为投资者提供优质的金融服务，并获取相应的管理费用。资管产品创新要紧紧围绕实体经济的投融资需要，减少中间环节，做到底层资产清晰，避免层层嵌套、杆杆不清。相关投资者要根据自身的风险识别能力和风险承担能力审慎开展投资活动，并自担风险。资产管理行业将逐渐打破刚性兑付的怪圈，建立健全投资者约束机制，提高市场资源配置效率，促进资产管理业务良性发展。

（二）资管发展继续分化

随着我国金融业对外开放步伐加快，国际知名资管机构正在不断进入中国。2017 年 12 月 28 日，全球最大的资管公司贝莱德宣布，在上海注册的外商独资企业贝莱德投资管理（上海）有限责任公司已成功在中国证券投资基金业协会登记成为私募基金管理人，将获准为中国的合格机构及高

净值投资者提供私募证券投资基金产品。同时，我国越来越多的资管机构“走出去”，在境外设立基金或发行产品，将促进我国资管机构与国际接轨，增强市场竞争力。人民币国际化进程加快使得我国资产管理市场与发达的国外资本市场接轨，这不仅有助于我国资产管理市场需求的提升，也给我国资产管理市场提供了新的业务可能。在参与全球市场化竞争中，我国资管行业发展将继续分化和重塑，规范经营要求更严，监管处罚力度更大。从产品看，基础资产的风险将得到充分揭示，预期收益型产品将向净值型产品转型，准确反映资产价格的公允变化；资管产品将与国际接轨，被动投资产品增长较快，资金持续从主动投资甚至复杂小众的多头资产策略中流出；从投资者看，投资者的投资行为更趋理性和成熟；从资管机构看，银行理财、公募基金专户将继续回落，信托原有增长模式或将难以持续。未来资管行业将重塑，壁垒将更高。资管行业进入精耕细作的阶段，投资类业务将基金化，其核心是管理能力；融资类业务会投行化，其核心是企业客户基础。大的资管机构将脱颖而出，小的资管机构市场空间将不断压缩。

（三）投融资体制改革带来资管发展的新机会

2018 年是深入贯彻党的十九大精神的第一年，我国将深化投融资体制改革，发挥投资优化供给结构的关键性作用；提高直接融资比例，促进多层次资本市场发展。这将给资管行业带来新的挑战和机会。一方面，在我国经济结构调整过程中，伴随而来的可能是信用风险暴露，部分房企、个别地方政府平台、部分地方国有企业、个别偿债能力不强的上市公司在债权类资管产品、信用债、信贷等领域出现信用风险的概率会有所提升，将给资管机构带来挑战，资管机构要加强存量资管产品的风险防范与化解。另一方面，我国资本市场正在发生巨大变化，2017 年 PPP 资产证券化、住房租赁 ABS、可转债等金融产品频出，在资本市场掀起了一轮又一轮的热潮。展望 2018 年，随着我国深化投融资体制改革，资本市场不断完善和发展，从资管产品看，将有更多支持实体经济发展的创新资产管理产品在国内市场出现，从而降低企业杠杆率；从投资渠道看，通道业务逐步萎缩有助于实体经济融资成本降低。资管行业在提升服务实体经济能力同时，也将获得更为广阔的发展空间。

2018年中国私募股权投资行业发展趋势

王　申
会计学博士，中国建投投资研究院研究员

投资提示

- 私募股权投资从技术创新开始服务企业生命全周期，为长期资金追求长期价值提供最佳工具。

- 2017 年，私募股权市场有所调整，基金募集规模大幅下滑，股权投资更青睐大项目，并购增速放缓，退出仍主要靠 IPO。

- 政府基金、产业资本、并购基金共同助力供给侧改革、产业升级与科技创新。

- 未来几年，人工智能、共享经济、智能制造、半导体、新零售等领域是重点投资行业。

- 随着私募股权市场的逐步成熟，市场竞争趋于激烈，集中度开始增加，大机构募集资金相对容易。

- 展望 2018 年，投资机构加剧分化，GP 通过提升服务质量提高竞争力，项目估值趋于合理，私募股权投资将继续保持相对活跃。

当前中国要解决好经济发展的新动能问题，无论是产业升级，还是原创科技、催生新动能，都需要能够承担风险的股权资本与之相匹配，这一历史性的变革是股权投资行业的巨大机遇。创新发展需要多层次资本市场提供长期资本支持，需要更多承担风险的股权资本。多层次资本市场是形成股权资本的最佳场所，而私募股权投资在推动长期资本形成方面具有重要价值。

私募股权投资从技术创新开始服务企业生命全周期，为长期资金追求长期价值提供最佳工具。私募股权投资通过承担风险获取回报，大大降低实体经济高杠杆和金融系统性风险，是企业更好运用金融资本的重要桥梁。

一、私募股权投资行业发展概况

（一）2017年私募股权市场概况

1. 基金募集规模大幅度下滑

2017 年，由于“资管新规”的出台，合格投资者的门槛大幅提高，中国的私募股权投资行业洗牌的迹象加剧，私募股权投资的基金募集数量与金额双双出现大幅下滑。

2017 年，基金募集完成 552 只，募集金额 1753.48 亿美元，同比分别下降 28.03%、42.26%，基金募集规模回落到 2015 年的水平（见表 1）。

分基金类型来看，成长基金的规模最大，2017 年成长基金募集完成了 327 只，募集基金数量占比高达 59.24%，较上年上升 13.22 个百分点（见表 2）；成长基金募集金额为 790.36 亿美元，资金规模占比 45.07%，较上年上升 15.78 个百分点（见表 3）。虽然 2017 年基金募集总额下滑很多，但成长基金最近三年的募集规模都维持在 800 亿美元左右，约占所有基金规模的一半。

表1　2008～2017年基金募集情况统计

单位：只、亿美元

年份	数量	募集金额	年份	数量	募集金额
2008	285	758.37	2013	593	668.73
2009	318	302.95	2014	648	1039.19
2010	861	630.72	2015	894	1792.86
2011	1546	746.49	2016	767	3037.00
2012	991	1007.27	2017	552	1753.48

资料来源：私募通。

表2　2013～2017年各类型基金募集数量占比情况

单位：%

基金类型	2017年	2016年	2015年	2014年	2013年
成长基金	59.24	46.02	45.86	39.66	39.63
创业基金	14.31	17.60	25.84	27.47	22.43
并购基金	11.41	12.39	5.93	5.71	3.04
FOF基金	6.70	11.60	10.07	3.40	3.88
基础设施基金	5.98	7.17	1.23	3.24	2.87
其他类型基金	2.36	5.22	11.07	20.52	28.15

资料来源：私募通。

表3　2013～2017年各类型基金募集金额占比情况

单位：%

基金类型	2017年	2016年	2015年	2014年	2013年
成长基金	45.07	29.29	49.16	33.78	50.80
创业基金	3.40	4.39	7.03	7.57	4.94
并购基金	5.47	10.78	3.62	5.93	14.22
FOF基金	18.72	34.74	32.28	2.00	4.03
基础设施基金	24.96	19.08	4.76	40.75	3.85
其他类型基金	2.38	1.72	3.15	9.97	22.16

资料来源：私募通。

创业基金2017年完成募集79只，同比下滑41.48%；募集资金规模59.55亿美元，同比下滑55.32%。2015年以来的创业热潮开始步入低潮，大量创业项目死亡，让投资人趋于谨慎，这是导致创业基金募集困难的主要原因。

并购基金 2017 年完成募集 63 只，同比下滑 33.68%；募集资金规模 95.84 亿美元，同比下滑 70.74%。

FOF 基金募集规模下滑最多，2017 年只完成募集 37 只，比 2016 年减少 58 只；基金募集规模 328.19 亿美元，比 2016 年减少了 726.89 亿美元，同比减少 68.89%。

基础设施基金规模有所减少，2017 年完成募集 33 只，比 2016 年减少 22 只；基金募集规模 437.66 亿美元，比 2016 年减少了 141.80 亿美元，同比减少 24.47%。

房地产基金受政策限制，占从 2013 年的 20% 多一路下滑。2017 年受房地产新一轮调控影响，只完成募集 4 只基金，占比 0.72%；基金募集规模 33.50 亿美元，占比 1.91%。

2. “独角兽”项目投资增多

2017 年，我国私募股权投资案例 9768 个，比 2016 年大幅减少 3953 个，同比减少 28.81%；但投资规模大幅增长，2017 年投资总额 2.03 万亿元，增加了 45.11%（见表 4）。

表 4　2008 ~2017 年股权投资案例统计

单位：个、万亿元

年份	投资案例	投资额	年份	投资案例	投资额
2008	1228	0.14	2013	3966	0.35
2009	1428	0.18	2014	9017	0.34
2010	2832	0.31	2015	16253	1.26
2011	4216	0.43	2016	13721	1.40
2012	3706	0.34	2017	9768	2.03

注：部分案例未披露交易金额。

资料来源：私募通。

投资案例数量连续两年回落的主要原因，一方面是目前市场好项目相对较少，私募股权投资人更加理性和务实，出手也更加谨慎；另一方面是数量多、规模小的创业类项目过去两年风险暴露较多，投资者开始看重前景相对明朗的成长类项目，“独角兽”等大项目深受投资者欢迎。

截至2017年11月，全国共有160家独角兽企业，总估值5942.7亿美元，主要分布在电子商务、互联网金融、文化娱乐、交通出行、大健康五大领域，这5个领域共有102家独角兽企业，占全部独角兽企业的比重为63.8%。此外，云服务、大数据、智能硬件、人工智能、新能源汽车等新技术领域也诞生了部分独角兽企业。

所以，2017年亿元规模的大项目数量创历史新高，导致2017年投资规模逆势增长到2万亿元。2017年，1亿美元以上投资项目增加到498个，同比增加44.77%；1亿美元以上项目投资总规模占全年投资总额的57%，投资金额合计达到1674.03亿美元，同比增长3.60%。

根据私募通的不完全统计，分行业来看，2017年投资案例最多的前五个行业分别是IT、互联网、生物技术/医疗健康、娱乐传媒、机械制造，投资金额最多的前五个行业分别是互联网、电子及光电设备、金融、电信及增值业务、IT（见表5）。

表5　2017年私募股权投资案例不完全统计

单位：个、亿元

行业	案例	投资额	行业	案例	投资额
互联网	1612	3107.23	机械制造	611	1296.55
电子及光电设备	393	2268.02	生物技术/医疗健康	819	1186.25
金融	552	1767.49	连锁及零售	325	575.00
电信及增值业务	410	1518.76	娱乐传媒	659	405.17
IT	1773	1401.47	其他	573	801.03

注：部分案例未披露交易金额。
资料来源：私募通。

3. 并购规模小幅增长

根据私募通的统计，2017年完成并购案例3490个，同比增长11.11%；并购总金额2435.94亿美元，同比增长4.46%（见表6）。

表6 2008~2017年并购案例基本情况

单位：个、亿美元

年份	数量	并购总金额	平均交易金额
2008	294	923.33	4.38
2009	352	301.32	1.16
2010	713	394.41	0.67
2011	1226	668.66	0.63
2012	1340	703.46	0.60
2013	2059	1365.67	0.76
2014	2712	2012.31	0.79
2015	2728	1641.72	0.72
2016	3141	2332.01	0.93
2017	3490	2435.94	0.84

注：部分案例未披露交易金额，并购总金额、平均交易金额仅统计披露金额的案例。
资料来源：私募通。

分并购类型看，国内交易案例3307个，数量占比94.76%，完成并购金额1634.60亿美元，金额占比67.10%；海外交易案例147个，数量占比4.21%，完成并购金额720.79亿美元，金额占比29.59%（见表7）。

表7 2017年并购类型情况

并购类型	案例数（个）	数量占比（%）	金额（亿美元）	金额占比（%）
国内交易	3307	94.76	1634.60	67.10
海外交易	147	4.21	720.79	29.59
外资交易	23	0.66	12.00	0.49
其　他	13	0.37	68.68	2.82

资料来源：私募通。

相比2016年，2017年海外交易数量占比下降了0.76个百分点，但金额占比提高了12.93个百分点。原因在于特大型并购项目的影响：2017年4月，海航集团旗下金控平台渤海金控（000415.SZ）通过下属全资子公司Avolon，以现金101亿美元收购美国纽约证券交易所上市公司CIT Group Inc；2017年6月8日，中国化工集团以430亿美元完成对全球第一大农药、第三大种子农化高科技公司瑞士先正达的交割。

分行业来看，2017年，并购规模最大的行业是化工原料及加工，金额占比高达19.55%，主要是中化集团并购先正达所致，其他金额占比较高的行业依次为金融、房地产、汽车、机械制造、生物技术/医疗健康等（见表8）。

表8 2017年并购分行业情况

行业	案例数（个）	数量占比（%）	金额（亿美元）	金额占比（%）
化工原料及加工	185	5.30	476.31	19.55
金融	230	6.59	344.54	14.14
房地产	162	4.64	228.54	9.38
汽车	108	3.09	181.07	7.43
机械制造	418	11.98	175.70	7.21
生物技术/医疗健康	289	8.28	139.13	5.71
电子及光电设备	197	5.64	98.79	4.06
能源及矿产	163	4.67	85.71	3.52
连锁及零售	161	4.61	71.95	2.95
其他	1577	45.20	634.32	26.05

资料来源：私募通。

4. IPO是主要退出方式

根据私募通的统计，2017年退出案例1634个（按退出项目中的机构数量统计），平均退出年限3.56年，平均回报倍数3.4倍（见表9）。

分退出方式看，随着IPO发行的提速，项目通过IPO退出的案例数量最多，高达65.36%，其次是并购和股权转让，分别占20.38%、10.77%。

根据私募通统计，截至2017年末共有12341个退出案例，平均退出年限7.56年，平均回报倍数6.84倍。从长期趋势上看，退出案例逐年增加，从数百个上升到近几年的1600个左右，不过平均退出年限有所拉长，从10年前的2.8年增加到目前的3.5年左右，平均回报倍数呈下降态势，这说明退出难度有所增加，获取高额回报的难度不断加大。

表 9　私募股权退出案例不完全统计

年份	案例数（个）	平均回报倍数(倍)	平均退出年限(年)
2008	150	3.37	2.80
2009	325	5.31	2.39
2010	712	8.83	2.86
2011	677	12.99	2.72
2012	658	3.75	2.46
2013	851	5.75	2.80
2014	1640	6.78	3.28
2015	1778	3.70	3.64
2016	1413	15.68	3.81
2017	1634	3.40	3.56

注：案例数根据退出项目中的机构数量统计。
资料来源：私募通。

在所有退出方式中，根据清科研究中心的统计，通过 IPO 退出的收益率最高，回报倍数的中位数为 3.24 倍，IRR 中位数高达 55.8%；收益率次高的是通过并购退出，回报倍数的中位数为 1.54 倍，IRR 中位数为 19.0%；之后依次为股权转让、回购、管理层收购，回报倍数中位数分别为 1.49 倍、1.24 倍、1.25 倍，IRR 中位数分别为 15.0%、10.6%、10.0%（见图 1）。

图 1　不同退出方式下的 IRR 和回报倍数

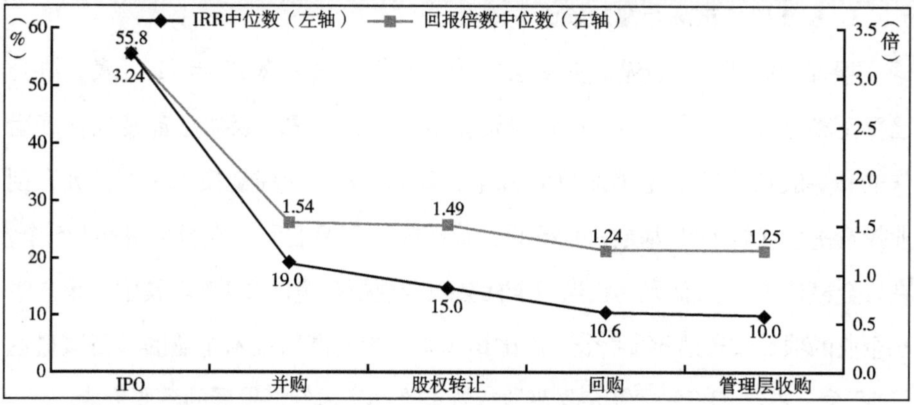

资料来源：清科研究中心。

按行业划分，互联网行业的收益率最高。根据清科研究中心的数据，按照回报倍数统计，最高的前十名行业依次为互联网、半导体、电信及增值业务、电子及光电设备、机械制造、IT、纺织及服装、清洁技术、生物技术/医疗健康、金融（见图2）。

图2　部分行业投资 IRR 与回报倍数

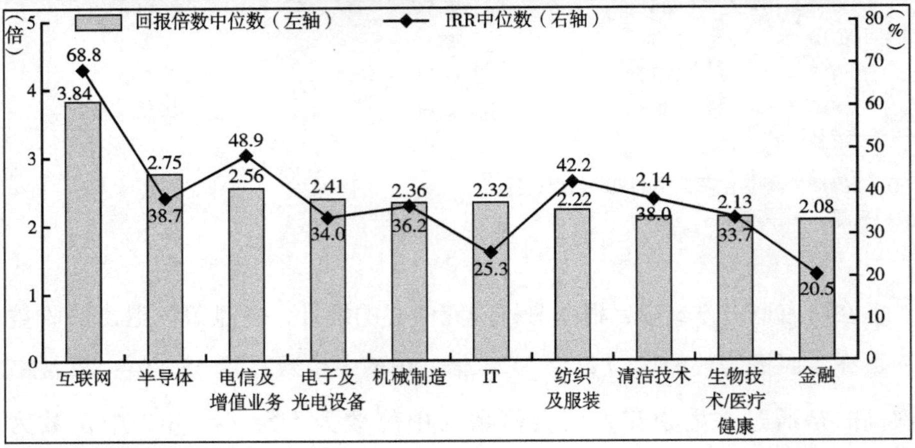

资料来源：清科研究中心。

（二）市场格局

1. 私募股权市场存量规模大

根据中国证券投资基金业协会的统计数据，截至2017年11月底，协会已登记私募股权投资基金、创业投资基金管理人12764家，已备案且存续运作的私募股权投资基金（含FOF基金）21036只，管理规模5.8万亿元；创业投资基金（含FOF基金）4126只，管理规模5500亿元，在投项目51125个，在投金额达3.63万亿元，相当于全社会融资规模存量的2.1%。其中，投向中小企业的项目数量达34538个，占比67.6%，投向高新技术企业的项目数量达17250个，占比33.7%，初步显露股权资本推动实体经济发展的重要价值。

根据私募通的不完全统计，过去几年，累计投资案例数量分布最多的五个行业分别是互联网、IT、生物技术/医疗健康、电信及增值业务、金融；累计投资金额分布最多的五个行业分别是互联网、金融、IT、生物技术/医疗健康、电信及增值业务（见表 10）。

表 10 私募股权投资案例不完全统计

单位：个、万亿元

行业	案例	投资额	行业	案例	投资额
互联网	14972	1.27	电子及光电设备	2921	0.39
金融	4251	1.06	机械制造	3730	0.32
IT	10526	0.61	娱乐传媒	4232	0.25
生物技术/医疗健康	5988	0.47	清洁技术	2387	0.19
电信及增值业务	5463	0.40	其他	4333	0.39

资料来源：私募通。

2. 私募股权市场竞争加剧

随着私募股权市场的逐步成熟，市场竞争趋于激烈，集中度开始增加，大机构募集资金相对容易。从历年基金募集完成情况看，规模 1 亿美元以上的基金募集资金规模呈现逐渐上升趋势，从 2014 年开始占比超过 10%。2016 年，规模 1 亿美元以上私募股权基金规模达到历史峰值，募集基金数量高达 58 只，占 14.08%，募集金额 1212.97 亿美元，占募资总金额的 28.83%。2017 年有所回落，完成规模 1 亿美元以上基金募集 31 只，募集资金总规模 370.33 亿美元，依旧占较大比重（见表 11）。

表 11 规模 1 亿美元以上私募股权基金募集完成情况

募集完成时间	数量（只）	数量占比（%）	募集金额（亿美元）	募集金额占比（%）
2008	28	6.80	391.01	9.29
2009	16	3.88	62.33	1.48
2010	28	6.80	111.01	2.64
2011	31	7.52	104.79	2.49
2012	37	8.98	255.92	6.08
2013	20	4.85	82.60	1.96
2014	25	6.07	577.82	13.73
2015	31	7.52	422.45	10.04
2016	58	14.08	1212.97	28.83
2017	31	7.52	370.33	8.80

资料来源：私募通。

3. LP资本产业化、机构化

在所有类型的有限合伙人（LP）中，产业资本、专业投资者占据主流。截至2016年6月，投中网旗下CVSource共收录8787家LP数据，统计分析表明，企业投资者依然是目前创业投资及私募股权投资基金募资的主要来源，VC/PE机构（VC/PE机构的出资为基金认缴份额）列第二位，政府机构列第三位。

从LP的数量分布来看，截至2017年上半年，富有家庭及个人达到8593例，占比高达45.26%，可见个人投资者对参与股权投资维持高度热情，但每个家族/个人的平均投资规模仅有1200万元，远低于产业资本和机构投资者（见图3）。

图3 截至2017年上半年LP数量分布

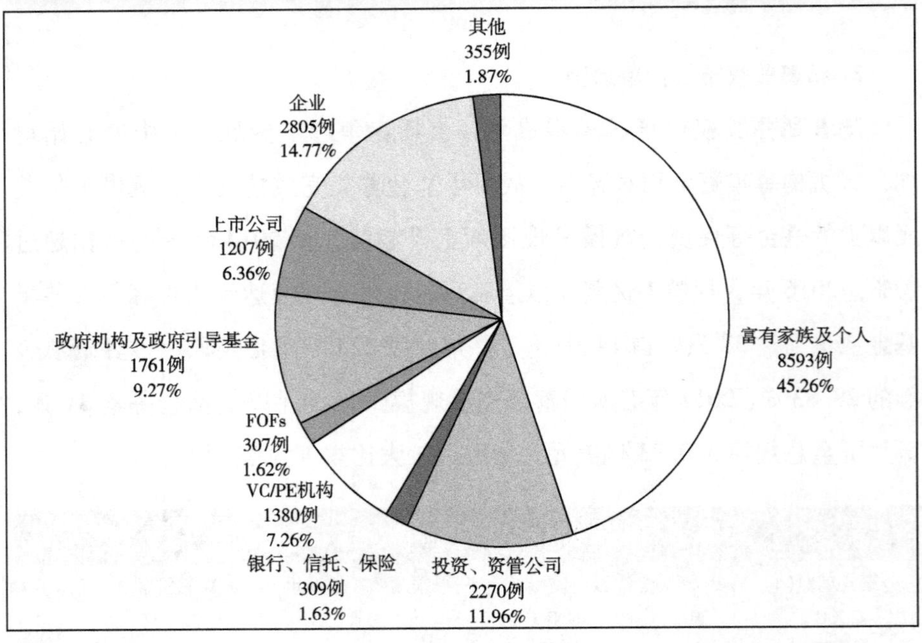

资料来源：私募通。

从LP可投金额分布来看，大学基金、家族基金、养老金、主权基金等超长线资本合计占比最多，达到34%（见图4）。随后是上市公司，占比24%，已经超过1.7万亿元。

FOF基金地位趋于上升。截至2017年上半年FOF基金的可投金额近3700

图4　截至2017年上半年LP类型可投金额分布

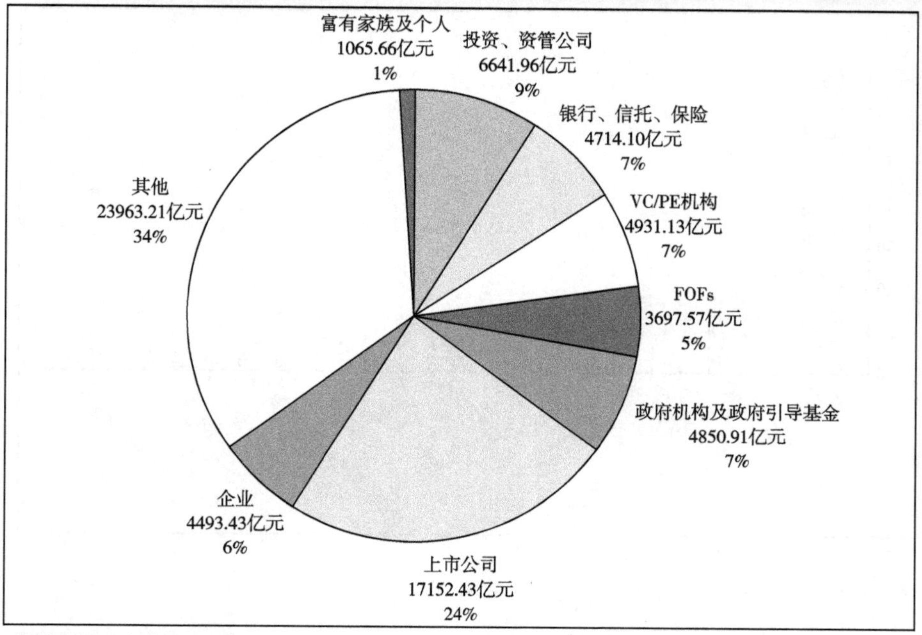

资料来源：私募通。

亿元，远超富有家族及个人的1000亿元。另据统计，2017年超过16.35%的GP机构更加青睐FOF基金，仅次于上市公司（17.64%）和政府引导基金（16.51%），FOF基金的地位进一步巩固。

金融机构、上市公司、FOF基金平均可投金额最多。若不计大学、养老基金等其他领域的资金总量，平均可投资金额超过10亿元的单个LP类型为：银行、信托、保险，上市公司及FOF基金（见图5）。

二、股权投资基金助力经济转型升级

（一）政府引导基金筑巢引凤

2002年，中关村创业投资引导基金的成立标志着我国政府引导基金发

图5　截至2017上半年LP类型平均可投金额

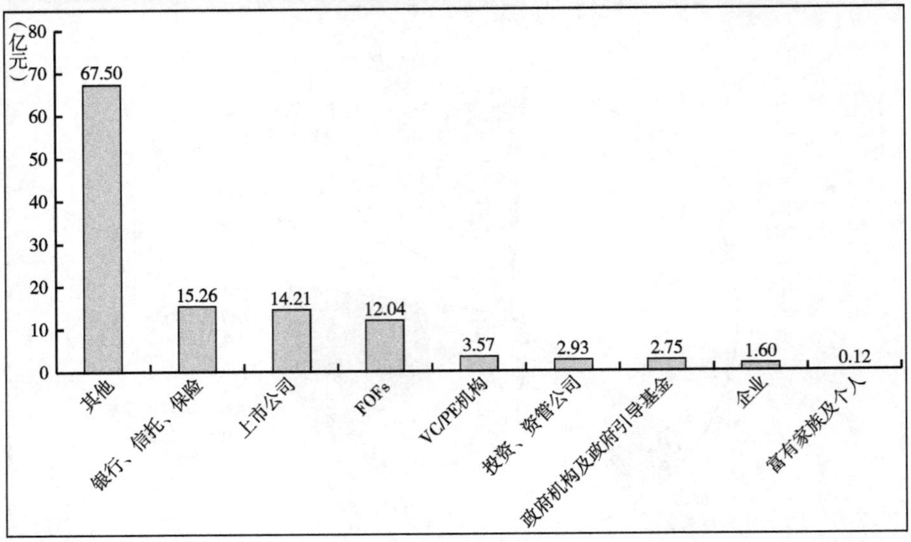

资料来源：私募通。

展的开端。2005年，在国务院十部委联合发布的《创业投资企业管理暂行办法》中第一次出现引导基金的概念；2008年，国家发改委联合财政部、商务部共同出台《关于创业投资引导基金规范设立与运作的指导意见》，第一次对引导基金的概念进行了详细的定义；2010年，《政府性基金管理暂行办法》印发；2015年，财政部颁布的《政府投资基金暂行管理办法》等，对我国政府引导基金的发展进行了进一步规范。

毫无疑问，政府引导基金已经成为国内人民币基金的重要LP，过去两年成立的超大型基金中，都有政府引导基金的身影，市场化募资的机构也在不断争取与引导基金合作，凸显我国政府引导基金在同类出资人中的竞争优势。

2015年以来，中央部委和地方政府竞相成立引导基金，政府引导基金遍地开花，数量持续增加，目标规模不断扩张。政府期望通过基金引导创业投资行为，支持产业升级、创新发展。

2017年，政府引导基金共成立了250只，目标规模高达4.27万亿元。

从基金的平均目标规模来看，2017 年虽然基金募集数量减少了一半多，基金募集的累计目标规模却创新高，每家基金的募集规模平均高达 207.36 亿元（见表 12）。

表 12 2008 ~2017 年政府引导基金募集目标规模

单位：只、亿元

年份	数量	目标规模	平均规模
2008	25	113.25	6.66
2009	37	139.18	5.80
2010	37	370.49	11.95
2011	58	469.32	10.2
2012	66	849.55	18.08
2013	79	1036.83	17.57
2014	118	3059.36	35.17
2015	440	15797.30	49.52
2016	557	37715.75	82.17
2017	250	42715.24	207.36

资料来源：私募通。

分基金类型来看，截至 2017 年底，历年成立的政府引导基金中，产业基金数量最多、规模最大，累计共成立 773 只基金，累计目标规模高达 5.84 万亿元，目标规模占比 54.40%；其次是 PPP 基金，成立了 140 只基金，累计目标规模达 2.34 万亿元，目标规模占比 21.79%；再次是创业基金，成立了 355 只，累计目标规模 6511.94 亿元，目标规模占比 6.07%（见表 13）。

表 13 政府引导基金目标规模分类情况

基金类别	数量（只）	数量占比（%）	目标规模（亿元）	目标规模占比（%）
产业基金	773	43.48	58358.76	54.40
PPP 基金	140	7.87	23371.34	21.79
创业基金	355	19.97	6511.94	6.07
其他	510	28.68	19033.14	17.74

资料来源：私募通。

从基金级别来看，国家级基金数量最少、单个规模最高。截至2017年底，国家级政府引导基金累计成立了32只，累计目标规模1.43万亿元，平均单个基金规模高达621.35亿元；省级政府引导基金累计成立了328只，累计目标规模3.79万亿元，平均单个基金规模148.76亿元；地市级基金累计成立数量最多，达541只，累计目标规模2.91万亿元，平均单个基金规模73.24亿元。此外，还有区县级基金376只，累计目标规模0.75万亿元，其他级别基金501只，累计目标规模1.84万亿元（见表14）。

表14 各级政府引导基金目标规模情况

基金级别	数量（只）	数量占比（%）	目标规模（亿元）	目标规模占比（%）	平均规模（亿元）
国家级	32	1.80	14291.07	13.32	621.35
省级	328	18.45	37934.12	35.36	148.76
地市级	541	30.43	29075.03	27.10	73.24
区县级	376	21.15	7588.82	7.07	26.82
其他	501	28.18	18386.14	17.14	45.74

注：部分基金未披露募集目标规模，平均规模仅统计披露金额的基金。
资料来源：私募通。

国家级基金的单体规模，前十名目标规模都在500亿元以上（见表15）。除了PPP基金，其他都投资于产业领域，主要涵盖高端装备制造、新能源新材料、生物医药、信息技术等“中国制造2025”十大重点领域，以及大健康、消费品与现代服务业、节能环保、互联网新媒体等多个行业。

比如，2017年成立的中央企业国创投资引导基金，目标规模1500亿元，首期规模1139亿元，由航天科技集团、中国保险投资基金、中国工商银行、中国邮储银行、浦发银行、中国中车、中国国新、北京顺义科创集团及北京市政府共同发起设立，基金将主要投向具有世界先进水平、技术已经过产业化验证、市场空间巨大、成长迅速的航天、核能、船舶等军民融合产业，以及高铁、先进电网装备、新一代信息技术、清洁能源、新能源汽车等产业，并对量子通信、3D打印、机器人、石墨烯、碳纤维、高温合金、高强轻质合金、生物医药、节能环保等领域的中央企业优质项目进行投资布局。

表15 国家级政府引导基金目标规模前十名

单位：亿元

基金简称	成立时间	管理机构	基金分类	目标规模
中国国有企业结构调整基金	2016年9月22日	中国诚通	产业基金	3500
中国政企合作投资基金	2016年3月4日	政企合作基金公司	产业基金	1800
中央企业国创投资引导基金	2017年5月16日	国创基金管理	创业基金	1500
国家集成电路产业投资基金	2014年9月24日	国开金融	产业基金	1387
央企贫困地区产业基金	2016年10月24日	国投创益产业基金	PPP	1000
中国国有资本风险投资基金	2016年8月8日	中国国新	产业基金	1000
中国高校双创基金	2016年10月15日	—	创业基金	1000
国新国同（浙江）投资基金	2016年11月25日	国新国际	产业基金	700
国家中小企业发展基金	2015年9月1日	—	创业基金	600
中央引导示范性PPP基金	2015年5月1日	—	PPP	500

资料来源：私募通。

政府引导基金能够发挥政府财政资金“四两拨千斤”的作用，以股权投资方式有效破解中小企业融资难题：一方面能够放大财政资金的杠杆效应，吸引社会资本；另一方面能引导社会资本投向经济发展重点领域和薄弱环节，发挥资本的产业结构资源配置作用，解决中小企业和基础设施项目融资难等问题，对实体经济的发展有巨大推进作用。

（二）产业资本引领产业升级

目前，私募股权投资基金对于我国实体经济发展的促进作用愈加明显。根据私募通数据，2006~2017年，我国私募股权投资基金累计投资规模达到4万亿元。私募股权投资基金为不同阶段的企业提供阶梯式服务，覆盖企业种子期、初创期、扩张期和成熟期的发展。私募股权投资基金无疑已成为企业发展道路上重要的资金提供方，也是企业重要的战略合伙伙伴。以 VC/PE 支持的 IPO 情况来看，2017 年共有 285 家上市中企获得了 VC/PE 支持，同比上涨 63.8%，VC/PE 渗透率达到 56.5%。

从私募股权基金 LP 可投资金额来看，上市公司和企业所代表的产业资本占 30% 以上。在所有资本中，产业资本具有产业链优势，产业与金融结合更具投资优势。

在风险投资领域，产业资本一般作为战略投资者出现。产业资本具有鲜明产业特色，一般源于产业集团，具有产业资源背景，围绕产业集团的产业链或产业生态进行投资或参控，其主要类型包括以原有产业集团的创始人、高管、离职或退休人员为代表的产业天使投资人，天使投资机构，产业资本，产业基金，产业集团的战略投资部门。其产业投资都是围绕与产业集团业务强相关的领域展开的。

产业资本的投资往往基于其战略发展，或围绕其产业链及生态链进行投资，为其战略转型和升级做布局。产业资本通过长期跟踪、广泛布局、精心培育，发掘并培养新兴行业领军企业，为公司的长期业绩增长奠定基础。产业资本通过战略投资成为有重要影响力的股东，通过产融结合式投资协助开展产业资源整合，有的着眼于对整个产业链条的控制，有的则对核心产业生态周边进行布局。

在投后管理上，产业资本的管理风格更类似并购基金，重点进行战略和运营的优化，上收采购、财务、技术研发、人事等关键环节，通过业务、财务、人事、文化等制度流程来变革被投企业，将其纳入集团发展战略和业务战略。

近两年，产业资本参与私募股权投资的热情高涨。随着产业的升级更迭、创业环境的变迁、创业企业的估值高企，产业资本作为风险投资基金的主要投资人和项目接盘人，开始通过多种方式介入开盘投资布局。一方面，消除项目的不确定性，产业资本通过主动、全方位地参与项目经营管理，化解潜在的竞争风险；另一方面，全面布局产业生态链，化解产业升级与规模扩张的压力，为母公司寻找新的战略支撑点。

在产业并购领域，产业资本则围绕自身产业链与战略进行标的收购与产业投资，实现多元化发展。以清华系为例，旗下有三大资本运作平台：紫光系、同方系和启迪系，通过基金、自有资金和国家投资基金，收购集成电路、信息技术以及能源环保等多个行业，实现多元化发展，投资模式以产业投资为主，主要进行产业链整合，通过国际并购和自主创新实现发展（见图6）。

图6　清华系产业资本

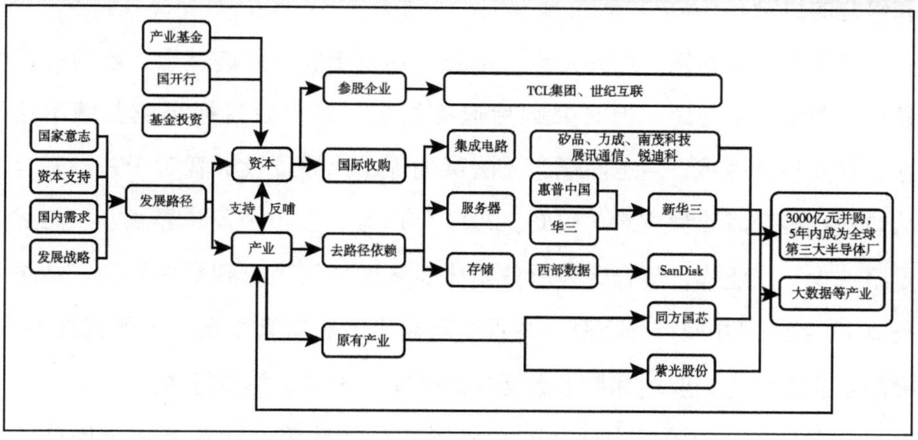

资料来源：方正证券。

以清华系为代表的产业资本的全产业控制意图和产业两端延伸特征明显，通过上市公司平台进行产业整合，最后达到产业与资本的良好发展与循环。

（三）并购基金重塑产业生态

2016 年至今，实体经济结构调整持续加快，企业创新不断发展，在供给侧结构性改革的强力推动下，传统工业、文化产业、新经济等领域并购和重组案例不断出现。

2009～2017 年，私募股权投资基金支持的并购案例数量以及并购总额增长迅速，2017 年案例数量增长到3490 个，是2009 年的10 倍，并购金额达到2436 亿元，是2009 年的8 倍。其中并购案例主要集中在互联网、IT、生物技术等新兴产业，截至2017 年底，这三个行业案例数量的总占比超过30%。

但是近两年，并购基金通常存在三大难题，一是募资难，二是找项目难，三是退出难，甚至存在一定的管理难题。并购基金偏向过分宽泛的产业链或生态圈不一定是好事，一些跨界并购的案例需要防范后期项目落地和整合的风险。

以上市公司为例，过去几年上市公司热衷于成立并购基金，着力打造各种产业链、生态圈，但是并购后遗症很多。并购后目标企业业绩不达标、资源整合困难、生态圈概念无法落地等，都导致投资者对于并购基金从热烈欢迎变成冷静应对。因此，2017 年以来，上市公司跨界式、忽悠式重组减少，产业式、整合式等服务实体经济的重组项目则更多涌现。结果是2017 年国内并购市场降温，在重组新规出台和监管力度加强的情况下，标的企业不确定的业绩和财务数据导致多家公司终止并购行为。

未来几年，中国境内外并购在机制和监管政策的改革下将重回产业发展的合理道路，并购目的将从简单的资产配置过渡到以产业整合为主的精细并购，对产业协同性要求将越来越高。兼备资本和产业属性的并购基金仍将是境内并购市场的主要参与者，以及实体经济转型升级的重要推动者。

三、2018年股权投资热点领域

2017 年7 月，国务院《关于强化实施创新驱动发展战略进一步推进大众创业万众创新深入发展的意见》发布；2017 年10 月，党的十九大强调，加快建设创新型国家。加强对中小企业的创新支持，促进科技成果转化。

因此，在政策引导、资本推动的共同作用下，科技创新继续成为未来中国经济发展的新主题及投资热点。

展望 2018 年，人工智能、共享经济、智能制造、半导体、新零售等领域的创新企业将继续吸引私募股权机构的重点投资。

（一）人工智能

2012 年以来，中国人工智能领域发展迅速，在图像识别、语音识别、自然语言处理等前沿技术的研发和应用方面均取得了较大突破。截至目前，中国在人工智能领域共获得 15745 件专利，位居全球第二，仅次于美国。预计在 2018 年和 2019 年，中国人工智能产业规模仍将保持高速增长，预期增速分别为 56% 和 44.5%。

值得注意的是，VC/PE 机构在人工智能领域进行了前瞻性的布局，为人工智能相关领域的研发提供了充足的资金支持，助推了人工智能领域的加速发展。

据 PitchBook 统计，2017 年全球人工智能领域融资额最高的 5 起投资事件中，有 4 起由中国企业实施。其中，蔚来汽车融资达到 16 亿美元，位列第一。其次是旷视科技、商汤科技与明码生物科技，美国 indigo 农业科技公司排名第五。

根据私募通数据，2010 年至 2017 年 9 月，中国人工智能领域共发生 2446 起投资事件，涉及投资金额达 861.74 亿元（见图 7）。其中，2015 年成为人工智能领域爆发式增长的关键一年，投资案例同比增长 155.9%；投资总额同比增长 190.7%。2016 年至今人工智能领域的投资仍保持很高的热度。

在政策和资本的推动下，人工智能正在加速落地，逐步从算法等理论层面向各行业和细分场景及具体应用过渡。在企业层面，科技龙头将在人

图7　2010 年~2017 年前 3 个季度中国股权投资市场人工智能领域投资情况

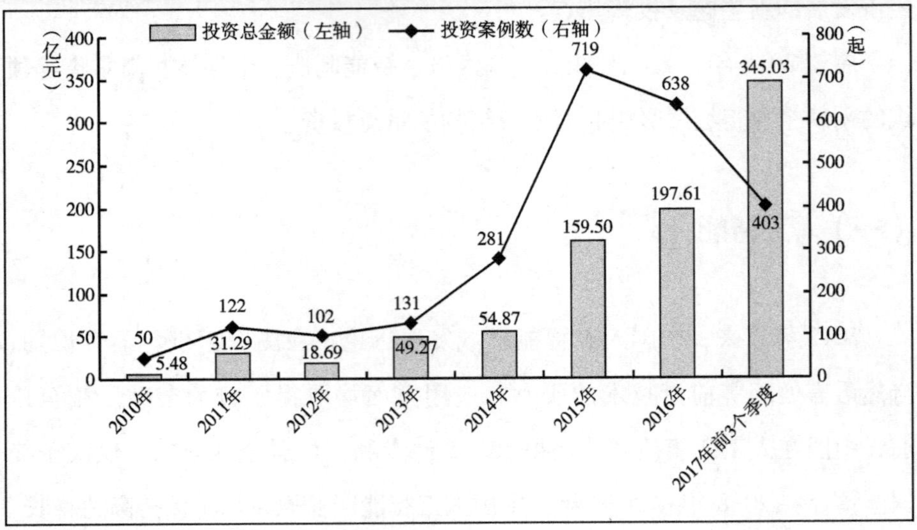

资料来源：私募通。

工智能时代的竞争中拥有无法比拟的人才、资源、经费等优势。目前有 20 余家上市公司布局人工智能产业链，主要包括软件算法核心系统、图像语音识别技术、计算机视觉及传感器、人工智能 + 金融、安防等领域。

因此，2017 年，人工智能成为二级市场最为亮眼的投资主题，而 2018 年将延续火热表现，并且有望成为人工智能大规模商业化落地的拐点。有数据显示，中国人工智能产业规模预计 2018 年增至 238. 2 亿元，2019 年增长至 344. 30 亿元。

不过目前人工智能企业估值较高，短期看投资存在一定泡沫风险，不过长期来看，人工智能是大方向，私募股权投资要重点布局拥有技术、战略资源的人工智能创业公司。

（二）共享经济

共享经济作为全球新一轮科技革命和产业变革下涌现的新业态、新模式，正在加快驱动资产权属、组织形态、就业模式和消费方式的革新，是我国未来经济增长、社会发展的重要力量。

2017 年是共享经济蓬勃发展的一年，也是共享概念野蛮发展的一年。共享单车、共享汽车、共享充电宝、共享租衣、共享雨伞、共享玩具、共享健身房、共享睡眠仓、共享马扎……一系列共享产品在 2017 年相继出现。

共享经济，因资本的力量在 2017 年显得异常耀眼。粗略统计，2017 年共享经济领域融资额超过 150 亿元。共享经济的野蛮生长得益于资本的青睐，但资本的蜂拥而至也让共享经济在 2017 年遭遇过山车式发展。从融资时间上看，主要集中在上半年，下半年“紧急刹车”，共享经济开始洗牌。2017 年下半年，悟空单车、町町单车、酷骑单车、小鸣单车、小蓝单车等共享单车企业相继资金链断裂，占用的用户押金无法退还，引发舆论关注。共享单车的倒闭潮预示着共享经济将开始从“以量取胜”的简单粗暴发展方式，过渡到精耕细作的“以质取胜”经营模式。

共享经济在 2018 年依然是大势所趋，国家信息中心提供的数据显示，2018 年我国共享经济的规模将高达 2300 亿美元，占全国 GDP 的 1. 67%、全球共享经济总量的 44%。国家信息中心分享经济研究中心预测，未来几年，我国共享经济仍将保持年均 40% 左右的高速增长，到 2020 年，共享经济规模将占 GDP 的 10%；2025 年预计达到 20%。

但是，随着资本趋于理性、追求效率，共享经济创业企业从 2018 年开始拼产品质量（用户体验）与赢利前景，只有不断进行产品创新、模式创新的企业才能建立核心竞争力，并保持稳定增长，才能获得私募股权投资机构的青睐。

（三）智能制造

在政策和资本的助力下，2017 年我国智能制造发展驶入快车道。2017 年 5 月 17 日国务院召开常务会议，指出下一步深入实施《中国制造

2025》，把发展智能制造作为主攻方向。政策环境优化，关键共性技术和核心装备实现突破，标准体系逐步完善，新一代信息通信技术与生产工艺、管理流程、装备及产品等加速融合，推动我国智能制造发展驶入快车道。

智能制造属于资金密集型行业，而广大中小企业普遍面临融资难问题，资金已经成为制约中小型智能制造企业发展的一个重要因素，来自中央和地方政府的大规模产业和科研基金投入，将为智能制造产业提供强大的动力和资源，满足智能制造企业孵化、发展、扩大规模的资金需求并解决资源引进、配置问题。

目前北京市、广东省、山东省、湖南省均已经出现不同形式的智能制造产业投资基金，预计2017年智能制造产业基金总体规模将超过1000亿元，成为智能制造产业发展的重要推动力。

目前，智能制造领域正形成四大产业集聚区：珠三角、长三角在推动智能制造方面担当主角；环渤海地区的机器人研发与产业成果卓著，带动智能制造装备产业加快集聚；中西部集聚区依托外部科技资源，涌现出一批机器人领域的行业龙头企业。

当前，制造企业智能化转型加速。海尔、奇瑞、中兴、华为在传统家电、汽车、通信设备等领域加快向智能制造转型，同时，国内软硬件领军企业加速向智能制造系统解决方案供应商转型。

展望2018年，智能制造在工业升级、技术融合、万物互联、信息共享的推动下，将迎来新风口，会吸引更多资本关注智能制造领域的投资机会。

（四）半导体

中国已经成为全球最大的集成电路市场，预计未来几年将保持20%左右的年均增长率。但是，我国每年半导体芯片进口额超过石油，每年需进口超过 1000 亿美元。

得益于国产替代进口的需求、政策和资金的支持以及终端需求引导三大因素，中国半导体产业未来几年仍将保持迅猛发展态势。2017 年，国内集成电路制造业销售收入的年均增速预计将接近 20%，制造业和封装测试业规模预计将分别超过 1200 亿元和 1900 亿元。

半导体行业具有重资本、高技术的门槛，需要长期持续性的高资本投入，从研发到生产没有回头路，投入产出周期非常长。因此，半导体产业的发展离不开政府引导基金、产业资本和私募股权机构的大力支持。

据不完全统计，过去几年，我国的半导体政府引导基金超过 4000 亿元。2014 年 9 月 24 日，国家集成电路产业投资基金宣布成立，首期募集 1387.2 亿元，携重金进入半导体产业投资市场，有效地解决了中国半导体行业的投资问题。截至 2017 年 11 月 30 日，国家集成电路产业投资基金累计有效决策 62 个项目，涉及 46 家企业，累计有效承诺额 1063 亿元，实际出资 794 亿元，分别占首期总规模的 77% 和 57%。据悉，国家集成电路产业投资基金二期募资已经启动，募集金额将超过一期。

我国集成电路产业想要赶超欧美与韩国，必须长时间保持高额投资。在未来 4~5 年我国投入集成电路制造领域的资金将达到 1.2 万亿元，年均投资额超过过去 5 年平均值的 2 倍，未来 3 年投产 12 寸晶圆厂数量占全球的 40%。根据整理的数据，目前在建和计划建设的集成电路项目合计总金额达到 1.2 万亿元，绝大部分将在 2021 年前投产。

而密集的集成电路产业投资将带来相关装备市场的迅速扩张。一般来说，设备投资是晶圆厂投资的主要部分，金额可占晶圆厂全部投资的 70% 以上。随着市场的扩张，国产设备水平也在不断提高。2016 年中芯国际北京厂使用国产集成电路设备加工的 12 英寸正式晶圆产品突破 1000 万片次，这标志着国产设备技术和市场竞争力迈上了一个新台阶。

因此，未来几年私募股权投资将继续助力半导体产业发展，私募股权基金也能够共享行业成长红利。

（五）新零售

2016年11月，国务院第一次发布关于新零售的指导意见——《国务院办公厅关于推动实体零售创新转型的意见》。一年多来，各行各业特别是消费领域关于新零售的探索和实践如火如荼，现象级的新零售模式不断涌现。

2016年，马云最早提出了“新零售”概念，2017年则被阿里巴巴视为“新零售”元年。在2017年的创投行业中，新零售的热度不低于人工智能和共享经济，有关新零售的VC投融资事件超过百起，涉及金额97亿元。

而据全天候科技统计，2017年，阿里巴巴围绕新零售的股权投资金额约500亿元，涉及三江购物、联华超市、新华都等十多个项目。除了阿里巴巴，互联网巨头腾讯、京东、苏宁、小米等也纷纷布局新零售。其中，腾讯是阿里巴巴之外力度最大的一家，重金拿下永辉超市、唯品会，在新零售领域也布局成型。

目前来看，无人零售尤其是无人货架成为新零售中创业最活跃的领域。据粗略统计，目前无人货架领域至少有超过50个玩家入场，年初以来涌入无人货架领域的资金超过70亿元。之所以资本青睐无人零售，是因为线上引流成本越来越高，线下引流成本反而较低，所以线上电商纷纷进军线下，拓展新的流量来源。

但是，从实际情况来看，目前无人货架行业正面临货损和盘亏等严重问题。有数据显示，目前无人货架领域部分企业市场费用已占其销售收入的80%，市场推广成本、货损和盘亏是费用的主要部分。无人货架行业的调整很快就会到来，投资者需要关注其中的风险。

总体来看，未来新零售的美好前景依旧会吸引众多创业者和投资者进入。展望2018年，新零售将继续重构零售业，新物种、新电商、智能便利店、自助售货机等将不断涌现，新零售领域的投资将继续活跃。

四、2018年私募股权投资行业变化趋势

（一）LP 机构化倒逼股权投资基金提升服务质量

过去的 2～3 年中国 LP 格局发生了很大的变化，主要表现为：（1）机构 LP 增势迅猛，机构 LP 逐渐成为与富有家族及个人并行的主体；（2）政府引导基金和 FOF 基金爆发式入场，上市公司成资本主力；（3）本土机构逐渐占市场主导地位，国有资本逐步成为 LP 市场重要参与者。

LP 机构化倒逼私募基金的管理变得更加规范。投后管理已经成为基金运营中不可或缺的一部分，无论是为被投企业提供经验、对接资本，还是提供上市服务、财务支持等都需要投入更多的人力。投中研究院的调研显示，34.35% 的受访机构计划投入更多的人力与时间，33.21% 的受访机构计划扩充现有投后管理团队。当前阶段投后管理主要有以下三种方式，一是跟踪投后企业的运营和财务状况；二是委派相关人员入驻被投企业，对企业的战略、经营等及时监控；三是从品牌、人力、财务等资源方面为企业带来全方位增值和提升，与企业一起成长。

调研结果还显示，更多机构计划扩充现有投资者关系团队，或转变现有投资者关系管理方式。随着募资难度加大和 LP 机构化，建立和加强投资者关系团队成为 GP 的重要策略，并不断向国际成熟的标准模式看齐。例如，在投后管理领域中面向 LP 信息披露服务方面，过去有很多机构拿不出规范的定期披露报告，披露很不及时甚至不情愿。如今，类似的细节在主流机构中已经得到完善，并且公共关系、客户关系、团队管理，都在行业竞争中变得更加成熟。

未来，随着 LP 机构化趋势，其对基金的要求也越来越高，股权投资基金运作将越来越规范，在投资者关系、投资决策、投后管理等方面的服务将越来越完善，服务质量将越来越高。

（二）投资机构加剧分化

投中研究院调研结果表明，58.91%的受访机构认为2017年市场竞争会加剧，其中半数认为加剧原因是私募行业的蓬勃发展吸引更多基金加入VC/PE市场，还有一个原因是退出回报下滑，这一调研结果与2016年完全相同（见图8）。投中研究院认为这两种现象在现阶段会并存，随着“双创”如火如荼开展，加上政府引导基金的大力支持，会有更多的基金加入VC/PE市场，竞争在所难免。基金所投企业数量也会随之增加，导致优秀项目变得稀缺且估值偏高，项目退出回报也会下滑，市场竞争加剧。

图8　2017年GP对未来市场竞争情况判断

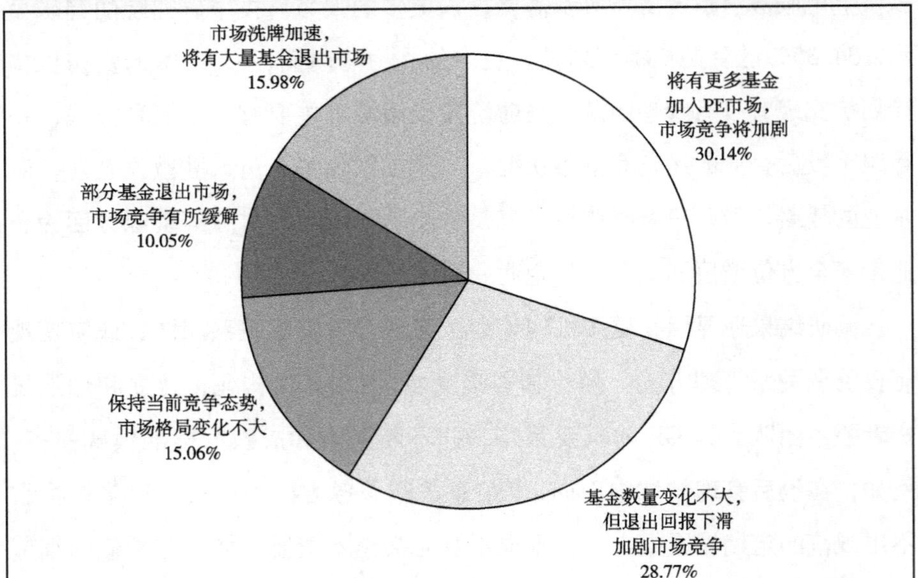

资料来源：投中研究院。

与其他投资运作模式不同，股权投资的长期回报立足于经济周期的轮回，着眼于投资时代的变迁，牺牲流动性以换取跨周期的超额回报，而此类超额收益只能来源于真实持久的价值创造。作为股权投资机构，如果把主要精力放在跨市场的估值差和流动性溢价，追求监管套利、多品种套利、精准减持和制度红利带来的赚“快钱”机会，即便拥有全身而退的运气，但随着时间的推移，大多数还是无法实现预期回报。从中长期来看，一级、二级市场的估值差异以及二级市场的流动性溢价优势，在股权投资领域的体现将不再显著。

根据投中研究院统计，国内 VC/PE 的投资规模分别从 2016 年下半年/上半年开始下滑。在从 2015 年起的两年半时间里，这两类机构合计当期投资额与新增募集额之比处于下降趋势，且平均值不足 50%。根据投资期的经验判断，该领域显然存在资金过剩及投资难问题。同期，国内 VC/PE 的平均单笔投资规模不断创出新高，这种变化趋势与基金募集情况较为接近，背后的主要驱动因素是投资机会的市场集中度提高以及新出现的大型基金的投资动作。

2012 年，私募股权基金募集规模首次超过 1000 亿美元，按照 5 年退出期计算，大量基金开始面临退出压力，一旦无法给投资者满意的回报，投资机构就无法再次融资，会马上被市场淘汰。

近两年，PE 行业已经开始展露寡头化的苗头，好的资源正不断向头部机构聚集。从募资角度看，有些投资机构管理规模也已经突破千亿元规模；从投资角度看，几乎所有明星项目都被人们熟知的几家知名机构投了，大部分私募机构只能在头部机构看不上的项目里挑挑拣拣；从人才角度看，优秀人才都希望能到知名机构大展拳脚，而大部分私募机构在人才引入上举步维艰。

因此，2018 年私募基金的竞争压力更大，更好服务 LP 并使投资更加精准、投后管理更加有效，是私募基金生存与发展必须练好的内功。

（三）估值趋于合理

根据投中研究院 2017 年对普通合伙人（GP）调研问卷的统计，目前

GP 对项目估值水平的判断趋于理性。调研结果显示，35.05%的受访机构认为估值水平普遍偏高，存在一定投资风险，仅 15.89%的受访机构表示估值水平普遍正常，5.61%认为估值水平普遍偏低（见图 9）。相较于 2016 年 55%的受访机构认为估值水平普遍偏高，2017 年这一比例有所降低，更多受访机构持中立态度，认为各行业估值水平差异较大，需根据实际情况做出判断。

图 9　2017 年 GP 对项目估值水平的判断

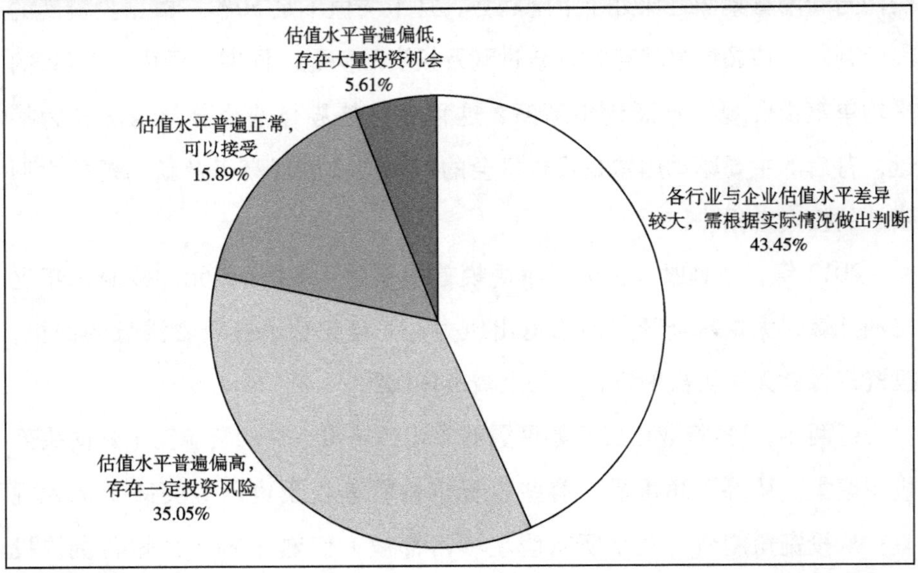

资料来源：投中研究院。

在对拟投资项目的估值水平判断上，调研结果显示，受访机构可接受的投资市盈率多集中在 8～15 倍，占总数的 73.37%。GP 愿意接受 8 倍以下市盈率的占比与上年调研结果基本相同，愿意接受 15 倍以上市盈率的投资人占比由上年的 11%增长为 15.77%（见图 10）。

私募股权投资市场竞争加剧、准注册制顺利推行、监管政策更加透明公正等因素，都将导致 2018 年私募股权投资的估值更加趋于合理。

图 10　2017 年 GP 可接受的投资市盈率

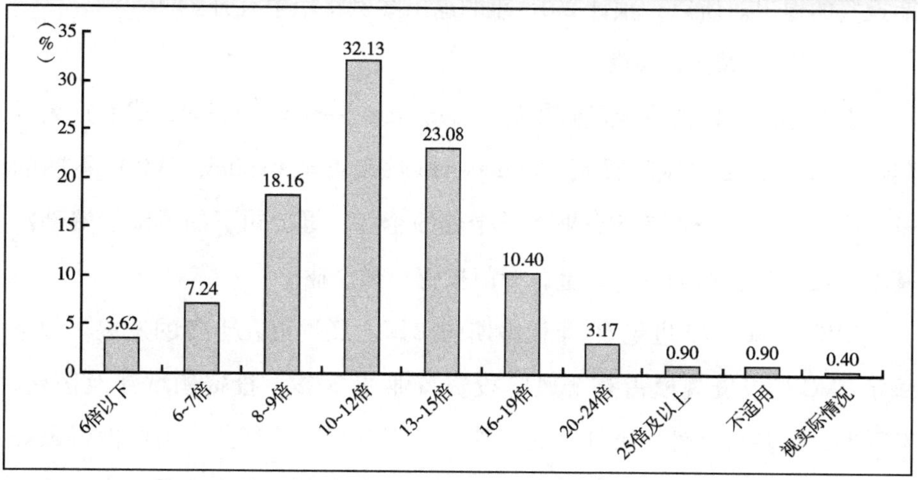

资料来源：投中研究院。

（四）私募股权投资将继续保持相对活跃

1. 投退规模将与 2017 年基本持平

展望 2018 年，预计私募股权投资将继续助力实体经济发展。

在私募股权基金募集方面，预计 2018 年募集规模将企稳回升，由于市场集中度提升，大基金占比继续提升，基金募集数量同比变化不大，而募集金额将会小幅度上升。

在私募股权投资方面，风险投资受共享经济创业公司大量消亡的负面影响，预计投资规模有所下滑，独角兽等大项目更受投资者青睐，项目平均投资规模将继续提高；在 PE 投资方面，供给侧继续推进，经济转型升级需要 PE 资本的大力支持，2018 年的 PE 投资规模将继续稳定增长，而并购的案例数将与 2017 年持平，2018 年超大型项目预计有所减少，所以并购资金规模将有所下滑。

在退出方面，随着 IPO“堰塞湖”的逐渐疏通，较快的 IPO 发行节奏吸引了更多的优质企业，同时并购重组活动将继续活跃，这些都有利于前期投资的退出。所以，预计2018年的退出案例将稳中有升。

2. CVC继续大行其道

近两年，我国的企业风险投资（Corporate Venture Capital，CVC）大行其道，与传统独立风险投资（Independent Venture Capital，IVC）不同的是，CVC的资金来源是主营业务非金融的企业，母公司下的风险投资部门基本上使用母公司的自有资金，专门投资小微企业。

CVC起源于20世纪60年代中期的美国。经过近几十年的发展，如今每年CVC的投资规模占整个风险投资行业的20%，投资领域涉及医药、互联网、计算机软件、硬件、消费等几乎所有高科技行业。美国做得最好的CVC就是英特尔，且谷歌、通用、微软、戴尔等大型企业都有自己的风险投资部门。

比较而言，中国的CVC起步较晚，几乎与IVC同时发展起来。2015年，随着国家“大众创业，万众创新”的号召，创业热情带动了CVC行业的爆发性增长。CVC投资约为IVC投资频率的1/5，投资总额超700亿元，投资企业多位于北京、上海、江苏、浙江等发达地区。

数据显示，CVC投资的企业创新水平更好，成功退出的概率更高，18%的组合公司是IPO上市公司，IVC支持企业的这一比例只有13%；如果并购退出的话，10%的CVC支持企业并购退出，而只有8%的IVC支持企业并购退出。

从投资行业来看，CVC投资的企业中有50%属于互联网初创行业，也包括一些手机、电子通信、计算机硬件、软件、医疗等前沿科技行业，目的是为母公司进行上下游产业链的战略布局。

目前阿里巴巴、腾讯、百度、联想都有自己的CVC，比较而言做得较好的是腾讯。CVC首先优先考虑企业的战略目标，而不是以财务回报为主要目的，大量企业需要不断地找到新的增长点，并不断转型，这个过程中并购重组是最简单和直接的办法。

CVC 服务于母公司，为母公司战略服务：（1）了解相关行业的市场和技术的最新趋势，获得新技术和新市场的第一手资料，尝试新的商业模式；（2）通过投资，把创新、研发外包给初创企业，并获得和初创企业建立商业战略关系的机会，形成协同效应。

预计 2018 年，CVC 投资将稳中有进，投资规模继续增长。

3. PE 将更加注重并购

中国 PE 的发展历程说明，中国 PE 的发展一开始是基于成长性企业的参股，这与美国 PE 基于高度发达的金融体系和高度成熟的经济，且以杠杆收购为主的模式不同。2000～2008 年起步阶段，中国 PE 采用典型的成长型企业参股模式，选择优秀龙头企业进行参股。2009 年创业板开通之后，PE 投资增加了 Pre-IPO 模式，2013 年之后，随着环境的变化，中国 PE 进入第三阶段，即产业整合性的投资时代，帮助产业龙头整合，通过大量收购（1＋N）的方式成为一个区域性龙头（中国龙头）甚至国际龙头等，因此目前“1＋N”模式是 PE 的主流模式。

2018 年，预计 PE 在国企改革、“一带一路”建设、供给侧改革、实体企业产业升级中都会发挥更大的作用。

参考文献

［1］清科研究中心：《2017 年中国股权投资助力实体经济发展研究报告》，2018 年 1 月 4 日。

［2］杨恒：《2016 年私募股权投资基金 LP 研究报告》，2016 年 07 月 11 日，https：//www.chinaventure.com.cn/cmsmodel/report/detail/1142.shtml。

［3］华尔街见闻（上海）：《人工智能、共享经济、新零售……2017 那些猪都能飞上天的创业风口，现在怎么样了？》，2018 年 1 月 1 日，http：//news.163.com/shuangchuang/18/0101/12/D72IL3KB000197V8.html。

［4］投融咖：《2017 私募股权市场发展报告》，2017 年 9 月 27 日，https：//baijiahao.baidu.com/s？id＝1579676137714306879&wfr＝spider&for＝pc。

［5］贾昆：《2017 五道口金融论坛聚焦私募股权基金　中国规模近 9 万亿》，2017 年 6 月 5 日，http：//news.hexun.com/2017－06－05/189486336.html。

［6］郭瀛潇、申俊涵：《〈2017 中国 CVC 行业发展报告〉：CVC 所投企业成功退出概率更高》，21 世纪经济报道，2017 年 12 月 21 日，https：//m. 21jingji. com/article/20171221/herald/8d72676e281e5134b9f28a424d4e050f. html。
［7］孙松廷：《与资本共舞之产业资本的投资逻辑》，2017 年 7 月 20 日，http：//money. cnfol. com/licaizixun/20170720/25036546. shtml。

2018年信托行业发展趋势分析与展望

应汇康

经济学博士，中建投信托研究创新部研究员，在职博士后

投资提示

- 2017年，信托资产规模增长较快，资产结构持续优化，赢利能力稳定增长，风险管理能力不断提升，资本实力更加雄厚。

- 2018年，金融统一监管趋势凸显，监管执行力度趋严，银信合作、地产信托和平台融资等信托传统业务面临调整和重塑，信托整体规模增长趋缓，资产结构进一步优化。

- 供给侧改革带来新的行业投融资机会，信托公司将在绿色经济、中高端消费、共享经济等新经济增长领域有所作为。

- 信托基础制度更加完善，信托公司继续增资扩股，雄厚的资本实力带动信托公司经营能力进一步提升，信托牌照的市场价值凸显。

一、宏观经济和信托行业发展环境

（一）宏观经济环境

2017 年以来，世界主要经济体缓慢复苏，国内宏观经济在供给侧结构性改革推动下稳健增长，前 3 个季度 GDP 累计同比保持在 6.9% 的中高速水平，经济增速好于预期目标。在经济结构转型的关键时期，党的十九大对现阶段经济环境做出新时代、新矛盾的重要论断，提出了引领中国全面发展的新思想和新战略，强调新时代的经济发展要继续依靠供给侧改革，注重经济增长质量的提升，推动新旧增长动能转换。2018 年，国民经济将处于重要的战略机遇期，经济改革有望取得突破性进展，从而加速新增长动能的培育，为经济注入新活力。

1. 经济增长稳健，供给侧改革持续深化

2017 年，供给侧结构性改革发挥了助力经济增长的关键作用。在去产能政策的推动下，工业产成品价格大涨带动企业补库存，规模以上工业增加值在上半年增势迅猛，最高增长 7.6%，以上游制造业为代表的工业企业实现利润超预期复苏，给经济增长注入强劲的活力。生产端的稳定扩张表明经济具有良好的韧性，但经济需求侧的表现仍不甚理想。在严格的监管环境下，基础设施和房地产等重点产业的资金来源受限，投资意愿下降，投资需求增速全面放缓。2017 年前 3 个季度，全国固定资产投资同比增长 7.5%，以“地产 + 基建”为代表的投资旧动能对经济增长的拉动能力显著弱化。与此同时，消费拉动中国经济增长的贡献总体呈现稳步上升趋势，且增速相对稳定。前 3 个季度，消费占 GDP 比重 64.5%，成为经济增长的重要动力，但消费后续发力空间有限，新消费亮点尚待进一步培育。

在生产旺盛、需求乏力的结构矛盾下，生产端的增势有向下收敛的压力，导致经济易下难上，存在再度探底的风险。在此背景下，政府将在2018年继续推进各领域供给侧改革，加速国企改制、加强创新激励、发展新兴产业、培育新经济增长点，以消除供给侧结构性矛盾对经济增长的制约，最终达到提高劳动生产率，拓展生产边界，释放中长期增长潜力的目的。

2. 货币政策回归稳健，金融监管持续加强

金融危机以来，宽松的货币环境和扩张的债务融资成为中国经济增长的重要驱动力。高度宽松的货币条件下经济增长中枢一路下行，增长陷入困境的主要原因是大量资本未流入高效率的经济部门，金融资源错配、产能过剩、资产泡沫和杠杆高企等结构性问题严重恶化。

为实现供给侧改革目标、防范金融风险、降低实体部门杠杆率，央行回归稳健中性的货币政策，逐步回笼货币，并提高公开市场操作工具利率。与此同时，监管部门频频出击，从第二季度的“三违反、三套利、四不当”（本文以下简称“三三四”），[①] 到第四季度的“资管新规”，[②] 逐步加强治理金融乱象的力度，要求金融机构进一步拆解杠杆，化解潜在金融风险，阻断金融无序扩张。在紧货币和强监管下，银行资金融出意愿显著下降，非银金融机构面临资金压力，金融体系信用派生机制受到抑制，金融市场波动加剧，实体经济融资成本逐步上行。

金融监管规范化是不可逆的过程。党的十九大报告着重强调了金融服务实体经济的重要性和防范金融风险的迫切性，对金融监管改革做出了重要规划，提出要构建货币政策和宏观审慎政策双支柱调控框架，健全金融监管体系，守住不发生系统性风险的底线。在防风险主导的政策取向下，稳健的货币政策和严格的监管要求将在2018年延续，金融机构的经营环境将继续面临挑战。

---

① 《中国银监会办公厅关于开展银行业“违法、违规、违章”行为专项治理工作的通知》（银监办发〔2017〕45号）、《中国银监会办公厅关于开展银行业“监管套利、空转套利、关联套利”专项治理的通知》（银监办发〔2017〕46号）、《中国银监会办公厅关于开展银行业“不当创新、不当交易、不当激励、不当收费”专项治理工作的通知》（银监办发〔2017〕53号）。

② 2017年11月的《关于规范金融机构资产管理业务的指导意见（征求意见稿）》。

（二）信托行业发展环境

在党的十九大和全国金融工作会议精神的指导下，金融监管思路已由促发展向防风险转变，监管政策进一步趋严，资管行业统一监管导向凸显。在金融监管规范化的进程中，信托行业的业务体系和基础制度更加健全，风险管理体系进一步完善，行业保障体系更趋成熟。

1. 业务分类体系成型，行业基础制度更加健全

2017 年，信托行业迎来了重塑经营模式的重大机遇。监管部门从信托资金运用方式和资产类别出发，将信托业务分为八大类，标志着信托行业初步建立完整的业务分类体系、监管体系和保障体系。业务分类既有利于信托公司的定位发展，帮助信托公司优化内部治理、提升管运效率、拓展业务空间、重塑商业模式，也有利于统一和规范行业通用概念和风险监管，引导信托业务新品种的开发与创新，完善各类信托产品的标准化和规范化，推动信托行业的转型升级。

信托行业的基础制度进一步健全。在信托登记制度方面，中国信托登记有限责任公司已正式成立并投入运作，未来信托的财产独立、破产隔离及信息披露等将进一步完善；在专业子公司方面，近两年监管层在多个场合和文件中鼓励信托公司设立专业子公司，目前已有 20 余家信托公司设立了专业子公司，成为其开展股权投资业务、投贷联动业务的重要载体；在信托公司的经营制度方面，未来有望进一步实现监管规范化，银监会可能将于 2018 年下发《信托公司条例》《信托公司信托业务尽职指引》等监管文件；在创新业务监管方面，银监会联合民政部下发《慈善信托管理办法》，银行间交易商协会发布《关于意向承销类会员（信托公司类）参与承销业务市场评价的公告》，对信托公司参与创新业务做出规范。

2. 监管持续收紧，信托经营管理能力面临进一步考验

自信托“一法三规”实行以来，行业的监管体系日益完善。2017 年初，以“一体三翼”为核心的监管格局正式成型，形成了监管部门为监管主体，行业自律、市场约束、安全保障为补充的多层次、多维度的信托业风险防控体系。[①] 银监会进一步严格执行“99 号文”和“58 号文”[②] 对信托行业的风险监管要求，并连续下发“三三四”“资管新规”等相关行业监管规则，更进一步强调了“控风险、强监管、促转型”的监管意图，旨在持续引导整个资管行业规范经营和稳健发展。严厉的监管环境对信托公司的风险管理能力提出了更高的要求，监管部门不仅强调信托公司对各类业务风险的防范，更注重强化风险的实质性处置。

2017 年开始，银监会正式实施新版《信托公司监管评级办法》。该办法更强调资本实力和风险管理能力，将信托公司分为三大类六个级别，评级结果直接挂钩信托公司的未来发展和业务开展。短期而言行业内优胜劣汰的格局将有所强化，但长期来看或将激励排名靠后的信托公司根据评级办法要求进行更多的改善提升。

3. 展业环境更趋复杂，传统模式难以为继

2007 年以来，中国信托业迅速扩张，但支持其发展的主流业务模式较为单一，即以单一信托或集合信托的产品形式募集资金，以债权方式、权益方式或者两者结合的方式对特定企业和项目进行投资。作为信托公司的传统展业领域，基础产业和房地产行业近年来持续发生变革，市场环境出现较大的变化。

在基础产业领域，中央对地方政府的债务管理不断加强，针对地方债务实行严格的规模控制和预算管理，通过规范地方新增举债来化解存量债务风险，同时也对存量债务进行大规模的清理和置换。在中央对地方债务的严格管理下，政府债务结构正不断优化，融资成本不断下降，基础产业市场已进入转型

① “一法三规”指《中华人民共和国信托法》《信托公司管理办法》《信托公司集合资金信托计划管理办法》《信托公司净资本管理办法》；“一体三翼”指银监会、中国信托业协会、中国信托登记公司、中国信托业保障基金。

② 本文中“99 号文”和“58 号文”分别为《中国银监会办公厅关于信托公司风险监管的指导意见》（银监办发〔2014〕99 号）和《中国银监会办公厅关于进一步加强信托公司风险监管工作的意见》（银监办发〔2016〕58 号）。

期，以信托贷款为代表的传统政信合作模式在该领域的展业空间不断收窄。

在房地产领域，“因城施策”的调控政策持续加码，热点城市房地产市场受到较大冲击，部分地区对房企资金来源审查趋严，对购房者限购限贷政策收紧，使得房企拿地、融资及销售压力显著加大，也增加了信托公司选择交易对手、开展风险审核的难度。随着房企融资方式多元化，信托公司在传统地产融资中的既有优势逐步削弱，业务空间收窄。

二、信托行业发展概况与趋势

（一）信托资产规模增速回升

中国信托业协会统计数据显示，截至2017 年第三季度末，全行业信托资产规模共计24. 41 万亿元，同比增长34. 33%，环比增长5. 47%，略高于第二季度增速，延续了2017 年初以来的较快增长速度（见图 1）。从单季表现来看，第三季度信托资产规模新增1. 27 万亿元，连续4 个季度单季新增超过1 万亿元。

图 1　信托资产规模与增速

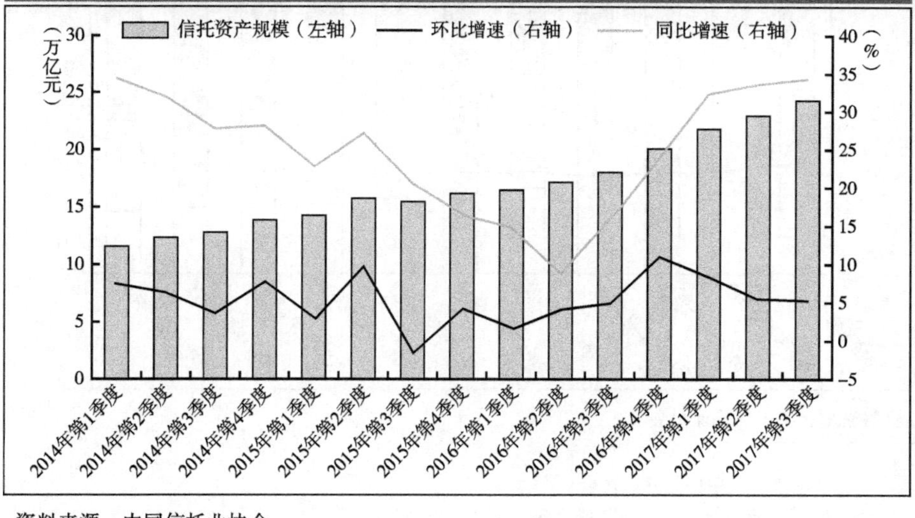

资料来源：中国信托业协会。

信托资产规模保持较快增长主要有三大原因。首先，国内经济企稳向好，信托资产规模增长的宏观经济基础牢固。从资产端看，经济回暖预期加大了产业投融资需求，地产等行业融资回流信托，信托公司展业空间扩大；从资金端看，居民收入提高，信托预期报酬率回升，理财需求回暖。从历史数据观察，GDP 季度增速与信托资产规模季度增速保持较高的相关性，两者自 2013 年以来的相关系数高达 0.865，① 从统计上印证了信托业与宏观经济增长速度之间的紧密关系。

其次，银监会 2016 年下半年出台“理财新规”，② 银行理财资金回流信托。银监会规定，银行理财投资的特定目的载体不得投资于非标准化债权资产，符合银监会关于银信理财合作业务相关监管规定的信托公司发行的信托投资计划除外。新规下发后，银信合作业务迅速回暖，事务管理类信托规模快速增长，2017 年第三季度规模占比达 56%，2017 年各季度新增信托业务均以事务管理类信托为主（见图 2）。

图2　融资类、投资类和事务管理类信托规模及占比

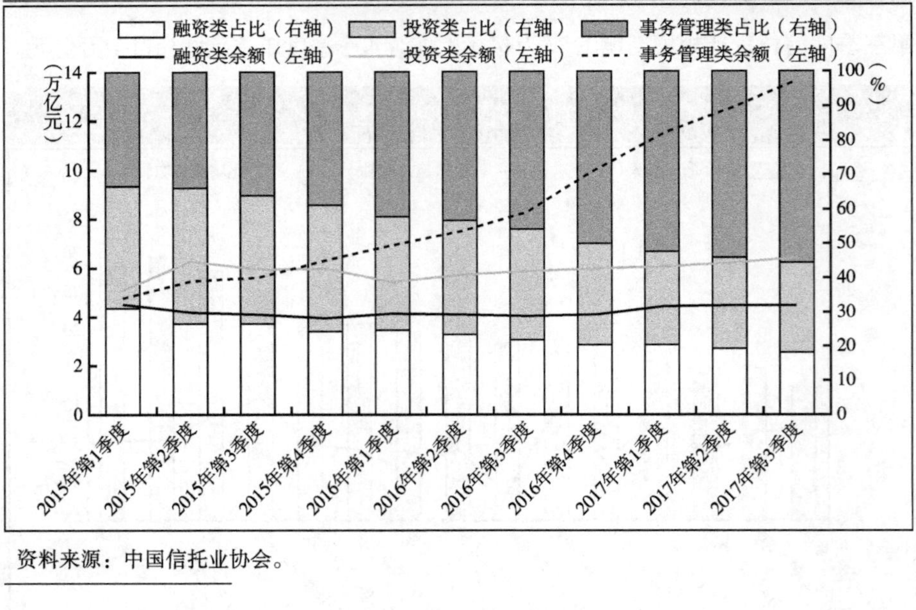

资料来源：中国信托业协会。

① 资料来源：中国信托业协会。

② 指《商业银行理财业务监督管理办法（征求意见稿）》。

最后，信托公司主动管理能力提升，创新业务获得较大发展，业务转型取得突破。据 2016 年信托公司年报统计，行业最为关注的创新业务方向是资产证券化、家族信托、PPP 和消费金融，分别在 68 家信托公司年报中被提及 31 次、15 次、14 次和 10 次，且有多家信托公司在这些业务领域取得实质进展。在行业转型发展的进程中，创新业务对信托资产规模增长的边际贡献不断扩大。

（二）信托资产结构持续优化

信托资产结构的优化是信托行业持续稳健发展的必要条件。从信托资产来源上看，2017 年集合信托的规模和占比持续提升，第三季度集合信托规模为 9.1 万亿元，占总规模比重上升至 37.29%；单一信托规模略升至 11.5 万亿元，但占比下降至 47.29%；财产权信托规模升至 3.76 万亿元，占比 15.42%（见图 3）。信托资产来源的变化延续了 2013 年以来的趋势，集合信托规模和占比的上升表明行业主动管理能力不断提升，对信托资产规模的持续增长起到支撑作用。

图 3　信托资产来源结构

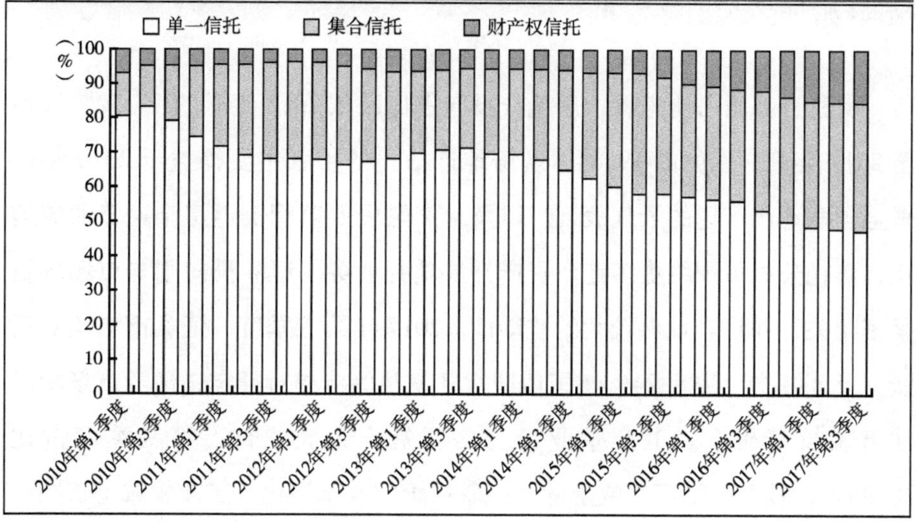

资料来源：中国信托业协会。

从信托资产的投向结构看，几大重点投向的占比变化符合当前宏观经济与行业市场的发展形势。2017 年第三季度，基础设施、房地产、证券、金融机构、工商企业及其他投向，分别单季新增 766 亿元、1749 亿元、1072 亿元、2080 亿元、1806 亿元和 1342 亿元。从变化趋势来看，房地产、证券和工商企业投向占比均有不同幅度的上涨（见图 4）。

图 4　信托资产投向结构

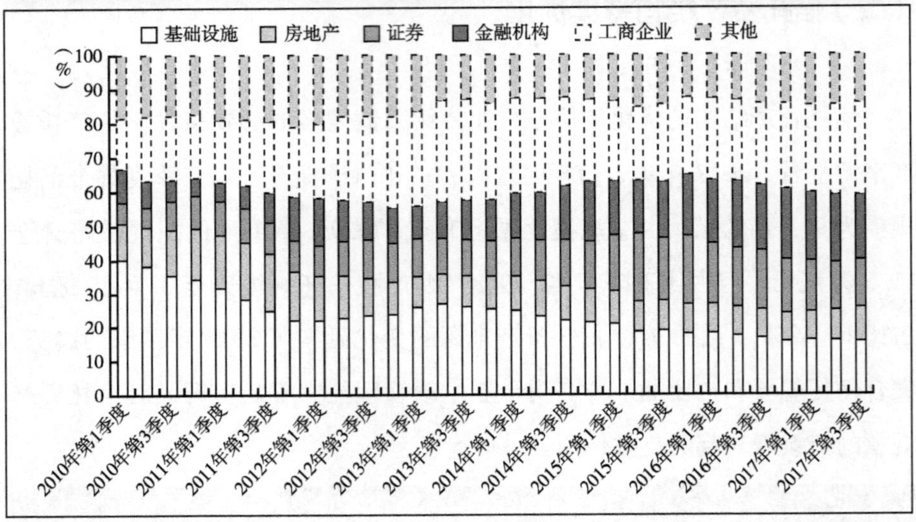

资料来源：中国信托业协会。

从集合新增占比来看，房地产投向占比已从 2016 年末的 11.52% 反弹至 2017 年第三季度的 19.84%。房地产信托的扩张主要得益于 2016 年以来全国房地产市场的景气表现，以及地产融资严监管倒逼房企融资回流信托，信托公司可围绕更多地产资产开展信托业务。证券投向则与市场环境紧密相关，并且表现出较大的波动性。2017 年第三季度，证券市场相对活跃，上证综指上涨 8.24%，国债期货复苏并保持相对稳定，证券市场阶段性出现投资机会。工商企业仍为信托资产最大投向，第三季度占比 26.95%，较第二季度小幅上涨。随着供给侧改革深化，工业领域增长在经历调整后开始复苏，工商企业对信托资金的需求逐步扩大。工商企业融资规模和占比的上升充分反映了信托回归本源的趋势和服务实体经济的重要作用。

（三）信托公司盈利水平稳定增长

随着信托业资产规模的持续增长和主动管理能力的不断提升，行业赢利能力也在稳步增长。2017 年前 3 个季度，行业整体当年累计实现经营收入 756.33 亿元，同比增速 3.49%。第三季度全行业营业收入新增 258.5 亿元，同比增速达到 10.30%，创 2015 年末以来的最高值（见图 5）。

图 5　信托公司收入变化趋势

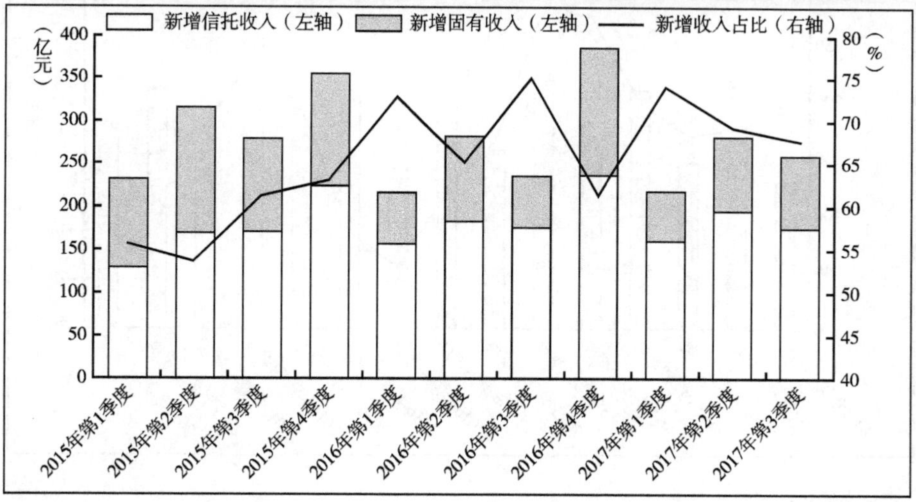

资料来源：中国信托业协会。

分业务类型来看，2017 年前 3 个季度累计信托业务收入 529.85 亿元，固有业务收入 226.48 亿元，信托收入占比 67.68%，信托收入和固有收入分别同比增长 3.01% 和 4.64%。信托业务是信托公司的主营业务，信托收入比重一直处于较高水平。前 3 个季度，固有业务在二级市场行情逐步回暖的环境下保持较高收益，收入增速超越信托业务，因此信托收入占比小幅下行。此外，固有收入的增长还与信托公司资本实力增强，可投资金增加密切相关。但从历史经验看，固有业务投资收益较大程度依赖二级市场行情，具有爆发性强、持续性弱的特点，而信托收入对行业收入的贡献则更为稳健可靠。

利润方面，2017 年前 3 个季度全行业实现利润总额 553.79 亿元，同比 6.78%，增长情况良好，但增速低于上半年的 7.54%。从当季新增来看，自 2016 年第一季度行业利润当季增速下滑至 -17.41% 的最低点以来，行业利润增速总体放缓，2017 年第一季度快速增长 11.11% 后，第二和第三季度均保持在 5% 左右，增速趋于稳健（见图 6）。

图 6　信托公司利润变化趋势

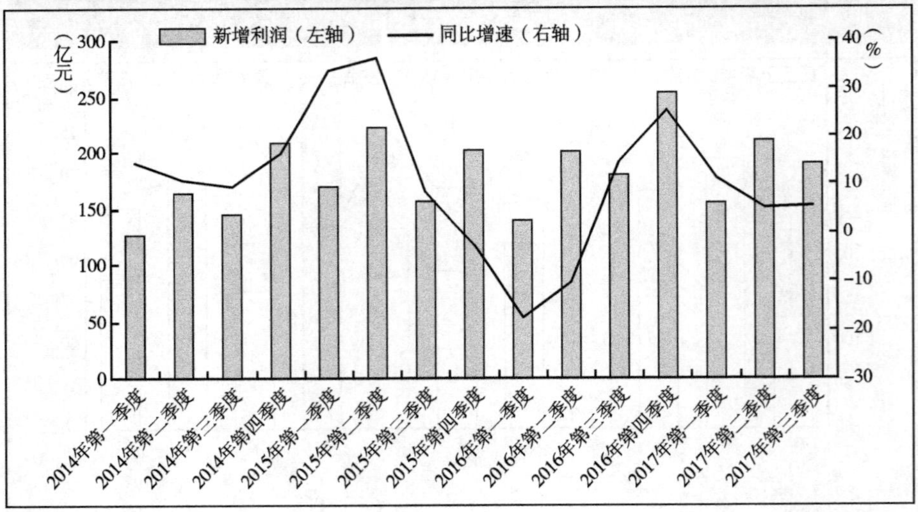

资料来源：中国信托业协会。

2017 年信托营业收入和利润都有一定程度的增长，但其增长速度与信托资产规模、固有资产规模的增速相比仍存在一定差距，反映信托公司报酬率的下滑趋势。一方面，这是因为大量信托报酬率较低的通道业务回流降低了信托公司的综合收益率；另一方面，这种现象与信托行业目前所处的转型阶段有关，尤其是信托在新型业务领域布局的过程中，短期内尚未形成持续化、规模化的收入，新业务的收入增长暂时滞后于旧业务收入的萎缩。随着信托创新业务的不断成熟，信托公司多元化发展进入新阶段，信托公司核心竞争力不断发展，信托资产的质量和信托公司的效益都有进一步提高的空间。

（四）信托行业风险管理能力逐步提升

信托行业的风险管理能力在行业规模迅速增长和监管体系不断完善的过程中得到逐步提升。2017 年第三季度，行业信托风险资产余额为 1392.41 亿元，风险率仅为 0.571%，从 2016 年第二季度以来一直保持下降趋势。从风险资产的结构来看，集合资金信托的风险资产占全部风险资产的比重（集合风险占比）为 45.79%，自 2015 年第一季度以来持续下降，反映行业风险资产结构也在不断优化（见图 7）。

图 7　信托风险率和集合信托风险占比

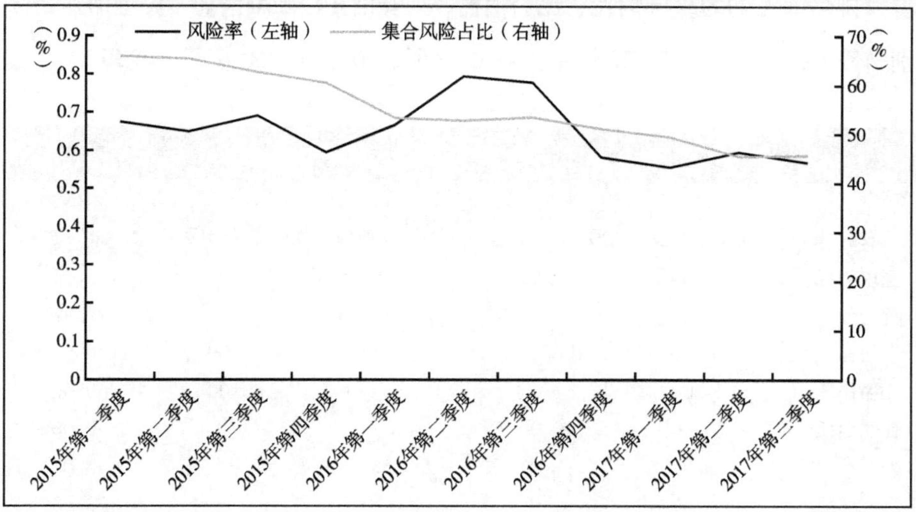

资料来源：中国信托业协会。

2017 年，信托行业“一体三翼”监管体系得到确立和完善，信托公司净资本管理、恢复与处置机制、信托业保障基金、信托登记制度等一系列基础性制度逐步建立和实施，信托行业已有了成型的系统性风险防范体系。信托公司自有资本充足，资产减值准备计提增加，信托赔偿准备金持续累积，信托业保障基金提供风险缓释机制，行业抗击风险能力显著增加。“资管新规”出台后，信托行业“刚性兑付”的历史遗留问题也有望得到妥善解决。总的来说，信托行业风险管控体系的完善和风险资产率持续下降，使信托行业在实现平稳较快增长的同时也更加安全健康，为信托行业的长远发展打下坚实基础。

（五）信托公司资本实力增强

信托公司增资扩股是近两年信托行业发展最显著的特征之一，也是信托公司谋求跨越性发展突破的最直接手段。2015～2017 年的三年间，共有 38 家信托公司进行了增资，累计增资金额达 1091.53 亿元。从三年累计增资额看，排名前五的为重庆信托、昆仑信托、平安信托、中融信托、民生信托，分别增资 103.61 亿元、72.27 亿元、60.12 亿元、60 亿元、50 亿元（见表 1）。

表 1　2015～2017 年信托公司增资前十名

单位：亿元

信托公司	注册资本金	2015 年增资	2016 年增资	2017 年增资	3 年累计增资
重庆信托	128.00	103.61	—	—	103.61
昆仑信托	102.27	—	—	72.27	72.27
平安信托	130.00	50.12	—	10.00	60.12
中融信托	120.00	—	—	60.00	60.00
民生信托	70.00	10.00	40.00	—	50.00
新时代信托	60.00	—	48.00	—	48.00
华润信托	60.00	—	33.70	—	33.70
华信信托	66.00	—	33.00	—	33.00
新华信托	42.00	30.00	—	—	30.00
中航信托	46.57	—	23.36	6.35	29.71
行业累计		269.83	385.65	353.88	1091.53

资料来源：各信托公司年报、国家企业信用信息公示系统。

2017 年，共有 15 家信托公司先后增资，增资金额达 353.88 亿元。截至 2017 年 11 月末，信托行业累计注册资本金已达 2364.03 亿元，行业注册资本金中位数从 2014 年的 17.96 亿元上升至 25.92 亿元（见表 2）。

表 2　2017 年信托公司增资情况

单位：亿元

信托公司	增资额	增资前注册资本金	增资后注册资本金	增资时间
中融信托	20.00	60.00	80.00	2017 年 1 月
渤海信托	16.00	20.00	36.00	2017 年 2 月
昆仑信托	72.27	30.00	102.27	2017 年 3 月
大业信托	7.00	3.00	10.00	2017 年 3 月
华澳信托	19.00	6.00	25.00	2017 年 3 月
安信信托	24.86	20.72	45.58	2017 年 3 月
交银信托	20.00	37.65	57.65	2017 年 3 月
浙金信托	5.00	5.00	10.00	2017 年 6 月
五矿信托	9.22	20.00	29.22	2017 年 6 月
浙金信托	7.00	10.00	17.00	2017 年 9 月
中融信托	20.00	80.00	100.00	2017 年 10 月
中航信托	6.35	40.22	46.57	2017 年 11 月
华融信托	6.67	23.69	30.36	2017 年 11 月
光大信托	50.00	34.18	84.18	2017 年 11 月
粤财信托	10.00	28.00	38.00	2017 年 11 月
中融信托	20.00	100.00	120.00	2017 年 12 月
平安信托	10.00	120.00	130.00	2017 年 12 月
湖南信托	12.51	12.00	24.51	2017 年 12 月
中铁信托	18.00	32.00	50.00	2017 年 12 月
上半年合计	193.35			
下半年合计	160.53			

资料来源：信托公司年报、国家企业信用信息公示系统。

信托公司增资潮原因可归纳为以下三点。首先，随着信托行业基础制度不断完善，信托公司经营能力进一步提升，信托牌照投资价值凸显，股东对信托行业未来稳定发展具有较强信心。其次，增加资本金直接扩大了公司固有业务规模，并对信托业务产生有效的辅助作用，增强了信托公司的综合展业能力，也提升了公司抵御风险的能力。最后，信托公司增强资本实力也是为了满足监管层对信托公司资本充足率的要求及监管评级对净资本规模的考核指标。

（六）信托公司发展分化加剧

信托业务的灵活性和多样性使得信托公司可依据自身资源禀赋实现差异化发展，而差异化发展的必然结果就是行业分化。根据68家信托公司2016年年报数据，行业前10名信托公司的信托业务收入已占全行业信托收入的40.22%，较前值37.49%有所提升，行业集中度进一步增强。其中，有7家连续两年排进前10名，说明这些公司在行业中具有比较明显的领先优势，行业的竞争格局逐渐成形（见表3）。

表3　2016年信托业务收入排名前十的公司

信托公司	信托业务收入（亿元）	2016年信托业务收入排名	2015年信托业务收入排名
中融信托	48.17	1	2
安信信托	43.93	2	5
中信信托	42.72	3	3
平安信托	33.82	4	1
重庆信托	25.74	5	4
华能信托	23.58	6	8
上海信托	21.28	7	13
中航信托	21.27	8	10
中铁信托	20.89	9	22
四川信托	18.94	10	7

资料来源：各信托公司年报。

在2007~2013年信托行业高速发展时期，排名靠后的信托公司由于规模基数较小，信托收入增速趋势快速提高，行业收入差距有所下降。2014年后，信托业务规模增速放缓，行业收入增长中枢下行，信托公司的主动管理能力尤其是资源获取能力决定了信托公司的行业竞争力和发展潜力。在此背景下，排名靠前的公司借助资本和品牌等优势获取业务资源，保持较高的增长速度，而某些排名较后的信托公司由于比较优势不突出，面临增速放缓的被动局面，行业发展的“基数效应”转为“规模效应”。截至 2016 年底，行业前 10 名与后 10 名信托公司的信托业务收入增速之差增至 41.26 个百分点，进一步深化了 2014 年以来的两极分化格局（见表 4）。

表 4　信托公司收入分化程度

年份	2012	2013	2014	2015	2016
信托收入前十名公司平均增速（%）	41.97	28.47	9.14	12.47	30.38
信托收入后十名公司平均增速（%）	61.76	36.31	-6.57	-19.94	-10.88
增速之差（个百分点）	-19.78	-7.84	15.72	32.42	41.26

资料来源：　各信托公司年报。

主动管理能力的差距是行业分化的重要原因，排名领先的信托公司主动管理业务规模显著高于行业平均水平和排名靠后的信托公司。信托业务排名前十的公司集合信托占总业务存量比重 47.84%，高于行业平均水平 38.71%，更高于排名后十的公司均值 24.22%，表明排名领先的信托公司更愿意坚持向高附加值、高回报的主动管理方向转型，打造公司核心竞争力。在信托行业朝多元化格局发展的过程中，排名领先的信托公司可谋求全面、均衡的发展模式，而其他公司则可根据比较优势找到适合自身发展的主营业务方向，寻求差异化经营和专业化发展的路径。

三、新时代背景下的信托行业发展展望

2018 年，中国经济将进入深化改革与转型发展的关键时期，信托行业也将迎来重要的发展机遇。党的十九大和全国金融工作会议着重强调了金

融服务实体经济的重要性和防范金融风险的紧迫性，提出要增强金融服务实体经济能力，深化金融体制改革，健全金融监管体系。站在新时代的路口，信托行业将会继续服务实体经济、回归信托本源、严控金融风险，顺应经济发展形势的新变化，保持行业持续稳定发展。

（一）监管执行力度加强，统一监管趋势凸显

在2017年召开的全国金融工作会议上，防风险被定调为金融工作“永恒的主题”，随后金融行业的监管力度持续加码，信托也进入强监管周期。除了更严格地执行“99号文”和“58号文”对信托行业的风险监管要求，监管当局连续下发“三三四”“资管新规”等行业监管条文，对具体业务的操作模式与规则做出进一步细化，同时也对信托公司的日常经营管理提出诸多规范性要求。

在监管执行的手段上，监管人员密集进驻信托公司进行现场检查，同时加大了对信托公司违规的处罚力度。在2007～2014年信托行业的快速发展时期，银监会仅在2009年开出过两笔罚单，其余年份均未有信托公司受到处罚。自2015年起，罚单数量逐年递增，2017年共计22笔处罚，处罚领域也不断延展，可见监管的执行力度正在不断加大（见表5）。梳理三年来32笔罚单开具原因可以发现，2015年处罚原因还集中于业务违规，但从2016年开始，处罚原因变得多元化，从资金用途、推介方式等纯业务领域逐步扩展到公司的法人结构、“董监高”履职、经营决策、账户管理、信息填报与披露等公司经营治理与业务管理细节。从罚单的趋势可以看出，监管机构不仅对信托业务的要求更趋严格，对信托公司经营决策和内部管理的监管也进一步强化。

除了监管力度的加大，金融统一监管的趋势也是信托行业必须面对的新环境。近年来，随着国内资管业务规模日渐庞大，业务创新与交叉经营趋势明显，现有的分业监管体制亟待改革。2017年11月，央行官网公布

表5　信托公司罚单统计

单位：笔

处罚原因	2017 年	2016 年	2015 年	合计
信息披露不符合要求	3	4		7
业务违规	8	2	4	11
推介违规	1	1	2	3
“董监高”行权履职	1	1		2
账户管理缺陷		1		1
内控不到位	2			
经营不审慎	3			
关联信息未事前报备	2			1
绩效发放不符合要求	1			1
法人治理结构存在严重缺陷	1			
合　计	22	9	6	32

资料来源：银监会网站。

了《关于规范金融机构资产管理业务的指导意见（征求意见稿）》，资管行业统一监管势在必行。在“资管新规”的指导下，信托将与其他机构在统一的监管规则下展开资管业务的合作与竞争，同时面临打破刚兑、去通道、增加风险准备金、加大信息披露等挑战。

统一监管对信托行业的主动管理能力提出了更高的要求。首先，在统一监管规则下，以监管套利为生存空间的纯通道业务将受到严格限制，通道业务规模将呈下滑趋势。信托公司开展业务必须深入到基础资产，提高资产筛选能力，把握业务全流程。其次，统一监管下刚性兑付将进一步被打破。信托公司在不允许刚兑的情形下开展业务，必须提高底层资产质量，把控实质风险，保障信托产品的安全兑付。最后，信托公司必须提高甄别投资人的能力，选择具有一定风险承受能力的合格个人和机构投资者，避免兑付事件对公司乃至整个行业产生负面影响。

（二）信托增长方式由通道业务扩张向主动管理驱动转变

在严厉的监管环境下，2018 年信托资产规模的快速增长势头料将无法延续，但信托资产增长方式更具可持续性。增长的驱动因素将由通道业务回归主动管理，规模增长对信托行业发展的贡献将有所下降，主要有以下三点原因。

首先，2017 年信托资产规模快速增长的重要原因是银行理财对接非标债权资产的通道业务回流信托，许多信托公司借此机会大力发展通道业务扩张规模。在统一监管的大趋势下，依靠监管套利的通道业务机会势必不可持续，禁止多层嵌套和严格穿透等监管措施将对通道业务造成较大冲击，依靠通道业务拉动信托规模增长必然无法延续。2017 年 12 月，银监会下发“55 号文”,[①] 进一步规范银信通道类业务，尤其对房地产、地方平台等领域投向的业务做出严格限制。同时，银监会表明将直接对业务增长较快、风险较高的信托公司实行窗口指导。随着监管干预的加强，信托公司将更加注重合规经营，主动压缩部分风险较高的业务，银信合作的空间也将被进一步收窄。未来信托公司开展业务将更大程度上依靠主动管理能力，相较依靠通道业务快速扩张的模式，信托资产规模增速将有所下降，但依靠主动管理能力发展业务的模式更具稳健性和可持续性。

其次，2018 年我国经济工作将以供给侧结构性改革为主轴，优化经济增长结构，降低对投资拉动的依赖程度。尽管党的十九大报告未涉及经济增长的数量目标，但已明确强调新阶段的发展重点已由数量转向质量，可见中央对经济增长速度的下限将有所放宽。为了实现经济结构的优化，货币控总量和调结构是前提条件，经济工作将继续围绕去杠杆、抑泡沫和稳增长展开，货币环境或将进一步收紧。投资需求的下降和货币环境的收紧将在一定程度上限制部分信托业务开展，降低资产规模的扩张速度。

最后，在经济增长方式转变和新增长动能培育的过程中将浮现新的行业投融资机会，信托公司仍可通过提高资产主动管理能力，凭借灵活的交易结构设计和信托牌照优势创新业务模式，在新的经济增长领域有所作

① 《中国银监会关于规范银信类业务的通知》（银监发〔2017〕55 号）。

为。2018 年，新兴产业投融资业务或将成为信托公司的重点创新领域，信托公司将在政府重点支持的中高端消费、创新引领、绿色低碳、共享经济、现代供应链等领域主动寻求业务机会，形成新的增长动力。

（三）供给侧改革推动信托传统业务转型升级

党的十九大报告明确指出，供给侧结构性改革仍是当前阶段我国经济工作的主轴，稳货币、防风险、去杠杆的政策导向短期内不会发生改变，这将对包括房地产和基础设施建设在内的投资驱动型行业造成一定程度负面冲击，信托传统业务也将面临调整和升级。

习近平总书记曾在不同场合多次强调：“房子是用来住的，不是用来炒的。”党的十九大报告也指出，要加快建立多主体供给、多渠道保障、租购并举的住房制度，让全体人民住有所居。2018 年，政府将延续 2016 年“9·30”以来的调控政策，引导房地产回归居住属性，弱化房地产的金融资产属性。一方面，政府将继续管控需求，抑制房地产市场投机行为；另一方面，政府将通过优化用地结构提高自持用地的供地比例，满足房屋租赁市场的项目用地需求。房地产市场的供给侧改革将加快房地产信托转型升级。首先，信托公司可充分参与房地产租赁市场，从传统的房地产开发投融资业务逐步转向长租公寓、租赁资产证券化、REITs 等存量房地产业务的拓展。信托在租赁市场开展资产证券化，可通过 Pre-ABS 业务对房地产项目重新定位和包装，提高房屋租赁价值，再以房屋租金为基础资产发行证券化产品，盘活存量资产。其次，信托可将生产要素引导向更具发展潜力的新型地产领域，包括养老、物流、绿色建设、科技等在内的新型业态，促进行业多元化发展。

供给侧改革下基础设施建设的投融资模式也将发生变化。党的十九大报告将加强水利、铁路、公路、水运、航空、管道、电网、信息、物流等基础设施网络建设列入供给侧改革框架，并倡导社会资本在基础设施项目建设、运营、管理的过程中发挥更大作用。2018 年，信托公司将进一步转变传统政府平台融资业务模式，积极推进 PPP、基础设施建设基金、基建资产证券化等业务。首先，更多信托公司将以 PPP 模式参与基础设施投资，并通过资产证券化等方式有效解决资金期限不匹配、投资退出渠道单一等难题，在一定程度上保留政府信用背书的情况下实现政府与社会资本有效结合。其次，信托还可以基金化形式为基础设施建设提供资金支持，通过基金化运作模式一方面极大丰富投资标的并增加产品配置类型，另一方面缓解信托刚性兑付压力。

（四）行业增资潮延续，资本差异加剧分化

资本实力是衡量信托公司综合实力的一项重要指标，也是在净资本管理、行业评级等监管政策约束下进行业务拓展与业务创新的重要动力来源。在监管趋严的背景下，信托公司不断增资扩股增强资本实力，逐渐呈现重资产经营的特征。2017 年是信托公司的增资大年，共计 15 家信托公司先后增资 353.88 亿元，信托公司行业注册资本金总额达 2364.03 亿元。在监管政策要求和监管评级导向的持续影响下，信托公司的增资行为势必在 2018 年得到延续。目前，已有包括江苏信托、陕国投、中建投信托在内的多家信托公司计划在近期增资扩股，行业资本实力将进一步提升。

增资扩股在一定程度上提升了信托公司的经营能力，主要有三点原因。一是增资扩大了公司固有资产的规模，直接提升固有收入的绝对值。二是强大的资本实力有效地辅助信托业务的开展，为信托计划发行和信托客户本身提供流动性支持，增加客户黏性。三是能更好发挥固有资产抵御业务风险的作用，实现信托公司稳健经营。

从 2016 年信托公司年报统计分析，净资产增速与公司的赢利能力存在明显的正相关关系。按照净资产增速排序，可以看出随净资产增速的提升，信托公司净利润、信托业务收入以及固有业务收入的增速也得到提升（见图 8）。

图 8　净资产增幅与赢利能力

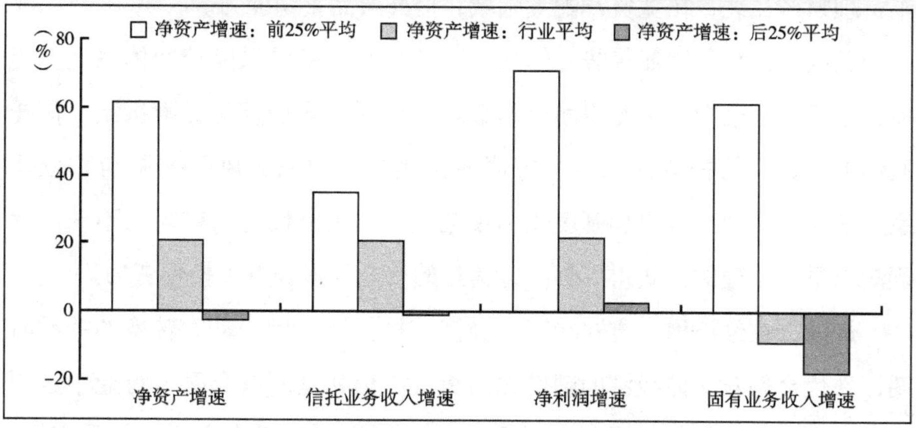

资料来源：各信托公司年报。

梳理 2015～2017 年增资公司名单可以发现，经营指标排名靠前的信托公司更有意愿和能力实现增资，而这些公司通过增资不断提高经营能力，巩固竞争优势，形成良性循环。相反，资本实力较弱的信托公司将更难有效开展业务，面临信托资产规模增速不断下滑甚至负增长的局面，从而制约营业收入的增加，进而影响公司利润的创造。因此，在增资潮延续的趋势下，信托行业的两极分化将不断加剧。

（五）信托牌照优势凸显，行业地位稳步提升

2017 年，信托行业进一步完善了各项基础制度，建立了较为清晰的业务分类体系，信托公司经营能力得到进一步提升，信托牌照的市场价值凸显。

首先，在明确的业务分类框架下，信托行业以资产管理为载体，以私募投行和财富管理为侧翼的业务格局不断丰富和完善。在私募投行领域，信托公司将在传统的债权市场继续深耕，在股权投资、资产证券化市场深入探索，在标品市场提升专业化水平，在慈善信托、家族信托等业务类型

上不断研发创新。在财富管理领域，信托公司将继续升级财富管理业务，丰富理财产品线，拓宽资产配置领域，提升产品直销能力。

其次，信托的牌照优势还体现在行业日渐完备的风险控制体系上。当前，信托行业已形成了涵盖净资本管理、信托公司恢复与保障机制、信托赔偿准备金及信托业保障基金等诸多机制在内的完善风险控制与防范体系，信托公司的经营更加制度化和规范化，打破刚性兑付带来的不确定性逐渐以更为合理的方式得以解决，信托的安全性得到更多投资者的认可。

最后，在经济增长方式转变、经济结构优化、增长动力转换的关键时期，现代金融对实体经济的辅助尤为重要。信托是所有金融子行业中运用范围最广泛、运用方式最灵活的业务，既可投资于资本市场、货币市场，又可以贷款、投资、资产证券化等形式为实体经济提供全链条金融服务。现阶段，信托公司将继续利用信托的制度优势，引导资金进入实体经济，发挥信托直接融资平台的关键作用。

综上，随着监管制度的顶层设计不断完善，信托行业进入稳健发展阶段，信托资产结构持续优化，赢利能力稳定增长，风险管理能力不断提升，资本实力更加雄厚。2018 年是供给侧改革的关键年，信托行业将继续贯彻“受人之托，代人理财”的核心理念，发挥牌照优势，服务实体经济，严控金融风险，顺应经济发展形势的新变化。

2018年公募基金行业发展趋势分析与展望

陆筱薇

金融学学士，法律硕士，国泰基金管理有限公司助理研究员

投资提示

- 2018 年公募基金行业预计将延续“强监管、防风险”的监管思路，逐步回归资产管理、主动管理的本源。

- 2017 年末发布的《关于规范金融机构资产管理业务的指导意见（征求意见稿)》，长期来看有利于进一步发挥公募基金的资产管理优势，但从短期来看，公募基金的同业资金来源可能受到影响，资金面收紧也可能对债券市场形成一定压力。

- 2018 年行业预计将继续推进互联网和智能投顾的应用，FOF 基金未来也将在行业发展中承担更为重要的角色。

公募基金产品在 2017 年整体取得良好收益，行业规模有较大幅度增长，但规模增长主要来自货币基金。随着“强监管、防风险”的监管思路推进落实、监管新规不断出台，2016 年风行的“定制型基金”热度退减，公募基金行业开始回归主动管理本源。

展望基金行业未来，一方面，互联网金融的发展、FOF 基金的获批成立、养老目标基金的推进，为基金公司的未来发展打开新的局面；另一方面，随着行业竞争的进一步加剧，机构间同质化投资策略的风险将愈加凸显，“跑马圈地”追求规模的发展模式难以为继，这也推动基金公司进行精准定位，结合自身特点走出差异化、精品化的发展道路。

一、2017年公募基金行业发展回顾

2017 年，公募业务规模继续保持增长，但非公募业务增速显著下降。

截至 2017 年末，公募基金行业资产管理总规模为 11.62 万亿元，突破 10 万亿元大关，较 2016 年增长 26.8%。截至 2017 年第三季度末①，非公募业务规模为 6.42 万亿元，较 2016 年底的 6.38 万亿元仅小幅增长 0.6%（见表 1）。

表 1　公募基金行业资产管理规模变化

单位：亿元

时间	总规模	公募业务规模	非公募业务规模
2012 年	36226	28662	7565
2013 年	42213	30021	12192
2014 年	66811	45354	21458
2015 年	125604	83972	41632
2016 年	155423	91593	63830
2017 第三季度	175637	111407	64230
2017 年	—	116200	—

资料来源：中国证券投资基金业协会，中国银河证券基金研究中心。

① 截至本文定稿日，中国证券投资基金业协会尚未公开 2017 年底非公募业务数据。如无特殊说明，本文非公募数据截至 2017 年第三季度末。

自2013年以来，非公募业务已连续四年增速超过公募业务，但2017年非公募业务增速显著下降，增幅远低于公募业务。

从公募基金各类别产品来看，截至2017年末，行业货币基金规模从4.33万亿元增长至6.76万亿元，增幅达到56%，基本贡献了2017年公募基金规模的全部增量。同期，除货币基金之外的其他基金规模从4.843万亿元升至4.854万亿元，小幅上升0.3%（见表2）。

表2　各类型基金规模份额变化

基金类型	基金净值			基金份额		
	2017年末余额（亿元）	2016年末余额（亿元）	变动（%）	2017年末余额（亿份）	2016年末余额（亿份）	变动（%）
股票基金	7265.79	6857.81	5.95	5569.51	6282.77	-11.35
混合基金	20801.49	21136.29	-1.58	17476.74	19707.4	-11.32
债券基金	19283.8	19217.13	0.35	18689.66	18193.28	2.73
其他基金	185.85	173.41	7.17	99.65	87.29	14.16
货币基金	67661.52	43322.28	56.18	67661.52	43322.28	56.18
QDII基金	858.49	988.09	-13.12	793.88	1046.55	-24.14
基金中基金（FOF基金）	143.29			142.93		
合　计	116200.23	91695.01	26.72	110433.89	88639.57	24.59

资料来源：中国银河证券基金研究中心。

其中，股票基金的赎回份额中有较大一部分来自指数分级基金。虽然股票基金份额有较大幅度下降，但受益于良好的投资业绩，其净值仍有5.9%的增长。同时，混合基金、QDII基金均有较大份额赎回，但受益于净值增长，其净值变动率与份额变动率相比显著收窄。

需要说明的是，2016年，得益于机构资金在“资产荒”下的配置需求，大量委外资金投资于公募基金，其主要的对接产品形式为混合基金及债券基金，委外资金的流入也推动了混合基金和债券基金的迅速增长。2017年，受监管政策的影响，委外资金投资公募基金的行为受到限制，这在一定程度上也导致混合基金规模和份额下降，债券基金净值增速也从2016年的近乎翻番降至2017年的0.35%。

从产品业绩来看，2017 年各类型基金整体取得正收益。按照中国银河证券基金研究中心分类标准，股票基金和混合基金的平均净值增长率均超过 10%；货币基金平均净值增长率为 3.82%，较 2016 年货币基金收益有较大上升。2016 年债券基金整体净值增长率为负，2017 年转正，但平均净值增长率仅为 1.54%，低于同期货币基金及短期理财的收益表现（见表 3）。

表 3　2017 年各类型基金业绩表现

基金类型	基金数量(只)	平均净值增长率(%)
股票基金	898	11.83%
其中：标准股票型基金	132	16.86%
行业股票型基金	50	16.26%
指数股票型基金	464	12.61%
混合基金	1891	10.86%
其中：偏股型基金	502	15.01%
行业偏股型基金	36	13.29%
债券基金	1123	1.54%
其他基金	14	1.91%
货币基金	457	3.82%
QDII 基金	147	15.97%

资料来源：中国银河证券基金研究中心。

（一）权益基金赚钱效应显现

2017 年市场振荡向上，股市风格分化明显，以贵州茅台、格力电器为代表的优质大盘股估价不断攀升。从年初“漂亮 50”开始，低估值、业绩稳健的蓝筹股进入连续上涨通道，带动一批价值蓝筹风格的主动权益基金净值随之上涨。截至 2017 年底，行业 275 只普通股票型基金、570 只混合偏股基金均获得正收益；而同期获得正收益的 A 股股票占比约为 31.8%，基金产品赚钱效应凸显。2017 年不同排名区间基金的平均投资收益率见表 4。

表4　2017 年不同排名区间基金的平均投资收益率

单位：%

基金排名区间	混合偏股型基金	普通股票型基金
前 20%	38.93	31.08
20% ~40%	15.36	8.86
40% ~60%	6.78	3.44
60% ~80%	2.33	1.31
80% ~100%	0.54	0.29

资料来源：Wind。

随着权益基金赚钱效应的逐步释放，少数有业绩支撑的基金公司连续出现“一日售罄”的爆款产品。如第三季度末东方证券资管的东方红睿丰封转开，一日申购达百亿元；11 月中欧基金发行中欧恒利三年定期开放混合型基金，发行当日认购超过 74 亿元，一日即宣布结束募集。同时，行业内部分绩优产品的规模也获得大幅增长。以易方达消费行业基金（110022）为例，其在 2017 年的净值增长率为 64.97%，同期基金资产管理规模从 12.836 亿元增长至 133.083 亿元，增幅约为 936.8%（见表5）。

表5　2017 年部分绩优股票型基金规模/净值增长对比

基金代码	基金简称	2017 年末基金净值（亿元）	2016 年末基金净值（亿元）	2017 年规模增长率（%）	2017 年净值增长率（%）
110022	易方达消费行业	133.083	12.836	936.8	64.97
001542	国泰互联网 +	45.9165	6.0034	664.8	61.95
001878	嘉实沪港深精选	77.4473	13.7042	465.1	51.43
002121	广发沪港深新起点	21.291	9.6941	119.6	49.79
001703	银华沪港深增长	2.544	1.2831	98.3	49.61
000854	鹏华养老产业	4.5203	1.7929	152.1	49.27
519606	国泰金鑫	29.2097	5.6751	414.7	47.09
000751	嘉实新兴产业	9.353	1.8626	402.1	46.91
540009	汇丰晋信消费红利	2.8314	1.4925	89.7	45.13

续表

基金代码	基金简称	2017 年末基金净值（亿元）	2016 年末基金净值（亿元）	2017 年规模增长率（%）	2017 年净值增长率（%）
001044	嘉实新消费	16.9852	16.3736	3.7	44.72
376510	上投摩根大盘蓝筹	4.2314	1.5975	164.9	43.22
001583	安信新常态沪港深精选	4.8256	0.241	1902.3	43.21
001208	诺安低碳经济	16.8824	17.9973	-6.2	40.96
000457	上投摩根核心成长	84.4335	5.135	1544.3	40.85
000974	安信消费医药主题	26.2278	3.4424	661.9	39.29
001410	信达澳银新能源产业	5.516	0.5535	896.6	39.27
000577	安信价值精选	42.6416	5.6213	658.6	38.60
160127	南方新兴消费增长	8.257	2.7356	201.8	37.00
000628	大成高新技术产业	2.8484	1.4929	90.8	36.33

资料来源：Wind。

虽然行业内部分绩优基金规模呈几何倍数增长，但从年度份额增长情况来看，市场对于权益基金整体的认可程度并未同比上升。以标准股票型基金为例，2017 年标准股票型基金净值增长 19.08%，但其份额减少了 3.11%，投资业绩基本贡献了全部净值增长（见表 6）。

表 6　2017 年不同排名基金的平均投资收益率

银河证券二级分类名称	参与统计基金净值			参与统计基金的份额		
	2017 年末	2016 年末	净值增长率（%）	2017 年末	2016 年末	份额增长率（%）
标准股票型基金	1656.9	1391.44	19.08	1403.64	1448.75	-3.11
行业股票型基金	772.2	597.66	29.20	663.9	631.64	5.11
偏股型基金	7584.9	6783.28	11.82	6002.77	5899.83	1.74
行业偏股型基金	351.4	387.87	-9.40	216.69	248.21	-12.70

资料来源：中国银河证券基金研究中心。

（二）货币基金规模大涨，监管管控力度加大

受益于短端利率走高，2017 年货币基金收益率维持较高水平，继续吸引存款搬家，其免税优势也吸引了大量机构资金的参与。

2017 年，行业货币基金规模从 4.33 万亿元增长至 6.76 万亿元，增幅达到 56%，基本贡献了 2017 年行业公募基金规模和基金份额的全部增量。其中，天弘基金的货币基金规模从 2016 年底的 8201.3 亿元增长至 2017 年末的 17649.4 亿元，新增规模 9448.1 亿元，增幅达到 115.2%。

虽然 2017 年的货币基金规模持续大幅增长，但监管层已经开始逐步加强对货币基金规模和流动性的控制。

2017 年 9 月 1 日，证监会正式公布《公开募集开放式证券投资基金流动性风险管理规定》，要求“基金管理人应当对所管理的采用摊余成本法进行核算的货币基金实施规模控制”，提高资产配置的评级、提高资产配置分散要求、严控机构类货币基金、增强货币基金流动性，引导货币基金回归现金管理工具定位。

2017 年 12 月 8 日，中国证券投资基金业协会主持召开了基金评价座谈会，要求基金评价机构淡化货币基金规模的概念，协会也不再公布包含货币基金规模的基金管理人排名。同时，各地证监局也对辖区内基金管理公司提出具体监管要求，要求基金管理机构不得进行任何形式的宣传以扩大货币基金规模，同时要求严控流动性风险。

从历史数据来看，传统上货币基金在第四季度通常会迎来规模爆发，但 2017 年监管层对货币基金规模和流动性的管理使得货币基金规模在第四季度有所下降。按照 Wind 统计，截至 12 月 22 日，在沪深两市挂牌上市的 31 只货币 ETF，总份额由 12 月 15 日的 1677 亿份减至 12 月 22 日的 1545 亿份，单周降幅达到 7.86%。其中，规模最大的货币 ETF 华宝添益份额降

至 697 亿份，降幅达到 6.32%。

2017 年第四季度货币基金监管主要规定见表 7。

表 7　2017 年第四季度货币基金监管主要规定

序号	重点内容
1	基金评价机构不再通过各类渠道宣传货币基金规模排名及收益率；不再公布包含货币基金规模的排名数据
2	不得通过宣传来扩大货币基金规模，包括以公开的宣传材料，以及微信或朋友圈的大力宣传推广货币基金的行为
3	严禁片面宣传货币基金的收益率及过往业绩，或忽视风险把货币基金混同活期存款等
4	不得降低货币基金的费率进行“恶意竞争”
5	不得新开展货币基金快速赎回业务，未经备案不得新增“T+0”快速赎回的渠道和平台
6	加快抓紧落实《公开募集开放式证券投资基金流动性风险管理规定》，在流动性新规的实施过渡期中，应坚持审慎原则，关注货币基金负偏离问题，特别是基金负偏离度达到或超过 0.1% 的
7	严格遵守货币基金管理办法、运作管理办法、流动性管理办法，以最严的控制标准进行管理

资料来源：叶修、陈墨、天逸：《7 万亿关口紧急刹车？ 年底冲规模 “法宝” 遭严管》，《中国基金报》2017 年 12 月 22 日。

（三）监管趋严，定制型基金热度减退

得益于政策红利而快速发展的资产管理机构，普遍有“先做大，再做强”的心理，多年来狂奔突进、跑马圈地。尤其 2016 年涌现的各类定制型基金，正是为满足市场快速发展过程中潜在的批量化业务需求而设立的。

从数据来看，2016 年公募基金的规模增长很大程度上来自债券基金和混合基金。从新发基金角度来说，2016 年行业共新发 1220 只基金，合计首发规模 10792.3 亿元，其中包括 434 只债券基金和 438 只混合基金，其首发和留存规模的占比均超过行业全部类别新产品的 60%。

具体观察两类基金，其规模增长在很大程度上来自定制型基金。定制型基金的主要特征：一是机构投资者持有比例畸高，通常在 99% 以上；二

是基金份额持有人的户数很低，通常在500户以下；三是很少出现份额变动，或很少出现剧烈变动；四是管理费通常较低。根据这些特征观察，在2016年新发的434只债券基金中，有300只基金首发户数少于500户，这300只基金首发规模合计3507.1亿元；在438只新发混合基金中，有215只基金首发户数少于500户，这215只基金的首发规模合计861.45亿元。上述疑似委外定制型基金的首发规模占2016年全部新基金首发规模的40.5%。针对定制型基金的高速增长，证监会在2016年底即推出相应监管政策，要求基金公司在基金申报时要针对委外定制型基金上报情况。2017年3月17日，证监会向公募基金管理人和托管人下发《机构监管情况通报》，明确要求“新设基金（含已获批复但尚未募集成立的基金），拟允许单一投资者持有基金份额比例达到或超过50%的，应当封闭运作或定期开放运作（定期开放周期不得低于3个月），并采取发起式基金形式，在基金合同及基金招募说明书等信息披露文件中予以充分披露及标识，此类产品不得向个人投资者公开发售”。

3月17日《机构监管情况通报》的发布，使得委外资金受限，从而导致定制型基金数量迅速减少，且50亿元以上的大规模基金数量也有所下降。这一变化在第一、第二季度的新发基金上表现尤其明显。

2017年上半年，行业共新发551只基金（不含新转型），首发规模合计4076.1亿元，合计留存6698.6亿元。其中，第一季度行业新发339只基金，首发规模2893.9亿元；第二季度新发基金数量大幅下降，仅发行212只基金，首发规模为1182.2亿元。对比尤其明显的是债券基金和混合基金，数量和新发合计规模均下降50%以上。同时行业上半年共有272只基金首发户数少于500户，包括152只债券基金、72只混合基金及28只货币基金，其中194只在第一季度成立，而仅有78只成立于第二季度。

3月以来定制型基金受到较大限制，债券基金和混合基金的新发规模显著下降。但随着政策推行，第二季度以来，行业中开始出现了规模较大的定期开放发起式债券基金，但由于发起式基金要求至少1000万元的资金投入，目前多限于部分自有资金较为雄厚的银行系或与银行保持紧密合作关系的基金公司（见表 8）。

表 8　2017 年定期开放发起式债券基金（部分）

基金简称	基金成立日期	首次发行募集资产净值（亿元）	首发户数（户）	银河证券一级分类
中银丰实定期开放债券发起式	2017/6/21	100.1	2	债券基金
中银丰和定期开放债券发起式	2017/6/23	60.1	2	债券基金
光大保德信尊盈半年定期开放债券	2017/5/23	35.1	2	债券基金
富国鼎利纯债债券发起式	2017/6/28	21.1	16	债券基金
兴全兴泰定期开放债券发起式	2017/8/31	100.1	2	债券基金
中银信享定期开放债券发起式	2017/9/29	50.1	2	债券基金
中加纯债定期开放债券发起式	2017/7/20	30.1	2	债券基金
富国聚利纯债定期开放债券发起式	2017/8/10	30.1	2	债券基金
国寿安保安吉纯债半年定期开放债券发起式	2017/8/22	30.1	5	债券基金
南方兴利半年定期开放债券发起式	2017/9/12	30.1	2	债券基金

资料来源：　中国银河证券基金研究中心。

（四）基金子公司“野蛮生长”受遏制

2012 年 10 月 31 日，监管部门发布《证券投资基金管理公司子公司管理暂行规定》，允许基金公司成立专业子公司，开展专项投资业务和差异化、专业化经营，拉开了基金公司开展非公募业务的序幕。

基金子公司在过去几年经历了“野蛮生长”阶段，产品数量快速增长，资产管理规模从 2013 年的 9414 亿元、2014 年的 37390.1 亿元快速增长至 2015 年的 85712.7 亿元，2014 年和 2015 年增幅分别达到 297.2% 和 129.2%。截至 2016 年第三季度，[①] 行业内基金管理公司共成立了 79 家专户子公司和 6

① 截至本文定稿日，中国证券投资基金业协会尚未公布 2017 年底基金子公司业务数据。如无特殊说明，本文基金子公司数据截至 2017 年第三季度末。

家销售子公司，行业内基金子公司管理的产品数量已达到16040只，资产管理规模达到111493.33亿元。其中，一对一产品8974只，资产管理规模84481.48亿元；一对多产品7066只，资产管理规模27011.85亿元。

2016年11月29日，证监会正式发布了《基金管理公司子公司管理规定》（本文以下简称《子公司管理规定》）及《基金管理公司特定客户资产管理子公司风险控制指标管理暂行规定》（本文以下简称《专户子公司风控指标管理暂行规定》），对专户子公司股权安排、垂直管理、净资本覆盖、风险资本计提、风险准备金提取等多个环节加强了监管，要求母公司对子公司“绝对控股”，并强调建立以净资本为核心的风险控制指标体系。

《专户子公司风控指标管理暂行规定》明确了净资本、风险资本及风险准备金计算方法，要求建立以净资本为核心的风控指标体系，对不同业务定义了不同的风险系数。其中，标准化金融工具风险系数最低为0，投资类（包括权益类）风险系数低于非标债券类，这也明确表示了监管的引导方向，即不鼓励非标债券类和通道类业务。在这一体系下，以非标通道业务为主业的基金子公司将面临较大的净资本压力。

同时，《子公司管理规定》也明确规定“基金管理公司应当根据自身发展战略，按照专业化、差异化的经营原则，合理确定并定期评估子公司的发展方向和经营范围”，要求基金公司和基金子公司差异化经营、避免同业竞争。这就要求基金公司和基金子公司应当联动发展，有规划、有战略，而非各自为政、野蛮生长。

《子公司管理规定》的出台，一方面规范了基金子公司的发展，2017年各基金子公司开始针对其相关要求调整股权比例、补充净资本；另一方面使得基金公司重新思考子公司的定位和发展战略，并使基金子公司基于对自身净资本的考量重新规划业务发展，原本支撑基金子公司规模增长的通道业务成为一种“低性价比”的业务，这也直接导致2017年基金子公司行业资产管理规模的大幅下降。

按照中国证券投资基金业协会的统计数据，在《子公司管理规定》出台的一个月后，截至 2016 年底，基金子公司成立的基金数量为 14494 只，资产管理规模为 105030.91 亿元，基金数量较 2016 年第三季度下降 9.6%，规模较 2016 年第三季度下降 5.8%。

2017 年以来，基金子公司的产品数量和资产管理规模进一步下降。截至 2017 年第三季度，行业内成立的基金数量合计为 10624 只，资产管理规模为 79585.46 亿元，基金数量较 2016 年底下降 26.7%，较 2016 年第三季度末下降 33.8%；资产管理规模较 2016 年底下降 24.2%，较 2016 年第三季度末下降 28.6%；一对一和一对多产品均呈下降趋势。

（五）公募基金"强者恒强"，行业竞争发展差异化

截至 2017 年 11 月底，我国境内共有基金管理公司 113 家，其中，中外合资公司 45 家，内资公司 68 家；取得公募基金管理资格的证券公司或证券公司资管子公司共 12 家，保险资管公司 2 家。回溯 1998 以来行业发展情况，基金公司数量自 1998 年的 5 家逐年增加，行业竞争不断加剧；同时，公募基金资产管理规模呈现阶梯式发展的趋势，在 2006 ~ 2007 年与 2015 ~ 2016 年有明显的阶梯式上升。

随着行业内基金公司数量、公募基金规模的快速增长，虽然前十大基金公司集中度长期来看呈下降趋势，但行业竞争异常激烈。2007 年以前，公募基金行业尚处于发展起步阶段，前十大基金管理公司的管理规模占全行业规模的 60% 以上。2006 ~ 2007 年以来，由于基金公司规模增长集体井喷，管理规模急剧扩大，中小规模的基金公司迎头追赶，前五大公募基金管理公司的管理规模占比从 2007 年的 47% 下降至 2013 年的 31%；中等规模的基金公司因对市场的把握度接近和产品设计基本趋同，份额变化不大。

2014 年，基金行业竞争格局出现较大变化，天弘基金凭借货币基金（余额宝）迅速做大规模，推动公司排名升至市场第一位，使得前五大基金公司规模集中度回升至 37%。2015 年货币基金规模继续大幅增长；2016

年债券基金快速发展。近年来，货币基金和债券基金的发展，一方面推动了行业整体资产管理规模的增长，另一方面使得行业集中度进一步提升（见图9）。在大型基金公司凭借规模效应不断做大做强的背景下，中小型基金公司生存愈加艰难。若中小型基金公司不在某些方面寻求创新突破，强者恒强的局面很难打破。

表9　截至2017年底行业全口径和剔除货币基金口径资产管理规模排名（前30位）

排名	全口径			剔除货币基金口径		
	基金管理人简称	管理基金资产净值(亿元)	管理基金资产净值市场占比(%)	基金管理人简称	管理基金资产净值(亿元)	管理基金资产净值市场占比(%)
1	天弘	17892.95	15.40	易方达	2882.10	5.94
2	易方达	6076.72	5.23	华夏	2498.19	5.15
3	工银瑞信	5463.61	4.70	嘉实	2463.24	5.07
4	建信	4888.06	4.21	中银	2327.86	4.80
5	博时	4423.17	3.81	博时	2264.65	4.67
6	南方	4403.45	3.79	南方	2118.79	4.37
7	华夏	3988.08	3.43	汇添富	1891.80	3.90
8	招商	3921.83	3.38	广发	1888.66	3.89
9	嘉实	3804.77	3.27	招商	1831.06	3.77
10	中银	3624.89	3.12	建信	1434.69	2.96
11	汇添富	3233.20	2.78	富国	1304.67	2.69
12	广发	2798.73	2.41	工银瑞信	1300.00	2.68
13	鹏华	2654.75	2.28	华安	1231.31	2.54
14	银华	2060.44	1.77	农银汇理	1012.56	2.09
15	富国	1885.70	1.62	鹏华	978.18	2.02
16	农银汇理	1875.68	1.61	国泰	900.28	1.85
17	华安	1851.32	1.59	兴全	838.98	1.73
18	平安大华	1794.57	1.54	东方证券资管	743.89	1.53
19	兴业	1736.25	1.49	银华	737.95	1.52
20	大成	1632.55	1.40	大成	733.03	1.51
21	兴全	1597.42	1.37	兴业	691.48	1.42
22	上投摩根	1521.31	1.31	交银施罗德	685.39	1.41
23	国寿安保	1397.38	1.20	中欧	683.32	1.41
24	交银施罗德	1366.73	1.18	中银国际证券	611.39	1.26
25	华宝	1243.60	1.07	中信保诚	585.91	1.21
26	浦银安盛	1107.30	0.95	景顺长城	557.62	1.15
27	民生加银	1057.94	0.91	民生加银	550.32	1.13
28	国泰	1012.02	0.87	华泰柏瑞	527.82	1.09
29	国投瑞银	1000.00	0.86	上投摩根	498.59	1.03
30	中信保诚	910.69	0.78	光大保德信	481.06	0.99

资料来源：中国银河证券基金研究中心。

随着监管层近年来对公募基金设立限制不断放宽，与前几年相比申请公募基金牌照变得相对容易。2013年以前公募基金控股股东以券商系、信托系和银行系为主，而近年来新成立的基金公司中控股股东出现背景多元化的发展态势。新成立的基金公司依托股东背景、依托公司优势产品或通过员工激励措施，不断寻求差异化发展道路。

从优势产品来看，除天弘基金凭借余额宝跃居基金公司规模排名第一外，财通基金、九泰基金利用自身资源从定增产品处发力，把握住巨量定增市场给公募基金带来的发展契机，成为行业内专注定增的基金管理公司，走出一条差异化、特色化的道路。

从股东背景来看，证券公司持有公募牌照近年发展迅速。以华泰证券资管为例，华泰证券资管成立于2017年7月20日，自2017年第三季度开始发行基金，目前共有两只产品，均为货币基金，分别成立于2017年8月11日和2017年8月24日，首发规模合计155亿元，当季首发规模行业最大。此前，中银国际证券从2016年开始发行公募产品，当年发行4只产品，年底规模合计369.42亿元；截至2017年底，已有10只产品，规模合计已达708.39亿元，增长迅速。

从激励措施来看，2013年成立的前海开源基金，主要通过高分成及快速兑现的事业部制吸引大批人才加盟。2017年，通过股权激励留住核心人才仍是基金公司发展的重要选择。2017年12月13日，银华基金发布公司股东及股东出资比例变更公告，引入员工持股。

整体而言，2017年以来，各基金公司“强者恒强”的态势继续保持，中小型基金公司竞争不断激化。

二、2018年公募基金行业发展展望

经历过去几年的高速增长之后，2018年预计将延续近年来“强监管、

防风险”的监管思路，公募基金行业将逐步回归资产管理、主动管理的本源。同时，顺应“普惠金融”的发展趋势，Fintech、FOF 基金和养老将为公募基金业务打开新的发展版图。

（一）监管政策：转折与机遇

2016 年以来，每一次产品创新和规模变动，除了市场行情驱动和投资者需求之外，监管政策也扮演了重要角色，特别是在保本基金、定制型基金、分级基金等特定产品的发展上。

近年来，行业“强监管、防风险”的监管思路逐步强化，引导行业去杠杆、去通道、破刚兑，回归资产管理的本源。国务院和“一行三会”发布一系列相关的监管文件，加强资本市场中小投资者合法权益保护，加强资产管理公司内部管控和外部监管，专项整治互联网金融风险，加大反洗钱工作力度，规范证券期货经营机构私募资产管理业务的运作，加强对基金管理公司子公司的管理。

总结近年来的监管要点，一是构建以净资本约束为核心的风控体系，为基金管理公司风险较高的产品、业务类别及基金子公司的业务开展引入以净资本约束为核心的风险管理体系；二是加强投资者适当性管理，明确产品分类、投资者分类的相关要求；三是强化金融机构内部合规风控建设，对流动性风险、投资者集中度进行专项管理；四是强化主体责任和监督责任，明确执法部门和监管机构的日常监督管理责任，明确金融机构在日常经营管理中的主体责任，明确母子公司的责任关系。

截至 2016 年末，我国“大资管”受托管理规模 105.2 万亿元，其中银行表外理财、信托、券商资管占比居前，比例分别为 22%、19%、17%，公募基金占比仅为约 9%（见表 10）。公募基金作为“普惠金融”的代表形式，发展最为规范、信息披露最为透明，但规模占比相对受限，这种现象在一定程度上可能是由于银行理财及部分其他类型的产品采用资金池运作、期限错配等方式实现超预期收益和刚性兑付，公募基金产品的吸引力和竞争力无法企及。

表 10　各类机构业务资产管理规模

机构	业务	2016 年（万亿元）	2017 第三季度（万亿元）
银行	银行表内理财	5.9	—
	银行表外理财	23.1	—
信托	信托	20.2	—
证券	券商资管	17.6	17.4
基金及基金子公司	基金非公募业务及基金子公司	16.9	14.4
基金	公募基金	9.2	11.1
	私募基金（实缴口径）	7.9	10.3
期货	期货资管	0.28	0.24
保险	保险资管（第三方托管）	4.08	—
	合　计	105.2	

资料来源：中泰证券研究所。

2017 年 11 月，中国人民银行会同银监会、证监会、保监会、外管局等部门，共同起草了《关于规范金融机构资产管理业务的指导意见（征求意见稿）》（本文以下简称《指导意见》），并向社会公开征求意见（见表 11）。

表 11　《关于规范金融机构资产管理业务的指导意见（征求意见稿）》重要内容梳理

关键内容	政策内容
刚性兑付被明令禁止	首次定义了刚性兑付的四条认定标准。出现兑付困难时，金融机构不得以任何形式垫资兑付。金融机构不得开展表内资产管理业务
资金池操作被禁止	金融机构应当做到每只资产管理产品的资金单独管理、单独建账、单独核算，不得开展或者参与具有滚动发行、集合运作、分离定价特征的资金池业务
消除多层嵌套和通道	金融机构不得为其他金融机构的资产管理产品提供规避投资范围、杠杆约束等监管要求的通道服务

续表

关键内容	政策内容
分级产品设计	分级私募产品的总资产不得超过该产品净资产的140%。分级私募产品应当根据所投资资产的风险程度设定分级比例（优先级份额/劣后级份额，中间级份额计入优先级份额）。固定收益类产品的分级比例不得超过3：1，权益类产品的分级比例不得超过1：1，商品及金融衍生品类产品、混合类产品的分级比例不得超过2：1
强化资本和准备金计提要求	金融机构应当按照资产管理产品管理费收入的10%计提风险准备金，或者按照规定计提操作风险资本或相应风险资本准备。风险准备金余额达到产品余额的1%时可以不再提取
过渡期的设置	①金融机构已经发行的资产管理产品自然存续至所投资资产到期。②过渡期内，金融机构不得新增不符合规定的资产管理产品的净认购规模。③过渡期自本文件发布实施至2019年6月30日

资料来源：长江证券研究所。

《指导意见》的出台，一定程度上起到承上启下的作用。回顾2016年以来的金融监管政策，无论是证监会对分级基金、保本基金、专户杠杆的相关规定及2016年底对子公司的规范，银监会“七不准”“四公开”、治理“三套利”等政策，还是中国人民银行出台的表外理财纳入MPA考核、同业存单纳入同业负债等政策，与《指导意见》的整体思路都是一致的，都着眼于统一监管标准，实行公平的市场监管，最大限度地消除监管套利空间。同时，《指导意见》也为未来资产管理行业的监管提供了纲领和方向。

资金池、非标业务、多层嵌套等投资管理模式是现行资管行业大部分传统业务的核心，如果严格执行相关禁止性和规范性规定，银行理财、券商资管都将面临较大压力。但长期来看，《指导意见》的实施能够打破刚性兑付、进一步消除监管套利、降低无风险收益水平，有利于资本市场与资管行业的长期发展，也是公募基金业务在“同一起跑线”上与大资管行业其他业务公平竞争的基础和基石。

然而，从短期来看，由于业务相互关联，如果新规严格执行，银行理财规模下降对基金公司也可能产生一定影响。

一是直接影响子公司的业务。目前，基金子公司开展的业务中，仍有很大一部分是通道产品，按照《指导意见》“不得多层嵌套、不得投资私募基金”的要求，通道产品或将面临较大合规压力，行业中基金子公司的产品数量和资产管理规模或将进一步降低。

二是可能影响基金公司和子公司的资金来源，目前基金公司的专户、公募都有部分资金来自银行理财或银行同业，银行理财规模大幅下降可能影响公募和专户的资金来源。

三是可能会对债券市场产生影响。如银行理财规模下降，资金面收紧，债券市场将面临进一步压力。同时，禁止期限错配也将使得长端债券面临更大压力。而通道业务、非标融资的规范将使得部分企业的融资需求无法满足，一定程度上可能放大信用风险。

（二）科技金融：继续探索 Fintech 发展道路

2016 年以来，公募基金行业在委外资金的推动下实现了机构业务的快速发展，但机构客户往往申赎规模较大，可能带来较大的流动性风险。2017 年 3 月证监会发布的《机构监管情况通报》也对委外资金的投资做出了一定限制。

从流动性风险的角度来说，相较机构业务，零售业务一定程度上能够更好地抵御市场波动和政策变化的流动性风险，同时，零售业务面向广大中小投资者，也最能体现普惠金融、服务民生的发展要求。

从 2013 年阿里巴巴通过余额宝介入公募基金市场之后，公募基金公司就开启了通过“科技金融”（Fintech）改进传统销售路径的进程。传统的公募零售是通过银行客户经理间接联系客户，基金公司无法直接对接客户，也无法有效地将优秀的产品传递给客户。近年来银行理财产品逐渐发展，银行更有意愿和动力销售自有产品，同时，银行要求的销售费用比例较高，越来越成为公募基金公司市场推广的负担。Fintech 对于传统金融的改造和完善，主要体现在为公募基金的销售提供了直接的出口，这也大大改善了中小投资者获得的服务，更好地为中小投资者提供优质的产品。

相较过去互联网对基金行业的影响限于销售渠道的情形，近年来，Fintech 开始逐步触及投资管理的核心。目前，业内“智能投顾”的发展主要有两个方向，一是直接面对投资者的“投资顾问”，二是基金公司自行应用的“投研系统”。

在投资顾问方面，欧美已经历近十年的发展过程，以 Wealthfront、Betterment 为代表的新兴智能投顾公司的管理规模已达数十亿美元；同时，部分传统金融机构也开始涉及这一领域，如 Blackrock 收购 Future advisor。2016 年 8 月，广发基金率先推出“基智理财”，成为国内第一家推出智能投顾服务的基金公司。

在投研系统方面，天弘基金早在 2015 年就开始建立投研云系统，其中的信鸽和鹰眼两大系统分别为股票和债券投研提供支持，通过对市场舆情新闻的采集、整理，将新闻样本数据通过自然语言处理技术进行清洗和标记，尤其在预测信用债违约上有较好的应用效果。2017 年 6 月，华夏基金和微软亚洲研究院战略合作，双方就人工智能在金融服务领域的应用展开战略合作研究。

客观来说，在投资顾问方面，目前国内进行数字化财富管理的环境仍有待进一步改善。具体而言，国内目前仅有 100 多只 ETF，有效对冲工具匮乏，投资组合风险难以有效分散，同时量化投资的监管框架和风控体系也有待进一步完善，但开发投研系统、将人工和机器相结合，可能是 2018 年 Fintech 发展的一个方向。

（三）普惠金融：FOF 基金与养老目标基金

2016 年 9 月 23 日，证监会发布并实施《公开募集证券投资基金运作指引第 2 号——基金中基金指引》，对基金中基金（Fund of Fund，简称“FOF

基金”）的定义、投资范围、收费模式、信息披露要求、人员设置、主体职责等方面内容做了详细规定，为国内 FOF 基金提供了监管框架和发展基础。

2017 年，首批 6 只 FOF 基金获批成立。其中，除海富通聚优精选混合 FOF 基金的权益投资比例为 60% ~95%，其余五只基金的权益投资比例均限定为 0 ~30%。管理费率设定在 0.8% ~1.0%，略低于主动管理的权益投资基金。

表 12　2017 年发行的首批 6 只 FOF 基金

基金简称	首募规模（亿元）	首次持有人户数（户）	管理费率（%）	基金成立日期	银河证券三级分类
南方全天候策略混合 FOF	33.03	68579	1.00	2017 年 10 月 19 日	混合型 FOF 基金（权益投资比例 0 ~30%）
嘉实领航资产配置混合 FOF	28.64	100476	0.80	2017 年 10 月 26 日	混合型 FOF 基金（权益投资比例 0 ~30%）
建信福泽安泰混合 FOF	27.92	121513	0.80	2017 年 11 月 2 日	混合型 FOF 基金（权益投资比例 0 ~30%）
泰达宏利全能优选混合 FOF	8.27	37023	0.80	2017 年 11 月 2 日	混合型 FOF 基金（权益投资比例 0 ~30%）
华夏聚惠稳健目标风险混合 FOF	46.91	107276	0.80	2017 年 11 月 3 日	混合型 FOF 基金（权益投资比例 0 ~30%）
海富通聚优精选混合 FOF	21.59	53842	1.00	2017 年 11 月 6 日	混合型 FOF 基金（权益投资比例 60% ~95%）

资料来源：中国银河证券基金研究中心。

虽然目前国内市场仅有 6 只 FOF 基金，FOF 基金的获批和成立仍然为公募基金行业提供了新的发展思路，尤其在与养老目标策略相结合方面。

目标日期基金，通常以某个特定的退休时段为基础，按照预先设定的随时间变动的动态资产配置方案构建投资组合。从美国的发展经验来看，目标日期基金发展迅速，已逐渐成为养老计划的重要组成部分。以“401（k）”计划为例，2006 ~2014 年，目标日期基金在美国“401（k）”计划中的资产规模占比从 5% 增至 18%。截至 2014 年底，有 72% 的“401（k）”计划提供目标日期基金，73% 的“401（k）”计划参与者的投资清单中包括目标日期基金（见图 1）。

图1 “401（k）”计划中目标日期基金的市场份额（2006～2014年）

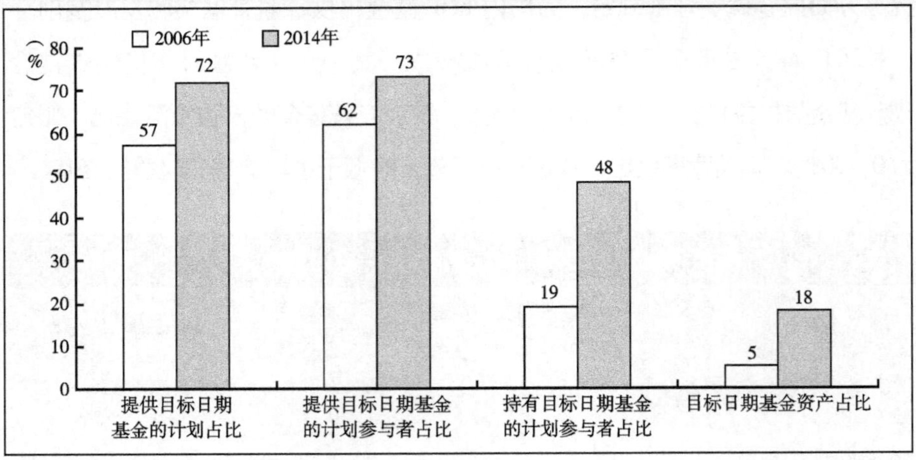

资料来源：ICI，2017 Factbook。

目标日期基金之所以受欢迎，一是出于自发性需求，居民在财富管理中的资产配置整体而言是由风险偏好和未来财富需求的时间跨度决定的，也即风险溢价和时间价值。目标日期基金能够根据投资期限的差异，选择不同的资产以达到不同的预期收益，使投资者的时间价值能够反映在基金收益中，这是目标日期基金的一大优势。二是2006年美国通过了养老金保护法案，越来越多的管理人采用目标日期基金作为DC计划的默认投资方式，参与的便利性使目标日期基金快速发展。

从目标日期基金的构成来看，97%的目标日期基金为FOF基金。

2017年11月3日，证监会发布了《养老目标证券投资基金指引（试行）》并向社会公开征求意见，要求“养老目标基金应当采用基金中基金形式或中国证监会认可的其他形式运作”。

FOF基金是公募基金行业的一个创新产品，为广大投资者提供了一种新的投资方式，更重要的是FOF基金未来可以与养老目标相结合，支持国内养老体系的完善从而服务民生。虽然目前行业内可选的FOF基金数量极为有限，但预期2018年FOF基金将继续发展。

三、总结

2017年，公募基金规模继续保持增长，但非公募业务增速显著下降。回顾2017年公募基金的发展，主要呈现以下特点。

一是权益基金赚钱效益显现，少数有业绩支撑的基金公司连续出现“一日售罄”的爆款产品，部分绩优基金规模呈几何倍数增长，但市场对于权益类基金整体的认可程度并未同比上升，以标准股票型基金为例，2017年标准股票型基金净值增长19.08%，但其份额减少了3.11%。

二是货币基金规模大涨或产生流动性风险，年末监管力度加大。截至2017年末，货币基金规模从4.33万亿元增长至6.76万亿元，增幅达到56%，贡献了2017年公募基金规模的主要增量。2017年第四季度以来，监管管控力度加大，逐步加强对货币基金的规模和流动性控制。

三是监管趋严导致定制型基金热度减退。委外资金催生了2016年公募基金行业的规模增长，2017年以来监管对单一投资者管控趋严，定制型基金数量迅速减少。

四是以净资本约束为核心的风险管理体系遏制基金子公司“野蛮生长”。2017年基金子公司进入行业调整阶段，资产管理规模和产品数量大幅下降。

五是公募基金控股股东背景多元化，但“强者恒强”趋势继续保持。

经历近几年的高速增长之后，2018年监管预计将延续近年来“强监管、防风险”的思路，引导公募基金行业逐步回归资产管理、主动管理的本源。

从监管政策来看，2017年末发布的《指导意见》为未来资产管理行业的监管提供了纲领和方向。对于公募基金行业而言，从长期来看，有利于进一步发挥公募基金的资产管理优势，也有利于公募基金在“同一起跑线”上与大资管行业其他业务公平竞争；从短期来看，公募基金的同业资金来源可能受到影响，资金面收紧也可能对债券市场造成一定压力。

从 Fintech 来看，2018 年基金行业将继续推进互联网和智能投顾的应用。一方面，继续深化互联网金融对销售渠道的变革和影响，通过互联网销售推进零售业务；另一方面，开始推动智能投顾业务和智能投研系统的布局。

从普惠金融来看，2017 年首批 6 只 FOF 基金的获批成立将为公募基金行业打开新的发展空间。FOF 基金的发展能为投资人提供新的投资工具，更重要的是 FOF 基金未来可与养老目标相结合，发展养老目标证券投资基金，支持国内养老体系的完善从而服务民生。

2018 年融资租赁行业发展趋势分析与展望

课题组
本课题组成员：中建投租赁股份有限公司秦群、武向阳、高伟、刘慧君、张佳、孙云峰、梁敏、张媛

投资提示

- 2018年，随着宏观经济平稳、行业政策逐步完善，在产业结构升级与实体经济细分领域深入结合的需求下，融资租赁行业将继续保持稳健发展。

- 融资租赁行业面临统一监管，这有利于行业规范，但监管变局也将对融资租赁企业未来发展造成较大的不确定性。

- 融资租赁企业将继续发挥“融资+融物”的业务属性，顺应时代的需求，更好地服务于实体经济。

- 融资渠道的多元化趋势将进一步加强，在境外租赁业务快速增长的背景下，跨境融资的需求和规模将进一步增加。

- 业务领域的专业化发展是融资租赁企业未来打造核心竞争力的关键。

- 在物联网、仓储物流、智能装备制造、电子工业、信息技术服务等行业，融资租赁有较为广阔的市场需求。

一、2017年融资租赁行业运行状况

（一）融资租赁环境发展概况

1. 政策环境

近年来，融资租赁行业的政策逐步完善。一方面，国家对融资租赁行业发展的支持力度有增无减；另一方面，各方面政策监管逐步走向规范化。2015 年，国务院办公厅印发《关于加快融资租赁业发展的指导意见》和《关于促进金融租赁行业健康发展的指导意见》，进一步加强了对融资租赁行业的发展支持力度。2017 年 3 月，中国人民银行、证监会、银监会、保监会、工业和信息化部联合发布《关于金融支持制造强国建设的指导意见》，鼓励加快资产证券化和制造业融资租赁业务的发展；7 月的全国金融工作会议和 10 月党的十九大再次强调了金融要服务于实体经济，融资租赁作为与实体经济、实物资产紧密相连的业务形式，与会议精神相契合。

2. 融资环境

2017 年，央行全年维持稳健中性的货币政策。中国货币政策的主要基调是金融部门去杠杆：一是上调逆回购、SLF、MLF 等流动性工具利率，拉长投放久期等，收窄利差，提高负债成本；二是对金融业监管进一步加强，金融去杠杆力度加大，包括央行的 MPA 考核范围扩大、银监会的“三三四”检查、保监会的规范保险公司投资事项等。受此影响，部分金融机构开始缩表，整体信用收缩，融资成本持续上升。同时，资金紧张的形势和预期不断向债券市场传导，债券市场 10 年期国债收益率突破 4% 的高位，资金面持续偏紧，成本不断上升，融资租赁企业的利差明显缩窄。

3. 信用环境

在信用体系建设方面，融资租赁企业以往依赖自我循环风险识别体系，信用风险信息无法有效交换，融资租赁企业间形成“信息孤岛”。“信息共享”有助于评估承租人信用风险，更好地保障租赁资产安全。经过近年来的不懈努力，部分融资租赁企业已被允许接入央行征信系统，信用环境得到一定改善。

4. 法律环境

法律层面仍未出台有关租赁行业或适用于租赁企业的统一规定，但针对融资租赁行业的相关规定与指引正在逐步出台。2017 年 8 月，最高人民法院颁布《关于进一步加强金融审判工作的若干意见》[①]，进一步明确，对名为融资租赁合同、保理合同，实为借款合同的，应当按照实际构成的借款合同关系确定各方的权利义务。此规定颁布后天津高院已有案例，认可未过户的不动产租赁构成有效的借款合同并要求承租人按照租赁合同约定支付租金及违约金。

一些专门法律对相关条款进行了修订，如 2017 年 10 月新修订的《应收账款质押登记办法》中延长质押期限、增加应收账款转让登记的规定。

（二）融资租赁企业发展概况

1. 融资租赁行业整体发展情况

2017 年，融资企业数量和业务规模增速较 2016 年有放缓趋势。截至 2017 年 9 月 30 日，全国融资租赁企业数量同比增速下降至 34.23%，融资租赁合同余额的同比增速下降至 16.16%，创下七年内的新低（见图 1 和图 2）。一方面，由于中国经济增速近年来保持稳定，固定资产投资等对融

① 中国金融服务法治网，http：//www.financialservicelaw.com.cn/article/default.asp? id = 7226。

资租赁业务影响较大的宏观指标表现平稳，行业增长受到一定制约；另一方面，经历前几年高速增长后，不论是企业数量还是业务余额基数均达到较高水平，连续几年的高增速难以维持。

图 1　全国融资租赁企业数量变化趋势

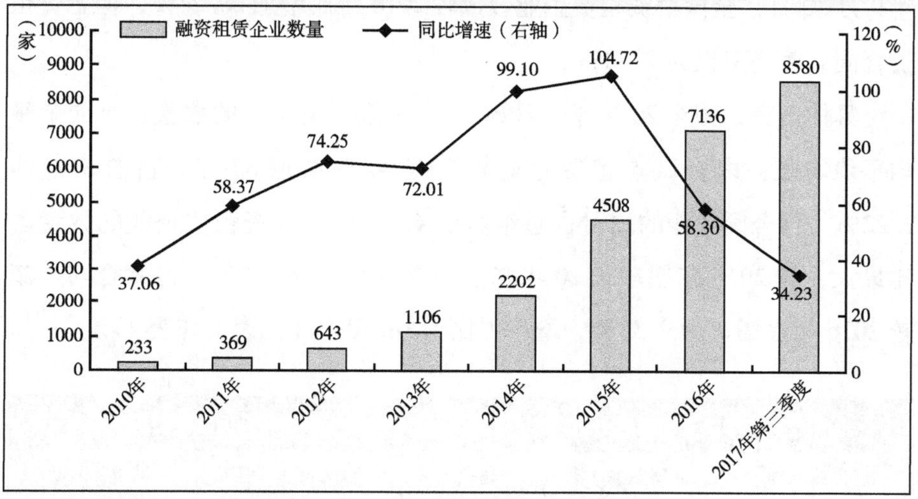

注：2017 年第三季度同比数据以 2016 年第三季度数据为基准计算。
资料来源：中国租赁联盟。

图 2　全国融资租赁合同余额变化趋势

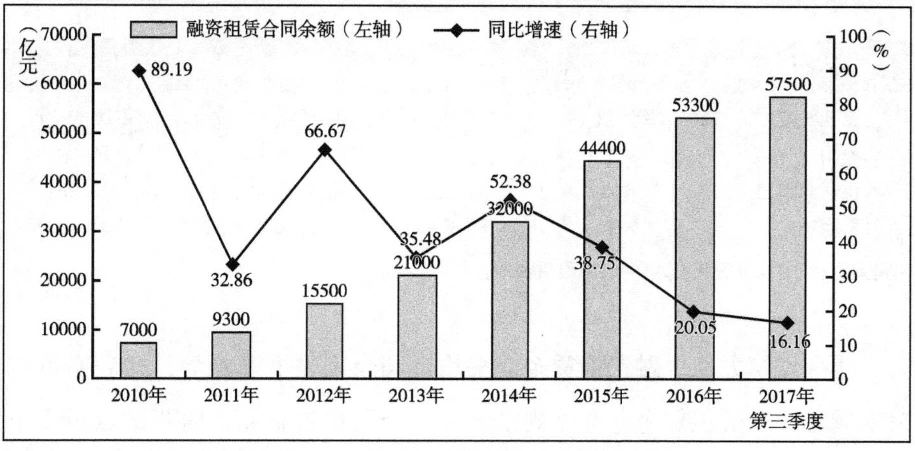

注：2017 年第三季度同比数据以 2016 年第三季度数据为基准计算。
资料来源：中国租赁联盟。

尽管融资租赁行业增速有所放缓，但总体运行平稳，未发生行业性、区域性风险。

2. 融资租赁企业发展情况

2017 年，融资租赁企业数量增速明显高于合同余额增速。截至 2017 年 9 月 30 日，全国融资租赁企业数量较 2016 年底增加 20.24%，但融资租赁合同余额增速仅为 7.88%。

具体而言，截至 2017 年 9 月 30 日，金融租赁企业的数量及合同余额均平稳增长；内资试点租赁企业较 2016 年底增加 32 家，占总增量的 2.22%，但合同余额的增量占总增量的 42.86%；外资租赁企业的数量占比最大，较 2016 年底增长 20.43%，增量占比为 97.23%，但其合同余额较 2016 年底增速为 9.58%，增量占比为 38.10%（见表 1 和表 2）。

表 1　2017 年第三季度相比 2016 年末各类融资租赁企业数量和合同余额情况及增速

企业类别	公司数量（家）	增速（%）	合同余额（亿元）	增速（%）
金融租赁	67	13.56	21200	3.92
内资试点租赁	237	15.61	18000	11.11
外资租赁	8276	20.43	18300	9.58

资料来源：中国租赁联盟，中建投租赁整理。

表 2　2017 年第三季度相比 2016 年末各类融资租赁企业数量和合同余额增量占比情况

企业类别	公司数量增量（家）	占比（%）	合同余额增量（亿元）	占比（%）
金融租赁	8	0.55	800	19.05
内资试点租赁	32	2.22	1800	42.86
外资租赁	1404	97.23	1600	38.10

资料来源：中国租赁联盟，中建投租赁整理。

业务规模方面，融资租赁企业平均合同余额呈下降趋势，这表明近年来新成立的融资租赁企业整体规模较小。金融租赁企业、内资试点租赁企业、外资租赁企业的业务规模差异明显。各类融资租赁企业的数量占比和合同余额占比见图 3 和图 4。

图 3　各类融资租赁企业数量占比

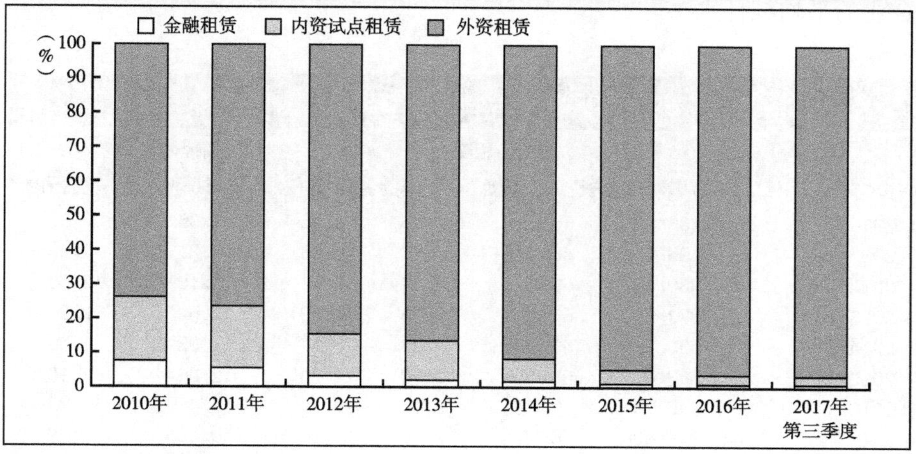

资料来源：中国租赁联盟。

图 4　各类融资租赁企业合同余额占比

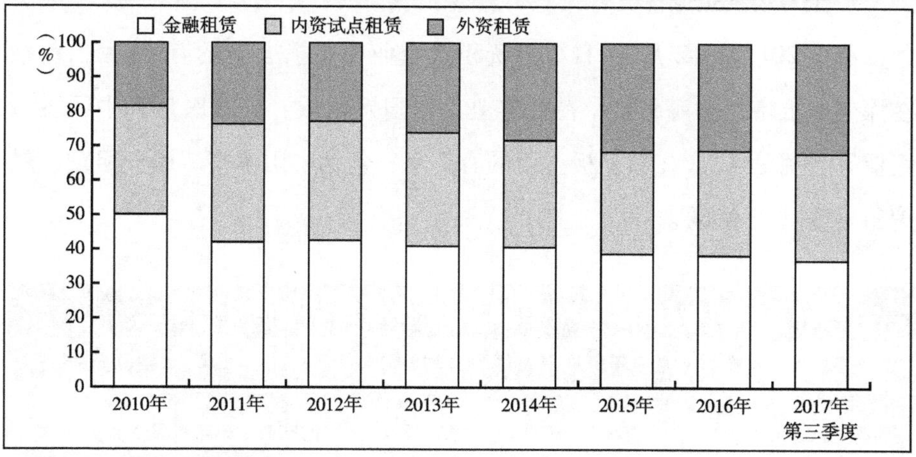

资料来源：中国租赁联盟。

杠杆水平方面，金融租赁企业、内资试点租赁企业和外资租赁企业的杠杆率均有所下降，而外资租赁企业较金融租赁和内资试点租赁企业杠杆率[①]明显偏低（见表 3）。一方面，部分外资租赁企业资金的利用率不高；

① 本文采用合同余额/注册资金来衡量公司的杠杆率，杠杆率 = 合同余额/注册资金。

另一方面，注册之后未实质性开展业务的“僵尸”企业，拉低了外资租赁企业的平均杠杆水平。

表 3　中国融资租赁企业平均合同余额及杠杆率

时间	平均合同余额（亿元/家）			杠杆率		
	金融租赁	内资试点租赁	外资租赁	金融租赁	内资试点租赁	外资租赁
2010 年	205.88	50.00	7.56	4.95	6.36	2.30
2011 年	195.00	48.48	7.77	5.03	7.21	2.99
2012 年	330.00	68.35	6.43	8.51	11.18	2.66
2013 年	373.91	56.10	5.73	11.18	12.52	3.16
2014 年	433.33	65.79	4.46	13.37	11.92	1.88
2015 年	368.09	68.42	3.30	12.74	12.66	1.10
2016 年	345.76	79.02	2.43	12.10	11.41	0.74
2017 年第三季度	316.42	75.95	2.21	11.10	9.45	0.68

注：“杠杆率”用“合同余额/注册资金”进行近似代替。
资料来源：中国租赁联盟，中建投租赁整理。

3. 上市租赁企业情况

截至 2017 年 12 月 31 日，融资租赁企业在主板上市的有 10 家，包括在深交所上市的渤海租赁，在香港上市的国银租赁、环球医疗和中国飞机租赁等（见表 4）。在新三板上市的有 7 家，包括中国康富、康安租赁、融信租赁等（见表 5）。

表 4　主板上市融资租赁企业基本信息（截至 2017 年 12 月 31 日）

股票名称及代码	成立年份	注册地	注册资本	第一大股东
国银租赁 1606.HK	1984	广东	126.42 亿元	国家开发银行
渤海租赁 000415.SZ	1993	新疆	35.49 亿元	海航资本集团有限公司
中银航空 2588.HK	1993	新加坡	—	Sky Splendor Limited
远东宏信 3360.HK	2008	香港	—	广柏有限公司
恒嘉租赁 0379.HK	2010	开曼群岛	4 亿港元	富德生命人寿保险股份有限公司
环球医疗 2666.HK	2012	香港	—	通用技术集团香港国际资本有限公司
中国飞机租赁 1848.HK	2012	开曼群岛	10 亿港元	中国光大航空金融控股有限公司
富银融资 8452.HK	2012	广东	3.59 亿元	香港杉杉资源有限公司
易鑫集团 2858.HK	2014	开曼群岛	150 万美元	易车香港有限公司
融众金融 3963.HK	2015	开曼群岛	1 亿港元	Perfect Honour Limited

资料来源：上交所、深交所、港交所，中建投租赁整理。

表 5　新三板上市融资租赁企业基本信息（截至 2017 年 12 月 31 日）

股票名称及代码	成立年份	注册地	注册资本	第一大股东
中国康富 833499. OC	1988	北京	24. 98 亿元	国核资本控股有限公司
康安租赁 835319. OC	2003	浙江	1. 9 亿元	海宁虎霸集团有限公司
融信租赁 831379. OC	2007	福建	2. 5 亿元	王丁辉
东海租赁 835072. OC	2011	山东	5 亿元	香港大海实业有限公司
皖江金租 834237. OC	2011	安徽	30 亿元	天津渤海租赁有限公司
顺泰租赁 833771. OC	2012	江苏	3 亿元	常州常高新金隆控股有限公司
福能租赁 832743. OC	2012	福建	3 亿元	福建省能源集团有限责任公司

资料来源：全国中小企业股份转让系统，中建投租赁整理。

（1）财务情况

在资产规模方面，主板上市融资租赁企业中渤海金控的资产规模最大，达到 3108. 88 亿元，国银租赁与远东宏信的资产规模在 1500 亿 ~2000 亿元；资产负债率方面，除恒嘉租赁资产负债率仅为 36. 36% 外，其余几家融资租赁企业资产负债率均在 75% 以上，如中国飞机租赁、易鑫集团等（见表 6）。

表 6　主板上市融资租赁企业主要财务数据（截至 2017 年 9 月 30 日）

指标		国银租赁	渤海金控	中银航空租赁	远东宏信	恒嘉租赁
总资产（亿元）	2016 年	1665. 12	2166. 32	932. 65	1665. 61	16. 40
	2017 年上半年	1728. 30	3045. 20	975. 86	1969. 86	18. 39
	2017 年第三季度	—	3108. 88	—	—	—
股东权益（亿元）	2016 年	223. 02	377. 37	234. 62	248. 46	11. 99
	2017 年上半年	228. 17	377. 78	239. 58	264. 21	11. 70
	2017 年第三季度	—	362. 41	—	—	—
资产负债率（%）	2016 年	86. 81	82. 58	74. 84	85. 08	26. 94
	2017 年上半年	86. 80	87. 59	75. 45	86. 59	36. 36
	2017 年第三季度	—	88. 34	—	—	—
员工人数		230	640	152	8184	75
营业收入（亿元）	2016 年	108. 21	242. 58	73. 15	139. 38	2. 01
	2017 年上半年	58. 02	197. 17	41. 25	89. 72	0. 55
	2017 年第三季度	—	281. 54	—	—	—

续表

指标		国银租赁	渤海金控	中银航空租赁	远东宏信	恒嘉租赁
净利润（亿元）	2016 年	15.61	28.41	29	28.82	0.27
	2017 年上半年	12.94	12.79	16.27	16.19	-0.02
	2017 年第三季度	—	22.53	—	—	—
ROE（%）	2016 年	8.37	7.79	14.36	13.00	2.49
	2017 年上半年	5.74	3.29	6.94	6.97	-0.18
	2017 年第三季度	—	6.00	—	—	—
ROA（%）	2016 年	0.97	1.63	3.23	1.88	1.88
	2017 年上半年	0.76	0.49	1.72	0.89	-0.11
	2017 年第三季度	—	0.85	—	—	—

指标		环球医疗	中国飞机租赁	富银融资	易鑫集团	融众金融
总资产（亿元）	2016 年	289.64	276.40	9.87	200.51	—
	2017 年上半年	318.60	295.34	10.53	287.32	—
	2017 年第三季度	—	—	—	—	11.69
股东权益（亿元）	2016 年	65.74	27.22	3.09	-13.84	—
	2017 年上半年	68.99	26.51	4.04	-76.32	—
	2017 年第三季度	—	—	—	—	3.04
资产负债率（%）	2016 年	77.30	90.15	68.67	106.90	—
	2017 年上半年	78.35	91.02	61.59	126.56	—
	2017 年第三季度	—	—	—	—	73.98
员工人数		536	130	77	4633	24
营业收入（亿元）	2016 年	27.01	13.26	0.77	14.95	—
	2017 年上半年	16.54	7.70	0.4	15.51	—
	2017 年第三季度	—	—	0.67	—	0.59
净利润（亿元）	2016 年	8.72	5.71	0.16	-14.01	—
	2017 年上半年	5.79	2.16	0.01	-60.99	—
	2017 年第三季度	—	—	0.1	—	-1.61
ROE（%）	2016 年	14.01	24.40	5.37	221.24	—
	2017 年上半年	8.59	8.16	0.22	135.11	—
	2017 年第三季度	—	—	—	—	-43.35
ROA（%）	2016 年	3.32	2.33	1.71	-11.72	—
	2017 年上半年	1.90	0.77	0.08	-25.01	—
	2017 年第三季度	—	—	2.13	—	-13.15

资料来源：各公司公告，中建投租赁整理。

新三板上市融资租赁企业的资产规模差别较大，截至 2017 年第三季度，规模最大的中国康富的总资产达到 301.17 亿元，规模最小的康安租赁，总资产仅为 10.83 亿元（见表 7）。

表 7　新三板上市融资租赁企业主要财务数据（截至 2017 年 9 月 30 日）

指标		中国康富	康安租赁	融信租赁	东海租赁	皖江金租	顺泰租赁	福能租赁
总资产（百万元）	2016 年	20258.53	1096.06	2814.83	3397.27	38806.14	2303.04	3834.12
	2017 年上半年	23919.79	1092.20	3065.60	2312.89	41986.31	2803.46	3651.29
	2017 年第三季度	30116.53	1082.61	2929.74	2189.18	—	3436.48	3887.16
股东权益（百万元）	2016 年	3460.87	295.14	588.15	767.81	5886.34	444.41	595.17
	2017 年上半年	3451.94	302.97	599.92	808.88	5846.58	462.68	619.66
	2017 年第三季度	3545.56	313.97	605.74	828.18	—	478.32	683.23
资产负债率（%）	2016 年	82.92	73.07	79.11	77.40	84.83	80.70	84.48
	2017 年上半年	85.57	72.26	80.43	65.03	86.08	83.50	83.03
	2017 年第三季度	88.23	71.00	79.32	62.17	—	86.08	82.42
员工人数		173	32	132	49	150	17	34
营业收入（百万元）	2016 年	1159.25	102.29	181.42	187.10	2494.73	122.30	188.15
	2017 年上半年	692.90	49.16	110.38	95.22	1488.55	71.58	87.93
	2017 年第三季度	1179.65	73.35	169.87	138.84	—	128.60	133.66
净利润（百万元）	2016 年	351.54	53.24	30.55	70.81	506.31	38.93	5.53
	2017 年上半年	176.50	23.04	11.78	31.34	305.24	18.26	24.49
	2017 年第三季度	307.30	34.03	17.59	50.64	—	33.90	33.57
ROE（%）	2016 年	10.81	21.17	5.34	9.67	13.33	10.02	-0.48
	2017 年上半年	5.18	7.92	1.77	3.95	5.05	4.14	5.52
	2017 年第三季度	8.93	11.62	2.63	6.31	—	7.48	6.89
ROA（%）	2016 年	2.24	5.33	1.40	2.44	1.56	2.18	0.17
	2017 年上半年	0.80	2.11	0.40	1.10	0.76	0.72	0.65
	2017 年第三季度	1.22	3.12	0.61	1.81	—	1.18	0.87

资料来源：各公司公告，中建投租赁整理。

（2）发债情况

2017 年，主板上市的融资租赁企业共发行债券 20 只。[①] 其中，发行品种分别为金融债券 4 只、短期融资券 4 只、超短期融资券 10 只、中期票据

① 此部分仅统计金融债券、短期融资券、超短期融资券和中期票据的发行情况。

2只；新三板上市的融资租赁企业共发行债券6只，分别为5只超短期融资券和1只金融债券（见表8和表9）。

表8　2017年主板上市融资租赁企业债券发行情况

发行主体	债券类别	发行日	发行规模	发行期限	债券评级	主体评级	票面利率
国银租赁	金融债券	2017年5月	20亿元	1年	A-1	AAA	4.25%
	金融债券	2017年8月	20亿元	3年	AAA	AAA	4.55%
	金融债券	2017年10月	15亿元	1年	A-1	AAA	4.5%
	金融债券	2017年10月	15亿元	3年	AAA	AAA	4.65%
渤海金控	超短期融资券	2017年2月	15亿元	270天	–	AA+	4.8%
	超短期融资券	2017年3月	15亿元	270天	–	AA+	5.09%
	短期融资券	2017年4月	15亿元	1年	A-1	AAA	5.99%
远东租赁	短期融资券	2017年2月	15亿元	1年	A-1	AAA	4.32%
	超短期融资券	2017年1月	15亿元	120天	—	AAA	3.91%
	超短期融资券	2017年5月	20亿元	120天	—	AAA	4.95%
	超短期融资券	2017年8月	20亿元	240天	—	AAA	4.8%
	超短期融资券	2017年9月	10亿元	180天	—	AAA	4.7%
	超短期融资券	2017年10月	10亿元	180天	—	AAA	4.88%
	中期票据	2017年9月	30亿元	3年	AAA	AAA	5.2%
	中期票据	2017年10月	20亿元	3年	AAA	AAA	5.3%
环球医疗	短期融资券	2017年8月	4.5亿元	1年	A-1	AA+	4.73%
	短期融资券	2017年9月	4.5亿元	1年	A-1	AA+	4.9%
	超短期融资券	2017年1月	5亿元	270天	—	AA+	4.1%
	超短期融资券	2017年7月	5亿元	270天	—	AA+	4.7%
	超短期融资券	2017年11月	5亿元	30天	—	AA+	4.7%

资料来源：中国货币网，中建投租赁整理。

表9　2017年新三板上市融资租赁企业债券发行情况

发行主体	债券类别	发行日	发行规模	发行期限	债券评级	主体评级	票面利率
中国康富	超短期融资券	2017年4月	5亿元	197天	—	AA+	5.38%
	超短期融资券	2017年6月	10亿元	270天	—	AA+	5.48%
	超短期融资券	2017年7月	10亿元	270天	—	AA+	4.74%
	超短期融资券	2017年9月	10亿元	270天	—	AA+	4.99%
	超短期融资券	2017年11月	10亿元	270天	—	AA+	5.39%
皖江金租	金融债券	2017年3月	14亿元	3年	AA+	AA+	5.49%

资料来源：中国货币网，中建投租赁整理。

二、融资租赁行业运行特点

2017 年，融资租赁行业在资金端面临并不宽松的环境，在资产端面临各行业的分化发展。2017 年融资成本持续升高，“钱”紧成为常态；传统能源产业、重型制造业在产能去化、环保政策趋严的调整过程中景气度不断下降，部分新兴产业虽粗具规模，但仍“体质”较弱。面临上述不利因素，融资租赁行业积极调整和创新交易模式，建立多元化的融资渠道，采取产融结合布局、并购扩张等方式积极应对。

（一）融资性租赁仍是主流交易模式[①]

2017 年，租赁交易延续了往年特征，仍以全额偿付的融资性租赁方式为主，售后回租仍然为最主流的交易模式，但通过对以上市公司为承租人（提供担保）的租赁交易进行分析，直租占比逐年上升，从 2014 年的 8.74% 上升到 2017 年的 24.12%，这表明以上市公司为代表的优质承租人投资需求逐渐回暖（见图 5）。

图 5　2014 ~2017 年上市公司融资租赁交易方式分布

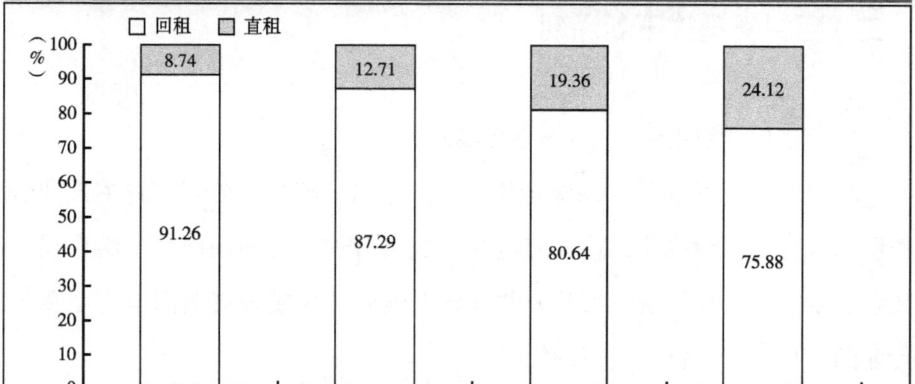

资料来源：各上市公司公告，中建投租赁整理。

① 本小节仅以上市公司为样本，不能代表所有企业。但在租赁行业公开数据缺乏的情况下，可供参考。

从新增融资租赁合同期限来看，1 年以内的搭桥资金需求有所下降，租赁期在 1 ~3 年的交易量占比有所增加，显示在经济结构调整过程中租赁企业对新兴行业和领域风险的偏好正在转变，而传统重工业获得 5 年及以上的长期融资难度越发增大，同时惯以长期融资为主的国内光伏发电产业增速放缓（见图 6）。

图6　2014 ~2017 年上市公司新增融资租赁交易期限分布（按交易笔数）

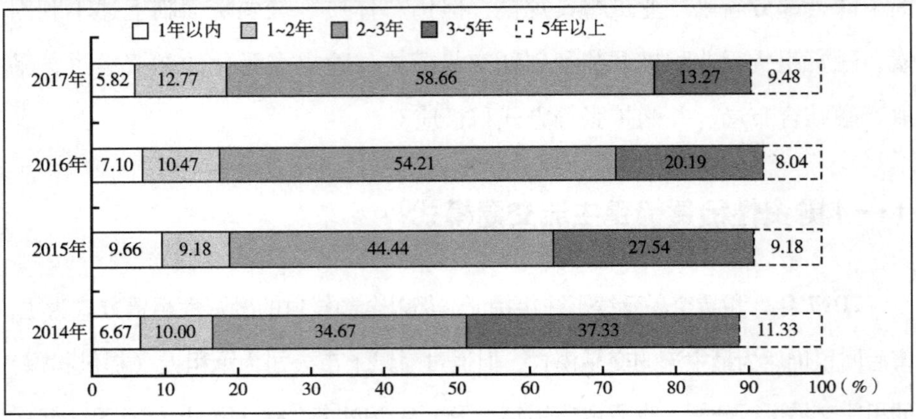

资料来源：各上市公司公告，中建投租赁整理。

（二）租赁新模式不断涌现

1. 出现跨境同业合作的业务创新模式

2017 年，莱茵租赁、横琴金租、中国金租三家租赁公司在跨境同业合作层面取得阶段性成功，达成跨境业务战略合作，在通用航空、游乐设施装备、游艇、交运设备、市政公共基础设施服务领域开展澳门与内陆租赁行业的合作，促进特区经济的发展。

2. 租赁标的更加多样

中国融资租赁企业以利差为核心赢利模式，经营同质化。传统融资租赁为了确保租赁物的保值性，选择的租赁物比较单一。在物联网的环境下，终端自动贩卖机、智能快递柜都可以成为优良的租赁物。另外，科技金融不断创新，为融资租赁提供更多的场景，AI、VR、AR 技术未来配置在不同设备上，形成新的产品，也为未来融资租赁标的范围延展提供了更多选择，并凭借科技产品为租赁物的风险控制提供更多的手段。

惯常的融资租赁多以动产为租赁物，文科租赁作为国内第一家以文化资产融资租赁为主业的融资租赁企业，近年来以商标权、专利权为租赁物开展多笔融资租赁业务。无独有偶，2017 年，平安租赁（天津）也在无形资产租赁业务中做出新尝试，以电视剧本及电视剧版权为租赁物，将融资租赁之花开在文化产业中，进一步丰富了租赁标的。

（三）债券、资产证券化等融资工具发展迅速

2017 年，债券、资产证券化等直接融资得到进一步发展，但银行融资仍为租赁公司主要融资渠道。受国内资金面持续紧张影响，债券市场融资成本高企，相比之下，银行融资呈现成本优势，租赁公司在多元化融资的同时，加大了银行融资占比。

1. 债券市场融资增加，1～3 年期居多

截至 2017 年 12 月 31 日，租赁公司共发行债券 180 只，总金额达 2130.1 亿元。其中，超短期融资券总额 599.6 亿元，占比 28.15%；金融债总额 519 亿元，占比 24.37%；私募债总额 303 亿元，占比 14.22%（见表 10）。同时，非银行系融资租赁公司债券发行金额大幅超过金融租赁公司，约为后者发行金额的 3 倍。

从发行期限情况来看，租赁公司债券发行期限主要集中在 3 年期，占发行总额的 48.31%。同时，近两年来，租赁公司发行 1 年期的超短期融资券及短期融资券的比例也越来越高。截至 2017 年 12 月 31 日，租赁公司发行的超短期融资券及短期融资券总额达 704.6 亿元，占总债券发行额的比例为 33.08%（见表 11）。银行系金融租赁公司发行的金融债期限也大多集中在 3 年期。

表 10　融资租赁企业债券发行情况

类别	发行金额（亿元）	数量（只）	占比（%）
超短期融资券	599.6	68	28.15
短期融资券	105	16	4.93
中期票据	101	8	4.74
定向工具	279.5	26	13.12
公司债	223	12	10.47
私募债	303	22	14.22
金融债	519	28	24.37
合　计	2130.1	180	100.00

资料来源：Wind，中建投租赁整理。

表 11　融资租赁企业债券发行期限情况

单位：亿元

类别	1 年期	3 年期	5 年期	10 年期
超短期融资券	599.6	—	—	—
短期融资券	105	—	—	—
中期票据	—	86	15	—
定向工具	5.5	274	—	—
公司债	—	140	83	—
私募债	—	75	228	—
金融债	35	454	10	20
合　计	745.1	1029	336	20

资料来源：Wind，中建投租赁整理。

就非银行系融资租赁公司债券发行情况来看，超短期融资券、短期融资券、中期票据及定向工具仍然是债券发行的主流选择。截至 2017 年 12 月 31 日，非银行系融资租赁公司共计发行超短期融资券 68 只，发行总额 599.6 亿元，占债券发行额的 37.22%。此外，私募债也逐渐成为租赁公司又一新的融资途径。2017 年，融资租赁公司共计发行 22 只私募债，发行总额 303 亿元，发行期限多为 5 年期。

2. 租赁资产证券化发行活跃，但规模同比下滑

截至 2017 年 12 月 31 日，租赁公司共发行 58 只交易商协会 ABN，总金额达 288. 27 亿元，占租赁公司资产证券化产品融资总额的 25. 67%。关于 ABS 产品，2016 年，租赁资产证券化市场总计发行 1123. 2 亿元，ABS 产品数量几乎是前年的两倍，租赁企业总计发行 299 只 ABS 产品，发行总额为 834. 93 亿元（见表 12）。由于 2017 年市场资金成本普遍上涨，发行金额同比出现较大回落。

表 12　2016 年租赁企业资产证券化产品发行情况

单位：亿元

类别	发行金额（亿元）	数量（只）	占比（%）
交易商协会 ABN	288.27	58	25.67
证监会 ABS	541.88	263	48.24
银监会 ABS	293.05	36	26.09
合　计	1123.2	357	100.00

资料来源：Wind，中建投租赁整理。

3. IPO 融资成为重要补充

在 IPO 融资方面，继聚信租赁、江苏金融租赁之后，中建投租赁进行 IPO 预先披露。融资租赁企业境内上市申请逐渐增多。截至 2017 年 12 月 31 日，共计 4 家租赁企业进行 IPO 预先披露，这表明公开股票发行逐渐成为优质融资租赁企业补充资金的重要方式。2018 年 1 月 16 日，江苏金融租赁 IPO 首发申请获证监会通过，成为首家在 A 股上市的金融租赁企业。江苏金融租赁的成功过会，体现了证监会对融资租赁行业发展的认可，为融资租赁企业 IPO 营造了良好的外部环境。

4. 跨境融资开始复苏

受国内资金市场紧张、成本大幅上升的影响，境外资金在价格上吸引力逐渐增加，加之跨境融资政策逐步放松，租赁企业跨境融资规模有所增加。截至 2017 年 11 月 30 日，租赁企业实现跨境银团贷款融资 34. 47 亿元，较 2016 年增长了 52%（见表 13）。

表13　租赁企业跨境银团贷款融资情况

租赁企业	贷款币种	贷款规模（百万元）	期限（年）
远东宏信	美元	800	3
中民投航空租赁	美元	150	3
中国飞机租赁	美元	425	4.5
平安租赁	美元	300	3
招银金融租赁	美元	115	5
	美元	150	7.5
民生金融租赁	美元	167	3
中航国际租赁	美元	200	3
招银国际租赁	美元	880	3
光大金融租赁	美元	200	3
华融金融租赁	美元	60	3

资料来源：汤森路透，中建投租赁整理。

（四）并购交易规模有所下滑

据罗兰贝格的统计数据，2014年融资租赁企业的并购交易规模达到峰值，2015年的并购交易规模有所下滑（见图7）。虽然没有公开披露的数据，但经调研相关同业公司，2016年、2017年的并购交易依旧较为活跃，但交易规模和笔数有所下降。

图7　融资租赁行业并购扩张情况

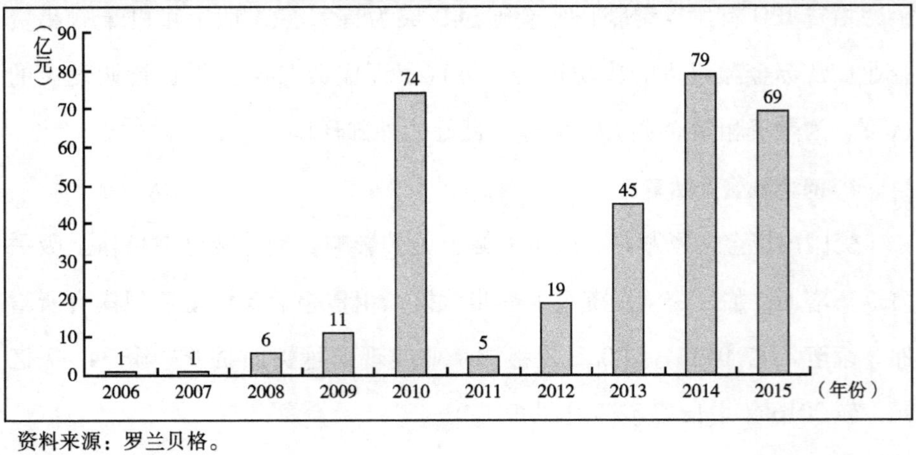

资料来源：罗兰贝格。

（五）上市公司布局融资租赁

2017 年 8 月以来，有近 30 家上市公司布局融资租赁。对融资租赁布局为上市公司带来了新的利润增长点。以主板上市的渤海金控为例，截至 2017 年 9 月 30 日，渤海金控营业收入同比增加 61%，净利润同比增加 30%，其重要原因是公司的租赁业务持续增长。

三、面临的问题与挑战

（一）同业竞争更加激烈

近年来，融资租赁行业业务模式相对单一，业务同质化程度较高，众多融资租赁企业在客户、人才等方面的竞争加剧，加之融资租赁行业业务规模近两年增速有所放缓，但企业数量增速仍明显高于业务增速，在“僧多粥少”的情况下，融资租赁企业展业难度进一步加大。

（二）信用风险仍是最主要风险

在本轮供给侧改革过程中，信用风险的暴露呈现显著的分化趋势。一方面，过剩产能出清趋势明显，给规模以上工业企业带来机会，其经营效益明显改善；另一方面，基于企业经营不佳、环保督察、停产限产等因素，实体产业整体信用风险压力仍较重。银监会披露数据显示，截至 2017 年 9 月 30 日，商业银行整体不良率为 1.74%，与年初持平，但仍处高位，其中股份制商业银行、城市商业银行不良率同比仍在上升。融资租赁行业不良率没有官方数据，但从同业调研结果来看，行业资产质量有所下滑，尽管风险依然可控，但需要引起高度重视。

从企业所有权性质上看，国企、民企在信用市场中的表现亦呈现分化趋势。根据统计局披露，2017 年前 3 个季度国企利润总额同比增长 24.9%，赢利能力有所改善，信用风险有所好转。而民企的信用风险却有所恶化，债务违约的规模和频率均有所上升。以债券市场为例，截至 2017 年 8 月 31 日，共有 61 家民营企业出现债券违约，占全部债券违约企业的 73.49%。

（三）专业人才极度紧缺

随着融资租赁行业企业数量不断增加，专业人才的短缺情况也越发明显。融资租赁行业的综合性较强，要求从业人员同时具备金融、风险、法律等各方面知识，同时，随着融资租赁行业专业化发展的趋势越来越明显，部分专业性较强的领域，如航空航材、汽车金融、健康医疗等，需要丰富的专业知识以及从业经验作为支撑。2017 年，融资租赁企业普遍存在专业知识不足、从业人员经验不足、职能间磨合时间不够等情况。专业人才的增速难以与行业的发展速度匹配，直接影响了企业经营，制约了租赁行业的进一步发展。

（四）企业空置率居高不下

据中国租赁联盟的测算结果，2016 年底融资租赁企业的空置率达 65%，部分地区空置率超过 90%。虽然近年来融资租赁行业迅速发展，企业数量稳步增长，但只有部分租赁企业开展业务，企业成立后无业务可做的现象一直未得到改善。近年来，租赁企业的杠杆倍数逐年下降，也从侧面验证了资金不足、人才短缺等引起的企业空置率高的问题。

（五）案件数量持续增长

根据中国裁判文书网统计，2017 年 1 月 1 日至 2017 年 12 月 31 日出具融资租赁合同纠纷裁判文书 14931 份[①]，相较 2016 年同期的 13993 份，增长了 6.7%。从地区分布看，前五名分别是上海市（2167 份）、江苏省（1539 份）、湖南省（1425 份）、河北省（965 份）、天津市（714 份）。上述地区纠纷较多的原因在于融资租赁企业数量较多，并且业务承租人以个人为主。2017 年 7 月，上海市高级人民法院发布了《2016 年度金融商事审判白皮书》，对融资租赁合同案件进行统计和分析，2016 年的收案数量已经是 2010 年的 18 倍。案件数量持续增长，一方面是因为实体经济下滑，承租人经营状况不佳，违约增加；另一方面是由于部分融资租赁企业风险管理意识较弱，对客户风险把控能力不足。

四、2018年融资租赁行业展望

（一）行业发展环境

1. 部分实体企业投资需求不旺盛

截至 2017 年 11 月 30 日，固定资产投资增速连续五个月放缓，金融监管加强、民间投资和制造业投资增长乏力对融资租赁行业的影响明显。

融资租赁资产分布较多的几个强周期性行业运行在不同企业之间分化较大，在融资租赁行业竞争依旧较为激烈的背景下（合同余额增速放缓、企业增速依旧偏快），资产端收益提升较难。

---

① 中国裁判文书网，http：//wenshu. court. gov. cn/。

2. 监管变局给行业发展带来不确定性

根据中央经济工作会议精神，金融监管将日趋严格。融资租赁行业也将实行统一监管。2017 年 12 月 15 日，深圳市金融发展服务办公室（金融监管局）已明确将对融资租赁企业、商业保理公司、小额贷款公司实施监管。2018 年，其他地区也可能紧随其后，出台相关政策。

统一监管虽然有利于行业规范，但监管变局也将使融资租赁企业未来发展面对较大的不确定性。一方面，一些注册后较少有实际业务的空壳公司将难以生存；另一方面，融资租赁企业的业务开展可能面临较强监管，一些风险管理水平较低、业务开展激进的融资租赁企业将面临较大压力。

3. 融资环境不宽松

虽然 2018 年的货币政策仍将维持稳健中性，但降杠杆、去泡沫、强监管的思路不会改变。同时，在美联储加息的背景下，央行既要维持人民币汇率稳定，又需要兼顾国内宏观调控，总体格局与 2017 年不会发生较大变化。融资租赁企业在资金端面临较大压力，资金成本的上升将给经营带来一定阻力。

（二）行业发展趋势

1. 行业增速趋于平稳

我国融资租赁业正逐渐走向规范化，在经历了前几年的超高速增长之后，行业增速趋于平稳。从 2017 年的实际情况来看，融资租赁企业数量以及业务规模增速较 2014 ~2016 年均有所放缓，同时随着统一监管的力度加大，预计 2018 年这种增速放缓趋势将延续。

2. 服务实体经济力度进一步加大

党的十九大报告延续了全国金融工作会议的精神，为做好金融工作指明了方向。融资租赁具备“融资 + 融物”的独特属性，与实体经济、实物资产联系紧密，是服务实体经济最有效的金融形式。未来，融资租赁企业将进一步加大经营性租赁业务与直租业务的拓展，顺应时代的需求，更好地回归本源，将服务实体经济作为今后的着力点，进一步加大服务实体经济力度。

3. 融资渠道更显多元化

融资租赁行业从银行获取贷款的难度大于 2017 年，融资租赁企业将加大力度拓展融资渠道，包括超短融、短融、中票、定向融资工具、公司债、私募债在内的债券融资工具将得到更为迅速的发展，租赁资产证券化亦将逐渐成为租赁企业“盘活存量”资产的利器。更多融资工具发行的注册审批效率或将进一步提升，有利于融资租赁企业享受资金融通的便利。鉴于国内资金大环境并不宽松，融资租赁企业面临的融资成本或将继续在高位运行。受限于国内去杠杆的态势，在租赁业务不断拓展的情况下，跨境融资的需求较大，融资额有望进一步上升。

4. 弱周期行业客户争夺激烈

2018 年，融资租赁行业整体仍面临相对严峻的风险态势，实体经济调结构、金融行业去杠杆的大趋势将会维持。在此过程中，赢利能力较差的过剩产能行业仍面临较大风险，而智能制造、人工智能等创新领域距行业成熟尚有距离。基于这种背景，融资租赁企业或将主要资源投入交通、医疗、教育、消费等典型弱周期行业以及风险相对分散的个人金融领域，对优质行业、优质客户的争夺将更趋激烈。

5. 行业整合趋势明显

随着监管趋严，融资租赁行业内部的兼并、重组可能集中呈现。产业系融资租赁企业可能通过境内外并购整合取得较好的增长机会，具备自主灵活优势的独立系融资租赁企业，或将进入新行业作为并购方向，通过快速进入细分领域产业获取竞争优势。在统一监管的背景下，部分没有实际开展业务的租赁企业将难以生存，而部分业务较为多元化如除租赁业务外还开展股权投资等业务的租赁企业可能面临股权治理结构调整，将突出融资租赁业务的核心位置。

6. 专业化经营是未来发展方向

在行业竞争激烈的背景下，朝细分领域专业化发展是融资租赁企业未来的发展方向。与国际成熟融资租赁市场相比，中国融资租赁市场渗透率较低，融资租赁业务以设备融资获取利差为主，模式相对单一。融资租赁企业面临转型，参考国际成熟租赁市场的经验，应积极寻找差异化、专业化的定位，深耕细分领域，打造自身核心竞争优势。融资租赁业务的核心功能在于服务实体经济，如果不走专业化发展路径，各种行业均浅尝辄止地全面展业，很难在特定领域积累足够的经验，无法充分发挥融资租赁服务实体经济的重要功效。专业化经营并非一朝一夕能够实现，需要在市场开拓、客户关系维护、行业风险控制等多个维度进行深耕，因此国内融资租赁企业的专业化进程任重而道远。

（三）融资租赁重点市场发展趋势

从2016年末到2017年，实体经济进入产业调整深水区，产能过剩的重资产行业和传统能源行业景气度明显下降，融资活跃度也随之下降，而交通运输、仓储及物流业，智能装备制造业，电子工业，信息技术服务业，大消费等行业则稳步增长，实体经济在产业结构调整的深水区中正悄然筑底，融资结构也凸显结构性转变，实体经济中开展融资交易企业的数量和细分领域则呈现增长和分散的趋势。2014～2017年上市公司承租人行业分布见图8。

1. 租赁目标市场两极分化趋势明显

（1）传统能源、重型化工行业发展放缓，融资面临困境

传统能源行业，如煤炭、火电、煤化工、盐化工行业资金需求量大，但面临明显的融资难度大、成本抬升的困难。

2017年，我国煤炭行业总体限产以及大宗物资价格反弹，使得煤炭行业阶段性复苏，但融资景气度仍然较低；火电受制于成本提升、能源结构

图 8　2014 ~2017 年上市公司承租人（或提供担保）行业分布

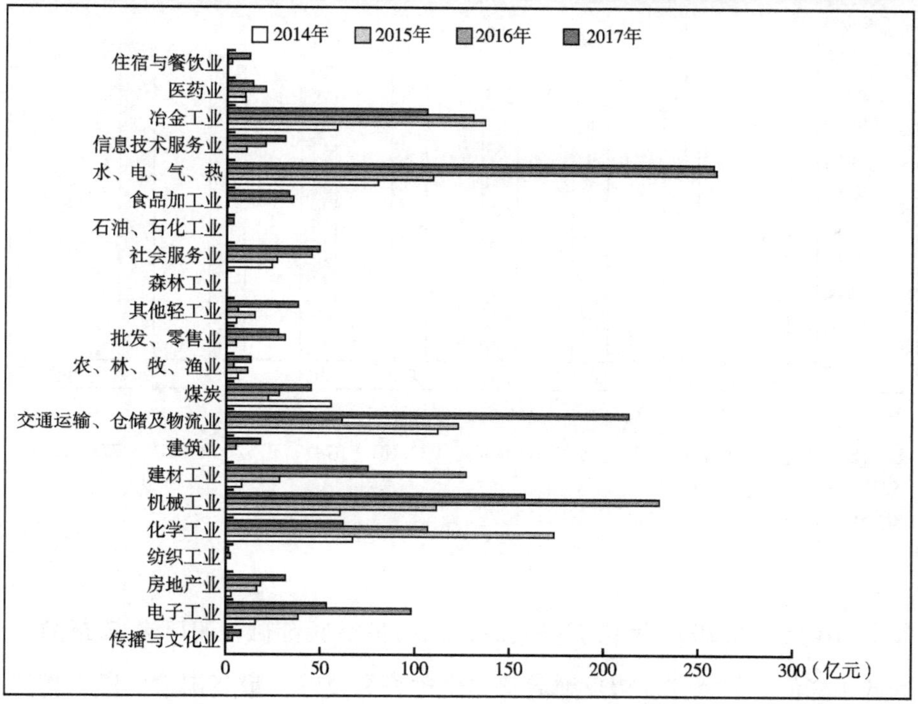

资料来源：Wind，中建投租赁整理。

调整中新能源的挤压和整体用电需求放缓的三重影响，年平均发电时间难以突破 4500 小时；传统煤化工和盐化工产能的过剩状态短期内仍难以改观，因而上述行业在 2017 年仍处于融资难、融资贵的状态。

（2）航空租赁市场蓬勃发展，船舶市场低位企稳

波音、空客两家飞机制造商每年交付飞机数量合计几百架，每年两家制造商向航空公司交付飞机主要通过租赁方式。2017 年我国自主研发的 C919 大型客机实现首飞，截至 2017 年第三季度末，根据中国商飞公布的数据，C919 客户总数已达 27 家，累计订单 730 架，其中，来自租赁公司的订单占比接近 4/5，未来融资租赁工具将继续助力我国航空市场保持蓬勃发展。全球现役机队数量见图 9。

图9　全球现役机队数量

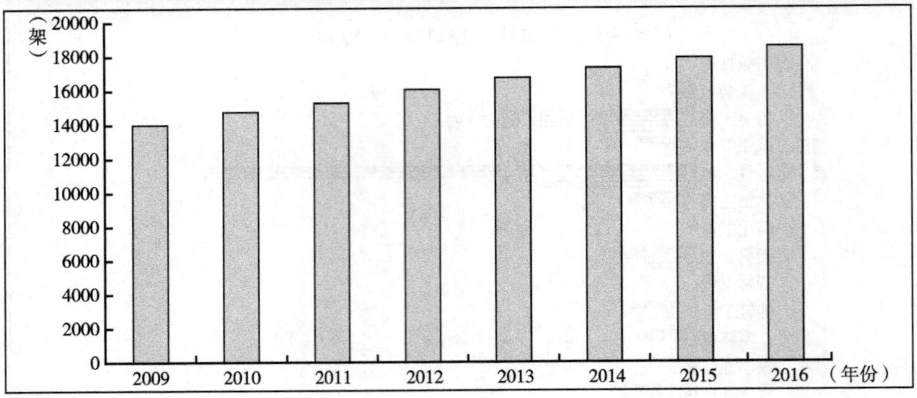

注：现役机队统计涵盖机型包括 B737Classic、B737NG、B747、B757、B767、B777、A300、A310、A318、A319、A320。
资料来源：Wind，航升在线。

BDI 指数在 2009 年跌落谷底后，长期在谷底徘徊，2017 年该指数虽远低于峰值，但整年保持反弹趋势，全球贸易复苏，散货需求回暖，百万吨载重的油船、散货船和集装箱船运力稳健增长，伴随拆船量的提升，船价企稳，略有反弹。

（3）环保产业机遇与风险并存

党的十九大将生态环境问题明确纳入社会主义初级阶段的主要矛盾，且首次用千年大计来表述生态环保，这表明中央政府再次提升了对生态文明建设的重视程度。可以预见，未来几年环保行业将持续受益于政策支持，有望迎来良好的发展机遇。当前高能耗、大气污染、土壤污染等问题较为严重，解决这些问题迫在眉睫，因而与此相关的节能、环境污染治理、土壤修复等细分领域将会有较好的发展机会。

尽管环保行业在政策方面具有优势，但环保行业内企业运营状况整体较为平淡。很多企业的技术水平相对较低，环保效率不高，赢利能力也相对较弱，有些企业已经从国外引进先进环保技术和设备，但大部分项目均处于投入期，根据环保行业的运行特点，在短期内也很难对企业利润产生较大贡献。因此，环保行业内企业运营仍然面临许多困难，经营存在风险隐患，开展租赁业务必须要加强对风险的识别。

2. 大消费和信息产业发展前景广阔

（1）汽车消费金融市场规模井喷式发展

2007 年至 2017 年前 3 个季度，在乘用车和牵引车需求增长的带动下，汽车市场需求呈现持续增长，前者主要源于三线、四线城市的乘用车销量的快速提升，后者主要受环保“新国五”排放政策和公路运输车限制超载政策的双重影响。中国新车销量及二手车交易量见图 10。汽车金融市场规模从 2011 年的 3015 亿元增长至 2015 年的 8000 亿元。

图 10　2007 年至 2017 年 9 月中国新车销量及二手车交易量

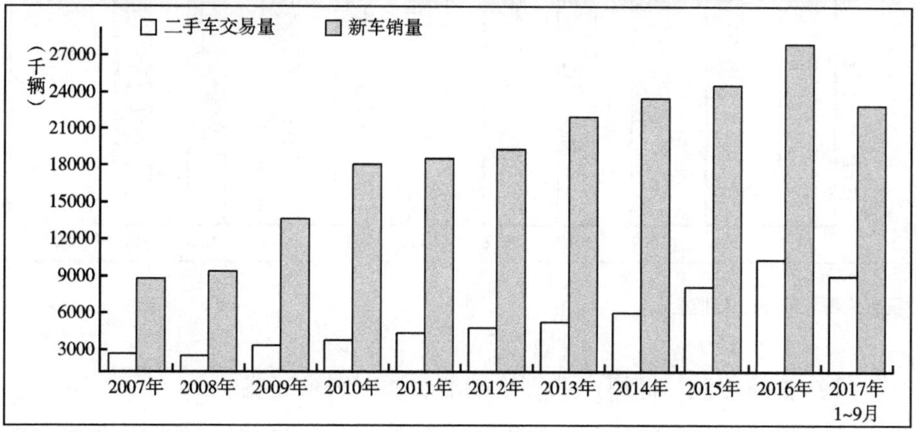

资料来源：Wind，中国汽车工业协会，中国汽车流通协会。

汽车消费金融市场近年来呈现高速发展趋势，融资工具包括商业银行的汽车消费贷和信用卡产品，汽车厂商的分期付款产品，融资租赁企业的长短租、分时租赁产品，以及互联网金融公司的 P2P 产品，上述各类主体提供的产品定位不同，面对的客户群体所代表的风险水平也有所不同。以 2015 年的数据为例，中国汽车金融渗透率仅为 35%，对比美国、日本、印度、泰国等国家50%～80%的渗透率[1]，中国汽车金融市场未来尚有较大发展空间。其中，根据银行业协会统计口径，融资租赁和经销商贷款余额占比均大幅下降，零售贷款余额占比上升（见图11）。然而国内诸多汽车主机、零部件制造、新能源“三电”、汽车流通等产业链上游、中游、下游企业已经逐步通过设立或收购汽车租赁企业来尝试打造产业链闭环，甚至专注于二手车交易、网约车平台，2017年“双11”的电商模式也纷纷转向融资租赁[2]，从而加大了汽车金融服务的深度。

图11　2007～2016年汽车金融公司业务占比

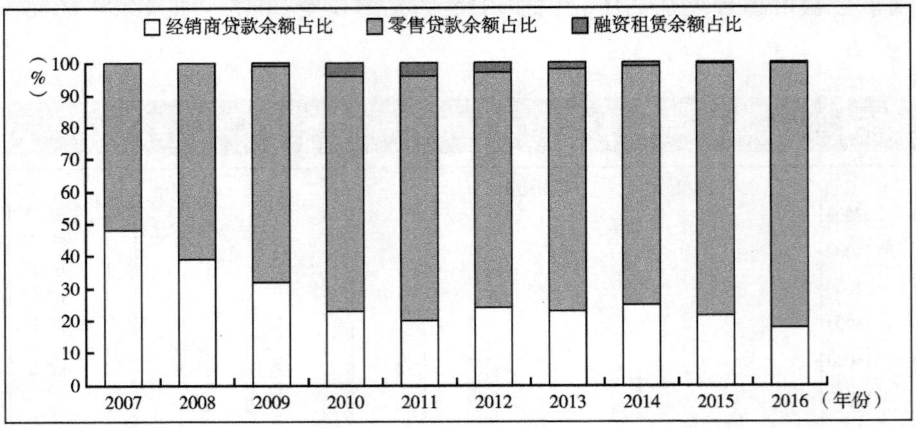

资料来源：Wind，银监会。

（2）食品行业、健康产业等终端消费领域需求旺盛

大消费中的食品加工、饮料和调味品行业一直呈现抗周期的特点，保持持续发展；食品加工具有分散的特点，以白酒、饮料、乳品为代表，行业经过整合逐渐显示较高的景气度；调味品行业则在区域差异化特征的背景下互相竞争，经过市场筛选形成各类龙头品牌百花齐放的格局。2017年

① Wind、中国银行业协会。

② 《传统模式路不通，二手车电商新模式转攻融资租赁》，第一财经，http：//auto.163.com/17/1109/07/D2PLGCOP000884MM.html。

食品行业总体呈现需求增长的趋势，增产、扩产和债务结构调整也为融资租赁发展提供了市场机遇。

伴随老龄化和医疗保障体系的健全，医疗行业的区域垄断性优势进一步明显，专业性医疗机构如口腔、医美、体检等2017年在国内多地实现快速发展；生物医药持续保持旺盛的发展势头；新科技纷纷踏入大健康领域，体外诊断、睡眠监测等成为新兴的健康题材，电子信息产业为大健康的外延发展提供了技术支持。

（3）信息产业需求不断拓宽

信息产业和数据业务近年来随着通信技术和互联网高速发展呈现较高的投资增速，以IDC产业为例，2014年以来保持年均40%左右的增速，融资租赁成为新增机柜良好的投资方式（见图12）。

图12 2007~2016年中国IDC市场规模

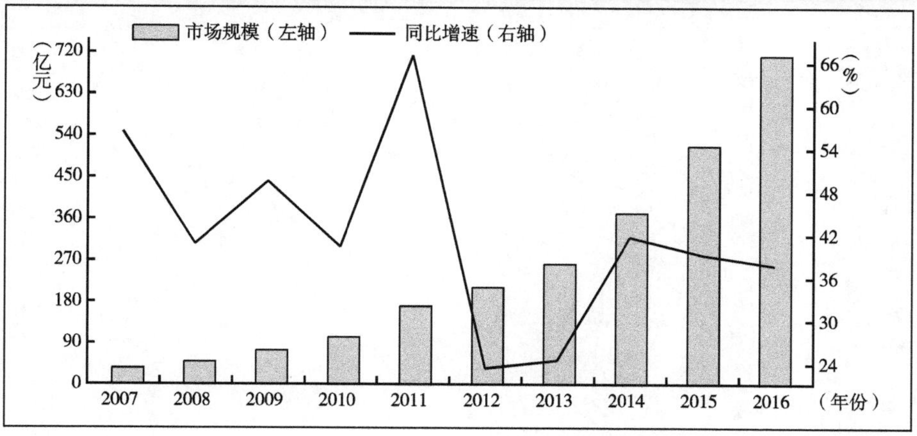

资料来源：Wind，中国IDC圈。

3. 光伏发电进入分水岭

光伏发电和互联网跨界的代表“绿能宝”2017年亏损加剧，债务逾期危机出现，意味着国内光伏产业投资已经走过了野蛮生长时期，众多租赁企业面对光伏发电行业项目投入大、电站资金需求高、补贴不到位等问题时，以“资产质量”为标准，用更为审慎的态度进行投资。

4. 通航租赁空间有限

通航产业作为融资租赁持续关注的市场，2017 年并未取得突破性发展，主要原因为低空空域未能放开。2016 年末，通用航空器在册总数 2595 架，截至 2017 年 9 月 30 日，通用航空器在册数 2776 架，比年初增加 181 架，预计较上年增速有所放缓，未来在低空管制政策没有实质性放松的情况下，通航器材二手市场活跃度也较难提高，通航租赁的市场规模也较难提升。

本文附录

附表 1　2017 年非银行系融资租赁公司债券发行明细情况

发行人	类别	发行时间	规模	期限	债券评级	主体评级	票面利率
中建投租赁	超短融	2017 年 11 月 13 日	4.00 亿元	0.74 年		AA +	5.27%
		2017 年 11 月 7 日	4.00 亿元	0.74 年		AA +	5.13%
		2017 年 9 月 19 日	4.00 亿元	0.74 年		AA +	4.93%
		2017 年 8 月 16 日	4.00 亿元	0.74 年		AA +	4.77%
		2017 年 7 月 17 日	5.00 亿元	0.74 年		AA +	4.60%
		2017 年 6 月 7 日	4.00 亿元	0.74 年		AA +	5.40%
		2017 年 4 月 11 日	4.00 亿元	0.74 年		AA +	4.69%
		2017 年 2 月 15 日	4.00 亿元	0.74 年		AA	4.70%
	短期融资券	2017 年 7 月 26 日	4.00 亿元	1.00 年	A – 1	AA +	4.69%
	中期票据	2017 年 7 月 21 日	4.00 亿元	3.00 年	AA +	AA +	4.80%
	公司债	2017 年 9 月 20 日	10.00 亿元	3.00 年	AA +	AA +	5.48%
中航租赁	超短融	2017 年 9 月 20 日	10.00 亿元	0.66 年		AAA	4.78%
		2017 年 8 月 18 日	12.00 亿元	0.74 年		AAA	4.58%
		2017 年 7 月 25 日	14.00 亿元	0.66 年		AAA	4.55%
		2017 年 7 月 18 日	9.00 亿元	0.74 年		AAA	4.55%
		2017 年 6 月 7 日	10.00 亿元	0.74 年		AAA	5.10%
		2017 年 4 月 24 日	10.00 亿元	0.74 年		AAA	4.85%
		2017 年 4 月 12 日	10.00 亿元	0.58 年		AAA	4.48%
		2017 年 3 月 23 日	5.00 亿元	0.58 年		AAA	4.68%
		2017 年 3 月 15 日	10.00 亿元	0.49 年		AAA	4.50%
	短期融资券	2017 年 11 月 3 日	6.00 亿元	1.00 年	A – 1	AAA	4.93%
		2017 年 5 月 27 日	7.00 亿元	1.00 年	A – 1	AAA	5.30%
		2017 年 4 月 26 日	6.00 亿元	1.00 年	A – 1	AAA	4.81%
	中期票据	2017 年 8 月 2 日	5.00 亿元	3.00 年	AAA	AAA	4.75%
	定向工具	2017 年 12 月 22 日	10.00 亿元	3.00 年		AAA	6.40%
		2017 年 10 月 23 日	10.00 亿元	3.00 年		AAA	5.50%
		2017 年 9 月 7 日	10.00 亿元	3.00 年		AAA	5.50%
		2017 年 6 月 15 日	10.00 亿元	3.00 年		AAA	5.80%
		2017 年 5 月 19 日	3.00 亿元	1.00 年		AAA	5.47%
		2017 年 5 月 17 日	10.00 亿元	3.00 年		AAA	5.60%
		2017 年 5 月 8 日	5.00 亿元	3.00 年		AAA	5.49%

续表

发行人	类别	发行时间	规模	期限	债券评级	主体评级	票面利率
远东租赁	超短融	2017年10月26日	10.00亿元	0.49年		AAA	4.88%
		2017年9月26日	10.00亿元	0.49年		AAA	4.70%
		2017年8月23日	20.00亿元	0.66年		AAA	4.80%
		2017年5月31日	20.00亿元	0.33年		AAA	4.95%
		2017年1月11日	15.00亿元	0.33年		AAA	3.91%
	短期融资券	2017年2月27日	15.00亿元	1.00年	A-1	AAA	4.32%
	中期票据	2017年10月31日	20.00亿元	3.00年	AAA	AAA	5.30%
		2017年9月4日	30.00亿元	3.00年	AAA	AAA	5.20%
	定向工具	2017年10月19日	10.00亿元	3.00年		AAA	5.50%
		2017年8月10日	10.00亿元	3.00年		AAA	5.60%
		2017年7月26日	20.00亿元	3.00年		AAA	5.30%
		2017年6月22日	8.00亿元	3.00年		AAA	5.50%
		2017年5月23日	20.00亿元	3.00年		AAA	5.70%
		2017年2月21日	20.00亿元	3.00年		AAA	5.00%
	公司债	2017年8月25日	25.00亿元	5.00年	AAA	AAA	5.19%
		2017年8月25日	5.00亿元	3.00年	AAA	AAA	4.75%
		2017年7月4日	50.00亿元	3.00年	AAA	AAA	5.50%
	私募债	2017年9月18日	28.00亿元	5.00年		AAA	5.70%
		2017年8月17日	12.00亿元	5.00年		AAA	5.60%
		2017年6月14日	40.00亿元	5.00年		AAA	5.58%
		2017年2月10日	40.00亿元	5.00年		AAA	5.00%
平安国际租赁	超短融	2017年12月13日	10.00亿元	0.74年		AAA	5.46%
		2017年12月6日	10.00亿元	0.74年		AAA	5.18%
		2017年9月15日	10.00亿元	0.74年		AAA	4.74%
		2017年9月11日	10.00亿元	0.55年		AAA	4.65%
		2017年9月5日	10.00亿元	0.38年		AAA	4.70%
		2017年8月10日	15.00亿元	0.74年		AAA	4.58%
		2017年7月18日	5.00亿元	0.74年		AAA	4.55%
		2017年7月11日	10.00亿元	0.74年		AAA	4.57%

续表

发行人	类别	发行时间	规模	期限	债券评级	主体评级	票面利率
平安国际租赁	超短融	2017 年 6 月 14 日	5.00 亿元	0.74 年		AAA	4.91%
		2017 年 5 月 15 日	15.00 亿元	0.74 年		AAA	4.95%
		2017 年 3 月 15 日	15.00 亿元	0.44 年		AAA	4.55%
		2017 年 3 月 7 日	20.00 亿元	0.58 年		AAA	4.62%
		2017 年 1 月 17 日	15.00 亿元	0.49 年		AAA	4.20%
	短期融资券	2017 年 6 月 12 日	10.00 亿元	1.00 年	A-1	AAA	4.98%
		2017 年 6 月 1 日	5.00 亿元	1.00 年	A-1	AAA	4.90%
	中期票据	2017 年 3 月 23 日	21.00 亿元	3.00 年	AAA	AAA	5.50%
	定向工具	2017 年 12 月 12 日	18.00 亿元	3.00 年		AAA	6.10%
		2017 年 10 月 18 日	12.00 亿元	3.00 年		AAA	5.40%
	公司债	2017 年 10 月 24 日	45.00 亿元	3.00 年	AAA	AAA	5.47%
		2017 年 9 月 6 日	6.00 亿元	5.00 年	AAA	AAA	4.89%
		2017 年 8 月 21 日	22.00 亿元	5.00 年	AAA	AAA	4.89%
		2017 年 7 月 26 日	16.00 亿元	5.00 年	AAA	AAA	4.70%
	私募债	2017 年 9 月 11 日	12.00 亿元	5.00 年	AAA	AAA	5.45%
		2017 年 8 月 17 日	18.00 亿元	5.00 年	AAA	AAA	5.56%
		2017 年 7 月 18 日	20.00 亿元	5.00 年	AAA	AAA	5.30
国泰租赁	超短融	2017 年 9 月 26 日	5.00 亿元	0.74 年		AA+	5.32%
		2017 年 9 月 14 日	3.00 亿元	0.74 年		AA+	5.27%
		2017 年 8 月 21 日	5.00 亿元	0.74 年		AA+	5.08%
	短期融资券	2017 年 7 月 25 日	5.00 亿元	1.00 年	A-1	AA+	6 个月中债国开债到期收益率+1.65%
		2017 年 7 月 4 日	5.00 亿元	1.00 年	A-1	AA+	6 个月中债国开债到期收益率+1.59%
	中期票据	2017 年 3 月 24 日	6.00 亿元	3.00 年	AA	AA	5.99%
	私募债	2017 年 9 月 15 日	4.60 亿元	3.00 年		AA+	6.35%
		2017 年 9 月 15 日	5.40 亿元	3.00 年		AA+	6.70%
		2017 年 6 月 26 日	1.40 亿元	3.00 年		AA+	6.80%
		2017 年 6 月 26 日	8.60 亿元	3.00 年		AA+	6.50%
海通恒信	超短融	2017 年 12 月 18 日	6.00 亿元	0.41 年		AAA	5.49%
		2017 年 10 月 23 日	10.00 亿元	0.74 年		AAA	4.95%
		2017 年 10 月 16 日	10.00 亿元	0.74 年		AAA	4.88%
		2017 年 8 月 1 日	10.00 亿元	0.74 年		AAA	4.66%
	短期融资券	2017 年 3 月 6 日	10.00 亿元	1.00 年	A-1	AA+	4.63%
	定向工具	2017 年 11 月 9 日	8.00 亿元	3.00 年		AAA	5.80%
	公司债	2017 年 7 月 18 日	10.00 亿元	3.00 年	AAA	AAA	4.70%
		2017 年 6 月 16 日	15.00 亿元	3.00 年	AAA	AAA	4.95%

续表

发行人	类别	发行时间	规模	期限	债券评级	主体评级	票面利率
康富国际	超短融	2017年11月1日	10.00亿元	0.74年		AA+	5.39%
		2017年9月6日	10.00亿元	0.71年		AA+	4.99%
		2017年7月6日	10.00亿元	0.74年		AA+	4.74%
		2017年6月13日	10.00亿元	0.74年		AA+	5.48%
		2017年4月25日	5.00亿元	0.54年		AA+	5.38%
	定向工具	2017年10月25日	15.00亿元	3.00年		AA+	6.30%
	私募债	2017年10月19日	20.00亿元	5.00年		AA+	6.14%
		2017年8月17日	20.00亿元	5.00年		AA+	5.75%
		2017年7月21日	10.00亿元	5.00年		AA+	5.98%
越秀租赁	超短融	2017年11月13日	6.00亿元	0.74年		AA+	5.25%
		2017年10月26日	6.00亿元	0.74年		AA+	5.00%
		2017年8月16日	6.00亿元	0.74年		AA+	4.84%
	短期融资券	2017年9月14日	6.00亿元	1.00年	A-1	AA+	4.78%
		2017年8月28日	6.00亿元	1.00年	A-1	AA+	4.82%
	公司债	2017年9月18日	14.00亿元	5.00年	AAA	AA+	4.92%
环球租赁	超短融	2017年7月18日	5.00亿元	0.74年		AA+	4.70%
		2017年1月17日	5.00亿元	0.74年		AA+	4.10%
	短期融资券	2017年9月4日	4.50亿元	1.00年	A-1	AA+	4.90%
		2017年8月15日	4.50亿元	1.00年	A-1	AA+	4.73%
大唐租赁	超短融	2017年12月7日	8.00亿元	0.41年		AA+	5.42%
		2017年8月22日	8.00亿元	0.73年		AA+	4.75%
		2017年7月21日	11.00亿元	0.49年		AA+	4.58%
		2017年3月28日	3.60亿元	0.16年		AA+	4.75%
中电投融和	超短融	2017年11月8日	5.00亿元	0.74年		AAA	4.97%
		2017年10月23日	10.00亿元	0.74年		AAA	4.88%
		2017年9月27日	20.00亿元	0.66年		AAA	5.10%
	定向工具	2017年5月19日	10.00亿元	0.49年		AAA	5.20%
	私募债	2017年8月9日	20.00亿元	3.00年	AAA	AAA	5.55%
光大幸福国际	定向工具	2017年4月26日	2.00亿元	3.00年			5.50%
		2017年3月29日	6.00亿元	3.00年			5.00%
中民国际租赁	定向工具	2017年9月21日	10.00亿元	3.00年	AA+	AA+	6.50%
聚信国际租赁	私募债	2017年8月21日	4.50亿元	3.00年	AA	AA	6.90%
		2017年4月28日	5.50亿元	3.00年	AA	AA	6.80%
华能天成	超短融	2017年10月18日	5.00亿元	0.74年		AA+	5.07%
中信富通	私募债	2017年9月27日	5.00亿元	3.00年		AA	6.60%

续表

发行人	类别	发行时间	规模	期限	债券评级	主体评级	票面利率
山东晨鸣	私募债	2017 年 3 月 20 日	10.00 亿元	3.00 年	AA +	AA	6.48%
江苏徐工工程机械租赁	私募债	2017 年 9 月 20 日	6.20 亿元	5.00 年	AAA		6.60%
悦达租赁	定向工具	2017 年 4 月 6 日	5.00 亿元	3.00 年			5.80%
君创租赁	定向工具	2017 年 3 月 27 日	5.00 亿元	3.00 年	AAA	AA −	5.50%
银海租赁	定向工具	2017 年 12 月 12 日	2.50 亿元	1.00 年			5.60%

资料来源： Wind， 中建投租赁整理。

附表 2　2017 年金融租赁公司债券发行明细情况

发行人	类别	发行时间	规模	期限	债券评级	主体评级	票面利率
国银金融租赁	金融债	2017 年 10 月 20 日	15.00 亿元	1.00 年	A −1	AAA	4.50%
		2017 年 10 月 20 日	15.00 亿元	3.00 年	AAA	AAA	4.65%
		2017 年 8 月 23 日	20.00 亿元	3.00 年	AAA	AAA	4.55%
		2017 年 5 月 4 日	20.00 亿元	1.00 年	A −1	AAA	4.25%
招银金融租赁	金融债	2017 年 8 月 3 日	20.00 亿元	3.00 年	AAA	AAA	4.50%
		2017 年 7 月 20 日	25.00 亿元	3.00 年	AAA	AAA	4.53%
		2017 年 7 月 5 日	15.00 亿元	3.00 年	AAA	AAA	4.69%
		2017 年 3 月 15 日	40.00 亿元	3.00 年	AAA	AAA	4.50%
兴业金融租赁	金融债	2017 年 9 月 14 日	20.00 亿元	10.00 年	AAA	AAA	5.15%
		2017 年 8 月 8 日	40.00 亿元	3.00 年	AAA	AAA	4.70%
		2017 年 5 月 17 日	20.00 亿元	3.00 年	AAA	AAA	5.00%
		2017 年 3 月 7 日	5.00 亿元	3.00 年	AAA	AAA	4.50%
交银金融租赁	金融债	2017 年 10 月 17 日	30.00 亿元	3.00 年	AAA	AAA	4.70%
		2017 年 8 月 21 日	30.00 亿元	3.00 年	AAA	AAA	4.60%
		2017 年 7 月 17 日	20.00 亿元	3.00 年	AAA	AAA	4.53%
华融金融租赁	金融债	2017 年 2 月 14 日	10.00 亿元	5.00 年	AAA	AAA	4.70%
		2017 年 2 月 14 日	10.00 亿元	3.00 年	AAA	AAA	4.45%
河北金融租赁	绿色金融债	2017 年 12 月 20 日	7.00 亿元	3.00 年	AA +	AA +	6.50%
		2017 年 10 月 10 日	7.00 亿元	3.00 年	AA +	AA +	5.97%
		2017 年 8 月 16 日	5.00 亿元	3.00 年	AA +	AA +	5.79%
		2017 年 1 月 19 日	1.00 亿元	3.00 年	AA +	AA +	5.00%
浦银金融租赁	金融债	2017 年 8 月 24 日	30.00 亿元	3.00 年	AAA	AAA	4.96%
民生金融租赁	金融债	2017 年 8 月 7 日	10.00 亿元	3.00 年	AAA	AAA	4.50%
昆仑金融租赁	金融债	2017 年 5 月 12 日	30.00 亿元	3.00 年	AAA	AAA	4.50%
长城国兴金融租赁	金融债	2017 年 8 月 21 日	27.00 亿元	3.00 年	AAA	AAA	5.09%
		2017 年 3 月 6 日	3.00 亿元	3.00 年	AA +	AA +	5.20%
皖江金融租赁	金融债	2017 年 3 月 17 日	14.00 亿元	3.00 年	AA +	AA +	5.49%
邦银金融租赁	金融债	2017 年 3 月 3 日	30.00 亿元	3.00 年	AAA	AAA	4.40%

资料来源： Wind， 中建投租赁整理。

产业投资篇

INDUSTRIAL
INVESTMENT

2018年先进制造业最新趋势与投资机会

张人支　林　隆

张人支，经济学硕士，建投投资高级副总裁、战略管理部总经理

林隆，工学硕士，建投投资副总裁

投资提示

- 中国制造业当前虽然已经取得巨大成就，且拥有相对完备的产业链，但是仍然面临大而不强、进口依赖度较高等一系列问题。
- 中国政府脱虚向实的政策决心和供给侧结构性改革的相关举措推动中国制造业逐步回暖。
- 先进制造业的最新发展趋势包括高端化、智能化和自动化。
- 中国的政策支撑带动制造业产业升级，智能制造是主攻方向，十大重点领域是发展重点，工业强基是坚实基础。
- 并购整合和技术升级推动制造业产业发展，一方面可以将全球先进技术嫁接至中国市场；另一方面国内的技术升级有望推动制造业进口替代。
- 综合分析，细分行业投资机会包括工业机器人、仪器仪表、高端机床、工业自动化、工业耗材、包装、医疗器械等。

一、2017年中国制造业发展现状及所处阶段

（一）中国制造业取得巨大成就

2016 年我国工业增加值达到 24.8 万亿元，占 GDP 的比重达到 33.3%，相比中华人民共和国成立初期 1952 年的 17.6% 基本实现翻番，意味着我国工业实现从小到大的重要转变，取得了巨大的成就。

在全球制造商集团（Global Manufacturer Group）发布的《2017 年全球制造 500 强》中，中国总共有 76 家企业入选，数量排名第三。美国、日本居前两位，分别有 133 家、85 家企业入选，德国、法国、英国、韩国、加拿大、印度、瑞士和俄罗斯分别位居第四至第十（见表 1）。

表 1 《2017 年全球制造 500 强》企业入围数量

排名	总部所在国	数量	代表公司	平均营收（亿元）
1	美 国	133	埃克森美孚，苹果，通用汽车	2183
2	日 本	85	丰田汽车，本田汽车，日立	1837
3	中 国	76	中石油，中石化，上汽集团	2330
4	德 国	26	大众汽车，戴姆勒汽车，宝马汽车	3392
5	法 国	25	道达尔，空中巴士，雪铁龙汽车	2351
6	英 国	23	英国石油，非亚特汽车，联合利华	2164
7	韩 国	21	三星电子，现代汽车，LG 电子	2264
8	加拿大	11	乔治维斯顿，曼格纳国际，Onex	1237
9	印 度	10	印度石油，瑞来斯实业，塔塔汽车	1867
10	瑞 士	8	嘉能可，雀巢，罗氏制药	3684
10	俄罗斯	8	俄罗斯国家天然气，俄罗斯石油，卢克石油	3206

资料来源：全球制造商集团《2017 年全球制造 500 强》。

（二）中国制造业当前所处阶段

1. 大而不强仍然是 2017 年面临的主要问题

中国是制造业出口大国。中国在世界出口中的份额从 2000 年的 4% 上升到 2016 年的 13%。同期，美国的份额从 12% 下降到 9%，日本的份额从

7.5%下降到3.8%，德国的份额从8.6%小幅下滑至8.1%，而韩国的份额则由2.7%上升至3.2%。

中国制造业出口结构中，有58%仍然为中低端产品，与印度和巴西分别为57%和62%的中低端出口占比接近。中国制造业出口结构中，低端比例高达35%，与此同时，发达国家如德国、美国、日本、英国的低端出口比例分别仅有17%、14%、14%、15%（见图1）。

图1 全球主要制造业国家出口结构

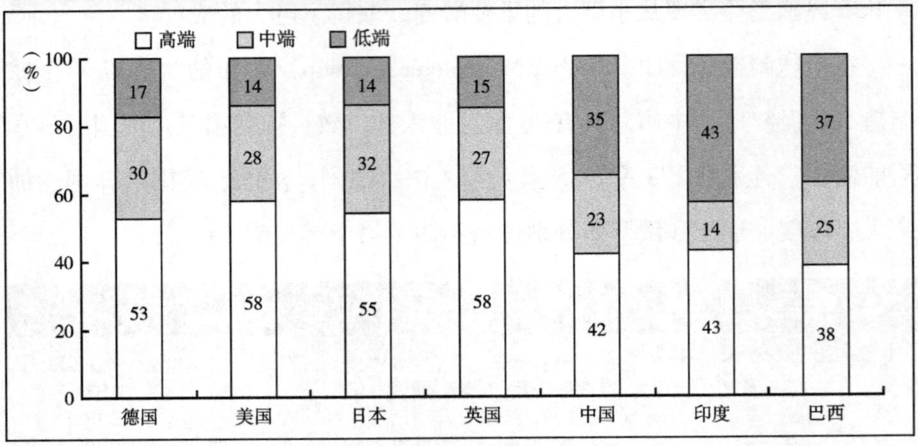

资料来源：联合国贸发会议，德勤《2016全球制造业竞争力指数》。

我国高、精、尖类零部件产品进口依赖度仍然较高。以工业机器人为例，我国已成为全球工业机器人第一大市场，但国内企业生产工业机器人所需要的核心部件仍然要从美、日等发达国家厂商进行采购，如减速器需要向两家日本厂商购买，伺服电机基本上被欧美和日本企业垄断，国产核心零部件在稳定性、精度、寿命、噪音控制等方面仍存在较大差距。

2. 拥有相对完备的产业链

中国2016年制造业增加值连续7年位居全球第一，产品总量、种类、出口金额等也位居世界第一，全球500多种工业产品中，超过220种中国产量位居世界第一。作为全球制造中心，中国制造业已经形成了大而全的产业链条，构建了产业链集群，这成为其他任何国家短期无法赶超的优势。产业链集群效应带来的竞争优势使得中国制造企业有望成为技术标准的制定者，吸引全球制造业龙头企业在华布局。

3. 供给侧结构性改革推动中国制造业 2017 年回暖

20 世纪 90 年代，中国工业进入下行周期，主要因为纺织行业产能过剩，同时遭遇亚洲金融危机；进入 21 世纪，随着中国加入 WTO，以及中国城市化率持续高速上升（从 2000 年的 36% 上升至 2010 年的 49%），中国制造业保持了迅速增长的态势；在新一轮全球金融危机之后，虽然中国经济在“四万亿计划”的刺激下，于 2010 年回到短期高点，但是短期内举全国之力的天量刺激，迅速积累了过剩的产能，使企业和政府背上了巨额债务，制造业遭遇了连续几年的低迷（见图 2）。

图 2　中国规模以上制造业增加值同比增速

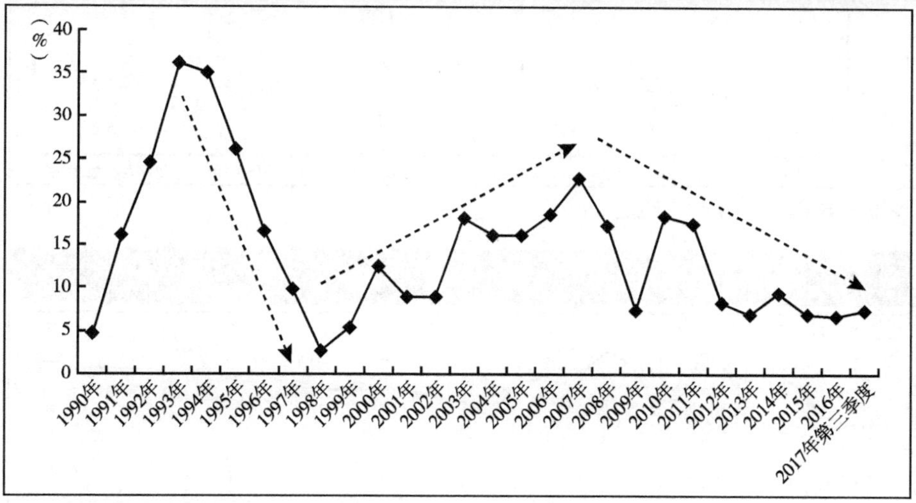

资料来源：世界银行，联合国，国家统计局，Wind。

中国政府已深刻认识到产业结构调整的必要性和紧迫性，先后提出供给侧结构性改革，抑制资产泡沫，着力振兴实体经济等政策要求。中央对“脱虚向实”的政策决心和供给侧改革的相应举措带动工业对 GDP 贡献率攀升，2017 年工业对 GDP 贡献率结束过去几年持续下滑的态势，从 30.7% 上升到 34.6%（见图 3）。供给侧改革的一系列举措推动工业企业利润率回升，自

2016年起，中国工业企业的利润率稳健回升，至2017年第三季度末已经回复2013年的水平（见图4）。同时，从2016年第四季度开始，随着制造业整体库存周期性触底，以及工业企业设备支出降至2009年以来新低，制造业企业投资开始进入趋势性修复阶段，2017年前3个季度制造业固定资产投资累计同比增长4.2%，相较上年同期增长1.1个百分点（见图5）。从资本开支周期、企业的投资意愿和整体产业政策环境来看，制造业有望进入回暖周期。

图3 金融业、房地产业和工业对GDP增速的贡献率

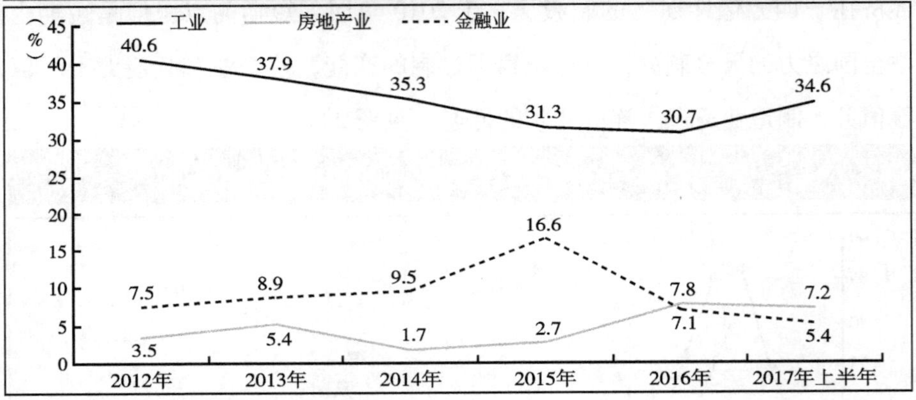

资料来源：国家统计局，Wind。

图4 中国工业企业利润率水平

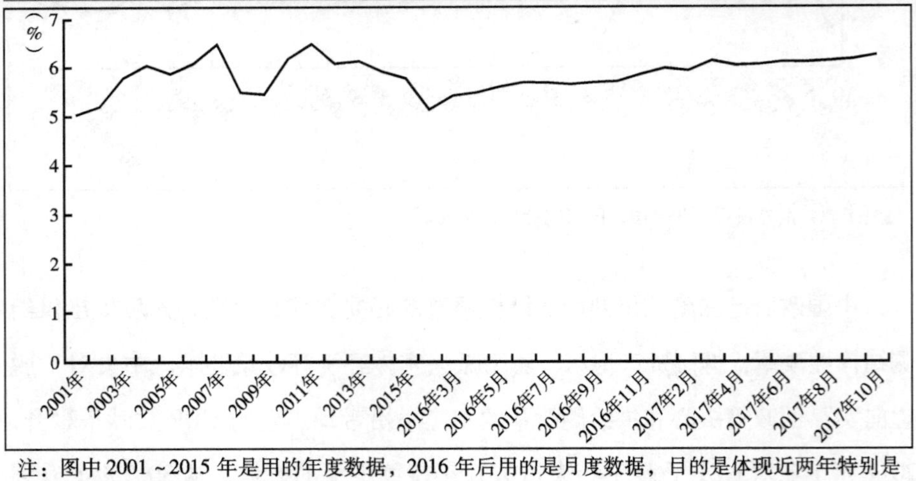

注：图中2001～2015年是用的年度数据，2016年后用的是月度数据，目的是体现近两年特别是2017年的利润率回升趋势。

资料来源：国家统计局，Wind。

图5　中国制造业固定资产投资完成额累计同比增速

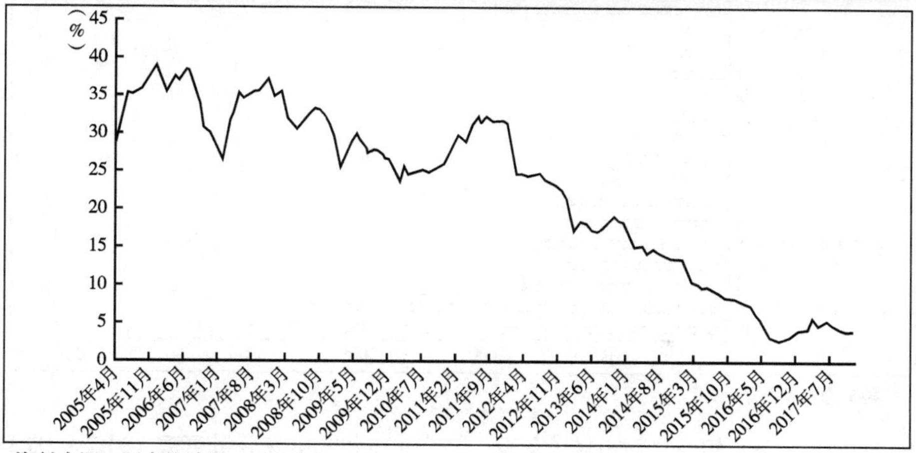

资料来源：国家统计局，Wind。

（三）中国制造业投资市场发展状况

从 2017 年中国投资市场的行业分布来看，前 11 个月制造业投资案例共 457 起，占全行业投资案例数量的 5%，在行业中排名第 7；投资金额总计 386 亿元，占全行业投资金额的 3.5%，在行业中排名第 8。制造业的平均投资金额约为 8400 万元（见图 6 和图 7）。

图6　中国 2017 年前 11 个月投资案例数量行业分布

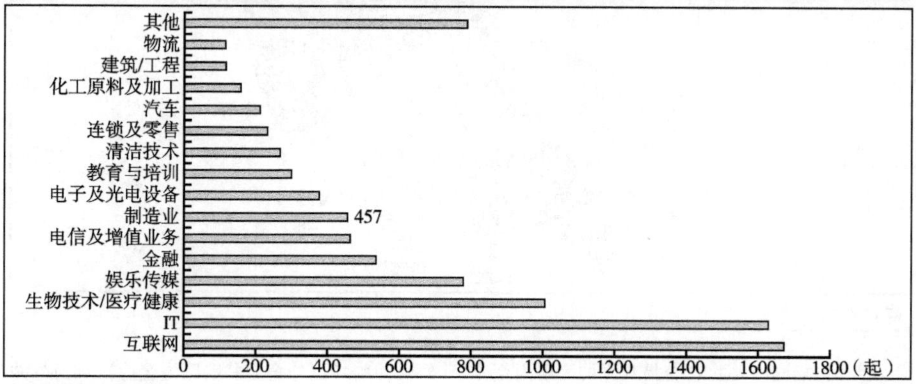

资料来源：清科。

图7　中国2017年前11个月投资金额行业分布

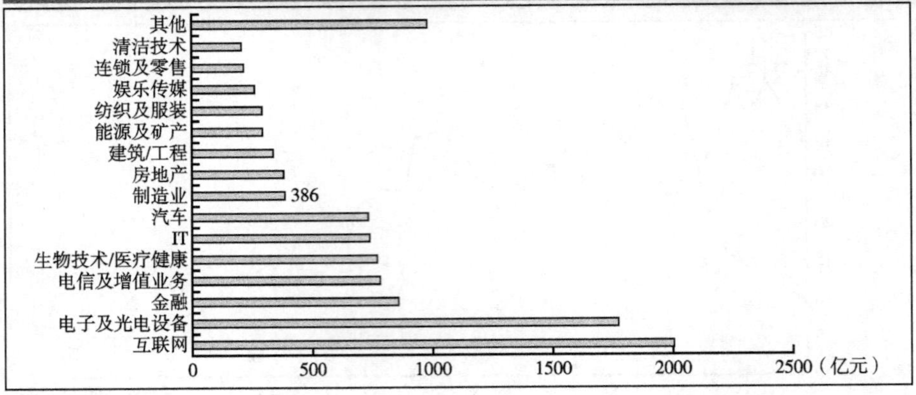

资料来源：清科。

从中国企业相关并购市场①来看，制造业在并购市场分量更重。2017年前3个季度中国并购市场制造业的案例数量为156起，约占全行业案例数量的9%，在各行业中排名第3；制造业的并购金额约624亿元，占全行业比例约4.7%，在行业中排名第7。制造业并购案例的平均投资金额约为4亿元（见图8和图9）。

图8　中国企业并购市场2017年前3个季度投资案例数量行业分布

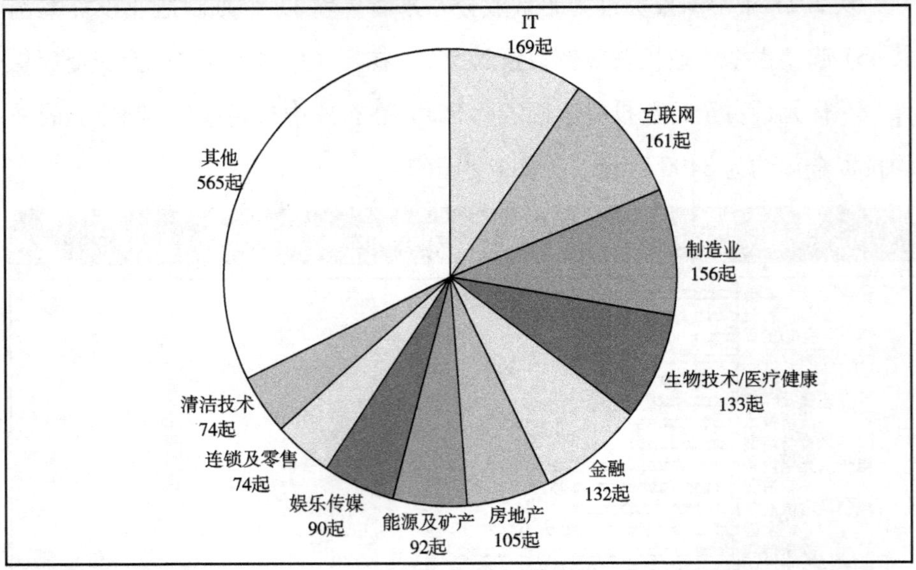

资料来源：清科。

① 包括国内并购（交易双方均为国内企业）、外资并购（国外企业并购国内企业）和海外并购（国内企业并购国外企业）。

图 9　中国企业并购市场 2017 年前 3 个季度投资金额行业分布

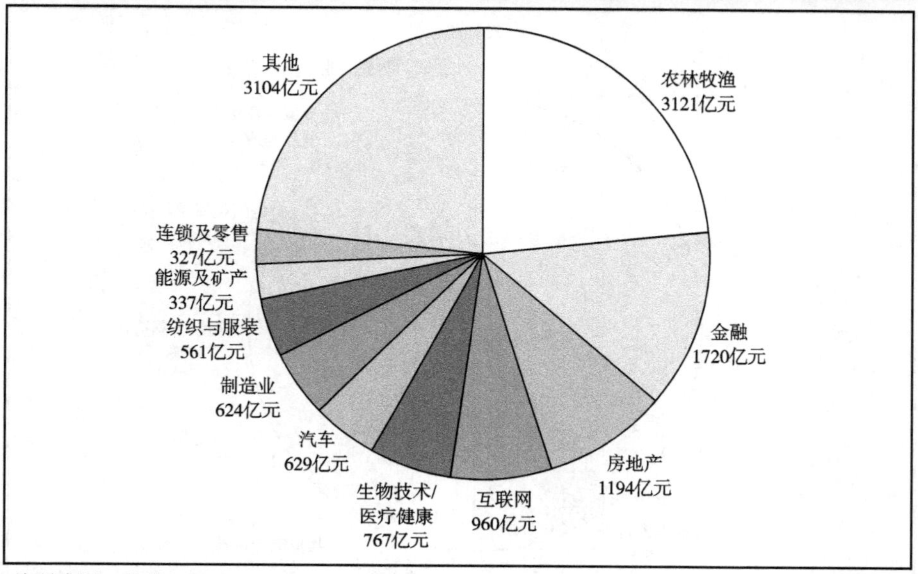

资料来源：清科。

二、先进制造业最新趋势

（一）高端化

中国制造业产业结构逐步从低附加值传统加工制造业和资源密集型制造业向高附加值新型制造业转型升级。对比中国制造业 2003 年和 2017 年的数据，可以看到，2003 年我国制造业固定资产投资主要集中在黑色金属冶炼及压延加工业、化学原料及化学制品制造业等重化工领域，相对以劳动及资本密集型为主；2017 年我国制造业固定资产投资更多集中在非金属矿物制品业，电气机械及器材制造业，通用设备制造业，汽车制造业，专用设备制造业，计算机、通信和其他电子设备制造业等领域；过去十多年，通用设备制造业、专用设备制造业、汽车制造业、电气机械及器材制造业、金属制品业、农副食品加工业等领域固定资产投资占比显著提升，而纺织业、化学原料及化学制品制造业、黑色金属冶炼及压延加工业固定资产投资占比大幅下滑（见图 10）。

图 10　制造业各子行业固定资产投资完成额对比

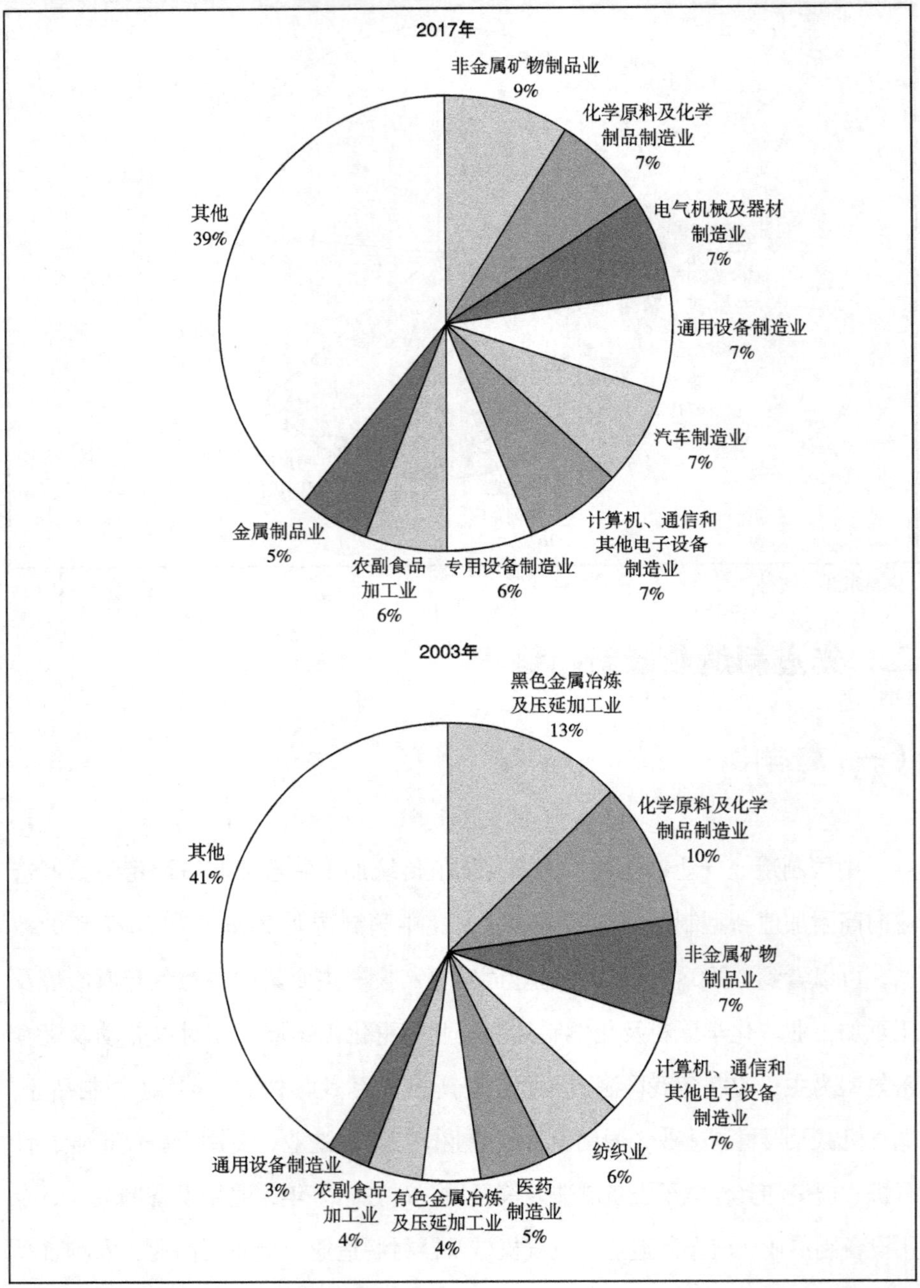

注：2017 年仅统计前 11 个月数据。

资料来源：国家统计局，Wind。

对比 2017 年与 2016 年制造业各子行业固定资产投资完成额，制造业向高附加值行业转移的趋势也较为明显。其中，电气机械及器材制造业，汽车制造业，计算机、通信和其他电子设备制造业这三个技术含量足、行业门槛高的制造业子领域的固定资产投资完成额比重分别提升了 0.2 个百分点、0.4 个百分点和 0.9 个百分点；相比而言，非金属矿物制品、化学原料及化学制品制造业比重分别下降了 0.2 个百分点和 0.7 个百分点（见图 11）。中国制造业高端化发展的趋势显著。

图 11　制造业各子行业固定资产投资完成额对比

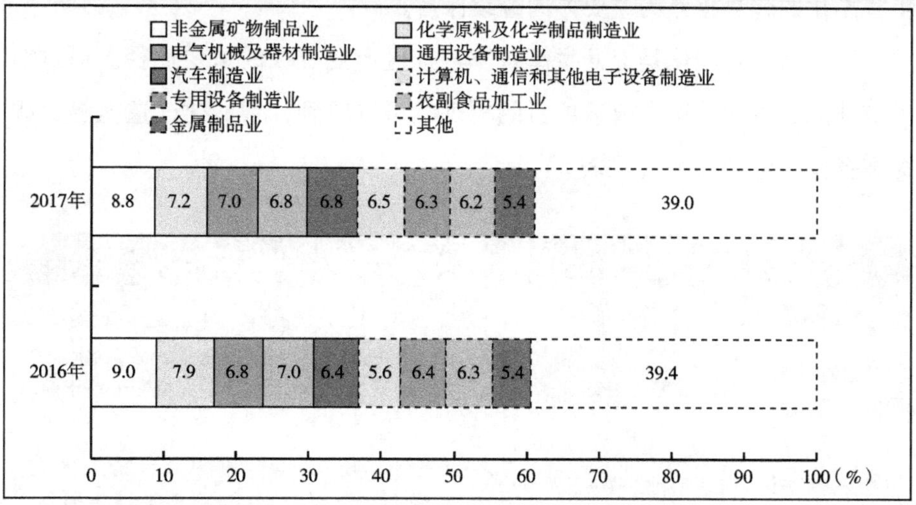

注：2017 年仅统计前 11 个月数据。
资料来源：国家统计局，Wind。

（二）智能化

智能制造是《中国制造 2025》的主攻方向，《中国制造 2025》明确将智能制造工程作为政府引导推动的五个工程之一，这为制造业的智能化发展明确了纲领性指导，对促进传统制造业转型升级、实现制造强国目标具有重大意义。

根据工信部数据，2016 年我国企业数字化研发工具普及率达到

61.8%，关键工序数控化率达到33.3%，数字化生产设备联网率达到38.2%。根据《智能制造工程实施指南（2016～2020）》和《智能制造发展规划（2016～2020年）》的要求，“十三五”规划实施期间实现有条件、有基础的传统制造业基本普及数字化，全面启动并逐步实现智能转型，数字化研发设计工具普及率达到72%，关键工序数控化率达到50%，数字化车间/智能工厂普及率超过20%，十大重点领域智能化水平显著提升，完成60类以上智能制造成套装备集成创新。2018年是“十三五”规划实施的关键年份，过去两年制造业智能化进程的推进取得一系列的成绩，2018年智能化的趋势将作为重要方向继续保持。

一方面，智能化是提升生产效率、推进产业升级的重要途径。通过对工信部部分智能化试点改造项目的梳理，可以看到，智能化改造能够大幅提高企业的生产效率（见表2）。

表2　工信部智能化改造试点项目对企业的生产效率提升成效显著

项目名称	公司名称	项目成效
化肥智能制造及服务试点示范	中化化肥有限公司	减少了中间流通环节，拿肥成本降低20%，水肥一体化技术可实现节水50%～100%，在特殊干旱年份能提高作物产量50%以上
智能控制系统试点示范	北京和利时系统工程有限公司	交期由7天缩短到1天，物料周转天数由30天缩短到10天，在确保合格率为99.99%的前提下，直通率由95%提高到99.5%，人工减少了40%
微电子组装	中国电子科技集团公司第二研究所	整个生产线上的人员将减少50%以上，LTCC基板的生产效率也将提高20%，离每天生产1000片LTCC基板的目标越来越近
中药生产智能工厂试点示范	江苏康缘药业股份有限公司	生产工艺数据自动数据采集率达98%，工厂自控投用率达95%。建设了智能化仓储物流中心。该中心可存储药品20万件，日均进出库近1.5万件，是目前国内商业物流中心里最先进的物流系统
通信设备智能制造试点示范	东方通信股份有限公司	生产效率提高了20%，设备利用率提高了15%，同时对加强物料周转、提升产品质量具有显著的实践效果
电子玻璃智能制造综合试点示范	彩虹（合肥）液晶玻璃有限公司	企业运营成本降低15%，生产周期缩短16%，不良品率降低8%，能源利用率提高3%，生产效率提高18%

续表

项目名称	公司名称	项目成效
石化智能工厂试点示范	中国石油化工股份有限公司九江分公司	管理效率大幅提升，在生产装备不断增加的情况下，公司员工总数减少 12%，班组数量减少 13%，外操室数量减少 35%
轮胎智能工厂试点示范	赛轮金宇集团股份有限公司	高效的产品设计，使设计效率提高 3 倍，设计质量提高到 99.8%

资料来源：工信部，中金。

另一方面，智能化是应对劳动力成本提升的重要手段。通过智能化改造，提升生产效率，减少劳动力需求，节约劳动力成本，进而提升利润率水平。2008～2016 年，中国城镇制造业私营单位和非私营单位人员平均工资复合增长率分别为 12.5% 和 11.8%，远高于物价指数的增长幅度。与此同时，中国制造业人均产值复合增长率约为 10.9%，略低于人员成本的涨幅。

2005～2016 年，中国的制造业劳动力成本上涨了 3 倍，比 1995 年上涨 10 倍。中国的人口红利及劳动力成本优势已经大不如前，中国已经不是发达经济体进行全球制造业布局的第一选择，一些发达经济体的企业已经把它们的生产转移到成本较低的国家或迁回本国（见图 12 和图 13）。

图 12　中国制造业人员平均工资

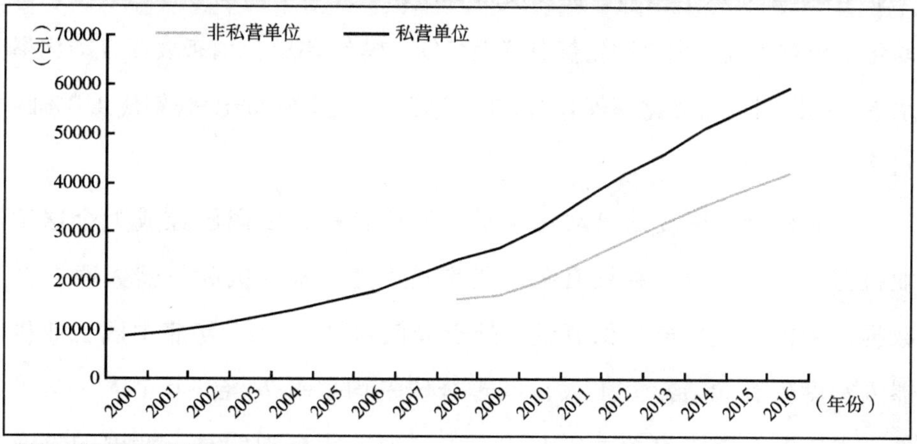

资料来源：国家统计局，Wind。

图 13　中国制造业人均产值

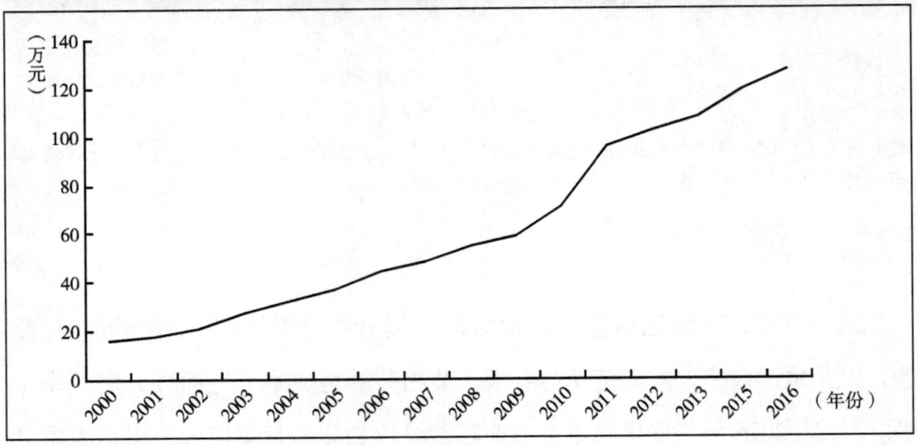

注：2014 年数据国家统计局未公开。
资料来源：国家统计局，Wind。

（三）自动化

20 世纪 70 年代，全球开始推行工业 3.0，重视和推进工业自动化，主要实现集成化生产和高度自动化。当前全球各大经济体均推行适合本国的工业 4.0，但是从中国的产业发展来看，连工业 3.0 都没有普遍实现，自动化率相对较低。用自动化仪器仪表市场规模与 GDP 比值来表征自动化率水平，中国目前自动化率仅有 1.6%，远低于美国 20 世纪 90 年代 4.0% 的水平。

工业机器人密度是自动化水平的重要指标，中国已经成为全球工业机器人最大市场，存量有限但是增长迅速。根据国际机器人联合会数据，中国工业机器人保有量仍处于较低水平，2016 年底中国工业机器人密度仅有 68 台/万工人，低于全球平均水平 74 台/万工人。与另外三大工业机器人市场大国对比，中国的差距更加明显，韩国的工业机器人密度为 631 台/万工人，日本为 303 台/万工人，德国为 309 台/

万工人。但是中国近几年的工业机器人市场进入快速成长期，复合增长率超过 30%。2016 年全球工业机器人销量约 29 万台，同比增长 14%，其中中国工业机器人销量 9 万台，同比增长 31%，中国市场占全球约 31%，是全球第一大工业机器人市场。《机器人产业发展规划（2016～2020 年）》规划 2020 年实现中国工业机器人密度超过 150 台/万工人。

中国过去十多年的高增长主要来自房地产和加入 WTO 两大制度红利，随着人口红利的消退，劳动力人口步入负增长，中国的制造业劳工成本近五年增速远高于其他主要国家，企业有极大的动力去提升生产线自动化水平，降低生产成本（见图 14）。据国际权威咨询机构统计，自动化系统投入对企业效益提升的产出比在 1∶4 至 1∶6。2018 年，中国急需提高整体自动化水平来应对这些问题，进而推进产业升级，这将带来产业链层面的投资机会。

图 14　各国制造业劳工成本近五年复合增长率

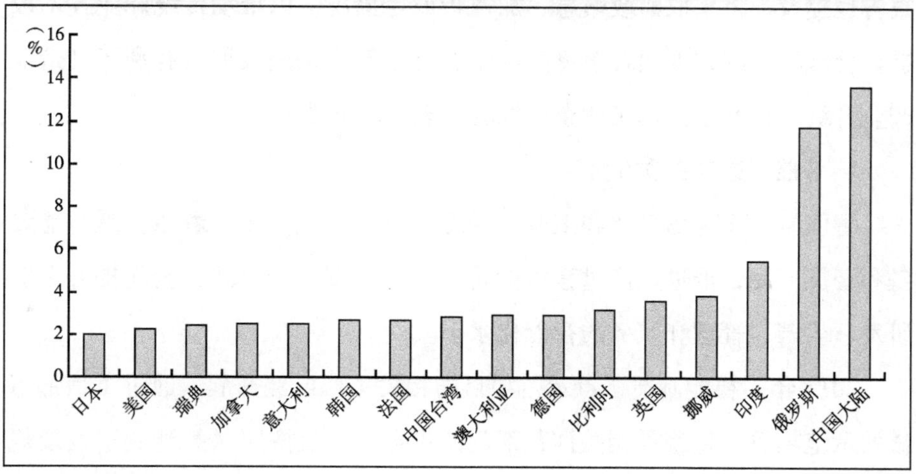

注：印度为全产业平均工资。

资料来源：ILO，Haver，Eurostat，Trading Economics，高盛。

三、2018年先进制造业投资机会

（一）政策支撑带动产业升级

从美、欧等发达经济体应对经济泡沫和金融危机的发展历程来看，通过各类政策的制定和施行大力支持实体经济，特别是制造业，是应对经济困境、推进产业升级的重要举措。

《中国制造 2025》是中国工业的中长期战略，明确了一系列激励与保障政策，包括金融扶持政策、财税支持政策和中小微企业支持政策等，另外还提出了深化体制机制改革、营造公平竞争市场环境、健全多层次人才培养体系、扩大制造业对外开放等保障措施，通过明确部门分工，落实责任，加强督促检查，推动规划各项政策举措落到实处。2017 年的政府工作报告也提及，将采取财政贴息、加速折旧等措施，以推动传统产业技术改造。合理科学的政策组合拳将有利于制造业健康快速发展，有利于制造业产业升级，有利于推动工业企业顺利实现提质增效。

1. 智能制造是主攻方向

智能制造作为信息化和工业化深度融合的主攻方向，着力发展智能装备和智能产品，推进生产过程智能化，培育新型生产方式，全面提升企业研发、生产、管理和服务的智能化水平。

2015 年，智能制造试点示范项目的相关工作已经开展，通过工信部审核的示范项目，将获得相关推荐部门的指导，以及按照《智能制造发展规划（2016～2020 年）》和《智能制造工程实施指南（2016～2020 年）》给予相应的支持。根据对 2016～2017 年通过智能制造试点审核的企业所处行业的梳理，我们得出，2016～2017 年智能制造试点示范项目共 160 个，其中排名前五的行业分别是机械设备、汽车、化工、电气设备和电子，五大行业共计 99 个示范项目，占全部项目总和的 61.9%（见图 15）。2018 年这些行业仍将拥有智能化改造的需求，在这个过程中将产生各类投资机遇。

图 15　2016 ~2017 年智能制造试点示范项目行业分布

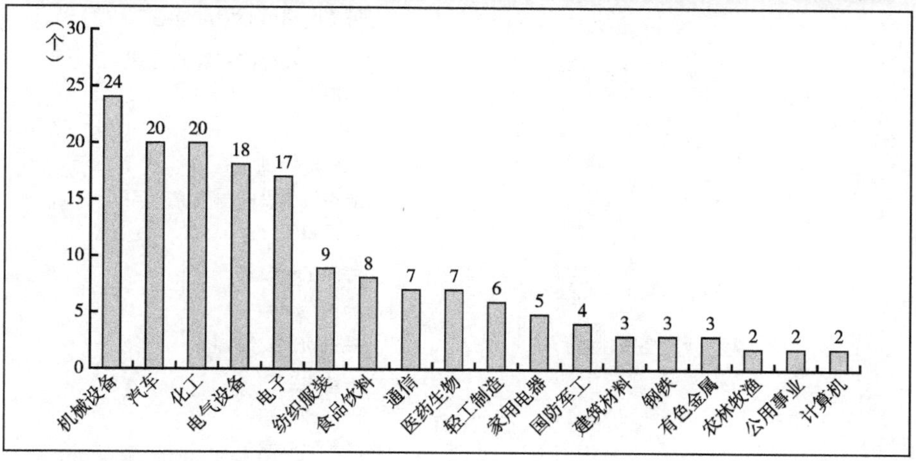

注：按照申万一级行业进行分类。
资料来源：工信部，建投投资整理。

2. 十大重点领域是发展重点

新一代信息技术、高档数控机床和机器人、航空航天装备、海洋工程装备和高技术船舶、先进轨道交通装备、节能与新能源汽车、电力装备、新材料、生物医药及高性能医疗器械和农业机械装备是《中国制造 2025》的十大重点领域。2018 年，将以这十大重点领域作为突破点，引导社会各类资源集聚，推动产业快速发展，在此过程中将涌现各类投资机会。根据《〈中国制造 2025〉重点领域技术路线图》，这十大重点领域的覆盖细分行业见表 3。

3. 工业强基是坚实基础

中国国内工业基础产品可靠性、稳定性不高且使用寿命不长，核心零部件、基础原材料、控制系统等依赖进口，大量使用国外产品，不仅价格高，设备安全稳定运行也无保障。

表3　十大重点领域覆盖细分行业

	十大重点领域	覆盖细分行业
1	新一代信息技术	集成电路及专用设备 信息通信设备 操作系统与工业软件 智能制造核心信息设备
2	高档数控机床和机器人	高档数控机床和基础制造装备 机器人
3	航空航天装备	飞机 航空发动机 航空机载设备与系统 航天装备
4	海洋工程装备和高技术船舶	海洋工程装备 高技术船舶
5	先进轨道交通装备	先进轨道交通装备
6	节能与新能源汽车	节能汽车 新能源汽车 智能网联汽车
7	电力装备	发电装备 输配电装备
8	新材料	先进基础材料 关键战略材料 前沿新材料
9	生物医药及高性能医疗器械	生物医药 高性能医疗器械
10	农业机械装备	农业机械装备

资料来源：国务院《中国制造2025》，2015年5月。

工业强基的定位和目标是围绕《中国制造2025》十大重点领域高端突破和传统产业转型升级重大需求，推进发展核心基础零部件（元器件）、先进基础工艺、关键基础材料和产业技术基础（“四基”）等工业基础能力。规划到2020年工业基础能力明显提升，初步建立与工业发展相协调、技术起点高的工业基础体系，夯实制造强国建设基础。围绕“四基”进行产业布局，将是2018年重要的投资方向。

（二）并购整合和技术升级推动产业发展

1. 全球先进技术嫁接中国市场

中国拥有全球最大的市场和消费人群，是全球第二大经济体和人口第一大国，任何全球化产业的发展都不能忽视中国这个市场。中国在过去30年实现制造业规模显著提升，综合实力不断增强，并建立了相对完备的制造业供应链体系。虽然中国已经是制造业产值第一大国，但其很大一部分产能仍处于价值链的相对低端。随着制造业中长期向高端化、智能化和自动化发展，制造业领域很重要的投资机会之一是充分利用资本的力量，支持实体经济，将全球先进技术嫁接到中国市场，为中国建立新时代现代化经济体系打下坚实基础。

过去几年是中国企业全球并购高速增长的阶段（见图16），一方面，中国经济存在巨大转型需求使得中企选择全球并购谋求发展；另一方面，全球各国推行的货币宽松政策使得企业进行大型并购交易的成本大幅降低。

图16　中国企业跨境并购规模和案例数量

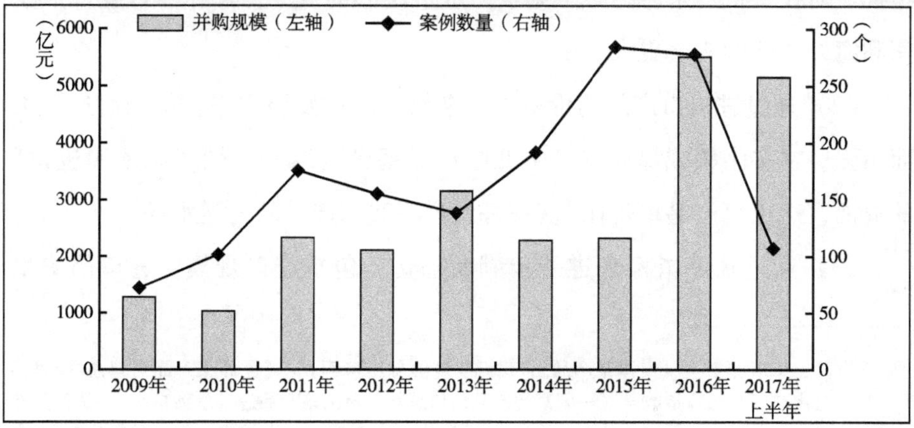

资料来源：清科。

自 2017 年起跨境并购市场开始降温，投资者更加理性，主要有两大原因。一是外汇管制拉低境外并购。出于对外汇储备流失、潜在优质资产转移风险的担忧，同时为加强对境外投资的宏观指导以及境外投资方向的规范，国家相关部委陆续发布了《关于进一步引导和规范境外投资方向的指导意见》等文件，鼓励开展带动优势产能、优质装备和技术标准输出的境外投资，限制房地产、酒店、影城、娱乐业、体育俱乐部等境外投资。二是标的所在国态度。随着中资境外并购的影响越来越大，欧、美、日对中资大规模海外并购的态度更加谨慎，尤其对于高技术领域持防备态度。

在这样的需求指引下，结合内外部大环境，筛选出中国制造业竞争力薄弱而国内拥有巨大需求的细分子行业，运用资本的力量进行有的放矢的整合并购，最终嫁接到庞大的中国市场，是当前先进制造业领域重要的投资机会。

本文按以下步骤对全球海关数据进行整理分析。

（1）通过进出口贸易金额的数据刻画行业的国际竞争力水平。选取 RCA 指数（显示性比较优势指数）、TC 指数（体现产品贸易逆差水平）、国际市场市占率三大指标①，这也是我国在对外贸易谈判中最重视的三个指标。对投资机构来说，中国竞争力水平偏低的行业，意味着行业发展空间和海外并购的机会更大。

（2）通过进出口产品的价格之差来衡量产业发展水平。中国制造业大而不强，在多个领域都存在“中低端产品畅销全球、高端产品依赖进口”的局面，进出口产品单价比②能很好地说明我国产品的发展水平。

（3）通过辅助指标来进一步判断筛选，包括进口规模，进口历史增

① 注：RCA 指数 =（一国某产品出口总额/该国总出口额）/（世界某产品出口总额/世界总出口额）；TC 指数 =（一国某类产品出口总额 - 该国该产品进口总额）/（一国某类产品出口总额 + 该国该产品进口总额）；国际市场占有率 = 一个国家某类产品的出口额/世界该类产品出口总额。

② 进出口产品单价比 = 一个国家某类产品进口的平均单价/该国该产品出口的平均单价。

速，我国在该行业的竞争力提升速度。

在全部国际海关 HS 分类的 5451 个行业中，从中国产品的国际贸易竞争力和中国产品升级空间两个角度，筛选出 160 个值得长期跟踪和投资的细分行业，其中属于制造业的 93 个，在此基础上，考虑市场规模和行业景气周期进一步筛选出 12 个近期值得重点关注的行业（见表 4）。

表 4　值得重点关注的制造业细分行业

一级行业名称	子行业名称	2016 年中国进口规模（亿美元）	2016 年中国进出口产品单价比	2012～2016 年进口额年均复合增长率（%）
交运设备	机车用空气制动器	3.4	7.0	5.4
仪器仪表	质谱仪	26.5	4.5	5.8
核心零部件及基础件	激光器	13.1	3.8	16.4
	真空泵	5.6	5.2	12.5
装备制造业（通用型）	自动调节或控制仪器	36.1	4.2	-1.1
	自动装卸机器	11.1	17.4	0.5
装备制造业（专用型）	主要用于半导体晶圆制造、半导体器件、电子集成电路的机器及设备	52.5	931.7	17.8
	制造平板显示器的设备	42.5	330.2	28.1
医疗器械	外科检测、治疗设备	23.7	10.0	11.9
	导管、插管及类似品	13.2	9.2	13.0
	眼科用其他仪器及器具	4.4	8.7	17.5
	人造关节	3.5	2.1	14.4

在筛选出的这些行业领域中，梳理各行业在出口规模和出口单价上占据领先地位的国家，这些国家在此细分行业的全球竞争力较强，形成后续进行跨境并购的国别指引。整体来看，欧美国家竞争力整体排名靠前，其中，美国、德国、日本、瑞士等国家在出口金额和出口单价排名上名列前茅（见表 5）。

表5　重点关注细分领域国别竞争力排名

一级行业名称	子行业名称	出口金额前五名					出口单价前五名				
交运设备	机车用空气制动器	德国	奥地利	美国	意大利	西班牙	日本	瑞士	荷兰	奥地利	瑞典
仪器仪表	质谱仪	美国	德国	日本	中国	瑞士	挪威	瑞士	美国	阿根廷	澳大利亚
核心零部件及基础件	激光器	德国	美国	中国	英国	日本	印度	俄罗斯	美国	瑞士	挪威
	真空泵	德国	日本	美国	韩国	意大利	挪威	巴西	瑞士	丹麦	西班牙
装备制造业（通用型）	自动调节或控制仪器	美国	日本	德国	中国	墨西哥	挪威	俄罗斯	美国	瑞士	巴西
	自动装卸机器	德国	美国	中国	意大利	日本	挪威	阿根廷	瑞士	美国	俄罗斯
装备制造业（专用型）	主要用于半导体晶圆制造、半导体器件、电子集成电路的机器及设备	美国	日本	荷兰	韩国	德国	美国	瑞士	俄罗斯	中国	墨西哥
	制造平板显示器的设备	日本	韩国	中国	瑞典	美国	美国	中国	瑞士	印度	南非
医疗器械	外科检测、治疗设备	美国	德国	比利时	墨西哥	荷兰	挪威	南非	阿根廷	巴西	俄罗斯
	导管、插管及类似品	美国	荷兰	比利时	墨西哥	德国	挪威	澳大利亚	阿根廷	南非	巴西
	眼科用其他仪器及器具	美国	德国	日本	荷兰	瑞士	俄罗斯	巴西	瑞典	瑞士	德国
	人造关节	美国	德国	比利时	瑞士	法国	日本	奥地利	丹麦	德国	俄罗斯

2. 国内技术升级实现进口替代

按照进口替代的特点，我们梳理出国产化率水平仍然较低，但未来有可能快速提升的部分产品/技术，这些产品和技术当前仍处于发达国家垄断之中，但中国公司通过自主研发、技术引进、逆向开发等手段，已开始逐步实现国内市场的进口替代。这将是我们在先进制造业进行提前布局的重要领域（见表6）。

表 6　国内实现进口替代的潜在领域

一级行业	细分产品/技术	中国市场规模	部分推进进口替代的中国企业	国产化率
电子	集成电路制造设备	中国 2015 年半导体设备市场约 49 亿美元，年均增速超过 20%，高于全球 7.5% 的平均水平	国内目前在等离子刻蚀机、离子注入机、氧化炉、清洗设备方面取得了很大突破，逐步形成产业链，部分设备已经进入产业化阶段。主要企业有北方华创、长川科技	集成电路设备国产化率低于 15%
	集成电路封测	中国 2017 年上半年封测行业规模约 800 亿元，同比增长 13.2%	国内企业已经具备一定的技术能力和市场影响力。 长电科技、华天科技、通富微电为国内企业前三，长电科技国内市场份额占比约为 9%	国内封测企业在中高端封装占比约为 30%
	存储器芯片	中国存储器芯片市场约 200 亿元	政府正在大力推行实施存储器芯片国产化，特别是新型存储器技术方面有望实现进口替代。主要企业有兆易创新、紫光国芯	国产化率较低，全球市场基本被三星、海力士、镁光和东芝垄断
	发光二极管（OLED）	2016 年全球 AMOLED 市场规模约为 100 亿美元，到 2020 年将提升至 400 亿美元左右，CAGR 约为 40%	国内目前已经有 3 条 6 代线的 OLED 工厂，各厂商仍在持续投入产能。主要企业有京东方、天马、华星光电	目前国产化率较低，主要由韩国企业三星和 LGD 寡占市场
交运设备	自动变速箱	中国自动变速箱市场规模约为 924 万台，2009~2015 年 CAGR 约为 14%	通过技术合作、逆向研发、外延并购等手段，国内厂商开始逐步切入中低端市场。主要企业有万里扬、双林股份	自主品牌自动变速箱的国产化率不超过 5%
	安全气囊	2018 年中国市场规模将达 58 亿美元，未来几年将保持 15% 的增速	均胜电子通过收购百利得（KSS）进入安全气囊领域	国内市场前四大供应商均为海外企业，占 80% 的市场份额，国产化率较低
	转向助力系统	2015 年中国销量约 1207 万套，同比增长 22%	市场增长迅速，自主品牌借助本土车厂进入市场，逐步完成技术积累和市场培育。主要企业有德尔股份	国产化率约为 19%，外资企业占据绝对主导地位

续表

一级行业	细分产品/技术	中国市场规模	部分推进进口替代的中国企业	国产化率
机械设备	饮料包装机械	中国饮料包装需求2005~2015年CAGR约为18%	国内厂商起步较晚，技术相对落后，在低端领域形成了一定规模。 达意隆通过自主研发，在部分设备领域成为国内领先厂商，并已经成为娃哈哈、乐百氏等知名饮料品牌的供应商	我国饮料包装机械前10中国企业仅占全国市场份额的16%
	工业机器人	中国工业机器人已经是全球第一大市场，2016年销量为9万台，过去五年CAGR超过30%	美的通过收购工业机器人“四大家族”之一的库卡进入该领域；沈阳新松依靠中科院沈阳自动化所，进入中低端工业机器人领域	除了美的刚刚收购的库卡之外，国内企业中国市场占有率不超过20%
	高端数控机床	中国是全球机床的第一消费国和进口国，2015年中国数控机床市场规模约为1355亿元，同比增长4.7%	高端数控机床是“中国制造2025”的十大重点领域之一，政策支持力度大。华中数控是国内龙头，数控系统的市场占有率高	高端数控机床国产化率不超过10%
	工业耗材	中国工业耗材市场巨大，仅刀具市场每年就达321亿元，是全球最大刀具市场，占全球规模比例的26%	工业耗材的性能和质量是衡量工业化水平的重要标志，需求稳定，抗周期性强。 恒峰刀具在高端刀具领域技术积累深厚，尤其是拉刀和花键量具领域已经部分实现进口替代	国产刀具大多集中在低端领域，且规模较小，中高端刀具基本由外资企业垄断
轻工制造	包装行业	中国已经是包装行业第二大市场，2014年包装工业总产值为1.48万亿元，2002~2014年CAGR约为16%	包装行业具有消费品抗周期属性，同时，电子商务和物流行业的发展为中国包装行业的增长提供了结构性动力。 裕同科技在新客户开拓、新材料研发及“互联网+”协同发展层面取得了显著成绩	中国包装厂商Top5市场占比仅有3%

注：CAGR即年均复合增长率。

资料来源：建投投资整理。

（三）2018年制造业细分行业投资机会分析

通过对政策激励方向的梳理，及对并购整合嫁接至中国市场的分析，以及国内技术升级实现进口替代潜在领域的整理，本文对制造业各大细分领域进行深挖，得出 2018 年制造业重点投资机会主要有以下几个领域。

1. 工业机器人

从全球视角出发，工业机器人是典型的装备制造工业，人力成本上升是机器人渗透率提升的主要动力。2010 年以来行业增速有所提升，中国贡献主要的增量。从机器人密度来看，中国在 2020 年前会保持 30% 以上的复合增速。从中国视角出发，人力成本上升是中长期趋势，系统集成环节和下游行业快速增长、机器人渗透率有较大提升空间；核心零部件环节包括伺服电机、减速器和机器人本体均有追赶空间。

（1）行业拥有超百亿美元市场容量且增速稳定，2016 年全球工业机器人市场规模为 123 亿美元，根据国际机器人联合会的数据，预计 2025 年市场规模将达到 338 亿美元，年复合增长率（CAGR）约 12%。2005 ~ 2014 年，全球工业机器人销量迅速增长，新装工业机器人年均增长速度约为 14%。亚洲是目前全球工业机器人使用量最大的地区，占世界范围内机器人使用量的 50%。中国是全球工业机器人的最大消费国。

（2）工业机器人在中国有庞大的潜在市场空间，2016 年中国工业机器人市场规模达 34 亿美元，并将保持 20% 的 CAGR。2002 ~ 2016 年，65 岁以上人口占总人口比例从 7.3% 提升至 10.8%，制造业平均工资从 11000 元提升至 59470 元，年均增速达到 12%。劳动力的减少以及人力成本的增加都促进了对机器人的需求。2015 年中国制造业机器人密度仅为 49 台/万工人，低于全球制造业机器人平均密度 69 台/万工人，不足韩国的 1/10，也不足日本的 1/6。巨大的差距意味着中国机器人行业未来还有巨大的成长空间。

（3）工业机器人的多元产业链孕育多样机会，机器人产业链可分为核心零部件（减速器、伺服电机、控制器）、机器人本体和系统集成。核心零部件具有较高的技术壁垒和巨大的赢利空间。中国完成上游核心零部件技术和经验的积累还需时间。系统集成的市场规模约为机器人本体的三倍，该环节要求集成商对系统集成技术和客户行业有较为深入的理解。机器人本体环节的优势在于供应商具有整合上游核心零部件和下游系统集成商的入口能力。

（4）行业龙头成长路径清晰可循，发那科、安川电机、库卡和 ABB 四大家族是全球工业机器人的主要供应商，合计营业收入占全球 50% ~ 60% 的市场份额。中国工业机器人行业龙头沈阳新松 2016 年的机器人业务营收仅为 6.53 亿元，和国际企业相比仍有巨大的发展空间。工业机器人四大家族的发展路径总体为由从事机器人产业链相关的业务起步，如电力设备、数控系统等，最终通过掌握机器人本体和某种核心零部件的技术成为全球领先企业。其中，ABB 的并购发展史说明并购发展是打造工业机器人产业平台的有效途径。

2. 仪器仪表

仪器仪表行业是工业自动化领域的基础性行业，将伴随工业自动化行业的发展而快速成长，具有突出的产业战略意义；检验检测服务需求的增多也将为仪器仪表行业带来持续不断的需求。仪器仪表行业细分领域众多，按仪器仪表的主要用途划分，可以将其分为计量仪表、工业自动化仪器仪表、分析仪器三大类近 20 个子行业。

我国仪器仪表行业中，工业自动化控制系统与装置制造比重最大，约占仪器仪表制造业总规模的 35%，工业自动化仪器仪表子行业产业链明晰，借助工业技术改造升级与国内产品进口替代程度加深，具有较好的发展前景。仪器仪表行业是一个成熟行业，行业碎片化导致行业整体集中度不高，市场竞争较为充分，子行业存在“天花板”，存在大量的叠加并购机会。

首先，并购能突破细分领域天花板限制。仪器仪表行业每个细分领域的规模过小，不足以支撑企业的长期稳定发展。同时，若业务过于集中在单一领域，则将承受业务波动的风险。并购能使得仪器仪表公司在业务领域上实现扩张，同时发挥不同业务领域之间的协同效应，实现更好的增长。

其次，并购能突破细分行业之间的技术和专利壁垒。通过并购，仪器仪表公司能够迅速获得新的细分领域的技术和专利资产，避免潜在专利侵权风险，同时依靠专利资产构建针对竞争对手的壁垒。

3. 高端机床

高端机床制造加工分为成型、机械加工和热处理/表面处理三大步骤，在三大步骤涉及的装备中，机械加工机床是最为复杂、附加值最高、行业规模最大的一个领域，机床行业的发展方向代表了装备行业的发展方向。我国处于制造业转型升级的过程中，未来对于高端机床的需求将稳定增长。但我国的高端机床装备产业相对薄弱，海外并购国际领先的龙头企业，是我国在这一具备战略性意义的行业实现弯道超车的可行方式。

机床行业属于强周期性行业，受宏观经济形势波动影响明显，机床行业的总体规模在 2017 年预计达到 698 亿欧元。我国自 2009 年以来，超越了日本与德国，成为全球机床生产和消费的第一大国。2017 年我国机床产值约为 171 亿欧元，消费金额为 216 亿欧元。

目前，机床行业整体发展趋势为：进一步提升加工效率；装备进一步数据化、集成化，以符合工业 4.0 的发展方向。我国在部分机床领域近年来与国际先进水平相比差距缩小，伴随我国机械加工行业向中高端转型升级趋势，我国高端机床的市场份额占比逐年提升，高端化趋势显著。

4. 工业自动化

在外资主导的格局下寻求突破是中国工业自动化行业发展的主线，本土自动化需求的全面爆发为本土企业的破局创造了机会；行业专注、功能专注的成套设备和系统集成厂商是合适的投资切入点，A 股市场不乏潜在的投资与合作对象；并购是有效的产融结合模式，应用领域的并购符合中国产业发展阶段，且有相对宽松的竞争环境，是适合中国企业的并购方向。

（1）全球千亿元市场需求爆发，根据 IHS 预测，全球工业自动化行业规模将保持约 7% 的年均复合增速，并于 2017 年达到 2250 亿美元的规模。自动化装备需求的快速扩大，本土成套设备、系统集成商的成长，形成了对相对低成本的核心零部件的需求，为国内厂商进入上游高利润环节创造了机遇。长期来看，国内厂商在成套设备、系统集成以及中低端核心零部件的长期经营已积累了一些高端产品的研发、生产经验和技术。同时，逐步成熟的海外并购市场也为国内厂商吸收海外领先技术奠定了基础。

（2）成套设备与系统集成触发厂商切入，研发、核心软件和核心部件等上游领域技术难度大，门槛较高，需长时间技术积累，主要由欧美、日本厂商控制。在自动化成套设备、系统集成方面国内厂商具备竞争优势，将率先从国内自动化需求全面爆发中受益。不同行业的客户对自动化有多样化、定制化的需求，本土市场的跨国巨头难以完全覆盖。从投入产出比考虑，跨国巨头更青睐订单规模大、技术要求高和价格敏感度低的下游行业（如汽车行业），在其他从劳动密集型模式逐渐转型的行业，下游客户追求性价比，习惯本土化的沟通语言，需要灵活频繁的售前售后支持。对于客户的这些诉求，本土自动化厂商更有竞争优势。

（3）多元产业链孕育多样机会，工业自动化广泛应用于各个生产制造的细分领域，具备高定制化、高附加值的属性。工业自动化产业链包括软件、零部件、成套设备与系统集成，每个环节同时包含诸多细分行业。因为应用范围广、产业链条长，工业自动化的市场规模巨大，是能够培育伟大公司的行业。

（4）行业龙头成长路径清晰可循，工业自动化行业的并购是有效的产融结合模式，应用领域的并购符合中国产业发展阶段，且有相对宽松的竞争环境，是适合中国企业的并购方向。从全球范围来看，工业自动化是并购长期保持活跃的领域，由于能够产生明显的协同效应，在工业自动化领域的并购中，产业投资人主导的比例约为80%，西门子、ABB等工业自动化公司通过一系列的并购打造跨国龙头企业，说明并购是打造工业自动化巨头的有效途径。

5. 工业耗材

工业耗材的性能和质量已成为一个国家工业化水平和综合国力的重要标志，我国前期存在“重机器设备、轻工业耗材”的情况，机器设备消费大于国外先进国家，但廉价低端工业耗材占主流地位。随着中高端工业耗材逐渐被重视，国内工业耗材的需求将与国外先进国家逐步匹配。

（1）行业成熟，抗周期性强。工业耗材广泛应用于工业生产的各个环节，市场空间巨大，行业成熟，竞争充分，以中国市场为例，仅刀具市场每年的需求即达 321 亿元。同时，工业耗材属于消耗性材料，使用一段时间之后必须更换，因此需求稳定性强，具有较强的抗周期性。

（2）国内技术偏弱，产业升级需求强劲。发展较快的中高端刀具基本由进口企业垄断，Sandvik 拥有 SandvikCoromant、Seco、Walter 等品牌以及庞大且复杂的刀具分支；美国肯纳是仅次于 Sandvik 的品牌，以 Iscar 为主体的 IMC 排名第三；三菱、住友、OSG、京瓷、大招和等日系品牌紧随其后。国产刀具品牌虽然市场占有率达到 63%，但普遍规模较小，排名前十的骨干企业全部销售额加起来约为 30 亿元，目前仅有一家上市企业。我国工业耗材产业大多处于中低端领域，产品质量、寿命和性能同发达国家相比还存在较大差距，亟待在高端领域实现突破，以更好地支撑国内制造业转型升级。

6. 包装

首先，包装行业具有孕育伟大产业平台的体量。其次，行业抗周期性强，增长前景好；由于包装成本占最终产品售价比例低，包装行业具有较强的利润稳定性。最后，中国市场蓬勃发展，未来行业将有兼并整合的投资机会。

（1）2016 年全球包装市场约为 8200 亿美元，预计到 2020 年市场规模将达到 9962 亿美元，具有孕育伟大产业平台的体量。按地域分类，欧洲市场占比约 30%，北美市场占比约 28%，亚洲市场占比约 27%，南美市场占比约 7%，其他占比约 8%；按材质分类，纸质包装 2500 亿美元，占比约30%，塑料包装3108亿美元，占比约38%，金属包装1389亿美元，占比约17%，玻璃包装542亿美元，占比约6.6%；按下游应用分类，食品饮料占比约50%，日化及消费电子占比约20%，医疗保健占比约11%，工业包装、个人及家庭护理等其他包装占比约19%。

（2）消费品属性保证包装行业的抗周期性和稳定增长前景。全球金融危机和欧债危机期间，世界包装行业产值增速分别为：2008年3.4%，2009年6.4%，2010年1.2%，2011年3.0%，2012年7.0%。此外，由于包装成本占最终产品售价比例低，包装行业具有较强的利润稳定性。以塑料包装为例，2008~2012年（2010年和2011年原材料价格大幅上涨），各年份全球龙头企业平均毛利为22.6%、24.4%、24.4%、24.0%和25.1%；2015~2020年，全球包装行业增速为3%~4%，其中纸质包装行业增速约为3%，塑料包装行业增速约为4.8%，金属包装行业增速约为5%，玻璃包装行业增速约为3.4%。

（3）中国市场蓬勃发展，2002~2014年，中国包装工业总产值由人民币2401亿元增加到1.48万亿元，CAGR约16%（同期中国社会消费品零售总额CAGR约为16%）。目前，中国已经成为世界第二包装大国；“十三五”规划实施期间，中国社会消费品零售总额CAGR预期保持10%的年均增速，中国包装行业快速发展的主要动力仍然强劲。进一步，电子商务、物流产业的发展和消费模式的改变为中国包装行业的增长提供了更多的结构性动力。

（4）清晰可复制的巨头成长路径，中国包装行业已经孕育了一批营收规模50亿~100亿元的龙头企业。和全球具可比性的巨头（营收规模为50亿~100亿美元）相比，中国企业仍有巨大的发展空间。从行业集中度来看，中国包装行业必将经历整合。美国Top5的包装厂商市场占比超过70%，澳洲Top2厂商市场占比超过90%，中国台湾地区Top5厂商市场占比超过50%。而中国Top5包装厂商的市场占比约为3%。参考国际巨头的发展路径，并购外延发展是打造包装行业产业平台的有效途径。

7. 医疗器械

目前，我国医疗器械行业在三个宏观因素推动下，正处于高速增长期，也将带动充足的投资机会。

第一是需求层面。首先，我国人口基数大，医疗条件总体较差，医疗资源分配不均衡，随着全民医保、分级诊疗的推进，医疗服务受众不断扩大，县城、乡村的医疗需求将不断得到释放。其次，我国人口老龄化程度不断加深，2016 年我国 60 岁以上老人多达 2.3 亿人，占总人口的 16.7%，老龄人口占比提高将带来更大的临床治疗需求，并且慢性病相关的医疗器械也将受到巨大拉动。最后，在相对发达的地区，医疗消费升级的趋势越发明显，经济条件相对优厚的人群正在寻求品质更高的医疗产品和服务。

第二是供给层面。我国的医疗器械行业仍处于相对初级的发展阶段，能够自主生产的大多仍是低端或仿制产品，并且很多低端领域已成为竞争红海。而相对高端的需求旺盛但受制于价格的医疗器械却供给严重不足。因此，在充分竞争的低端领域，资本助力的产业整合将成为大势所趋；在供给不足的高端领域，资本助力能够推动技术进步和产业升级，将提高进口替代的速度，甚至走出国门。资本参与将对国内产业有效供给能力进行重塑，产业对资本的需求将带来大量的投资机会。

第三是政策层面。近一段时间，医疗器械领域快速出台的新政策鼓励创新、进口替代、落后产能去化、精简流通环节等，都在重塑和有力推动行业发展。国家长期以来持续鼓励国产器械的研发和使用，在 CFDA 审批以及税收方面给予较多优惠政策。同时，医保控费力度提高，性价比较高的国产器械将在公立医院（尤其是基层医院）获得更大的发展空间。

基于上述三个宏观层面的分析，我们认为，应当积极顺应行业发展的大趋势筛选细分行业，有的放矢地进行投资布局。在需求端，布局的子行业需要有足够大的市场以及持续、刚性的需求，能够持续从医疗服务受众扩大、水平提高中获益；在供给端，布局的子行业需要避免已经处于竞争红海的市场，挑选技术壁垒高、研发投入高的子行业。对于国内企业，其所在的细分领域应有明显的进口替代趋势，国产产品能够通过成本等优势显著取代进口产品；对于海外企业，其所在的领域应当具有“国外成熟、国内萌芽”的特点，通过投资将先进的技术引入国内。在政策端，则要积极关注方针变化，寻找政府支持力度较大，政策驱动趋势清晰，或存在政策套利空间的子行业。

综合上述特点，本文认为医疗器械以下细分领域具有较大的投资布局价值：医疗影像设备、体外诊断仪器与设备、高值耗材（如心血管、骨科、齿科相关耗材）、高需求低值耗材（安全针、缝合线、敷料等）、慢病管理设备（糖尿病、肾病透析）、康复辅具等。同时，上述医疗器械的核心上游零部件（医疗影像设备使用的谱仪、球管，齿科的 CAM/CAD 系统）的投资机会也值得关注。

中国制造业在过去 30 年创造了巨大的成就，当前制造业作为振兴实体经济的重要抓手，在“制造强国”这一国家战略的引导下，仍将保持整体向好的发展态势，并将带来众多的投资机遇。我们要把握制造业发展的趋势脉络，对符合政策方向且拥有先进技术、巨大市场和优秀运营管理能力的标的进行布局，理性投资，严控风险，必将收获丰硕成果，助力“中国制造”腾飞。

2018 年文化传媒业发展趋势与投资机会

张璐璐　袁春健
张璐璐，经济学博士，建投华文投资有限责任公司研究官
袁春健，金融硕士（在读），建投华文投资有限责任公司实习生

投资提示

- 在党的十九大召开的背景下，“互联网＋文化”、“混改”和“文化＋产业”三个领域都将带来投资新机遇。推荐布局数字文化产业、具有混改机遇的传统文化传媒行业和与“文化＋休闲旅游”“文化＋体育”“文化＋主题公园”“文化＋特色小镇”等相关的文化创意产业。

- 在“一带一路”背景下，推荐布局有先进管理经验并拥有沿线国家“终端旅游资源”的旅游公司、在商贸来往中常作为礼品的传统工艺品生产产业和制作休闲节目的线下文化演艺产业。

- 在“文化走出去”背景下，推荐布局有文化内容专业译制经验的公司、对内容引进有决定权并且内容试错成本较低的渠道（如数字电视运营商、在线视频网站、在线小说网站等）和输入地的文化内容营销公司。

一、2017年文化传媒业的发展情况

（一）影视行业

1. 电影增速逐渐回升，内容质量是票房第一驱动力

中国电影已经进入“内容为王”的时代，呈现“二八效应”。2017年我国电影票房达559.11亿元，同比增长22.3%，总观影量达16.2亿人次，同比增长18%。2017年总体票房走高的原因在于我国优质影片的供给增加，我国的电影市场已经是内容驱动的市场。2017年爆款影片《战狼2》、《速度与激情8》和《羞羞的铁拳》三部作品的票房分别为56.82亿元、26.70亿元和22.07亿元，共占总票房的20.8%。三部爆款影片的良好票房印证当前我国票房增长的关键是优秀的供给端，而不在于观影的需求端。《战狼2》以56.82亿元打破之前由周星驰导演的《美人鱼》创下的纪录，问鼎我国电影史票房冠军，《战狼2》的高票房说明电影制作方只有提高对电影剧本和电影演员的关注才能满足当下人们对优质电影日益增长的需求。

我国院线行业进入放映业务引流、非票业务变现时代。根据Wind数据，2016年我国院线公司的电影放映业务的赢利能力逐渐下降，但是非票业务的赢利能力逐渐上升。截至2016年，我国A股院线行业上市公司中的电影放映业务毛利仅占总毛利的28%，而广告和卖品的毛利占比为72%。我国的影院经营模式逐渐转向通过餐饮、广告等方式来深耕每一个观众的价值。

2. 视频网站会员数创新高，演员薪酬虚高的状况有望得到缓解

2017年头部影视剧收视率依然可圈可点，国内视频网站会员数持续增加。第一季度的《人民的名义》一经推出便好评如潮，被誉为“史上尺度

最大的反腐剧”，豆瓣评分也突破 9.0 分。第三季度的《那年花开月正圆》也同样保持了 2% 以上的收视率，《我的前半生》《楚乔传》等影视剧同样受到高度的关注。另外，头部影视剧的售价也在逐年提高，2017 年，《凉生，我们可不可以不忧伤》的总售价达到惊人的 11.84 亿元，网络版售价 1000 万元/集。我国视频付费会员数总规模已经超过一亿人，其中腾讯视频宣布其付费会员数突破 4300 万人，会员规模全市场第一。2016 年 6 月爱奇艺宣布其会员数突破 2000 万人，2016 年 11 月，优酷宣布付费会员超过 3000 万人。

头部演员薪酬将逐渐受到控制，有利于影视产业整体的发展。2017 年 9 月 22 日，中国广播电影电视社会组织联合会电视制片委员会等联合发布《关于电视剧网络剧制作成本配置比例的意见》，该意见要求全部演员的总片酬不能超过总体制作成本的 40%，其中主要演员的片酬不能超过总片酬的 70%，其他演员的片酬不能低于总片酬的 30%。市场上演员的薪酬居高不下，《如懿传》周迅片酬为 9500 万元，《孤芳不自赏》杨颖片酬为 8000 万元，主要演员如此昂贵的片酬必然会压缩剧组其他参与人员的薪酬以及后期制作的费用，也会相应地影响影视剧的制作质量，所以该意见的发布旨在抵制行业内不合理高片酬盛行的不良社会风气。

3. 综艺节目保持火热态势，爆款综艺频出

2017 年电视综艺和网络综艺旗鼓相当，视频网站重点布局综艺节目领域。根据艺恩视频数据，2017 年新播季播电视综艺节目 168 部，播放量达 647 亿次，新播季播网络综艺节目上线 159 部，播放量达 505 亿次，无论从作品部数还是播放量上看，网络综艺与电视综艺的差距都在缩小，两者在综艺流量市场平分秋色，网络综艺未来发展潜力巨大（见图 1）。

最近几年，由于较高的商业价值和相对宽松的监管环境，我国的综艺节目无论是收视率还是播放总量都逐渐升高。从综艺节目的播出形式上看，全明星阵容继续保持火热状态，“星素结合”类节目正处于上升态势。从综艺题材上看，我国的文化类综艺节目更加亮眼：《中国诗词大会》《朗读者》

图1 2017 年新播综艺节目数及播放量分析

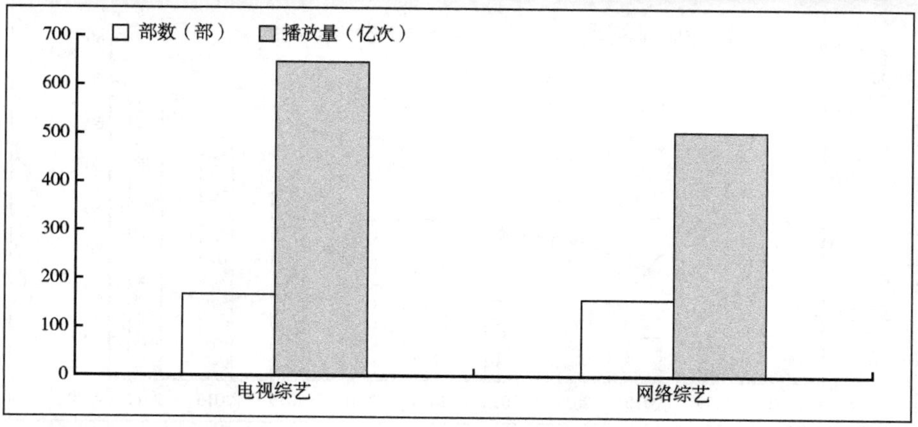

资料来源：艺恩视频。

《见字如面》等宣传我国传统文化的节目吸引观众眼球。2017 年综艺节目中明星真人秀收视率颇高，其中《奔跑吧兄弟》《歌手》《王牌对王牌》等节目非常受观众的欢迎。腾讯视频制作的《明日之子》和爱奇艺制作的《中国有嘻哈》两档音乐综艺成为 2017 年爆款现象级网综，备受各界瞩目。

（二）游戏行业

1. 移动游戏：手游带动游戏行业快速增长，网页游戏下降趋势明显

2017 年整体游戏市场格局呈现手游比重持续增大、端游市场增速回升、页游市场份额逐渐下降的趋势。受益于移动游戏的快速增长和端游的回升，2017 年游戏市场保持增长态势，2017 年中国游戏市场销售收入 2036.1 亿元，同比增长 23.0%（见图 2）。其中，手游销售收入高达 1161.2 亿元，同比增长 41.7%，市场占有率为 57.0%，连续两年超过端游成为游戏市场最大的细分领域。端游销售收入 648.6 亿元，同比增长 11.4%，市场占有率为 31.9%。页游销售收入仅 156 亿元，同比下降 16.6%，市场占有率为 7.6%，已经连续两年出现负增长。

图2　2008 ~2017 年中国游戏市场规模

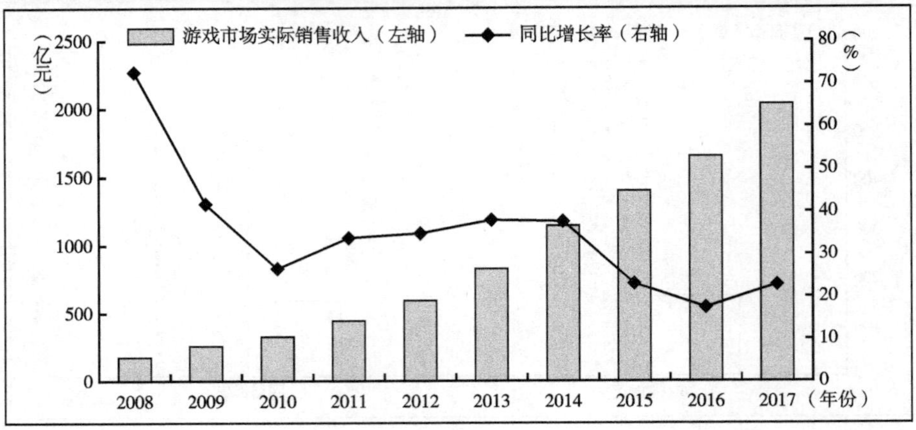

资料来源：伽马数据。

游戏市场人口红利逐渐消失，提升游戏 ARPU 值是游戏厂商提高收入的关键。根据伽马数据，2017 年中国游戏市场用户规模为 5.83 亿人，同比增长 3.1%，已经连续四年保持个位数增长，这充分说明游戏市场的增量用户已经趋于稳定（见图 3）。2017 年上半年我国游戏市场 ARPU 值为 196.8 元，同比增长 22.3%，深耕游戏用户的价值是促进游戏市场增长的关键。

图3　2008 ~2017 年中国游戏市场用户规模

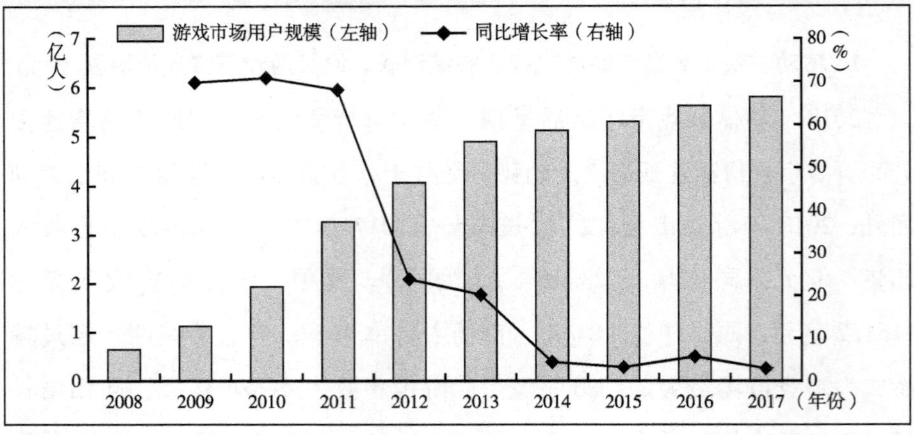

资料来源：伽马数据。

2. 游戏出海前途光明，产品资本双管齐下

海外游戏市场发展前景广阔，增长潜力巨大。国内游戏市场已经进入红海，竞争非常激烈，而海外市场仍有较大发展空间，游戏出海成为新趋势。根据伽马数据，2017 年中国自研网络游戏海外收入已经达到 82. 8 亿美元，同比增长 14. 5% ，增长潜力巨大。

国内游戏近年来竞争日趋激烈，游戏产品无论是内容还是质量都已经达到世界领先水平，所以国内的游戏研发商和运营商都已经将海外游戏市场视为重要的战略目标。总体来看，游戏出海有两个途径，一个是产品出海，主要以手游和端游等产品为主，包括自主研发和代理发行；另一个是资本出海，国内游戏公司密切关注海外市场，寻找相关的标的进行并购进而直接进入海外游戏市场。

3. 政策大力支持我国电子竞技产业发展，移动电竞增速明显

电子竞技在国内已经经历了十余年的发展。2003 年我国国家体育总局宣布将电子竞技运动设立为我国正式的体育项目，这标志着电子竞技不仅是电子游戏比赛，而且是体育项目。2016 年以来，我国各部委相继出台政策支持我国电子竞技产业的发展。我国文化娱乐行业协会成立电子游戏竞技分会；国家发改委和文化部也在近两年发文鼓励电竞赛事的快速发展；教育部也将电子竞技设为高等院校的一个正式专业。国家各部委从政策层面支持电子竞技产业的快速发展。

据伽马数据统计，2017 年中国电子竞技游戏市场的实际销售收入为 730. 5 亿元，同比增长 44. 8% ，中国电子竞技市场规模占中国游戏市场规模的 35. 88% 。2017 年移动端电竞市场规模为 346. 5 亿元，同比增长 102. 2% ，占移动游戏市场实际销售收入的 29. 84% ，而客户端电竞市场规模为 384. 0 亿元，同比增长 15. 2% ，占中国客户端游戏市场销售收入的 59. 20% （见图 4）。2018 年中国移动电竞市场规模有望超过端游电竞市场规模，移动电竞市场进入高速发展期。

图 4　中国移动端和客户端电竞市场实际销售收入情况

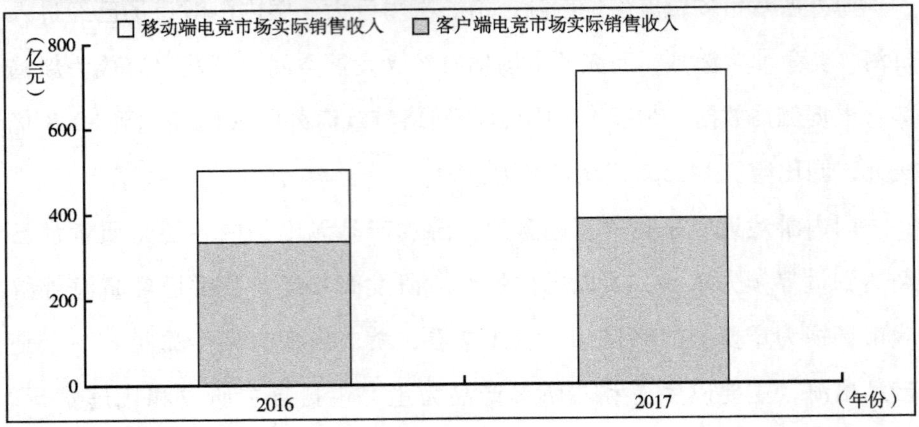

资料来源：伽马数据。

（三）互联网行业

1. 互联网用户规模迅速发展，移动化趋势明显

1996 年中国互联网产业起步，经过十年的发展，2006 年互联网的渗透率首次突破 10%，在此之后，中国互联网便迎来了爆发期，互联网渗透率大幅提升，2009 年超越全球渗透率并持续领先。2015 年，中国的互联网渗透率已经突破 50%。基于中国经济发展和人口优势，中国也迅速成为全球最大的互联网市场，根据艾瑞咨询数据，2017 年上半年中国互联网用户规模已经达到 7.51 亿人，互联网渗透率为 54.3%（见图 5）。随着人口红利的逐渐减少，中国互联网用户规模增速逐年放缓，已经逐渐走出了用户的高速发展期。

由于用户的使用习惯逐渐发生改变，中国互联网在快速发展的同时移动互联网也在快速渗透。中国移动互联网用户规模从 2007 年的 0.5 亿人快速增长至 2017 年上半年的 7.24 亿人。移动互联网高度渗透的同时，PC 互联网渗透率在持续下降，用户规模也在逐渐下降，从 2016 年起台式电脑用

图5　中国互联网用户规模情况

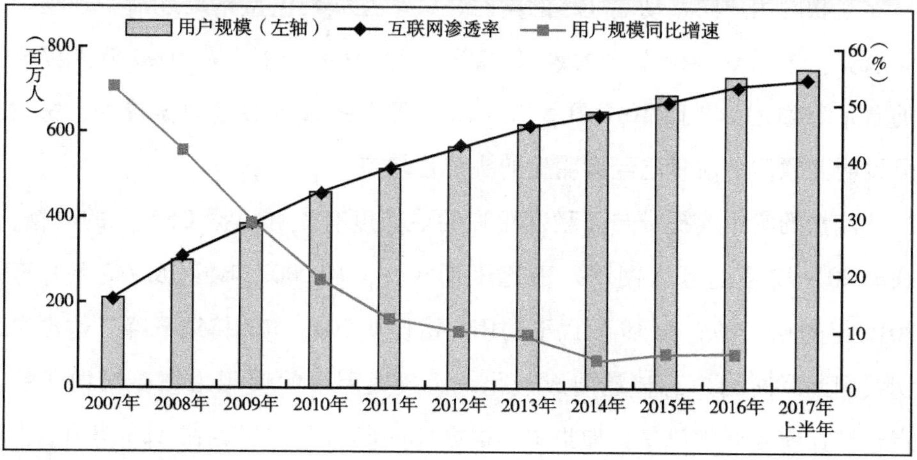

资料来源：艾瑞咨询。

户开始减少，笔记本电脑用户规模在2015年出现下降后有小幅回升，而手机用户的规模则迅速增长（见图6）。互联网流量向移动端迁移的趋势非常明显，移动互联网也成了网民增量的主要驱动因素。

图6　中国移动互联网用户规模情况

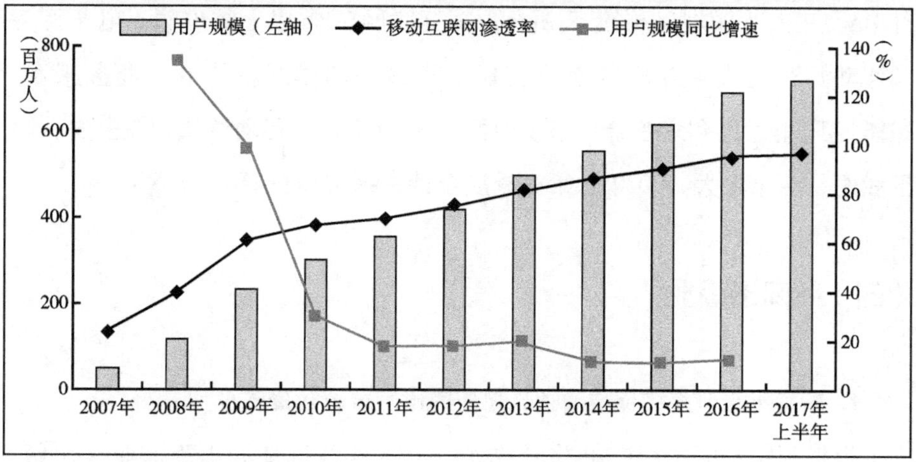

资料来源：艾瑞咨询。

2. 用户的逐渐成熟带动流量的逐渐集中，互联网行业进入存量价值精耕时代

互联网用户向移动端迁移的同时，移动互联网流量格局逐渐呈现集中化趋势。根据 Questmobile 的数据，2017 年 6 月活跃用户在 1000 万人以上的 App 数量增加，而 MAU 在 5 万～1000 万人的 App 数量明显减少，这充分说明互联网的流量已经有明显的头部化趋势。

流量的集中度提升与互联网用户的成熟度有关。根据 CNNIC 的数据，我国 20～49 岁的互联网用户占比逐渐提升，从 2007 年的 58.7% 上升至 2016 年的 67.2%，而 19 岁以下的用户占比从 2008 年起持续下降，这也说明我国互联网用户总体趋向成熟化，而成熟用户的使用习惯更倾向于稳定，这促使互联网流量更加集中。根据 Questmobile 数据，在 App 使用数量上，30 岁以上的用户数量减少明显，并且随着年龄的增长减少的幅度更大。

3. 互联网行业马太效应明显，流量向头部内容集中

根据艾瑞咨询数据，2017 年 10 月，中国前 20 大 App 中互联网巨头 BAT 占据 19 个，而在 2012 年，BAT 仅占据前 20 中的 7 个，说明互联网市场的集中度大幅提升。从使用时长上看，根据 Questmobile 数据，2017 年 4 月 BAT 三大互联网巨头旗下 App 占据互联网 70% 以上的份额。电子商务和移动游戏是当今互联网单位变现效率最高的模式。从电子商务来看，2016 年阿里巴巴和京东合计市场份额为 82.7%；从移动游戏领域上看，腾讯和网易两家独大，2017 年第三季度合计占据市场总额的 77.8%。

（四）新闻出版业

1. 新闻出版业规模保持增长，但新闻出版单位数量减少

根据国家新闻出版广电总局数据，2016 年我国新闻出版产业（出版、印刷和发行服务）实现营业收入 23595.8 亿元，同比增长 9.0%，总利润为 1792.0 亿元，同比增长 7.8%（见图 7）。2016 年全国出版业总收入前三名分别为印刷复制、数字出版和出版物发行。2016年我国印刷复制、数字出版和出版物发行的收入金额共计21859.1亿元，同比增长9.9%，占全行业营业收入的92.7%。

图7 新闻出版业增长情况

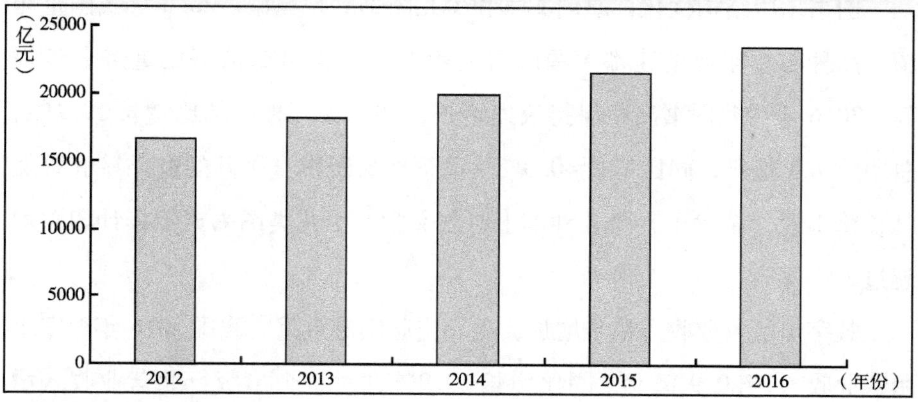

资料来源：国家新闻出版广电总局。

版权对外输出增速提高，数字出版物出口占出版物总体出口比重增加。2016年我国输出版权11133种，同比增长6.3%。2016年我国电子出版物版权贸易净输出1047种，同比增长192.5%。2016年我国数字出版物出口金额为3055.3万美元，同比增长29.1%，占全部出口金额的27.7%。

新闻出版单位数量减少，但就业总人数增长。2016年，全国共有新闻出版单位30.5万家，同比减少3.0%，其中，法人单位共15.2万家，同比增长1.5%，占单位总数的49.9%；个体经营户共14.4万家，同比减少7.3%，占47.3%。在印刷复制企业和出版物发行企业中，国有独资企业无论是营业收入还是资产总额都保持降低趋势，民营企业所占比重则继续提高。2016年，全国新闻出版业直接就业人员为453.9万人，同比增长1.3%，而报纸和期刊从业人员分别为22.4万人和10.3万人，同比降低7.5%和7.0%。

2. 产品结构进一步优化，数字出版高速增长

党政出版影响力广泛，大力宣传“主旋律”。2016年单品种累计印数在100万册以上的有109种书籍，相比2015年增加41种。在2016年单品种印数排名前10的书籍中，党政出版品种继续占据半壁江山，比如，《习近平总书记系列重要讲话读本（2016年版）》2016年总印数超过5200万册，《习近平关于严明党的纪律和规矩论述摘编》总印数超过600万册。

图书出版结构优化，原创文学和少儿图书表现亮眼。2016年我国重印图书品种与总印数增速都大幅超过新版图书，表明畅销书比重进一步提高。2016年少儿图书出版保持快速增长，共4.4万种，同比增长19.1%，总印数7.8亿册，同比增长40.0%。路遥经典著作《平凡的世界》和曹文轩长篇小说《草房子》等8种本土原创文学、少儿类图书当年累计印数均超过100万册。

数字出版营业收入稳步增加，报刊出版困难重重。我国2016年数字出版营业收入5720.9亿元，同比增长29.9%，对整个出版行业营业收入增长的贡献率达67.9%（见图8）。在数字出版中，网络动漫和在线教育的增长速度迅猛，分别同比增长250.7%和39.4%，在数字出版各领域中位居前列。2016年我国期刊出版总印数同比降低6.3%，总印张同比降低9.4%；报纸出版总印数同比降低9.3%，总印张同比降低18.5%。

图8　数字出版营业收入情况

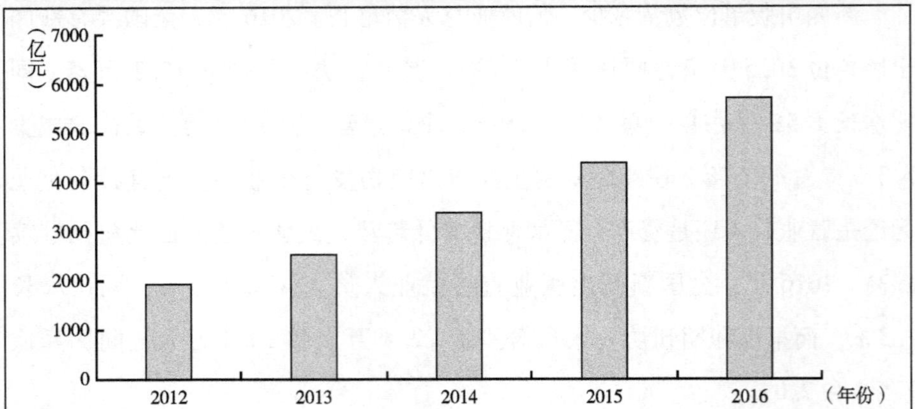

资料来源：国家新闻出版广电总局。

3. 出版传媒集团集群基本形成，出版传媒上市公司发展稳健

根据国家新闻出版广电总局数据，2016 年我国出版传媒集团营业收入和利润总额显著增长，整体规模持续壮大，行业占比明显提高。截至 2016 年底，我国共有出版传媒集团 126 家，其中报刊出版集团 47 家、图书出版集团 40 家、发行集团 27 家、印刷集团 12 家。百亿元级出版传媒集团集群基本形成，产业规模化、集约化程度加深。2016 年我国出版传媒集团共实现主营业务收入 3476.1 亿元，同比增长 15.8%；实现利润总额 296.6 亿元，同比增长 20.0%。

二、文化传媒业投资市场分析

（一）2017 年文化传媒业 VC/PE 投融资数量和金额大幅下降

根据清科的数据，2017 年我国文化传媒业 VC/PE 投融资案例共有 543 起，投融资总金额达 206177 万美元，相比于 2016 年的 635673 万美元有大幅回落（见图 9）。

图 9　2011～2017 年文化传媒业 VC/PE 投融资金额和投融资数量

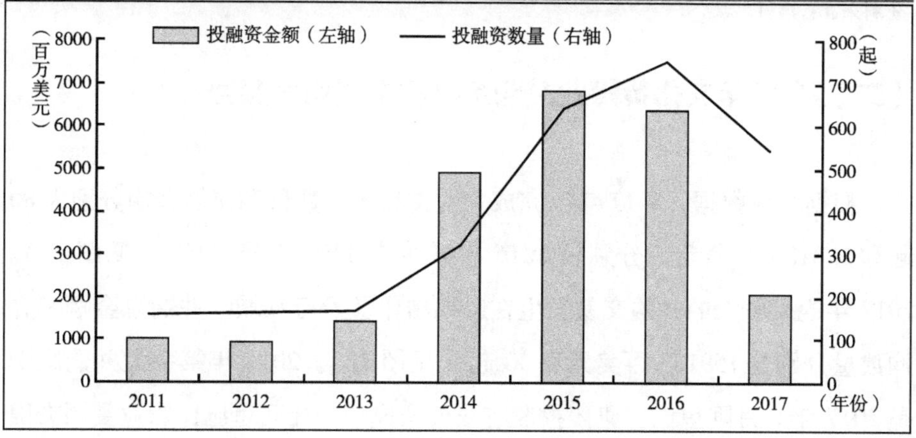

资料来源：清科。

2011～2017年，文化传媒业的VC/PE投融资规模经历了先增后减的过程。文化传媒业VC/PE投融资规模在2012年后呈增长态势，其中2014年增幅明显，涨幅高达243.7%。

2017年文化传媒业VC/PE投资额最大的三家机构是腾讯投资、云锋基金和君联资本，投资金额分别是5513万美元、4737万美元和3249万美元。年度规模最大的交易为中国国际金融股份有限公司投资上海兴格文化传媒有限公司5亿元。从投资领域上看，娱乐与休闲2017年最受VC/PE机构的青睐，全年共完成221笔投资，总金额达82353万美元（见图10）。

图10　2017年文化传媒子行业VC/PE投资金额和数量统计

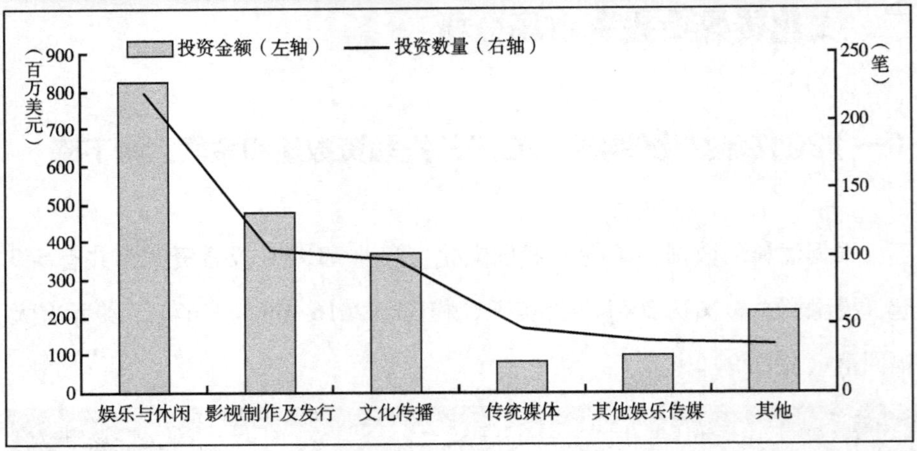

资料来源：清科。

（二）2017年文化传媒业并购金额和数量均呈颓势

根据清科数据，2017年已完成并购交易案例数量和交易金额分别为80起和218184万美元，分别较2016年减少5.88%和56.22%（见图11）。2017年规模较大的并购交易发生在影视制作及发行领域，并购总金额和并购数量分别是159133万美元和30起（见图12）。2017年第一大并购案例是2017年6月阿里巴巴集团控股有限公司成功受让阿里巴巴影业集团有限公司60%的股权，作价62.44亿港币；第二大案例是2017年3月上海新文化传媒集团股份有限公司、Young & Young International Corporation 成功受让周星驰持有的 Premium Data Associates Limited51% 的股权，作价 13.26 亿元；第三大案例是 2017 年 7 月 26 日，南方出版传媒股份有限公司成功受让广东樵山文化产业投资控股有限公司、北京出版集团有限责任公司、中国建筑工业出版社、广东新州发展有限公司、广东高等教育出版社有限公司等持有的广东新华发行集团股份有限公司 45.19% 的股权，作价 11.88 亿元。

图 11　2011~2017 年文化传媒业已完成并购金额和并购数量统计

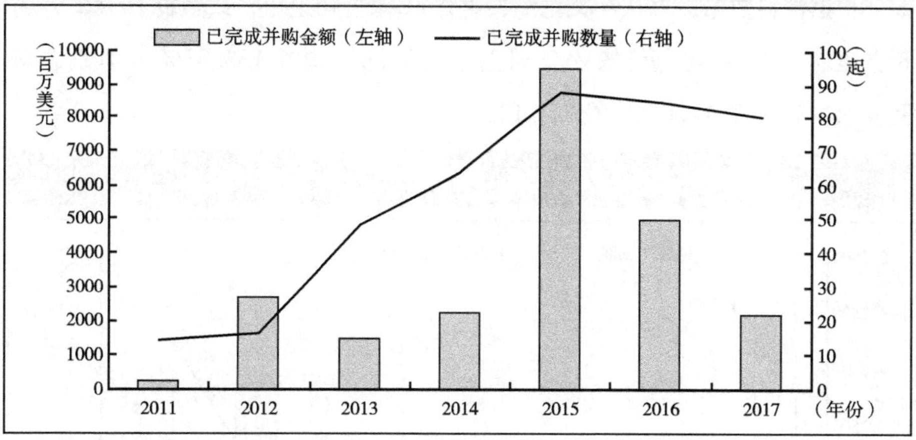

资料来源：清科。

图 12　2017 年文化传媒子行业并购金额和数量统计

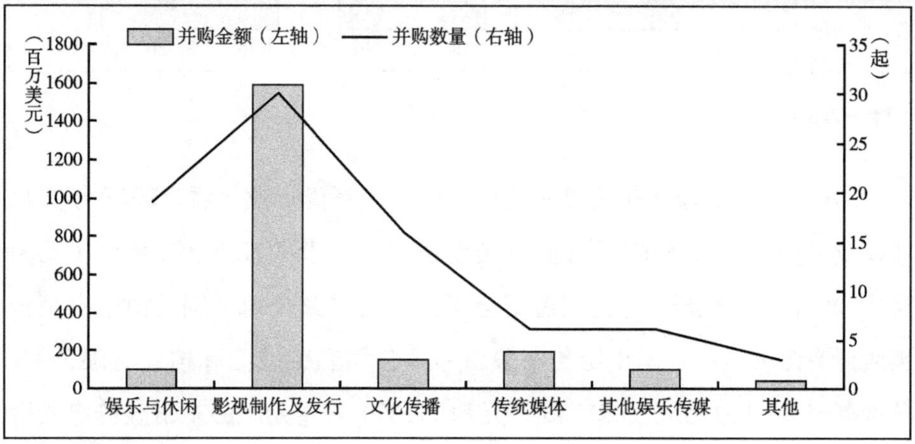

资料来源：清科。

上市公司进行文化传媒业并购不仅可以使自身的业绩实现较大增长，而且有利于其自身的市值管理，2015 年，随着上市公司跨行业的兼并收购，二级市场上文化传媒业公司的股价也牛气冲天，但随着近两年监管层对并购重组、借壳上市的严监管，文化传媒业的并购也逐渐降温。

（三）2017年文化传媒业企业上市数量增加但总融资金额减少

根据清科数据，2017 年文化传媒业有 21 家公司上市，共融资 160422 万美元，虽然 2017 年文化传媒业公司上市数量同比增长 133.33%，但是总融资金额同比减少 14.05%（见图 13）。

图 13　2011 ~2017 年文化传媒业公司上市数量和融资金额

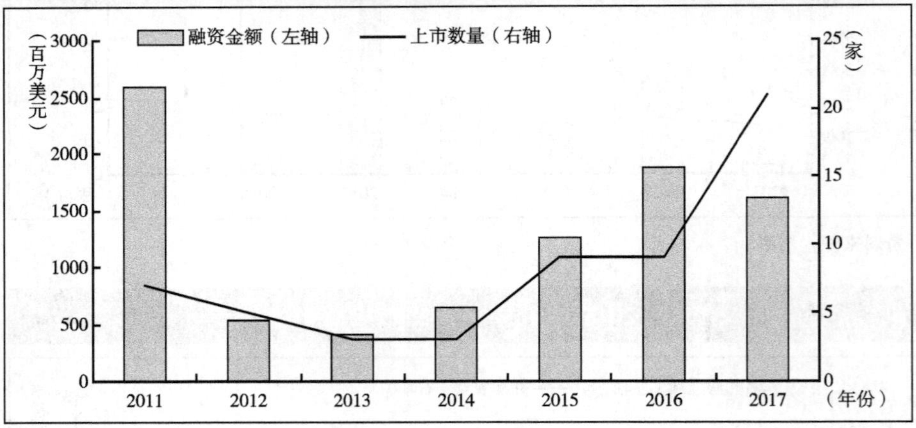

资料来源：清科。

2017 年有 21 家文化传媒业公司上市，从募资行业上看，2017 年文化传媒业募资金额最大的子行业是传统媒体，共募资 7.51 亿美元（见图 14）。2017 年文化传媒业公司融资金额最大的三家公司分别是山东出版传媒股份有限公司、中国出版传媒股份有限公司和荣威国际控股有限公司，分别募资 271110 万元、121743 万元和 115894 万港元。山东出版传媒股份有限公司是山东省人民政府实际控制的以出版和发行为主业的大型综合文

图 14　2017 年文化传媒子行业上市融资金额和数量统计

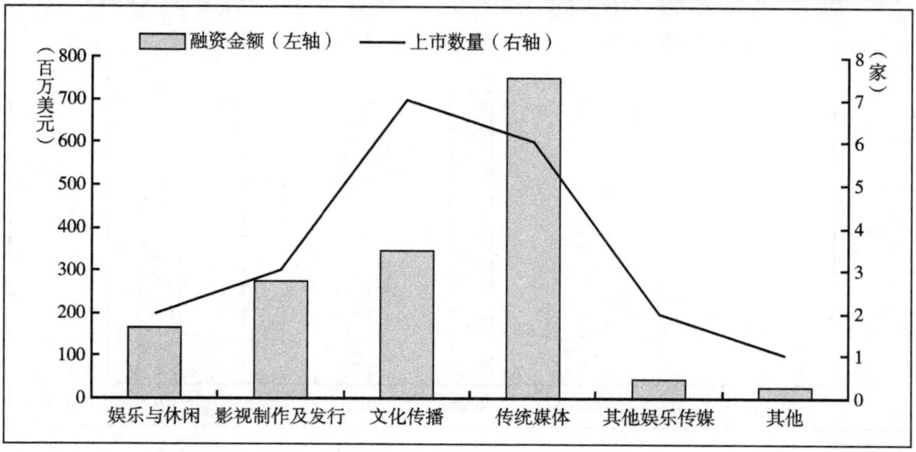

资料来源：清科。

化产业公司；中国出版传媒股份有限公司是国务院实际控制的中央国有大型文化企业，旗下拥有人民文学出版社、商务印书馆、中华书局和生活·读书·新知三联书店等历史悠久的品牌出版社；荣威国际控股有限公司是一个水上休闲产品生产商。

（四）2017年文化传媒业退出数量大幅减少，平均回报倍数保持平稳

2017 年，根据清科数据，文化传媒业共有退出事件 37 笔，同比减少 47.88%，其中 IPO 退出方式有 19 笔，平均退出年限是 4.22 年，平均回报倍数是 1.95 倍；股权转让方式有 7 笔，平均退出年限是 2.1 年，平均回报倍数是 1.23 倍；并购退出有 11 笔，平均退出年限是 1.89 年（见图 15 和图 16）。

2017 年退出账面回报最大的交易是中国文化投资基金、中国信达资产和山东省文化产业投资基金投资的山东出版传媒股份有限公司，由于山东出版传媒股份有限公司 IPO 上市，三个财务投资者的账面回报倍数是 4.7 倍，内部收益率是 40.22%。

图15　2011～2017年文化传媒业退出情况统计

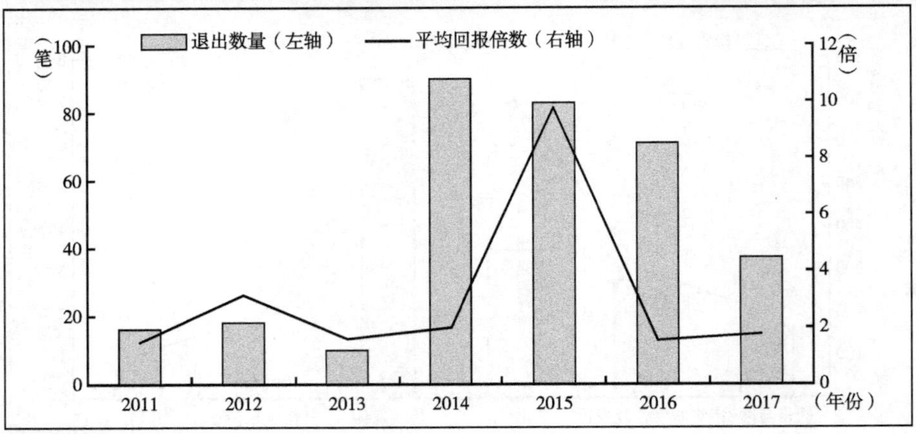

资料来源：清科。

图16　2017年文化传媒业退出方式统计

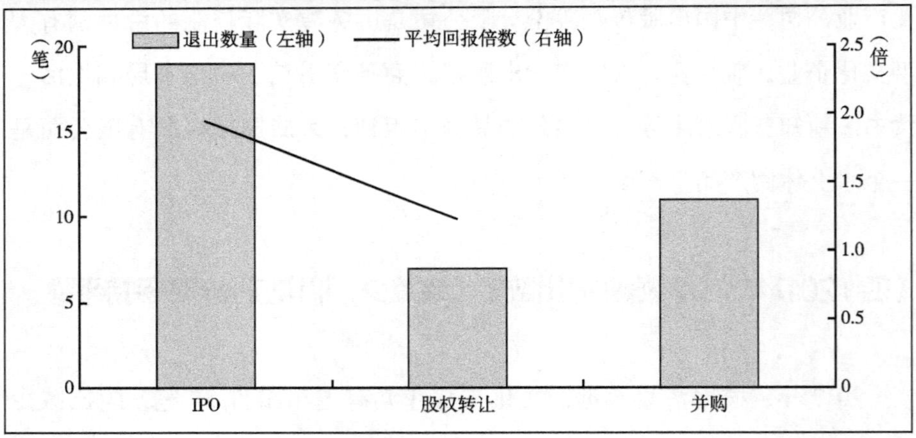

资料来源：清科。

在37笔退出事件中，有5笔的退出总回报金额在0～100万元，平均退出年限是3.29年，平均回报倍数是1.29倍；有24笔的退出总回报金额是100万～1000万元，平均退出年限是3年，平均回报倍数是1.36倍；8笔的退出总回报金额是1000万～1亿元，平均退出年限是3.55年，平均回报倍数是3.45倍（见图17）。

图 17 2017 年文化传媒业退出回报统计

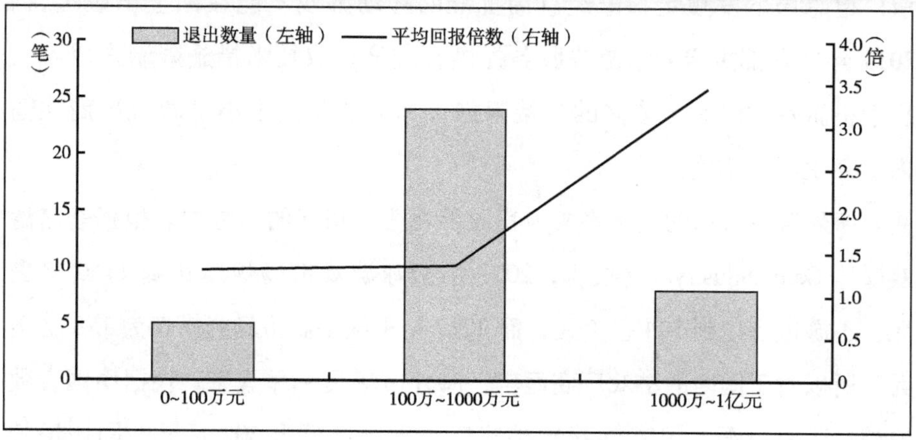

资料来源：清科。

三、2018年文化传媒业发展趋势

（一）全球化趋势加强，文化出海盛行

1. 海外游戏市场是新蓝海，手机游戏是游戏出海的主力军

近几年我国游戏行业发展迅猛，我国的游戏产品无论是内容还是质量在国际上都处于领先水平，已经具备向海外市场发行的条件。在国内游戏行业的集中度不断加强的产业背景下，一方面未来我国的游戏市场竞争将更为激烈，产业空间也相对有限；另一方面我国的手游在国内的发展当前也面临诸多挑战。首先，手机游戏人口红利逐渐消失。根据伽马数据，2017 年我国手游用户规模 5.54 亿人，同比增长 4.9%，增速已经逐渐放缓，说明我国手游市场的人口红利逐渐消失。其次，我国手游推广成本相对较高。对比全球，我们可以发现中国内地单个用户的获取成本虽然不高但是相应的用户平均价值也较低，这也使得我国中小厂商

生存比较艰难。最后，我国游戏行业监管逐渐趋严。2016 年国家新闻出版广电总局下发规定，未经总局批准的移动游戏不能在网上出版运营。2017 年文化部规定网络游戏服务提供者应该采取技术措施限制未成年人玩手机游戏的时间，诸多的政策限制也加大了我国中小型游戏厂商在国内生存发展的难度。

海外游戏市场的业务将成为我国游戏公司拓展的新方向。根据著名游戏媒体 Gameindustry. biz 报告，2017 年全球游戏市场规模达到 1160 亿美元，手游市场达到 504 亿美元，而 2017 年中国手游市场规模仅为 178 亿美元，所以对于国内的游戏厂商而言，海外市场是一片蓝海。根据中国音数协游戏工委数据，2016 年我国游戏厂商出口规模为 502 亿元，同比增长 45.6%，首次超过进口规模，说明中国游戏厂商的产品越来越受到国际的认可（见图 18）。虽然美、日、韩等国家的手游市场已经逐渐走向成熟，但是东南亚和俄罗斯等地区的手游产业依然保持快速的增长势头，根据 Newzoo 数据，国产手游在马来西亚、菲律宾等国家的渗透率较高，在当地已经拥有较高的市场份额。中国的手游厂商在发达国家进行业务拓展的同时也可以到发展中国家享受当地手游市场发展的红利。

图 18　2008 ~2016 年中国进出口游戏市场规模

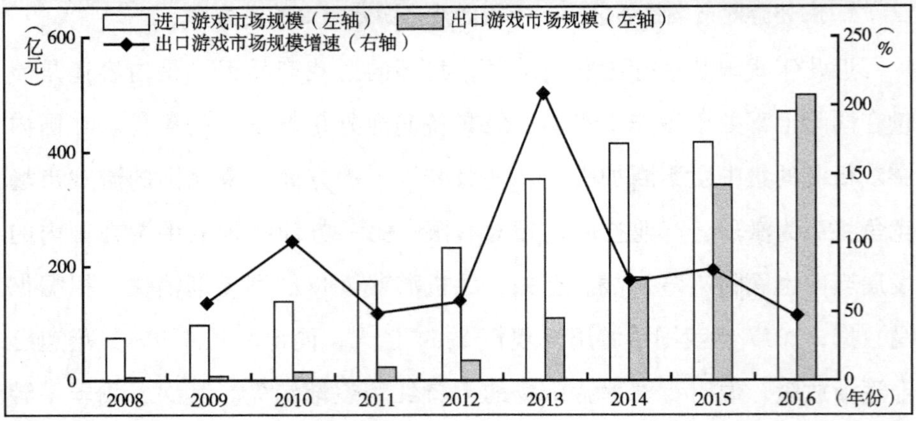

资料来源：中国音数协游戏工委。

海外渠道商比较集中，海外推广难度相对较低。受益于海外平台，手游出海门槛相对较低。海外的渠道商市场集中度较高，主要是 IOS 系统的 App Store 和安卓系统的 Google Play 占据主导地位，根据 App Annie 统计，安卓系统的 Google Play 覆盖全球超过 10 亿台设备，而 App Store 的下载量占 IOS 系统下载量的 90% 以上。此外，Google、Facebook 和 Twitter 这些全球推广平台都为手游的全球推广提供巨大社交流量。

各国用户对特定游戏类型有特殊偏好。根据伽马数据，东南亚各国更偏好玩 RPG 游戏和策略类游戏，北美地区游戏用户倾向于玩消除类游戏。2016 年中国出海游戏中最受欢迎的是策略类游戏和卡牌类游戏，而中国游戏用户比较喜欢 RPG 游戏，这种游戏偏好的不同有利于国内游戏厂商走差异化竞争路线，打破腾讯和网易两大巨头的垄断，实现自研产品的成功出海（见图 19）。

图 19　2016 年出口手游类型分布

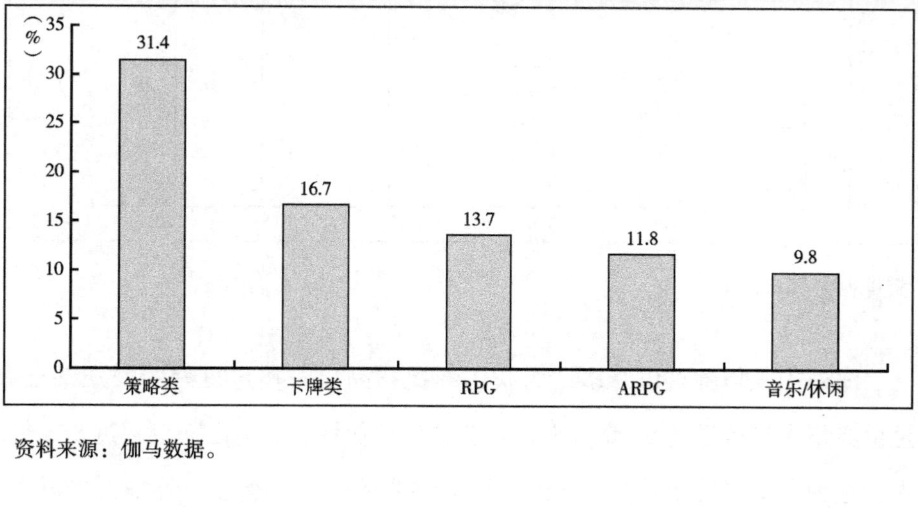

资料来源：伽马数据。

2. 影视出海蓄势待发

电视剧和电影出口金额保持逐年增长态势。根据国家统计局数据，2015 年我国电视剧进口额为 2.95 亿元，进口数量为 126 部，出口额为 3.77 亿元，出口数量为 381 部。我国电视剧出口总体保持良好增长态势，未来依旧存在巨大空间。从区域上看，我国电视剧主要出口到亚洲地区。2015 年亚洲地区的出口额达 2.7 亿元，占我国电视剧总出口额的 72%，其次出口较多的地区为美洲和欧洲。从亚洲内部来看，我国电视剧主要出口地包括中国香港、中国台湾、日本、韩国、东南亚等地，其中日韩地区较为稳定，中国香港、东南亚地区增速快。东亚文化的共性促使包括东南亚、日本、韩国、中国香港和中国台湾成为我国电视剧出口的主要目标地区。电影方面，2017 年我国电影海外收入达 42.53 亿元，同比增长 11.19%，创近年新高（见图 20）。随着未来我国经济的持续对外开放和“一带一路”的推进，有望继续开拓欧美、非洲、拉美等各地海外市场。

图 20　2012 ~2017 年我国电影海外收入

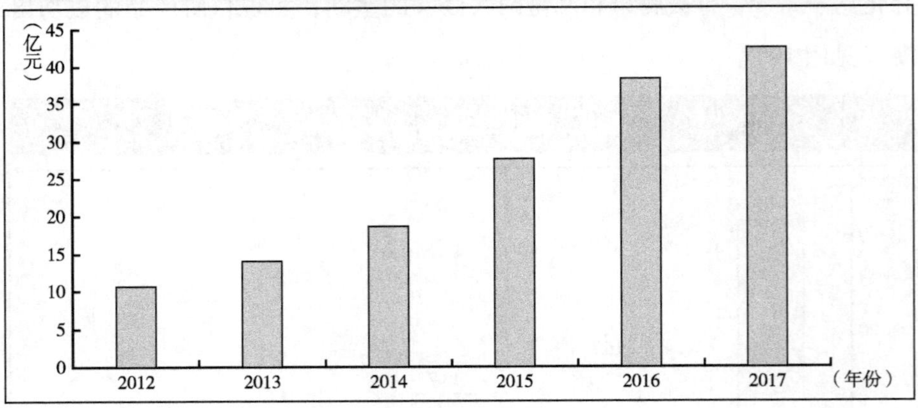

资料来源：Wind。

海外华人华侨人口众多，为我国影视作品出海奠定良好的群众基础。全世界华人华侨超过 6000 万人，具备文化相似特点的地区人口超过 8.3 亿人，这为我国影视作品输出起到了至关重要的作用。当前海外华人华侨人口主要集中在东南亚、日本、韩国、北美等地，我们从出口情况可以得出海外华人华侨的数量与我国电视剧出口数量总体正相关的结论，其中东南亚地区华侨人口超 3300 万人，电视剧进口数量为 459 部，位居第一。另外，我国港澳台、日韩和东南亚地区在文化习惯、内容偏好等方面与我国具有一定的共通性，同时中国与上述地区存在密切的经济贸易往来，其有望成为我国文化内容出海的重要集中地区，是巨大的潜在市场。

我国政府支持中国文化“走出去”，对影视作品输出提供政策支持。中国政府支持的中非影视工程和丝绸之路影视工程整体上带动了中国影视剧在国外地区的发行。此外，亚洲很多国家由于文化和历史的原因对中国的发展有一定了解，更容易接受中国的影视剧。

中国不仅影视内容出海，中国的影视资本也纷纷出海。中国影视资本出海主要有两种路径。第一种是以万达院线为主的海外电影资产收购。万达院线近几年在国际上进行了大量的收购，如美国第二大院线公司 AMC、美国传奇影业公司、欧洲第一大院线公司和美国第四大院线公司。通过进行大量的跨国并购，万达院线可以获得被并购公司所有 IP 及经验。第二种是以华谊兄弟为主的“拼盘投资”，其主要特点是和国际影视公司合作进行影视剧的开发制作和 IP 的采购储备。

3. 教育出海初露锋芒，高等院校和孔子学院是主要输出方式

虽然我国教育“走出去”还处于起步期，但是在国家政策的支持下，未来中国的教育出海会有更大的扩张态势。2016 年教育部出台《推进共建“一带一路”教育行动》，作为我国推动建设“一带一路”政策在教育领域的落实方案，该方案旨在为“一带一路”建设提供人才支撑，力争我国的经济贸易做到哪里，我国教育的人才培养就覆盖到哪里。未来我国的教育资源将会凭借“一带一路”倡议的政策红利循序渐进地向海外输出，覆盖各个教育层次。

我国向境外输出教育资源主要通过两个途径：高等教育和孔子学院。在高等教育领域，我国大量招收海外留学生。根据德勤数据，2015 年中国重点高校的外国留学生平均占学生总人数的 3.7%，虽然仍与欧美发达国家高校的 20% ~30% 有较大差距，但是我们有理由相信，随着未来国家政策的大力扶持，国家留学基金委将加大对国外留学生的投入力度，吸引更多的国外优秀学生。孔子学院是在中国各领域国际交往日益广泛和世界各国对汉语学习的强大需求下应运而生的，它是以教授汉语和传播中国文化为宗旨的非营利性教育机构。截至2017年6月，世界140个国家总共成立了512所孔子学院和1074个孔子课堂，其中孔子学院在欧洲和北美洲数量最多，分别有170所和161所。随着我国“一带一路”的推进，沿线国家中已经有100多所孔子学院。国家汉办主导着孔子学院的海外推广，其主体为中国政府。

我国输出教育软资源主要有三种方式：师资、出版物和课程体系。第一种输出方式是中国教师到国外去教学，这种方式在职业教育和语言类教育中相对比较普遍。宁波职业技术学院为了推进中外交流，有针对性地对一些发展中国家的港口管理官员进行培训，在国际上有很好的反响。在语言类教育中，最有名的就是孔子学院在全国范围内招收大量的汉语老师到世界各地讲授汉语。第二种输出方式是中国教辅书的海外出版。2015年华东师范大学出版社做出了走进国外教育领域的重要探索，它与全球最大的英文书籍出版商之一哈珀柯林斯出版社签订合作协议，将中国中小学生经常使用的《一课一练》数学分册进行“英语化”，按英国课标编排后出版英语版，它不仅完整保留了中文版的形式，也原封不动保留了所有知识点。现在中国的汉语学习教材输出也非常广泛，根据德勤统计，北京语言大学出版社的对外汉语教材已经进入国外1000多所中小学和2000多所大学的课堂。第三种输出方式是课程体系的输出。2015年2月，英国的埃塞克斯郡政府和中国的佳一教育机构签订战略合作协议，双方约定从2015年起在师资、课程和学生交流方面实现更多的交流合作并在推动中国和英国中学生的数学教育方面提供更加深入的交流，佳一教育机构同时通过打造更著名的数学教育品牌向海外更多的学校输出数学教育课程。

（二）从“免费”到“付费”，文化传媒业付费经济逐渐开始

在过去的十几年里，中国互联网上的内容大多数都是免费提供的，从新闻资讯、工具软件到在线音乐、在线视频等，每一个人都可以在互联网

上获得想要的产品或服务。这是由于在互联网刚刚发展的时候，争夺用户的注意力是十分重要的，对于中国早期的互联网用户，免费的音乐、视频、图片会吸引大量的注意力，这也是互联网公司在发展的最初阶段都要进行大量补贴的原因，但是根据经济学中“劣币驱逐良币”法则，“免费经济”必然会导致资源质量的参差不齐和整体质量的下降，而随着人们生活水平和时间成本的提高，用户现在已经开始愿意为优质的产品和服务付费。所以“免费经济”逐渐转变为现在的“付费经济”。

1. “版权政策 + 娱乐需求 + 网生群体 + 移动支付”使付费经济成为必然

为什么“付费经济”时代必然会到来呢？主要有四点原因，首先，版权制度为付费行为提供了政策保障。随着我国对版权的保护力度逐渐加大，盗版的成本也逐渐提高，从法律上为付费模式提供了保障。我国政府各部门最近几年先后出台了《关于推动网络文学健康发展的指导意见》《关于规范网络转载版权秩序的通知》《关于责令网络音乐服务商停止未经授权传播音乐作品的通知》《关于规范网盘五福版权秩序的通知》等文件，这些文件的发布对我国文化传媒领域的版权保护起到纲领性的指导作用。其次，娱乐消费需求的不断增加是付费行为产生的直接原因。根据“十三五”规划纲要，到 2020 年我国文化产业要成为国民经济支柱性产业，而近几年我国总需求的一个特点是从物质型需求向服务型需求转变，相应的文化传媒业的支出也会逐年增加。再次，日益增长的“网生一代”是付费经济发展的群众基础。我国“80 后”“90 后”以及更年轻的群体非常习惯互联网式的生活方式，所以对于近年来发展起来的文化传媒业互联网内容付费行为有更深的认同感。最后，移动支付为付费行为提供了技术支持。移动支付技术使得消费者随时随地可进行线上支付，更加方便快捷，推动了互联网付费市场的发展。

2. 图片版权保护力度加强，图片付费大风起

近年来，我国对于图片版权的保护力度不断加强。由于图片在互联网中分散较广并且可控制性较弱，因此图片市场一直以来的侵权情况屡见不鲜，我国图片的盗用经常出现在社交平台、自媒体和公众号等。随着近年来我国出台图片版权相关的法律法规，我国的行业规范也在逐步完善，同时对于图片侵权行为的惩罚力度也在逐渐加大。2017 年 7 月，中国版权协会举办图片版权保护专题讨论会，会议指出要在“剑网行动”中多加强对图片版权领域的保护。

图像识别技术使图片付费成为可能。一方面，图像识别技术可以检测互联网上窃用正版图片的行为，并且可以进行从前期识别跟踪到后期取证的全流程证据获取；另一方面，图像识别技术可以对图片进行检索，具体方式是自动识别每张图片中的物体并给这个物体加上标签，这样就提高了用户搜索图片的精度并使得付费成为可能。

近年来我国图片付费行业的公司逐渐开始资本化。我国图片付费巨头视觉中国于 2014 年在 A 股主板上市，图片搜索公司全景网络于 2015 年在新三板上市。依靠资本市场，视觉中国上市后已成为我国视觉内容服务行业领头羊，同时也是全球领先的视觉内容版权交易公司。视觉中国的图片按应用属性可以划分为编辑类图片和创意类图片两种，前者的授权图片只能在签约出版物上以新闻出版的形式刊载使用，如新华社、《人民日报》等发布的新闻报道；后者主要用于广告或宣传印刷品、网页、App 等商业用途。

3. 视频付费模式已经建立，视频付费行业进入快速发展期

易凯资本创始人王冉在 2017 年声称未来几年中国娱乐产业快速增长的主要引擎是付费视频用户的快速增长，而我国视频行业付费模式发展的驱动因素主要有三个：第一个是我国国家版权政策制度的逐渐规范；第二个是用户对于拥有更好观影体验的需求；第三个是智能手机及平板电脑的快速普及。这三点分别从政策、需求和硬件方面确保我国未来视频付费用户的逐年增长。

现在我国主要视频网站提供的付费服务拥有诸多优势，比如可以看视频免广告、拥有丰富的正版片库和更高清的播放效果等。网络综艺、电视剧、电影和动漫是付费网站的主要内容，未来随着视频网站内容的进一步丰富，付费内容的种类和数量预计都将增加。内容多元化也将渗透到各垂直领域，如财经、体育、时尚、音乐等，满足更多用户的需求，通过优质多样的内容激发用户的付费意愿。网络视频付费市场规模发展情况见图21。

图21 2011~2016年网络视频付费市场规模

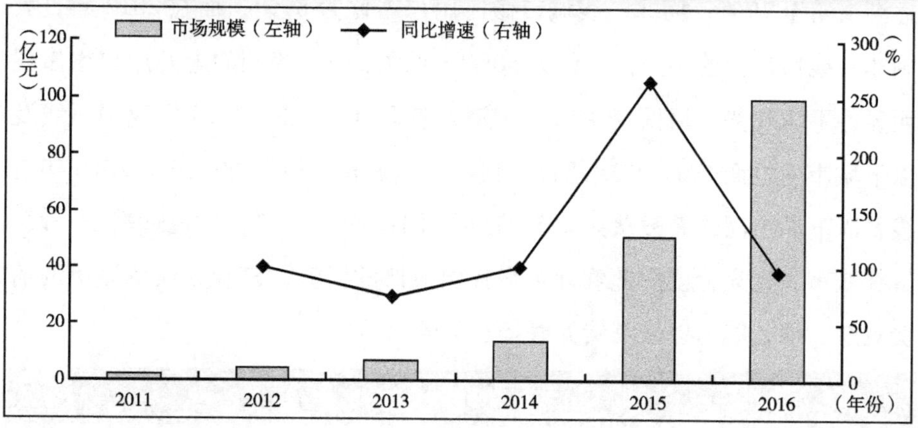

资料来源：艾瑞咨询。

（三）从“一线城市”到“非一线城市”，渠道下沉趋势明显

1. 人口回流促使我国三线、四线城市加快消费升级

近年来，我国大城市的平均生活成本逐年增加，这也促使我国大量人口从一线、二线城市逐渐回流到三线、四线城市。2016年北京市总人口净流入大约2.4万人，保持自2011年以来的下降趋势，而北京市户籍人口增长约17.7万人，充分说明其中存在明显的挤出效应：高端人才对其他人口有挤出。上海市在2015年出现人口净流出，而2016年净流入仅为4.4万人。随着我国当前人口的逐渐回流，三线、四线城市不仅受益于人力资本流入带来的生产效率提升，进而推动经济增长，而且更高的收入水平也会进一步刺激消费，加快消费升级。

从需求侧来说，我国的三线、四线城市消费潜力巨大。根据奢侈品服务平台寺库发布的《2016 年中国奢侈品网络消费白皮书》，2016 年我国 19% 的奢侈品购买者来自一线城市，26% 的奢侈品购买者来自二线城市，55% 的奢侈品购买者来自三线城市。不仅如此，我国互联网用户也出现下沉情况，根据艾瑞咨询数据，2016 年我国微博用户中一线城市的用户占比逐渐滑落至 19%，而非一线城市微博用户占比为 81%，而在 2012 年，我国非一线城市微博用户占比仅为 50%（见图 22）。我国的电商用户也出现明显的下沉趋势，根据《中国数字消费者调查报告》，2016 年我国三线及以下城市的电商 GMV 首次超过一线、二线城市，达到 50.1%。2016 年三线及以下城市网购者数量为 2.57 亿人，同比增长 61%，增速远高于一线、二线城市。这充分说明随着近年来我国人口的回流，三线、四线城市的消费观念、消费能力以及消费偏好都有了较大的变化。

图 22 微博用户分布迁移

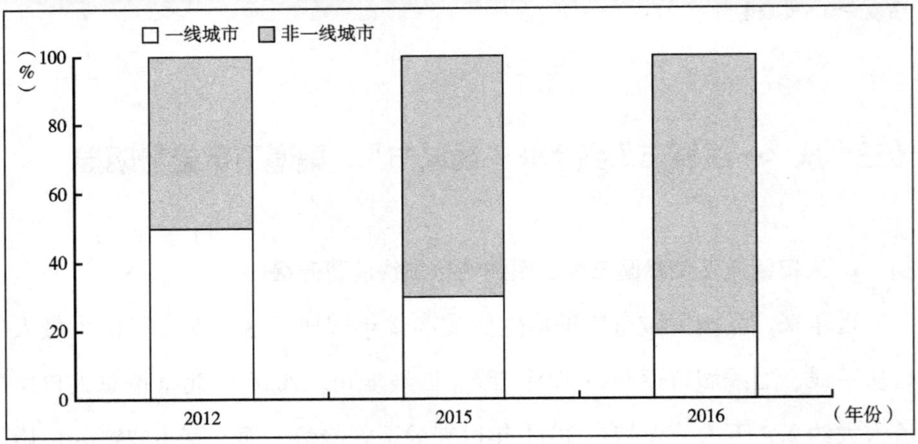

资料来源：艾瑞咨询。

2. 受益于非一线城市消费能力增加，非一线城市广告价值持续上升

中国三线、四线城市巨大的消费潜力驱使广告主预算下沉。我国非一线城市人口数量大，100 万人以上的非一线城市有 217 个，人口共计 4.51 亿人，远多于一线城市的 6578 万人。非一线城市相比成熟的一线城市有更大的消费体量，同时，由于品牌在一线城市宣传力度已经很大，品牌形象已经树立，所以在非一线城市广告投入的边际效果一般。我国非一线城市的快消品零售额占比从 2013 年的 86.6% 持续提升至 2015 年的 87.2%，这也驱动广告主的预算更加倾斜于非一线城市。根据 CTR 数据，我国 2016 年有 72.5% 的广告主倾向于增加非一线城市的广告投放，79.1% 的广告主将非一线城市作为计划重点投放区域（见图 23）。在整体渠道下沉的驱使下，我国非一线城市的广告价值在持续上升。

图 23　2016 年广告主对一线、非一线城市预算投入计划

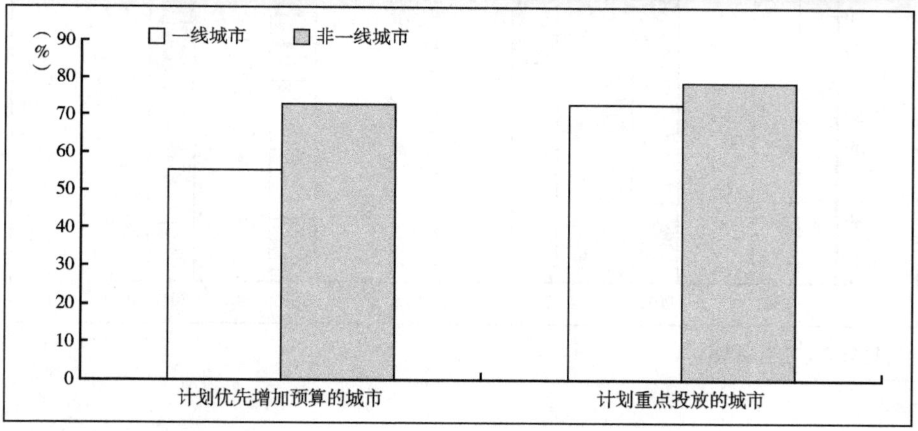

资料来源：CTR。

我国非一线城市广告价值被低估，与一线城市的广告成本有很大的差距。根据 CTR 数据，一线城市广告价格远高于非一线城市的广告价格，2016 年我国一线城市电视媒体平均每千人成本为 2424 元，而非一线城市平均每千人成本为 468 元。

3. 伴随我国院线建设的不断下沉，观影需求也在逐渐下沉

近几年从观影人群分布来看，观影需求持续下沉。2017 年国庆档三线、四线、五线城市票房占比之和为 43.0%，而 2016 年三线、四线、五线城市票房占比之和是 40.3%，一年内提升了约 3 个百分点（见图 24）。从观影人群上看，过去 6 年三线、四线、五线城市国庆档观影人群占比处

于持续上升态势，自 30.8% 上升至 43.0%，增加 12.2 个百分点。2017 年三线、四线、五线城市国庆档票房放量主要有两个原因：第一个是我国的院线及影院的建设已经纵向扩张到三线、四线、五线城市；第二个是随着我国三线、四线、五线城市的消费升级，民众观影需求持续上升，众多优质内容、精良制作得以下沉。

图 24　2012 ~2017 年不同级别城市国庆档票房占比情况

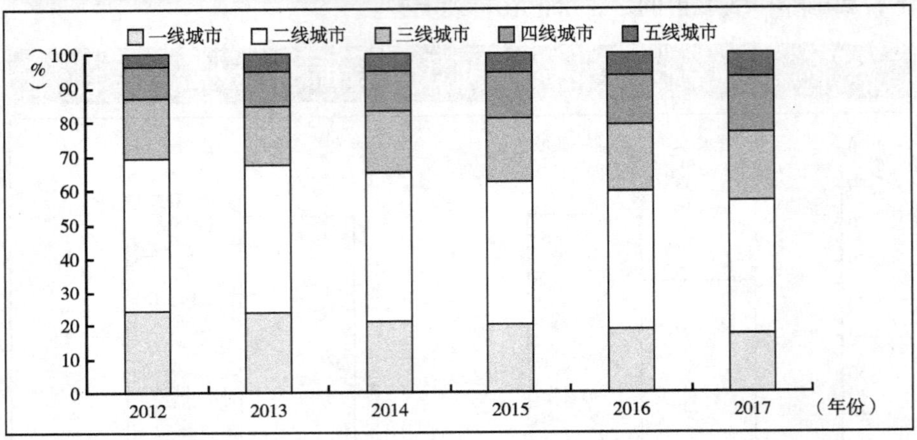

资料来源：艺恩咨询。

四、2018年文化传媒业投资机会与投资风险

（一）党的十九大背景下的投资机会

1. 文化体制改革政策不断加码，混改带来投资新机遇

自 2012 年党的十八大以来，随着全面深化改革的推进，国家在文化领域密集出台了许多政策，确立了文化体制改革主体框架，极大地推动了文化产业的发展。据国家统计局数据，2012 ~ 2016 年，文化产业增加值由 1.81 万亿元增加到 3.08 万亿元，占 GDP 的比重从 3.48% 提高到 4.14%。

在整体经济下行压力较大的背景下，文化产业保持两位数的增长速度，展现了蓬勃的生机与活力。

2017 年党的十九大报告进一步强调将继续深化文化体制改革，完善文化管理体制，加快构建把社会效益放在首位、社会效益和经济效益相统一的体制机制。预计文化领域相关政策后续将陆续落地，为文化传媒产业的发展提供制度保障。未来，宏观层面的利好政策将进一步释放市场活力，文化产业将迎来新的发展机遇。

长期以来，我国的文化产业属于重点管制行业，国有资本占比较大，一定程度上制约了文化产业的发展。随着国企改革的深化，传统文化传媒企业纷纷改制，谋求更深层次的发展。在混合所有制改革指导思想下，国有文化企业将吸引更多社会资本加入。以图书出版行业为例，根据国家新闻出版广电总局统计，截至 2016 年底，全国共有出版社 584 家，其中，中央级出版社 219 家，地方出版社 365 家，这些出版社大多属于国有控股企业，亟待转型升级，未来混改将为行业带来巨大的投资机会。同时，进行跨地区、跨行业兼并重组将是文化产业做大做强、发展壮大的大趋势，因此可以推荐布局具有混改机遇的图书出版、报纸杂志、影视传媒等传统文化传媒业。

2. “互联网 + 文化”成为发展新方向，数字文化将引领行业未来

随着互联网和数字技术的发展，以“互联网 + ”为代表的新兴业态对文化传媒业带来强烈的冲击，将直接推动传统文化产业向数字化转型升级。据《中国互联网络发展状况统计报告》，截至 2017 年 6 月，中国网民规模已达 7.51 亿人，中国互联网普及率达到 54.3%，手机网民约 7.24 亿人，庞大的用户规模为数字文化产业的发展带来了动力（见图 25）。党的十九大报告强调，将加强互联网建设，推动互联网与其他产业融合发展，这将进一步提高未来互联网的普及率，为数字文化产业的蓬勃发展奠定用户基础。

图 25　中国互联网规模及普及率情况

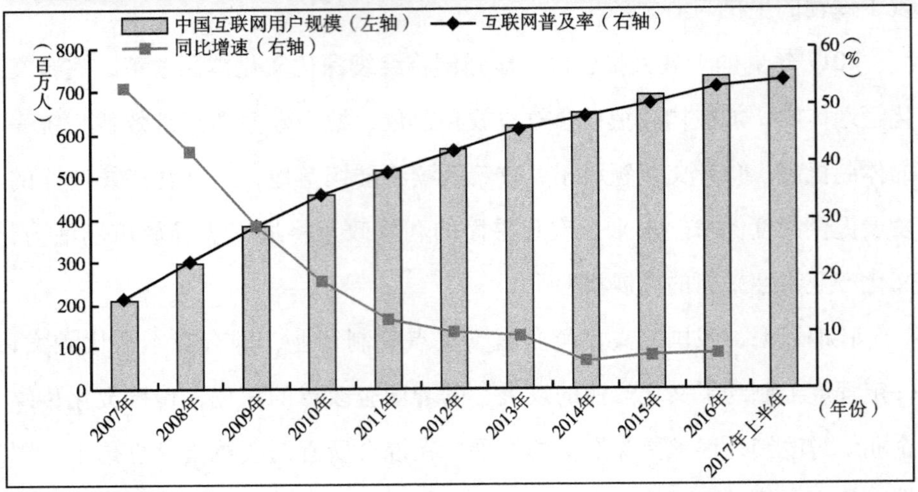

资料来源：《中国互联网络发展状况统计报告》。

“互联网 + 文化”使传统文化产业向智能化、数字化、网络化纵深发展，在延伸产业链的同时也带动了商业模式创新，推动了动漫游戏、网络直播、网络文学、网络音乐、网络视频等数字文化产品的发展（见图 26）。据国家统计局数据，2017 年上半年以“互联网 +”为主要形式的文化信

图 26　“互联网 +文化”示意

资料来源：百度图片。

息传输服务业营业收入为 3397 亿元，增长 32.7%。以网络文学为例，据《中国互联网络发展状况统计报告》，截至 2017 年 6 月，网络文学用户规模达到 3.53 亿人，占网民总量的 46.9%，其中手机网络文学用户规模为 3.27 亿人，较 2016 年底增加 2291 万人，占手机网民的 45.1%，未来十年，网络文学将处于黄金发展期。

同时，随着移动支付技术的发展以及网络用户对增值服务的需求，用户付费习惯逐渐养成，会员付费模式将进一步“引爆”数字文化产业的崛起。因此，推荐布局数字出版、数字阅读、数字文化装备、数字艺术等相关数字文化产业。

3. 新型文化业态布局成为重点，“文化 + 产业”融合发展将带来投资新机遇

作为社会消费背景下发展起来的“朝阳产业”，文化产业具有较强的综合性、渗透性和关联性，借助传统文化产业自身深厚的发展基础和广阔的提升空间，以“文化 +”为突破口，推动文化产业跨行业、跨产业链融合，可培育新的利润增长点，提高产业的文化附加值。未来，“文化 + 产业”将不断促进新型文化业态的涌现。尤其是随着精神文化需求越来越大，旅游、地产、教育、体育等相关产业产品承载的文化内涵分量越来越重。党的十九大报告强调，将培育新型文化业态作为推动文化事业和文化产业发展的重要着力点，未来“文化 + 产业”的新型文化业态将成为布局重点（见图 27）。

例如，“文化 + 旅游”以文化内涵来提升旅游项目、旅游产品、旅游节庆的吸引力，增加体验、休闲、养生、欣赏等旅游内容。“文化 + 农业”提高农业领域创意设计水平，拓展休闲观光农业发展空间，推进农产品文化宣传交流，强化农副产品品牌建设。“文化 + 体育”推动文化与体育休闲融合发展，加强体育休闲产业价值链中文化资源的策划、研发、组合、设计、营销等，广泛开展民间群众性文化休闲运动，推动文化体育休闲产业快速发展。以“文化 + 旅游”为例，作为游客直接参与体验的内容，旅游从最初的“1.0 观光型”到“2.0 休闲型”，已发展到现阶段为众人热捧的“3.0

度假型”。随着大众对旅游的个性化需求增长以及传统文化复兴热潮，未来旅游将全面升级到以“文科融合、业态整合、产品复合”三大特征为核心的“4.0 时代”（见图 28）。

图 27 “文化 + 产业” 融合示意

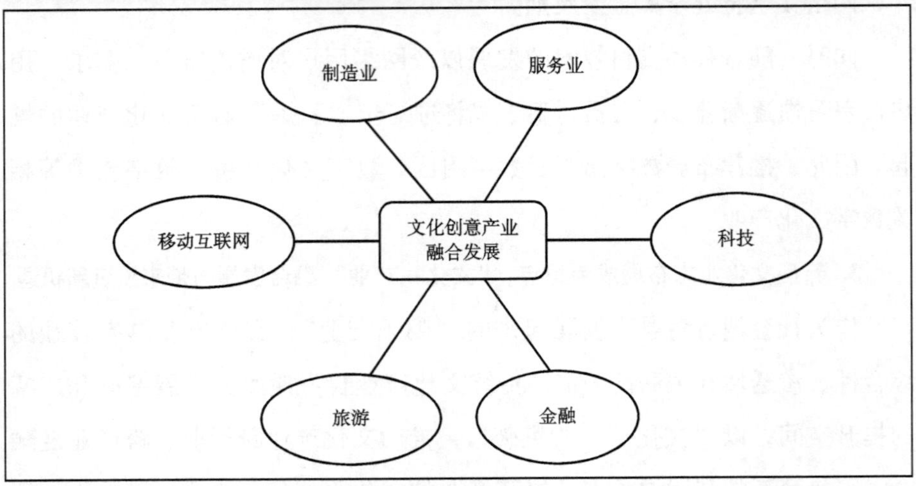

图 28 “文化 + 旅游” 融合示意

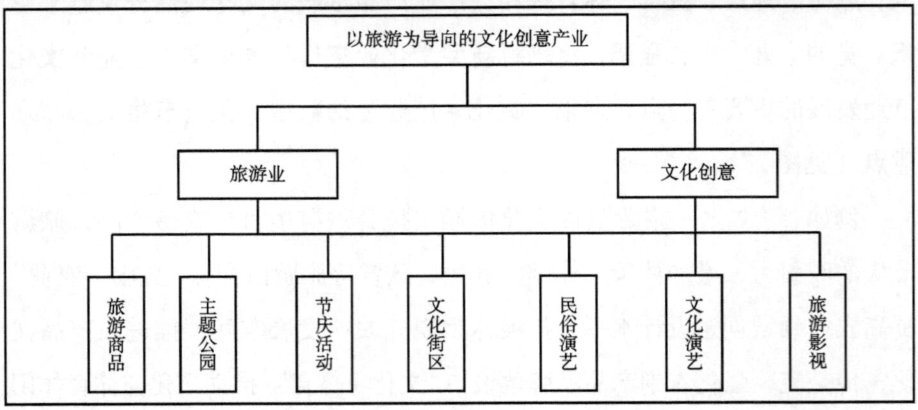

因此，借助“文化 + 产业”融合发展带来的机遇，推荐投资布局“文化 + 休闲旅游”“文化 + 体育”“文化 + 主题公园”“文化 + 特色小镇”等相关文化创意产业。

（二）“一带一路”背景下的投资机会

2017 年 5 月，我国举办了“一带一路”国际合作高峰论坛，明确指出我国未来将与沿线国家互办文化年、艺术节、旅游节、电影节、电视周、研讨会、智库对话和图书展等活动，合作开展广播影视剧精品创作及翻译。同时我国中央政府还将每年向沿线国家提供 10000 个政府奖学金名额，地方政府也专门设立了丝绸之路专项奖学金来促进国际文教交流。政府主导的文化交流活动将直接增加各类文化服务和产品需求，如传统工艺品、会展组织、文艺作品翻译、汉语教育等，并提振相关行业的发展。

同时随着“一带一路”建设进程的推进，政府间交流更加频繁，国家间认可度不断提高，我国与沿线各国之间签证优惠政策也在加速落地。2016 年底阿拉伯联合酋长国宣布对华实行落地签免费政策；2017 年 1 ~ 2 月，塞尔维亚、白俄罗斯先后宣布对华免签，这也是首次有欧洲国家对华免签；2017 年 4 月，黑山对中国旅游团免签。

近年中国出境游发展迅速，已经成为世界上最大的出境游客来源国和国民出境旅游消费最高的国家（见图 29）。“一带一路”沿线的许多国家如

图 29　2011 ~2016 年我国出入境旅游人数

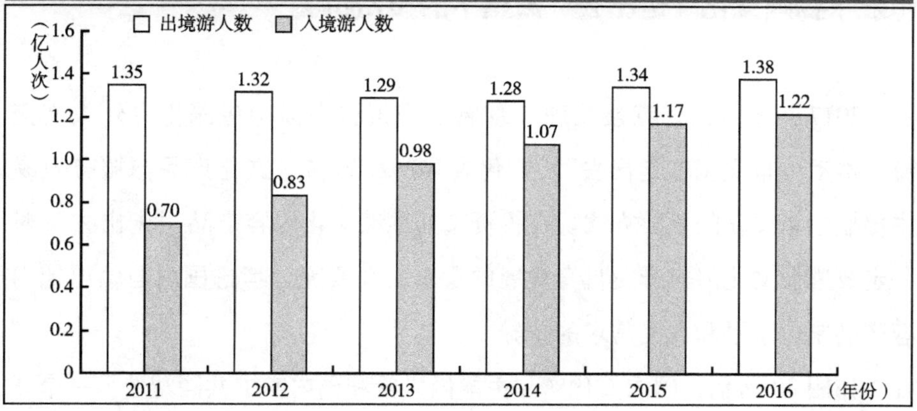

资料来源：国家旅游局。

泰国、马来西亚、阿拉伯联合酋长国、俄罗斯等都是我国游客出境游热门目的地。为了吸引庞大的中国出境旅游人群，可以预见未来“一带一路”沿线各国将进一步加快对我国旅游签证优惠进程。同时“一带一路”的许多沿线国家有着悠久的历史，拥有大量世界物质文化遗产和丰富奇妙的自然景观，相信在旅游产品开发后必然会吸引大量国内游客。因此，我国至“一带一路”沿线国家的出境旅游市场看好。但由于出境游旅行社同质化竞争严重，跟团游毛利率较低，自由行比例不断上升，因此不建议投资大型出境游旅行社。相反，推荐布局有先进管理经验并拥有沿线国家“终端旅游资源”的旅游公司，如目的地度假村、大型邮轮旅游公司、连锁户外旅游营地、旅游景点经营公司等。在收购这类公司后，一方面可以进一步收购国内渠道型公司，进行流量导送；另一方面可促使被收购公司在国内开设新项目复制其商业模式，进行业务扩张。相对而言，受环境污染和景点国际化程度落后等因素影响，近年我国入境游总体规模没有明显增长，短期内无法得到迅速改善，因此目前不推荐对入境游市场进行布局。

贸易与文化交流会产生显著的协同效应，随着我国与沿线国家贸易合作的不断深入，相应文化交流需求也将持续产生，看好在商贸来往中被作为礼品的传统工艺品生产产业的发展和休闲节目线下文化演艺产业的发展。

（三）我国文化“走出去”背景下的投资机会

2017 年 3 月，李克强总理在政府工作报告中强调将深化中外人文交流，推动中华文化“走出去”。文化内容产品贸易是文化产品与服务贸易中传播中华文化的重要方式。在投资布局推动文化内容产品“走出去”时一定要遵循文化内容产业自身发展的逻辑，并要充分考虑国内与输出地内容产品制作水平和人民需求的差异。

如图 30 所示，国内文化产品由国内供给和国内需求共同塑造。一个能自己“走出去”的文化内容产品必须在国内供给端有较为完善的产业基础，能持续不断地供给大量优秀作品。因而，国内现有产业较为完善是选择布局“走出去”产业的先决条件。此外，人民对文化产品的需求共性是文化内容“走出去”的重要基础，虽然巴基斯坦与我国关系紧密，但受文化需求差异影响，该国主要的海外文化内容进口国仍为土耳其、印度等国。因此建议优先将文化需求共性较强的海外地区作为文化内容产品输出地布局。此外，在选择输出地时，还应考虑输出地文化内容需求未来的增长性和可能遇到的政治障碍。

图 30　文化内容产业出海逻辑

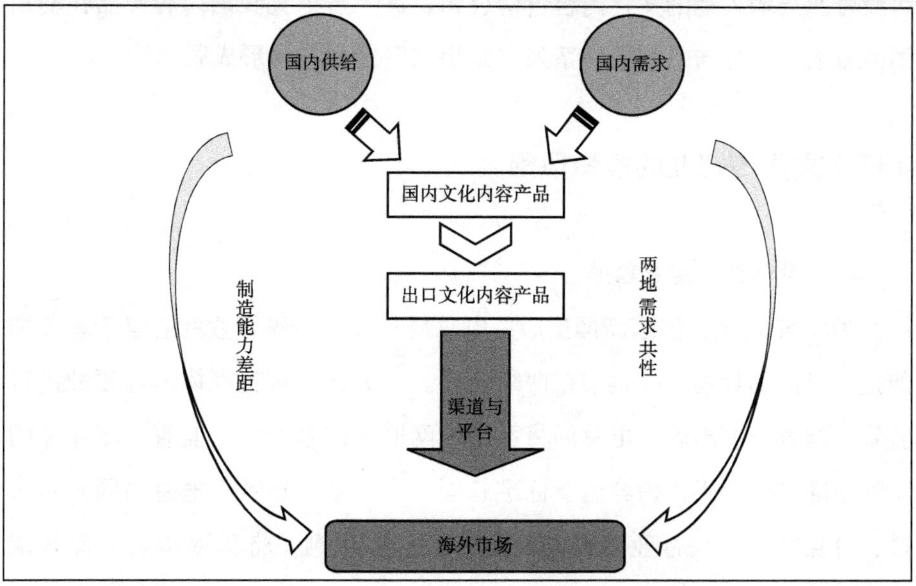

我国作品“优秀”性的考虑是相对输入地市场的主流产品而言的。若我国产品在制作水平上与输入国主流产品尚存在一定差距，但有短期改善的可能，则可以引进海外优秀制作团队补足国内制作能力，如引进海外电影特效团队、电影拍摄团队等。

在制作出水平相当的文化内容作品后，就需要将国内优秀作品译制为适合出口的产品，尤其是音像产品和文学作品这类需要专业译制的文化内容产品。我国国内译制产业集中度较低并且传统的兼职外包型翻译公司难以满足文化内容译制的专业性要求。推荐在有文化内容专业译制经验的公司中进行投资布局并整合有产业影响力的龙头企业，再进一步对接上游内容制作团队，为其提供高质量、专业性文化内容产品译制服务。

在以上产业环节都较为完善的基础上，可进一步考虑布局输入国的文化内容产品渠道，在渠道投资时需重点考察渠道对产业控制力的大小。优先布局对内容引进有决定权并且内容试错成本较低的渠道，如数字电视运营商、在线视频网站、在线小说网站等。

最后，如果我国文化内容产品在输入国的受众和市场得到初步验证，可投资布局输入地的文化内容营销公司，进一步扩大我国内容产品在输出国的影响力，并与之前的一系列“走出去”产业布局形成联动效应。

（四）文化传媒业的投资风险

1. 文化传媒业监管趋严

2016 年以来，国家新闻出版广电总局对文化传媒行业的监督管理逐渐加强，目前的管理主要集中在两个方面。一方面，对新媒体内容领域进行监管。国家新闻出版广电总局将手游和网剧等内容端纳入监管，新媒体的监管标准与传统媒体内容监管标准趋同。国家新闻出版广电总局同时对直播、自媒体等新兴行业或媒介制定相关行业规则，将其逐步纳入监管范畴。另一方面，整肃行业风气。通过彻查注水票房、遏制明星不合理片酬、限制未成年人参加综艺、约束“韩潮”等进一步引导行业风气的正常发展。

同时，央行和外管局多次就外汇兑换和汇款出台规定，与海外直接投资有关的单笔 500 万美元以上的购汇申请必须提前咨询并获得许可，因此，中国文化传媒业公司进行海外投资的交易方案大概率将会继续受阻。

2. 行业增速下滑风险

根据多家文化传媒企业 2017 年半年财报，行业的整体增速有所下滑，净利润增速的下滑导致文化传媒业二级市场的估值水平已接近 2014 年低位，这不仅有影视传媒行业周期波动性的原因，也有前几年各类资金涌入后泡沫逐渐退去的原因，因此只有真正长期坚持的企业才能够获得长期稳健的增长。

3. 资产与商誉减值风险

2015 年，我国文化传媒行业的投资并购活动达到顶峰，文化传媒业除一般并购活动中的决策风险、操作风险与整合风险外，还存在并购带来的支付溢价高从而资产减值的风险、对赌协议风险以及产品不稳定导致的并购后风险。因为文化传媒业往往具有轻资产性、产品不稳定性以及产业不成熟性，并购标的经营出现问题或收益不确定性增大将会导致更大的资产减值和商誉减值风险。

2018年信息科技业投资机会分析

陈长玲　林兆祺　黄　迪

陈长玲，经济学硕士，建投华科投资股份有限公司投后管理部总经理

林兆祺，企业管理硕士，建投华科投资股份有限公司投后管理部经理

黄迪，工商管理硕士，建投华科投资股份有限公司投资高级经理

投资提示

- 2017 年信息科技领域呈现半导体产业重新加速增长、互联网相关行业热度持续的特点，人工智能等具有颠覆性的前沿领域受到高度关注；2017 年，信息科技行业成为私募股权投资最热门的领域，主要表现在项目估值和融资金额水涨船高。

- 展望未来信息科技业的发展趋势，一是摩尔定律能继续驱动信息技术产业进化升级；二是在开源化潮流之下，信息技术平台型企业将不断呈现马太效应；三是人工智能和数据的财产化有望形成颠覆性影响。中国信息技术产业要实现关键领域突破，需要借鉴各国发展经验，同时依靠国家意志和市场力量，国有投资平台将发挥重要作用。

- 随着“万物互联”在社会生活中的进一步渗透，高速联网技术 5G 通信网络、数据采集端的重要入口、智能传感器以及物联网传输底层技术 NB - IoT 等相关领域，有望成为信息科技行业 2018 年的重点布局对象。与此同时，政策层面的扶持红利与监管强化，则将对人工智能、信息安全、大数据等行业发展带来不同程度的深远影响。

- 2018 年，资本市场过度炒作概念、新兴技术成果落地难、市场成熟期延迟到来、企业运营不规范等一系列问题可能引发投资风险，仍需提请投资者留意。

经过改革开放 30 多年以来的高速发展，我国经济目前已进入“新常态”增长阶段，技术进步取代生产要素，成为国家经济增长新的动力引擎。2017 年末，党的十九大胜利召开，“建立以企业为主体、市场为导向、产学研深度融合的技术创新体系，加强对中小企业创新的支持，促进科技成果转化”出现在党的十九大报告中。推动以信息技术产业为代表的新兴产业加快发展，是建设创新型国家的重要落脚点。本文以信息技术产业整体发展分析为轴，结合中国产业发展的实际，从国有投资平台的视角分析信息技术产业的发展机遇和投资机会。

一、信息科技业的发展动态

信息技术行业具有涉及领域广、商业模式复杂、新技术和新概念层出不穷的特点，导致投资者对其研究的维度难以统一。若从软件、硬件、产品、服务的维度切入剖析，虽可以了解当下产业的全貌，但难以窥见未来发展的态势。本文结合传统的分类方式（产业链）和前沿领域的最新发展概念（数据处理流程），从两种维度鸟瞰信息技术产业的发展动态（见图 1）。

图 1　信息技术产业两种维度的对应关系

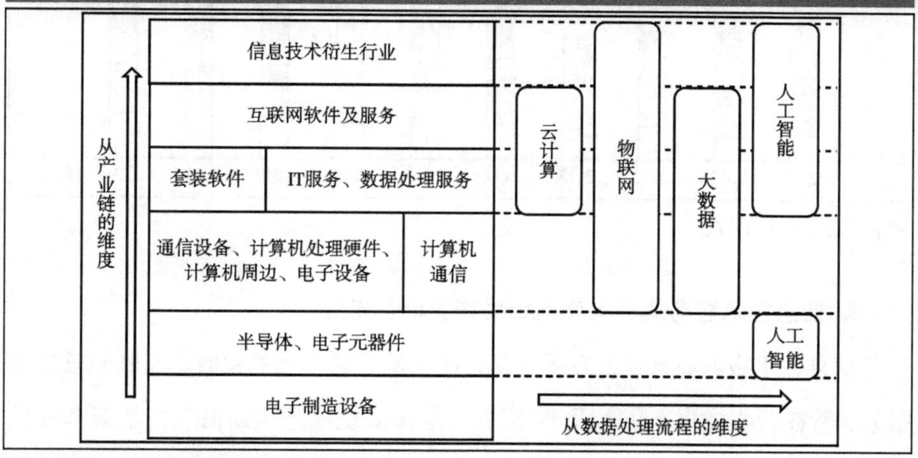

资料来源：本文编写组。

（一）从产业链的维度

按照产品和服务的实质，信息技术产业可以分为电子工业和电子硬件制造业、信息技术服务业以及信息技术衍生行业（如电子商务等行业）。

1. 电子工业和电子硬件制造业：半导体行业重拾增长

2017 年，电子工业和电子硬件制造业营收较上年预计增长 15.7%，远高于近年来增速（见图 2）。营收增速大幅上升的原因主要来自半导体及相关行业：一是 2017 年，DRAM 内存颗粒涨幅达 50% 左右，成为占据半导体市场的 28% 营收的主要电子产品；二是汽车电子的应用不断扩展，带来汽车半导体市场的高增长。2018 年，随着物联网、可穿戴设备、虚拟现实设备等相关技术不断成熟，电子工业和电子硬件制造业预计仍将延续高增长态势。

图 2　电子工业和电子硬件制造业全球营收规模

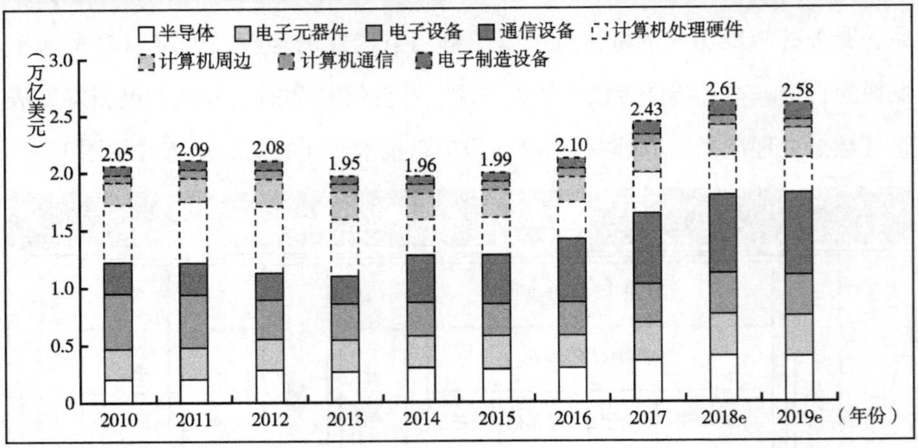

资料来源：FACTSET。

2. 信息技术服务业：互联网相关产业增长迅猛

信息技术服务业近年来发展迅猛，特别是互联网相关领域。互联网软件及服务尽管在营收规模上仍不及 IT 服务，但市值规模已达到信息技术服务业的 37.42%（见图 3）。互联网软件及服务具有轻资产、高净利润率的特征，且

Google、Facebook、腾讯等互联网公司通过搜索引擎和社交平台，掌握了互联网时代最具价值的资产——流量，以及信息技术未来发展的基石——数据。2018 年，预计信息技术服务业特别是互联网软件及服务领域仍将高速增长。

图 3　信息技术服务业全球营收规模

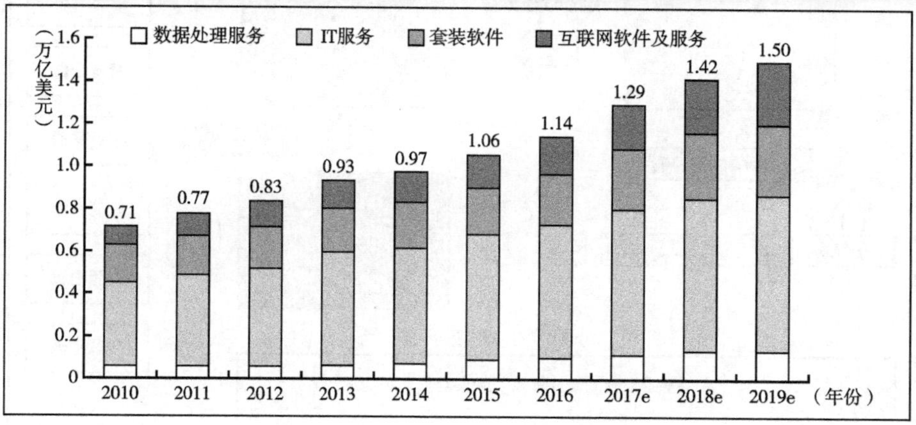

资料来源：FACTSET。

3. 信息技术衍生行业：已高度渗透国民经济和社会生活

信息技术衍生行业是互联网渗透率达到一定程度后，对传统业态进行结合和改造形成的。从提供的产品和服务的实质上看，它们与传统行业并无二致，例如淘宝和京东本质上也是零售商，携程提供的航旅订票服务并不是互联网时代特有的产物。但是互联网技术极大地改造了零售、商旅、传媒、出行等细分行业的效率和用户体验，使信息技术的价值实现了最大化。根据 BCG 的测算，目前 G20 互联网经济占 GDP 的比重已经达到 5% 左右。

（二）从数据处理流程的维度

随着计算设备储存、传输、处理数据能力指数式上升，接入网络的计算设备终端不断渗透，信息技术可采集和处理的数据量呈现爆炸式增长，并涌现出一系列颠覆性创新的萌芽。这就是由物联网、云计算、大数据、人工智能等核心板块组成的信息技术前沿领域（见图4）。

图4　大数据流向及相关前沿领域示意

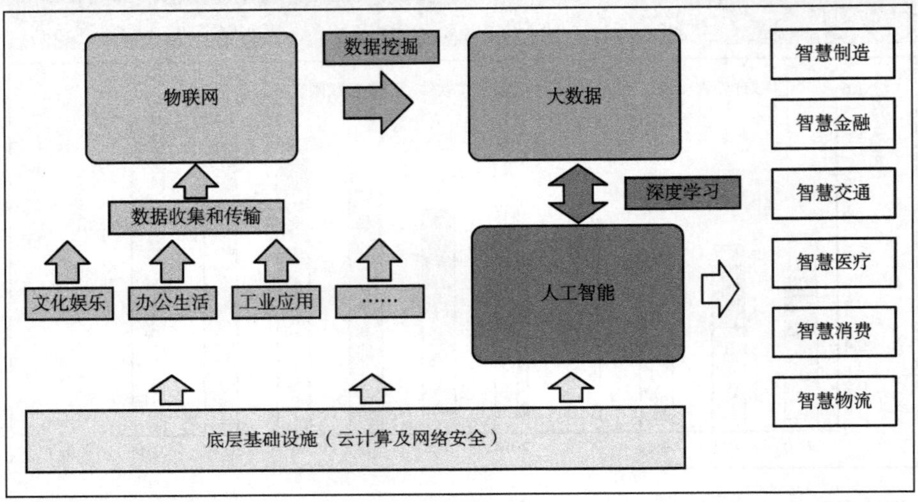

资料来源：本文编写组。

1. 云计算：公有云平台格局已定，应用领域仍有机会

云计算是信息技术前沿领域中相对成熟的细分领域，也是其他前沿领域重要的底层基础设施。从产业链的角度看，云计算主要分为IaaS、PaaS和SaaS。在IaaS公共云服务市场，主要供应商已经呈现相对明朗的分布格局（见表1），市场竞争激烈，从业厂商利润率较低；而在SaaS市场，大量玩家分布于众多细分领域中，同时利润率较高；PaaS的市场规模则极小，而且有逐渐与IaaS融合的趋势。

随着云计算技术的发展，客户越来越重视数据的安全性，因此混合云应运而生。混合云的发展给传统ICT厂商弯道超车的机会，惠普、IBM、VMware通过在开源平台Open Stack加大投入，提高自身产品的兼容性，希望在混合云市场中的私有云搭建上抢占先机。由于目前的云计算IaaS市场已经很难容得下新的玩家，因此其他玩家需要在SaaS领域树立垂直领域和“利基市场”的优势，分得云计算盛宴的“一杯羹”。

表1　2016 年全球 IaaS 公共云服务市场营收及份额

供应商	2016 年营收(百万美元)	2016 年营收增长率（%）	2015 年市场份额（%）	2016 年市场份额（%）
Amazon	9775	45.90	39.80	44.20
Microsoft	1579	61.10	5.80	7.10
Alibaba	675	126.50	1.80	3.00
Google	500	100.00	1.50	2.30
Rackspace	484	5.00	2.70	2.20
IBM	300	50.00	1.20	1.40
NTT	224	25.10	1.10	1.00
Virtustream	205	104.90	0.60	0.90
Fujitsu	163	35.80	0.70	0.70
Dimension Data	120	9.10	0.70	0.50
Other Vendors	8135	9.00	44.30	36.70
总　计	22160	31.40	100.00	100.00

资料来源： Gartner。

2. 大数据：应用瓶颈导致增速不及预期

从狭义上看，大数据企业主要包括基础技术和服务提供商、简单的大数据应用服务商（包括商业智能和数据可视化，但不包括人工智能）。根据 Wikibon 的估算，2017 年大数据领域市场规模预计达到 315 亿美元，增长 12%。大数据领域最近两年的发展速度不及预期，导致 Wikibon 对 2020 年的市场规模预测从 2015 年的超过 600 亿美元调整至最新的 450 亿美元左右。我们认为，大数据领域发展不及预期，是因为大数据的应用场景出现瓶颈。未来随着人工智能的发展，利用数据发现和解决新问题的能力将提高，并带动对格式化数据的需求，这将使大数据技术市场规模获得新的快速增长点。世界领先大数据企业见表 2。

3. 物联网：技术进化可能带来行业爆发

物联网行业融合了半导体、通信、数据处理等信息技术领域，让所有能行使独立功能的普通物体接入互联互通的网络①。目前，物联网技术的

① Wikipedia。

表2　世界领先大数据企业一览

公司	国家	业务
IBM	美国	数据储存、数据管理以及数据分析
HP Enterprise	美国	结构化数据管理
Teradata	美国	数据分析平台
Oracle	美国	全方位的云应用以及平台服务
SAP	德国	数据分析
DELL EMC	美国	数据存储、分析以及保护
Amazon	美国	云平台，包括收集、分析、存储以及数据的可视化
Microsoft	美国	结构以及非结构数据分析
Google	美国	数据的采集、处理、分析以及转换的交互终端
VMware	美国	云服务以及数据可视化
Splunk	美国	机器数据分析
Alteryx	美国	商业数据自助分析
Cogito	美国	人类行为分析

资料来源：本文编写组。

应用以物理信息采集、远程有人控制为主，在工厂、仓库等小范围无干扰区域内可以实现自动控制，但与“万物互联”的目标仍有较大差距。随着低成本、高集成度的传感器模块，以及低成本、低功耗的通信技术的不断进化，物联网行业有望迎来爆发式增长。

2017年，物联网行业的市场规模预计为1405.7亿美元，预计到2022年将达到5610亿美元，CAGR约为26.9%。我们将物联网行业核心企业按照芯片设计、传感器制造、通信解决方案分为三大类。物联网相关芯片的设计和制造因需要满足低功耗、低成本、高集成度等要求而门槛较高。物联网传感器制造商在传感器不同功能领域的集中度较高，但整体来看仍比较分散。随着物联网的发展，下游客户对于传感器的集成度要求将会不断提升，传感器制造领域的整体集中度将有望持续提高，相关投资机遇值得关注。物联网通信方案则因为对通用性要求较高，可能出现某一技术路线赢家通吃的情况，投资风险较大。物联网行业代表性企业见表3。

表 3　物联网行业代表性企业一览

物联网相关芯片设计公司		
代表性公司	国家	业务
Texas Instruments（德州仪器）	美国	微控制器、处理器、传感器、无线传输技术
Intel（英特尔）	美国	处理器、基础云设施、分析的解决方案
Qualcomm（高通）	美国	处理器、网络、物联网软件
ARM	美国	微控制器、处理器、传感器、网络技术以及基础云设施
Atmel	美国	微控制器、内存设备、定制的集成电路和无线技术
Freescale（飞思卡尔）	美国	微控制器、内存设备、定制的集成电路和无线技术
物联网相关传感器制造公司		
主要方向	代表性公司	
传感器制造	MEMSIC（美新）、MONNIT、TE CONNECTIVITY、STMicroelectronics（意法半导体）、NXP Semiconductors（恩智浦）、Texas Instruments（德州仪器）、Dialog Semiconductor	
工业传感器	Emerson Rosemount、Veris、Kistler（奇石乐）、Pepperl+Fuchs（倍加福）	
传感器集成/Soc	Invesense	
建筑传感器	Smart Structures、SMARTEC、Sensr	
智能数据中心、服务器监控	SeversCheck、Temperature@lert	
智能标签传感器	Thinfilm Electronics	
运动传感器	Xsens	
声学传感器	Knowles	
传感器融合	PNI、KIONIX	
综合传感器服务	BoschSensortec（博世传感器）、Aclima、NordSense、Phoenix Sensors、Vesper	
物联网通信方案代表性公司		
GAINSPAN、SAMSUNG ARTIK、PARTICLE、LIBELIUM、Link Labs、Qualcomm（高通）、Silicon Labs、Lantronix		

资料来源：本文编写组。

4. 人工智能：信息技术颠覆性革命

人工智能是 2017 年信息技术产业最热的投资领域之一。就像 PC 和互联网刚诞生时一样，人工智能是一个无法用市场前景来描绘其未来重要性的领域。根据麦肯锡估算，2016 年科技巨头在人工智能领域合计投资 200 亿~300 亿美元，其中 90% 用于招聘科学家和研发费用支出，10% 用于人工智能产业相关并购。2016 年人工智能芯片的市场规模仅有 6 亿美元①，

① BusinessWire。

软件应用也仅有14亿美元营收①。目前，人工智能基础应用主要有语音识别、自然语言处理、计算机视觉等，比较成熟的应用场景有智能翻译、智能安防、智能投顾等。自动驾驶因其颠覆性理念和庞大的市场空间，是目前人工智能最热门的研究方向。

人工智能依赖的深度学习等算法并非新生事物，帮助人工智能实现突破的是计算力的大幅提升。而计算力提升的众多原因之中，除了“摩尔定律”下制程工艺的不断进化，还有芯片架构的多元化、专用化。业内人士认为，人工智能的三大驱动力分别为数据、计算力和算法。电子数据的应用已经相当成熟，物理数据的大规模采集应用依赖物联网的进化；计算力的裂变正在进行中，人工智能芯片是巨头们纷纷抢滩登陆的主战场；算法仍在不断演进，但在信息时代很难有玩家在算法层面拉开代差。我们认为，人工智能的应用场景还有很大的拓展潜力，自动驾驶的实现很可能不是人工智能的终点，而是起点。人工智能行业代表性企业见表4。

表4　人工智能行业代表性企业一览

公司	国家	人工智能领域业务简介
Deepmind	英国	深度学习/人工神经网络，代表产品有AlphaGo，2014年被谷歌收购
Google	美国	开发出机器学习ASIC－TPU，并基于TPU提供机器学习系统框架TensorFlow，而TPU并未商业化；谷歌的自动驾驶研究全球领先
Facebook	美国	利用Facebook平台开发人工智能文字、语音和视频内容识别，并完全开放源代码
OpenAI	美国	非营利性平台，推出人工智能开源平台OpenAI Gym，推动者包括马斯克等众多美国科技企业家
Baidu	中国	在人工智能领域全面布局，包括AI开放平台、自动驾驶等
Microsoft Research	美国	设立AI实验室，分为13个研究小组，覆盖人工智能主要研究领域；目前比较成熟的产品有Cortana、微软小冰等智能语音机器人
Apple	美国	推出移动设备上机器学习编程框架Core ML，能轻松集成机器学习模块；iPhone上已经加载了图像识别和语音识别系统
IBM	美国	推出人工智能服务器Watson，并已经商业化

资料来源：本文编写组。

① Tractica。

二、2017年中国信息技术产业投资市场盘点

2017 年，各类投资机构对信息技术产业均保持较高的关注度，这在投资数量、投资金额和平均估值上均有体现。我们从股权投资（包括二级市场增发）和并购两个角度，对我国 2017 年信息技术产业投资市场进行盘点。

（一）2017年中国信息技术产业股权投资盘点

从投资数量上看，信息技术产业（IT、互联网、半导体、电子及光电设备）共占约 30%，是最热门的投资领域（见图 5）。

图5　2017 年股权投资数量的行业分布

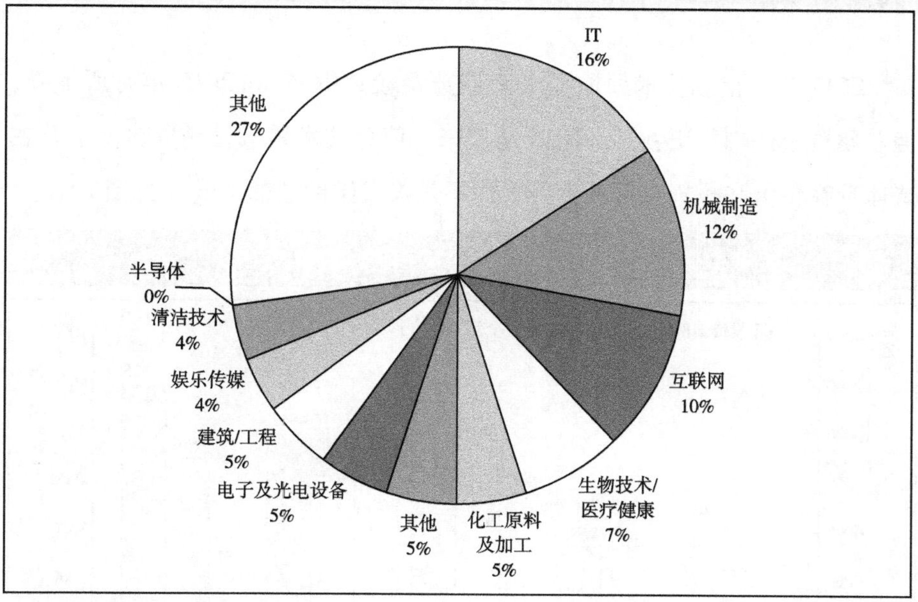

资料来源：清科。

从投资金额上也可以看出，信息技术产业无愧为股权投资最热门的领域。此外，信息技术产业项目投资平均金额较低，说明有大量早期项目获得股权投资的支持（见图 6）。

图6　2017 年股权投资金额的行业分布情况

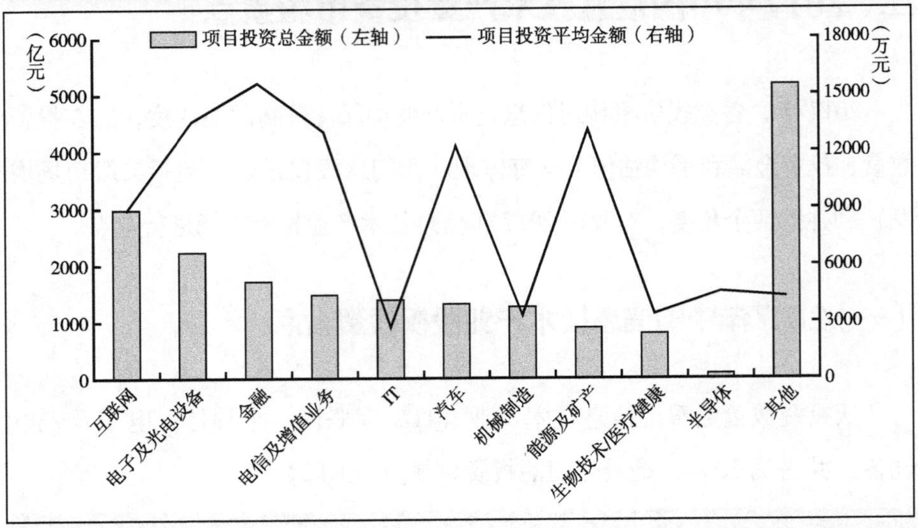

资料来源：清科。

2017 年，信息技术领域投资案例数量较 2016 年和 2015 年有所下降，但总融资金额创历史新高。2015 年以来，信息技术领域投融资热度上升主要体现在估值和投资金额的上升，而不是投资案例数的上升（见图 7）。

图7　2013 ~2017 年信息技术领域投资趋势变化

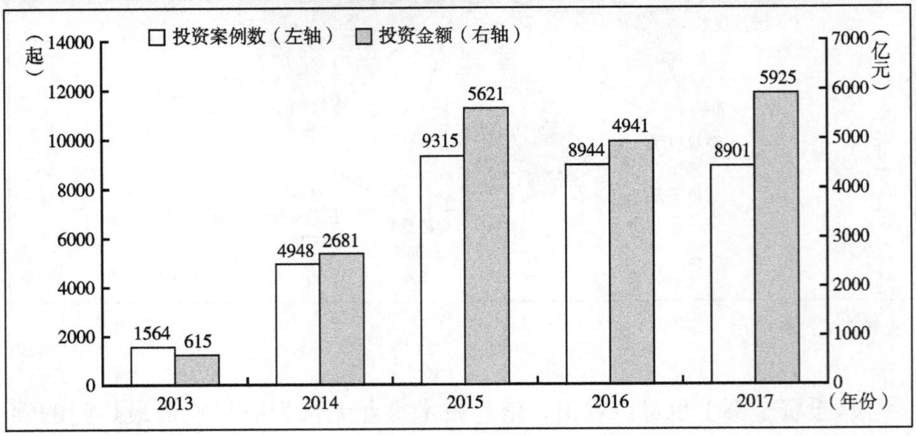

资料来源：清科。

从投资轮次分布上看，2017 年天使轮投资数量占比有所减少，而种子轮和 Pre－A 轮有所增加。2017 年早期轮次平均投资金额略低于近 5 年平均水平，但 B 轮以后平均投资金额高于近 5 年平均水平，特别是以滴滴、Ucloud 为代表的 F 轮和 G 轮成熟项目融入大量资金（见图 8、图 9 和图 10）。

图 8　2017 年信息技术股权投资轮次数量分布情况

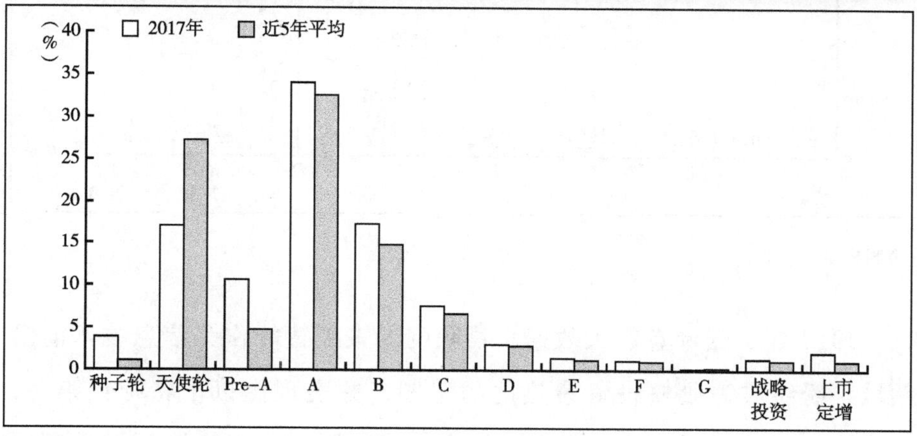

资料来源：清科。

图 9　2017 年信息技术投资各轮次平均投资金额（一）

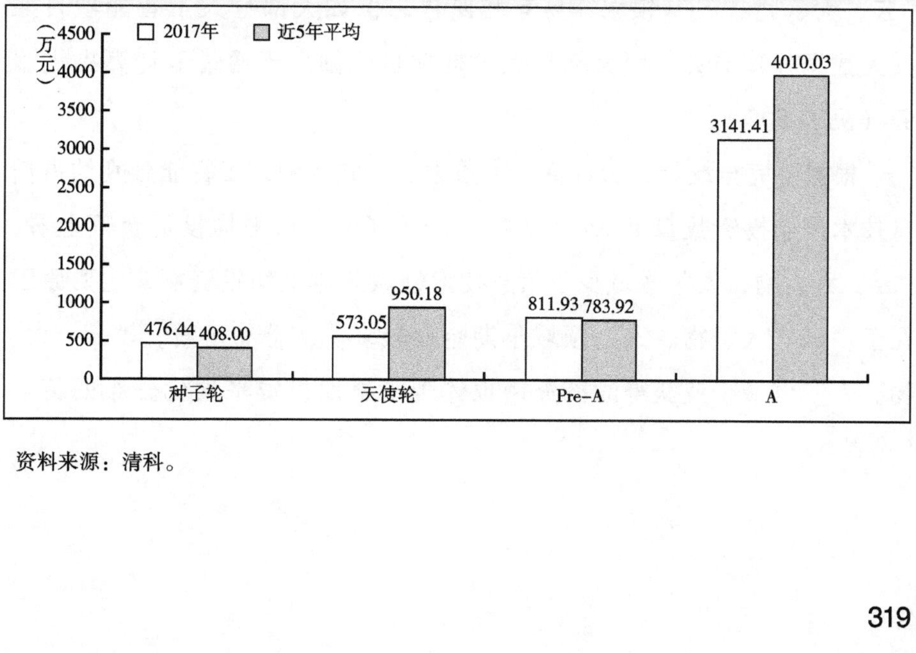

资料来源：清科。

图 10　2017 年信息技术投资各轮次平均投资金额（二）

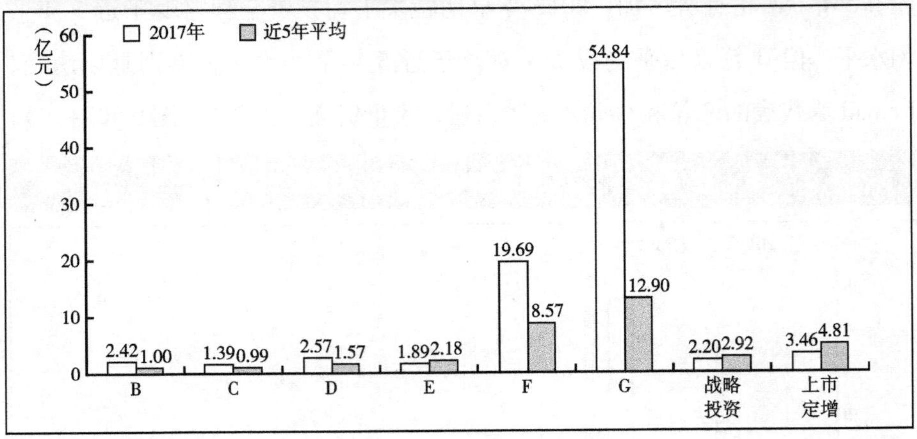

资料来源：清科。

2017 年，云计算、大数据、物联网、人工智能作为信息技术前沿领域，纷纷成为股权投资最热门的主题，并表现出以下特征：第一，云计算和大数据领域成熟期企业较多，物联网和人工智能领域早期项目较多；第二，与 O2O 等其他领域不同，“云、大、物、人”领域并未形成明显的投资阵营，头部企业获得了广泛的创投资金；第三，“云、大、物、人”领域容易互相跨界，例如大部分人工智能项目兼具大数据处理能力，而大部分大数据项目也倾向于通过云计算提供服务（见表 5）。

根据不完全统计，云计算、大数据、物联网和人工智能分别约占信息技术产业投资数量的 5%、7%、3% 和 6%。从平均投资金额上看，“云、大、物、人”领域少于信息技术领域总体平均投资额，主要原因在于“云、大、物、人”领域早期企业较多。从分布上看，“云、大、物、人”领域企业获得的投资额也体现了早期投资平均化分布的特点（见表 6）。

表 5　2017 年信息技术前沿领域重大投资事件

云计算领域前十大融资事件	轮次	金额	大数据领域前十大融资事件	轮次	金额
华云数据	F 轮	15 亿元	明码科技	B+轮	2.4 亿美元
青云 Qing Cloud	D 轮	10.8 亿元	TalkingData 腾云天下	D 轮	数亿美元
七牛云	E 轮	10 亿元	玖富	C 轮	数亿美元
金山云	D 轮	3 亿美元	数梦工场	A 轮	7.5 亿元
UCloud 优刻得	D 轮	9.6 亿元	Wecash 闪银奇异	C 轮	8000 万美元
拉勾网	D 轮	1.2 亿美元	中译语通	C 轮	3.34 亿元
Shopex 商派网络	D 轮	7 亿元	杭州绿湾	B 轮	3 亿元
达闼科技 CloudMinds	A 轮	1 亿美元	妙健康	B 轮	2.5 亿元
EasyStack 易捷思达	C 轮	5000 万美元	星环科技 TransWarp	C 轮	2.35 亿元
UcPaas 云之讯网络	B 轮	3 亿元	汇纳科技	IPO 上市	2.03 亿元
物联网领域前十大融资事件	**轮次**	**金额**	**人工智能领域前十大融资事件**	**轮次**	**金额**
丰巢科技	A 轮	25 亿元	商汤科技 SenseTime	B 轮	4.1 亿美元
每日优鲜	B 轮	1.44 亿美元	地平线机器人	A+轮	数亿美元
特斯联科技	A+轮	5 亿元	出门问问	D 轮	1.8 亿美元
联合光电	IPO 上市	3.4 亿元	寒武纪 Cambricon	A 轮	1 亿美元
果小美	C 轮	5000 万美元	Moviebook 影谱科技	C 轮	5 亿元
Slamtec 思岚科技	C 轮	1.5 亿元	云从科技	B 轮	5 亿元
Sensoro 云子	B 轮	1800 万美元	ThinkForce	A 轮	4.5 亿元
升哲科技	B 轮	1800 万美元	同盾科技有限公司	C 轮	7280 万美元
欣视景	B 轮	1 亿元	依图科技	C 轮	3.8 亿元
猩便利	天使轮	1 亿元	Momenta	B 轮	4600 万美元
缤果盒子	A 轮	1 亿元	云知声	战略投资	3 亿元

资料来源：IT 桔子，本文编写组。

表 6　2017 年信息技术前沿领域平均投资金额及分布情况

指标	云计算	大数据	物联网	人工智能	信息技术领域
平均投资金额（万元）	5820	5614	5249	8301	11448
投资金额离散系数	2.84	2.73	2.25	2.77	5.27

资料来源：IT 桔子，本文编写组。

（二）2017年中国信息技术产业并购事件盘点

据不完全统计，2017 年中国信息技术产业共发生 53 起超过 1 亿元的并购事件，低于 2016 年的 78 起；平均并购交易额 17.50 亿元，低于 2016 年的 28.62 亿元。与 2016 年类似，2017 年并购事件主要集中在游戏领域，但电子硬件、可穿戴设备领域的并购事件有所减少。

表 7　2017 年信息技术领域十大并购事件

公司	金额	并购方	主营业务
金雅拓	50.6 亿美元	源讯	金雅拓是一家数字安全服务提供商
Musical. ly	10 亿美元	今日头条	音乐短视频创作 App
百度外卖	8 亿美元	饿了么	外卖平台
卡乐互动	53.3 亿元	卧龙地产	手机游戏的研发、发行、运营等
宇视科技	45.46 亿元	千方科技	视频监控产品及解决方案供应商
环球资源	5.18 亿美元	黑石集团 Blackstone	B2B 外贸电子商务服务平台
天天快递	29.75 亿元	苏宁	第三方快递物流服务提供商
宏投网络	22.29 亿元	中技控股	在线游的开发商和发行商
DotC United	22 亿元	天神娱乐	主打出海的 App 开发商
泰凌微电子	18.61 亿元	华胜天成	高集成度低功耗无线物联网系统级芯片的芯片设计公司

资料来源：IT 桔子，本文编写组。

三、信息科技业发展趋势展望

（一）“摩尔定律”之辩：计算能力指数增长的终点在何方

近年来，不少专家预测摩尔定律即将走到终点。因为迄今为止摩尔定律的支撑因素是制程工艺的不断进化，但制程工艺的成本和物理性质已接近理论极限。例如，2014 年 14nm 制程的光刻掩膜成本为 3 亿美元，而 Intel 正在研发的 10nm 制程光刻掩膜成本据估算将达到 10 亿美元。此外，制程工艺进入 7nm 后，硅晶体芯片的物理性能已经趋于极限。

然而从目前来看，计算设备的通用集成电路（包括 CPU、储存器芯片等）还在沿袭摩尔定律的进化曲线。主要原因有以下几点：一是半导体材料的升级使 65nm、22nm 等重要的制程节点均被突破，7nm 的制程节点也有望通过新材料突破；二是尽管制程工艺的成本随着制程升级大幅上涨，对于年出货量以亿计的通用芯片而言，其摊销成本仅占生产成本的约 25%，占芯片整体成本的约 5%，[①] 几乎可以忽略不计；三是目前除高标准化程度的逻辑芯片和储存器芯片，其他大类芯片采用的制程工艺多在 28nm、40nm 或 45nm 水平，甚至更加落后，还有很大的提升潜力（见图 11）。

综上所述，我们认为摩尔定律至少还能驱动一代信息技术产业在终端计算设备的革命，计算终端从智能手机进化到可穿戴设备甚至更小的电子设备是可以实现的。与此同时，随着物联网的发展，包括传感器芯片在内

图 11　每十亿浮点数 CPU 计算能力的成本

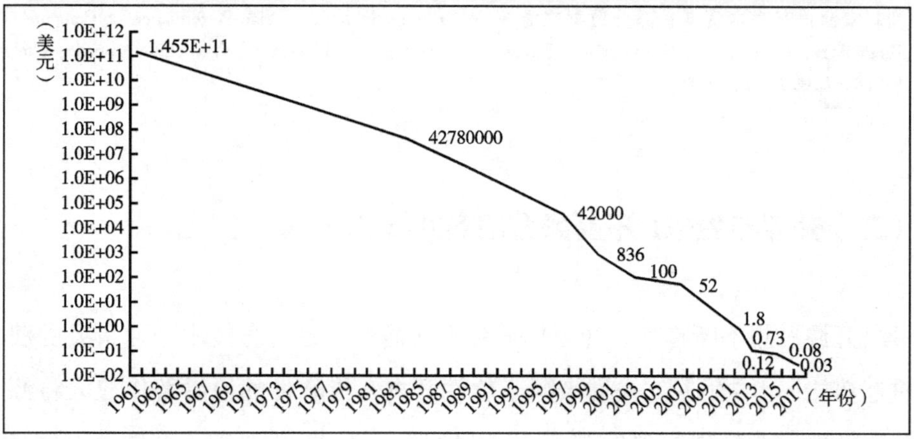

资料来源：Wikipedia。

① 以 Intel 最新 10nm 制程 CPU 的预估成本计。

的其他类型芯片应用将不断拓展，其渗透率将不断上升，通过规模效应使其进一步支撑更高的制程工艺，从而大幅提高其集成度、功耗性能等。此外，人工智能专用芯片也将沿袭通用逻辑芯片的进化路线，使人工智能相关算法的计算力出现指数式攀升。摩尔定律仍将延续，信息技术产业的进化方兴未艾。

图 12　每兆字节内存器成本

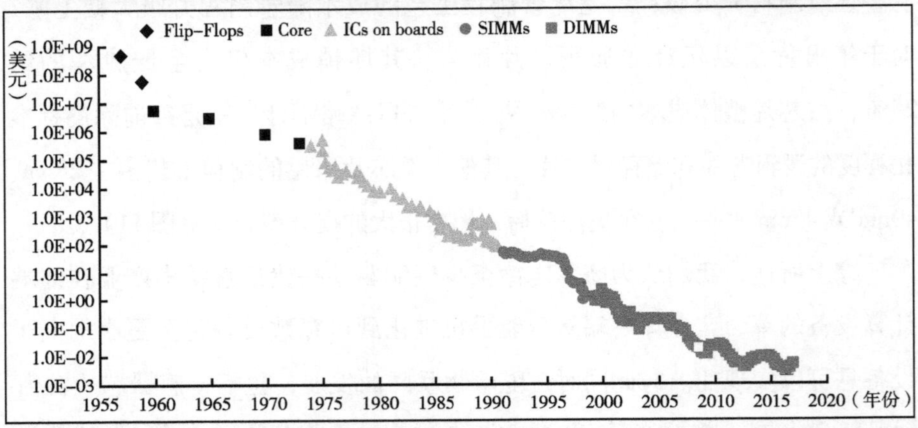

注：不同图例代表不同时期采用的内存接入方式。

资料来源：互联网资料，部分数据来源于 McCallum，John C.，Price-Performance of Computer Technology，Chapter 4 in The Computer Engineering Handbook，Oklobdzija，V. G. editor，pp. 4 - 1 to 4 - 18，CRC Press，2002。

（二）开源与生态：不断颠覆的商业模式

开源思想不断扩散、开源化平台不断涌现，是信息技术产业重要的演进趋势之一。“开源”一词来源于软件开发，指软件的原始著作权人将源代码开放，在软件协议的规定之下保留一部分权利并允许用户学习、修改、增进提高这款软件的质量。开源是采用互联网思维的企业利用其用户群规模，对采用软件思维的企业进行降维打击的有效手段。由于互联网企业不依赖软件授权获取收入，通过开源可以促使其掌控的软件平台在通用程度和功能上迅速进化，并通过吸引用户群形成生态壁垒，再通过用户流量获取收入。

在人工智能领域，有谷歌的 TensorFlow 和 Open AI 的 Gym 开源平台；在云计算领域，有 Open Stack 开源平台；在物联网领域，ARM 的处理器授权模式使 SoC 的设计开源化。互联网企业拥抱开源，可以将庞大的流量和用户转化为软件的通用程度和功能性提升（如人工智能平台），或者 ICT 设备追求的性价比和稳定性提升（如云计算平台），从而形成降维打击。其余玩家难以正面和互联网巨头抗衡，只能利用开源平台发展多样化的应用，搭建“利基市场”壁垒。但在物联网领域，主导厂商是传统 ICT 企业和半导体企业，它们正在谋求通信协议、芯片方案等的通用化和多功能化。由于物联网领域竞争的是谁先升级，现有玩家均有不错的机会。

信息技术产业的三大思维如图 13 所示。

图 13　信息技术产业的三大思维

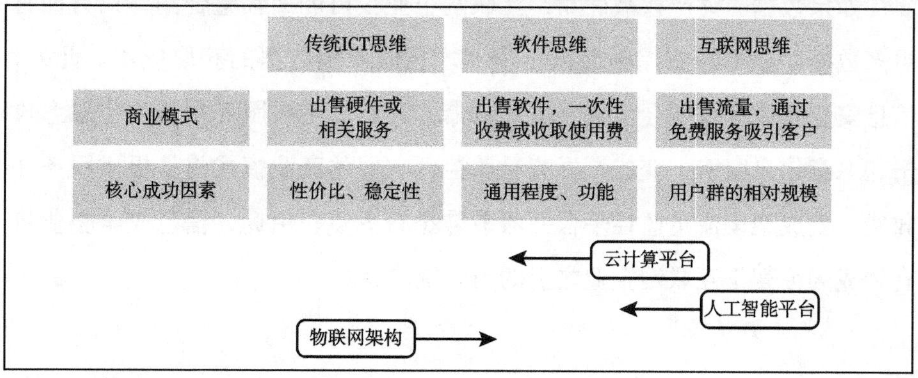

（三）大数据和隐私的边界：数据财产化

Intel 预测，2020 年全球数据量将达到 44ZB（4.4×10^{13} GB），人们的行为通过各类电子终端形成电子数据，并被各大科技企业利用，挖掘其中的商业价值。数字世界与现实世界的结合如此紧密，以致人们的隐私在大数据的采集和挖掘下正一点点受到侵犯。信息时代无法倒退，但信息的价值可以重构，正如 Sun Microsystems 的联合创始人 Scott McNealy 所言，在数据和隐私的战争中，人们已经输了，现在的问题在于谁拥有数据，这些数据的价值又属于谁。

核心数据财产化将成为未来趋势，科技巨头们可能需要付费才可以使用人们的社交、购物、地理信息数据。2016 年 6 月 27 日，《中华人民共和国民法总则（草案）》首次提请十二届全国人大常委会第二十一次会议审议。其中第一百零四条规定，民事主体依法享有物权，并明确规定具体权利或者网络虚拟财产作为物权客体的依照该规定。此外，第一百零八条第二款第八项还规定，民事主体依法享有知识产权，同时列举了作品、专利、商标等 9 种客体，其中包括“数据信息”。欧盟也正在探索立法保护隐私数据和数据的财产权。

如果数据的财产权被确立，互联网企业很可能面临整合潮，只有拥有更多数据才能更好地挖掘数据价值，才更能承担数据的获取成本。此外，信息安全企业有可能会发生颠覆式革命，它们的主要服务将从防止恶意攻击和恶意信息窃取，变成数据流量监控；它们的商业模式将从提供服务并收费，变成架设流量监控平台并收取数据费返点。由此，信息安全企业将有望成为凌驾于互联网企业之上的新的统治者。

四、信息技术产业投资机会与风险

根据我们对信息技术产业发展动态和未来发展趋势的分析，可以得出信息技术产业投资坐标（见图 14）。该坐标由三个维度构成。第一个维度是产业重要性；第二个维度是由预计未来市场规模和目前市场规模的差额组成的市场前景；第三个维度是行业集中度。从实现投资价值的角度，应当重点关注第二个和第三个维度；而从落实企业使命、推动产业发展的角度，则第一个维度非常重要。落在投资坐标图的第一象限（产业重要性高且行业集中度高）的领域，需要发动政府资源和社会资本共同努力，结合日本“官产学”一体研发路线和台韩持续集中资本、人力投入来提高竞争力。落在第二象限（产业重要性高但行业集中度低）的领域，需要在国家层面给予高度重视和政策扶持，而基于良好的发展前景和有利的竞争环境，市场力量也会主动推动其发展。落在第三象限（产业重要性低且行业集中度低）的领域，容易实现投资回报，适合进行股权投资。落在第四象限（产业重要性低但行业集中度高）的领域，适合围绕已有巨头寻找投资机会。

图 14　信息技术产业投资坐标

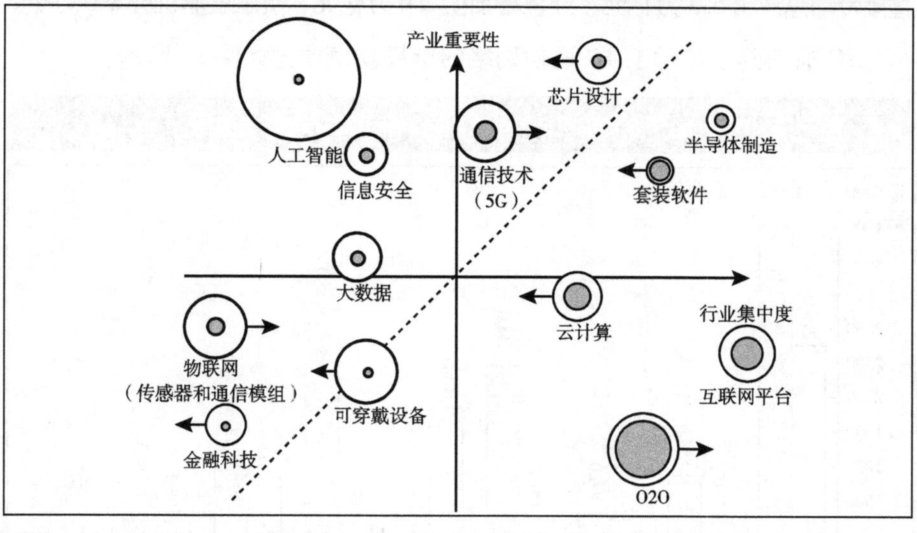

注：内环圆形代表目前市场规模，外环圆形大小代表预计未来市场规模。圆形大小与市场规模大小不成线性比例关系，仅供参考。
资料来源：本文编写组。

根据这一思路，我们总结提炼了对于股权投资机构而言具有较好投资机遇的若干领域，其中包括 5G 通信网络、人工智能、物联网（主要包括传感器和通信模块）、大数据、信息安全。

（一）重点关注领域的投资机会

如前所述，我们认为，在可预见的未来一段时间内，我国信息技术产业的潜在投资机遇主要集中在以下几个细分领域。

1. 5G 通信网络：基础设施先行，静待标准统一

5G 即第五代移动通信技术。和上一代 4G 技术相比，5G 通信技术拥有高反应速率、低功率消耗、强传输能力的特点，可切实满足高清视频、VR/AR、车联网等众多应用场景下的海量设备联网需求，是引领未来社会产业变革的关键通用技术。根据中国信息通信研究院测算，到 2030 年，5G 通信技术将直接带动总产出 6.3 万亿元、经济增加值 2.9 万亿元，贡献就业机会 800 万个。

5G 通信网络相对于 4G 通信网络的市场规模差异如图 15 所示。

图 15　5G 通信网络相对于 4G 通信网络的市场规模差异

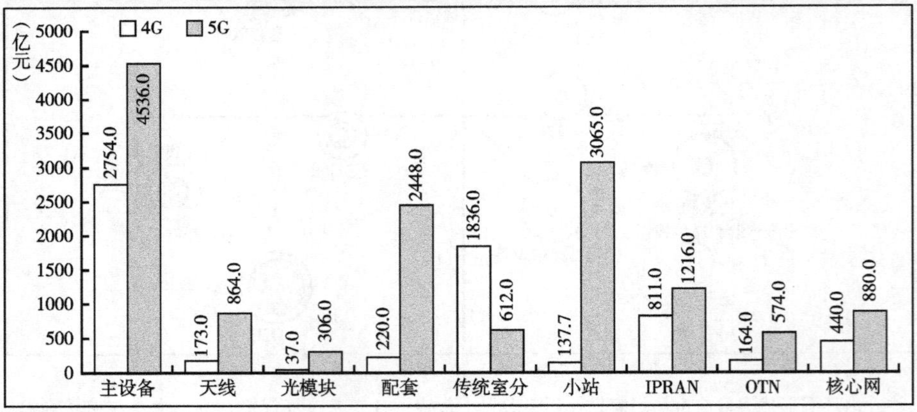

资料来源：三大运营商调研，中信证券研究部预测。

与 4G 时代参与通信技术行业标准制定有所不同，5G 时代的中国已成为主导这一新行业标准制定的重要国际力量，国际电信标准组织 3GPP 于 2017 年 12 月 21 日发布的第一版 5G 新空口国际标准，就有大量中资机构参与其中。而基于《中国制造 2025》、“十三五”规划纲要、2017 年政府工作报告等一系列政策推力，近年来，我国5G通信技术研发得以加速。根据国内三大电信运营商公开披露的资料，中国移动计划于2018年率先实现5G通信技术在国内多个城市的预商用，而中国联通、中国电信也计划在不晚于“十三五”规划纲要所要求的2020年实现5G通信技术的正式商用（见表8）。对照4G通信技术的历史演进路径可以发现，无论是政策利好还是产品落地，通信领域中基础设施的投资机遇均会在通信技术标准确认和终端设备产成之前来临。此外，国务院于2013年8月发布的《“宽带中国”战略及实施方案》也已伴随国内通信技术发展进程，如期进入比肩世界先进水平的优化升级阶段（2016~2020年）。因此，尽管5G通信技术标准的正式确认与运营商获得牌照尚需时日，但相关产业链各环节已经开始涌现一些投资机会。

表8　三大运营商5G发展规划

企业	年份	5G工作推动进程
中国移动	2017	在全国4~5个城市各设立7个站点，进行系统验证
	2018	拓广试用城市范围，每个城市站点增至20个，实现预商用
	2019	扩大试验网规模和城市数量
	2020	全网5G基站达到万站规模，商用产品实现规模部署
中国联通	2017	完成5G无线、传输、网络、安全关键技术的研究
	2018	完成5G关键技术的实验室验证与网络建设方案
	2019	完成5G外场组网验证
	2020	实现5G移动通信网络的正式商用
中国电信	2016~2018	实现5G网络演进架构与关键技术研究、技术概念验证；提出5G演进的技术方案、影响5G技术的发展及标准化走向；适时开展部分5G关键技术的实验室测试与外场试验
	2018~2020	开展4G引入5G的系统和组网能力验证；制定企业级5G技术规范，为引入5G技术组网提供技术指导；对部分成熟的5G技术，进行试商用部署
	2020~2025	按照中国电信CTNet 2025网络发展目标，持续开展5G移动通信后续技术演进的研究、试验以及商用推进工作

资料来源：C114中国通信网，5G网，中信建投证券研究发展部。

与4G相比，5G通信技术的最大改变体现在传输速率的再次强化与延时现象的持续优化，而技术的革新也将带动配套基础设施实现全面升级，从而衍生大量的投资机会。可以预见的是，随着5G通信技术对于数据吞吐量的要求进一步提升，更宽的频谱将成为未来应用主流，从而为终端设备天线、滤波器、光模块（25G～100G）等配套元器件在市场规模层面带来新的增长点。更高标准的数据吞吐量也会促进高速率无线基站的建造数量，从而大幅带动配套天线与主设备的采购规模。而相对于4G时代基站天线与主设备独立销售的固有模式，5G时代的基站天线将被集成于主设备中绑定销售，这一商业模式的转变势必使基站天线生产行业进行一次洗牌，行业龙头厂商或与主设备商有良好合作基础的企业，将有望在此次的行业集中度提升中获益。与此同时，应用于4G时代的室分（无源小站）则因为过往元器件的功能难以支持5G时代的更高频段，可能被新型室分（有源小站）大幅替代升级，这一曾在4G时代投资遇冷的细分领域，有望成为5G通信时代重要的投资机会。

综上所述，基于5G通信技术升级为产业链各环节带来的更高性能要求和商业模式改变，我们建议，关注受益于5G通信技术发展的主设备、基站天线、网络规划设计、终端天线、光模块、光纤光缆厂商，特别是上述细分领域头部企业、与三大运营商或通信解决方案龙头提供商建立过长期合作关系或已经中标三大运营商项目、进入铁塔公司5G通信技术相关项目采购名录中的企业。此外，鉴于5G通信技术标准的研发正在全球范围内同步开展，我们基于对投资风险分散和潜在市场容量开拓的综合考虑，建议关注在海外具备成熟渠道，有能力将基础配套硬件产品或通信解决方案服务推广至海外5G通信技术市场的成熟期企业。

2. 人工智能：结合市场实现腾飞，团队打造核心壁垒

受益于多家高校、科技巨头引领的研发潮流，以及庞大人口基数、联网设备共同生成的可供系统深度学习与反复训练的海量数据样本，我国的人工智能发展水平目前仅次于美国，在学术研究成果、从业公司数量与资本投入规模等方面均居全球领先地位。随着2017年7月8日国务院印发《新一代人工智能发展规划》，使人工智能发展上升为国家重大战略，我国人工智能产业发展即将进入快车道（见图16）。

图16　2016～2018 年我国人工智能产业市场规模

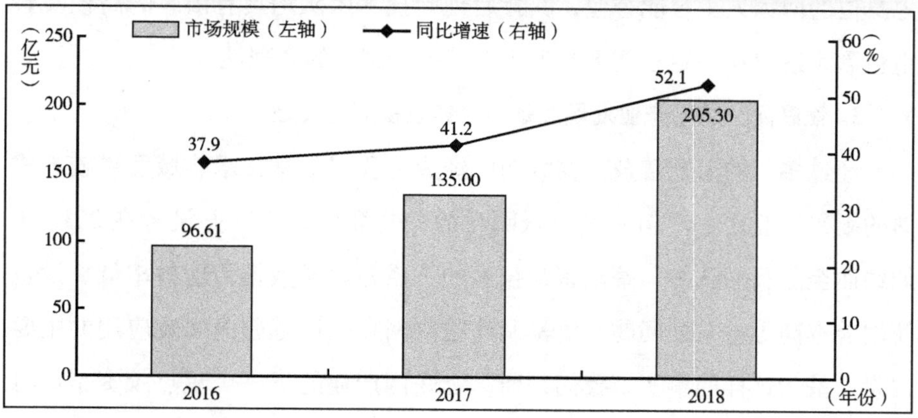

注：2018 年为预测数据。
资料来源：中商产业研究院。

长期以来，算法被视为人工智能企业的核心竞争优势，但在研发进度加快、技术迅速迭代的当下，基础算法为人工智能企业打造的“护城河”正在逐渐“干涸”。重要的是，人工智能技术的最大经济价值在于对传统产业变革式的升级改造，因此在技术优势帮助一批初创企业从大众名单中脱颖而出后，投资者下一步的主要关注点应当转移至技术与市场实际需求的结合度。相关技术在垂直行业中的快速应用不仅可以帮助人工智能企业占领市场份额、实现业绩落地，还能通过获取更多反馈数据，推动系统进行更高频次的深度学习并不断修正，直至完全满足市场实际需求。长此以往，人工智能企业确保实现运营的良性循环，投融资方才能达成双赢。

同时，我们建议关注通过高校实验室孵化的人工智能企业或衍生团队。尽管学术成果数量喜人，但我国人工智能人才存在巨大缺口仍是不争的事实。鉴于人工智能行业具有技术迭代速度快、人才依赖程度高、资源整合需求大的特点，在国家以空前力度支持行业发展、各大高校纷纷设立人工智能相关专业的时代背景下，关注具有高校背景的人工智能团队，不仅是对国家号召“产学研深度融合”的积极响应，更是获取高校科研资源、确保人才输入稳定、享受政策支持红利的关键投资逻辑。众所周知的是，我国当下在语音交互技术、计算机视觉深度学习领域分别取得全球领先身位的两家人工智能企业，其背后创始技术团队均具有浓厚的高校实验室色彩，这也在一定程度上验证了上述投资逻辑的合理性。

3. 物联网：破除产业发展瓶颈，传感设备亟待突破

经过多年的渗透普及，物联网已经成为我国信息技术领域发展较为成熟的新兴产业之一。但一度万众瞩目的“物联网元年”并没有在2017年如约而至。我们认为，基础感知技术的不成熟以及数据传输效率低、设备使用成本高等一系列问题，仍是制约物联网在更广范围内实现应用的主要因素。基于这样的事实，我们判断，物联网产业的下一个重点投资布局机遇，可能出现在位于物联网基础感知层、我国与全球顶级水平发展差距较大的传感器领域。除此之外，继2016年标准核心协议冻结、2017年实现商用落地之后，NB－IoT（窄带物联网技术）这一关键传输网络技术也有望成为2018年的重要投资主题。

作为数字时代外部信息接收的入口，位于物联网底部感知层的传感器是影响物联网整体发展的核心元器件。而随着物联网发展的不断深化，传感器在功能层面被不断赋予更多要求，智能传感器的概念就此产生。和传统传感器相比，智能传感器可以对外部数据进行储存、分析和处理，而实现了功能一体化、高精度、小体积的MEMS（微机械加工）传感器，是目前智能化程度最高的传感器，也被公认为物联网时代传感器的未来发展方向。尽管我国相关从业厂商经过多年沉淀，已合力形成长三角、珠三角、环渤海、中西部等多个产业集群，但在技术实力与市场份额方面仍大幅落后于国外MEMS传感器厂商。我们建议关注海外优质MEMS传感器设计厂商的并购机遇，主要基于以下考虑：（1）本土MEMS厂商从业起步晚、产品功能较弱、业务体量分散，短期内难以实现对国外同业竞争对手的技术赶超与产品替代；（2）与欧美等发达地区相比，我国制造业的原材料与人工成本较低、政策扶持力度大、MEMS传感器封装测试水平居全球领先地位，在此基础上，收购一家先进的海外MEMS传感器设计厂商，并围绕其展开全产业链布局，对于推动国内 MEMS 传感器产业整体发展具有重要意义；（3）MEMS 传感器的主要应用领域——消费电子、汽车电子、工业电子、医疗电子在我国均有良好的产业基础，收购一家先进的海外 MEMS 传感器厂商，进而嫁接至中国市场，实现企业业绩腾飞与投资收益，具有高度可行性（见图 17）；（4）由于全球 MEMS 传感器产业目前仍处于发展初期，即便是海外顶级的 MEMS 传感器厂商，其业务规模与赢利能力相较于其他信息技术产业核心零部件供应商也并不突出。大多数优质标的体量适中，而受困于过高研发支出导致的企业长期亏损，外方管理层并不排斥将企业出售，相关领域的项目并购具备较强的可操作性。

图 17　全球四大应用领域的智能传感器市场规模

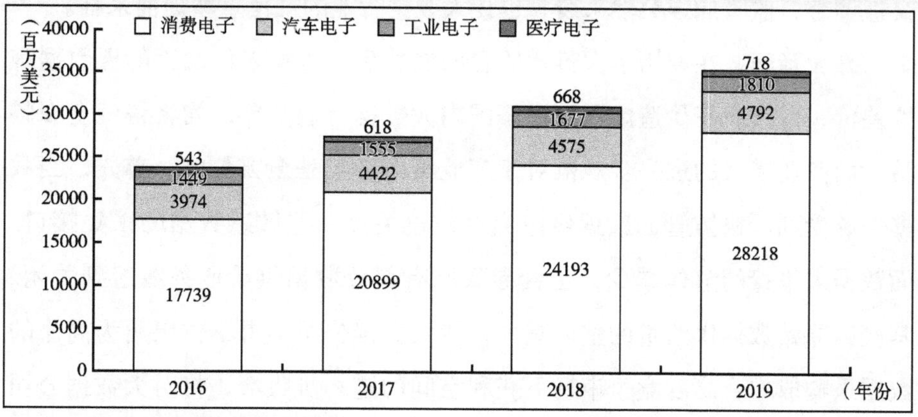

注：2018 年和 2019 年为预测数据。
资料来源：中国信通院，广证恒生。

NB - IoT（窄带物联网）是一种数据传输技术，主要应用于低速率物联网领域，这一业务通常对应日常生活中使用频次较低的数据监测器，拥有极大的待连接设备基数，却长期没有合适的数据传输技术与之对应，只能通过中速率物联网传输技术 GPRS 进行维持。过高的成本导致海量设备出于经济效益考虑而未实现联网，也间接导致物联网社会"万物互联"进度的延缓。根据工信部《关于全面推进移动物联网（NB - IoT）建设发展的通知》，到 2017 年末我国应建成 NB - IoT 网络基站 40 万个，实现机器间连接超过2000万组，到2020年末建成基站150万个，机器间总连接数超过6亿组。这一要求将大大提升NB－IoT技术在我国的普及程度，同时带动整条产业链上的多个投资机会。基于可见市场容量和集中度竞争态势两个维度，我们建议关注拥有丰富4G LTE模组供应经验并已再次中标三大运营商NB－IoT采购项目的模组厂商、垂直行业应用分析软件平台开发商以及智能终端设备制造商的投资机遇。

4. 大数据：监管加强重塑行业规范，受益企业投资机遇隐现

自2014年被写入政府工作报告以来，我国大数据产业蓬勃发展，并与国内另一新兴商业模式——互联网金融业务相得益彰。然而2017年5月，就在《中华人民共和国网络安全法》正式施行前夕，国内部分大数据公司突遭调查，监管加强突然来袭，也让大数据行业的规范重塑提前来临。

毫无疑问，在经历本次行业监管的洗礼后，售卖未经加工的裸数据赚取差价、以次充好伪造虚假数据等国内大数据行业乱象，均将得到全面整治。而商业模式的进一步规范对于产业链的影响是全方位的。首先，当数据来源受到严格监管，数据供应商将被迫关停一些敏感数据的采集接口，而数据采集量的整体减少，也会导致原有部分数据供给业务线遭到关闭。其次，原始数据供给量的整体减少，使大数据公司不得不付出更为高昂的数据采购成本，高度竞争市场下获利空间的进一步收窄，将对大数据公司基于原始数据进行分析加工，并进一步产生高经济附加值的能力提出更为苛刻的要求。

我们认为，国内大数据行业正在经历的监管考验，是行业从新兴迈向成熟、从浮夸回归理性的必经之路。正如2017年三大健康大数据集团、中国联通大数据公司的应运而生一样，具备数据采集、储存能力和资金支持能力的各投资方合资布局大数据行业或将成为未来主要投资趋势（见表9）。我们建议关注业绩规模较好，且经营情况稳定的大数据公司，此类公司长期运营规范、上下游合作渠道可靠、赢利模式清晰且已进入发展稳健阶段，有望借本次大数据行业洗牌的时机，一举甩开其他竞争对手，确立行业领先地位。

表 9　三大健康医疗大数据集团情况概览

公司名称	成立时间	主要成员单位
中国健康医疗大数据产业发展集团公司	2017 年 4 月 13 日	中国电子信息产业集团公司、国家开发投资公司、中国联合网络通信有限公司、中国国有企业结构调整基金股份有限公司
中国健康医疗大数据科技发展集团公司	2017 年 4 月 27 日	神州数码控股有限公司、中国工商银行股份有限公司、中国银行股份有限公司、中国科学院控股有限公司、中国电信集团公司、中国信达资产管理股份有限公司、首钢集团有限公司、广州市城市建设投资集团有限公司、东软集团股份有限公司、浪潮集团有限公司、万达信息股份有限公司、易联众信息技术股份有限公司、荣科科技股份有限公司
中国健康医疗大数据股份有限公司	2017 年 6 月 20 日	中国移动通信集团公司、浪潮集团有限公司、中国国新控股有限责任公司、国家开发银行、中国工商银行股份有限公司、中国农业银行股份有限公司、中国银行股份有限公司、中国建设银行股份有限公司、交通银行股份有限公司

资料来源：新华网。

5. 信息安全：政策驱动丰富投资主题，新兴市场增强成长前景

长期以来，我国信息安全领域面临严重的投资不足局面。而随着 2017 年多项指导政策陆续释放红利信号，以及行业不断衍生新的细分业务领域，我国信息安全领域有望在 2018 年迎来投资布局的合适时机。不同行业信息安全建设的需求空间见图 18。

2017 年 6 月 1 日起正式施行的《中华人民共和国网络安全法》，不仅通过法律形式扩大了监管范围，也进一步明晰了监管对象与责任力度。可以预见的是，过往信息安全领域“去 IOE”等政策执行不通的局面将得到大幅改善，合规需求有望推动信息安全市场规模进一步上升。因此，我们建议关注股东背景强大、拥有长期积累自主可控技术的计算机、服务器、存储设备制造商投资机会。同时，军民融合也开始向深度发展，中央军民融合发展委员会于 2017 年 1 月正式成立，并于当年召开两次全体工作会议。我们建议从盘活现有存量业务、突破行业准入壁垒的角度入手，关注体量较大、业务稳定的军工企业混合所有制改革带来的机遇，以及具有一定技

图 18　不同行业信息安全建设的需求空间

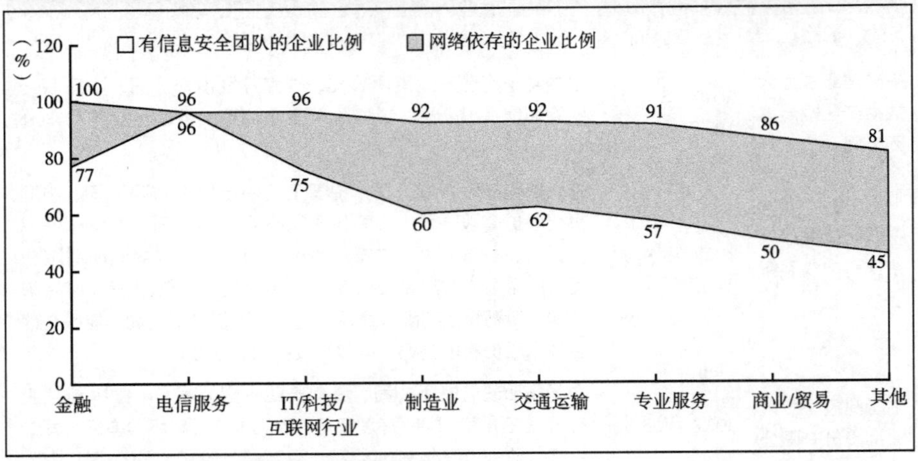

资料来源：腾讯，中国网，信达证券研发中心。

术实力且长期参与军工项目代工合作的民营科技类企业的参股机会。

移动互联网在提升用户生活便利性的同时还带来更多的安全接口隐患，物联网设备在感知、传输的过程中可能遭到恶意侵入操纵，企业信息系统“上云”后存储的海量数据也存在被泄露与盗取的风险。2014～2016年我国云安全市场规模见图 19。我们认为，新兴领域的信息安全防护功能仍基于传统 IT 防护的技术原理，且其产生大多同步于或晚于相应的新型信

图 19　2014～2016 年国内云安全市场规模

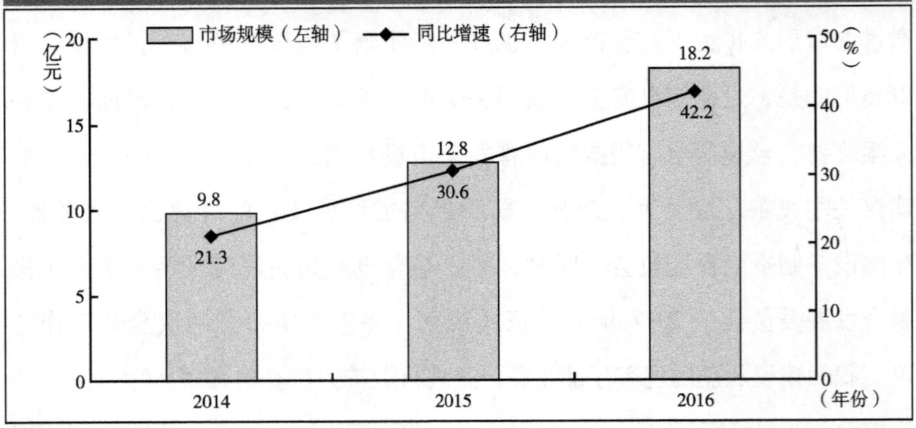

资料来源：CCID，东北证券。

息技术。因此在行业发展初期、新型信息安全服务商树立竞争壁垒前，建议关注拥有完备传统安全防护产品线、正在开展新兴安全防护业务的传统 IT 安全服务商，或长期专注某一新兴信息安全领域、技术成熟的新型信息安全服务商。

（二）信息技术产业投资风险提示

1. 高科技板块投资热度和应用落地程度的不匹配

新一代信息技术产业蓬勃发展在为投资者带来大量布局机会的同时，也在一定程度上炒高了拟投资对象的实际价值。近年来，估值、市盈率激增的信息技术概念“独角兽企业”“妖股”频现，既说明信息技术产业在国内资本市场的受关注程度，也带来了投资泡沫持续膨胀的隐忧。和居高不下的投资热度相比，一些先进技术理念与现实场景的结合实则面临较大的不匹配性，技术标准不统一和数据接口不规范，将会持续挤压不具备行业话语权的小型创新企业的生存空间。此外，我国信息技术产业的从业者多呈现重技术、轻市场的偏颇特点，科技成果的低转化率常使得企业无法实现预期业绩，最终投资失败。

此外，一些新近涌现的商业理念在技术水平不成熟、发展模式不清晰的情况下，也仍需等待一定时间去获得市场的验证与接受。以区块链技术为例，其“去中心化”的核心技术理念，既可以为用户简化交易过程、防范隐私泄露，又可以为行业节约配套资源、提高交易效率，在规模化商业交易中所起到的信息准确化、可信化作用毋庸置疑。然而，这一新兴概念在后续技术演进及应用拓展过程中，也会引发一系列新问题。就发展现状而言，目前的区块链技术仅能解决其自身所处系统内部的数据可信度问题，尚无法与具体应用行业交易数据的确认规则衔接，使市场大众望而却步。而虚拟货币等基于区块链技术原理的高热度衍生品，也已经开始遭遇全球范围内的监管风暴，前途未卜。综上所述，从技术水平实现、商业理念接受、监管认证许可等角度来讲，以区块链技术为代表的一系列新兴商业模式仍需要一定的窗口期，静候真正的通用机遇，为投资者带来价值回报。

2. 渗透率瓶颈——物联网普及低于预期，VR技术发展不成熟，“去IOE”计划进度缓慢

多年来屡见报端的“物联网元年”与市场规模激增尚未如期到来，一度成为火热话题的VR投资浪潮如今趋于沉寂，IT基础设施的“去IOE”计划进度缓慢，随着新一代信息技术的普及开始步入深水区，其所面临的渗透率瓶颈问题将越发凸显，一些前瞻性投资布局的结果不容乐观。

一方面，技术发展不成熟仍是我国信息技术企业面临的最大挑战。数据采集难度大、信息传输效率低、硬件迭代速度慢等问题导致较差的用户体验，降低了相关产品普及率，从而影响了从业者预期业绩的实现。另一方面，受替代成本、经营理念、发展战略等因素的影响，信息技术行业的目标用户尚未完全接受基于新兴理念的创新产品或服务，仍需一段时间等待市场成熟期的到来。这都为投资回报周期及预期收益率带来了严峻考验。

3. 监管趋严引发行业重新洗牌

尽管新一代信息技术企业的兴盛主要由科学技术演进与商业模式创新驱动，但其对于行业政策同样有较高的依赖度。近年来，随着信息技术行业的高速发展，相应的配套政策也不断出台，在扶持相关行业持续成长的同时，也对行业发展的有序性进行了更为细化的规范，从而引发各细分行业在大量融资进行跑马圈地之后的又一次大规模洗牌。在当前经济发展模式“脱虚向实”、金融风险监管力度持续加强的时代背景下，缺乏从业牌照等必备的准入资质、存在数据泄露等应用安全隐患、利用短期监管漏洞开展无持续营利业务的企业，必将受到强烈冲击，随之而来的业务线萎缩、被动式裁员等一系列连锁负面效应将导致企业业绩与估值急剧下滑，投资宣告失败。

参考文献

［1］中国信息通信研究院：《5G 经济社会影响白皮书》，2017 年 6 月。

［2］波士顿咨询公司、阿里研究院、百度发展研究中心、滴滴政策研究院：《解读中国互联网特色》，2017 年 9 月。

［3］《格局已定，“国家队”主导筹建三大健康医疗大数据集团》，新华网，2017 年 6 月 21 日，http：//news. xinhuanet. com/info/ttgg/2017 - 06/21/c_ 136383349. htm。

［4］边铁城、蔡靖、袁海宇：《〈网络安全法〉落地扩展信息安全行业成长空间》，信达证券研究报告，2017 年 8 月 31 日。

［5］陈凯：《全球人工智能市场概览》，2017 年 7 月 27 日，中国产业信息网，http：//www. cnii. com. cn/mobileinternet/2017 - 07/27/content_ 1877660. htm。

［6］王莉、杨明辉、张立新：《5G 引领技术创新和产业革命，智能手机射频器件大有可为》，东吴证券研究报告，2017 年 10 月 10 日。

［7］顾海波、郑泽科、徐涛：《5G 投资的资金配置和投资时点分析》，中信证券通信行业 5G 系列专题研究报告，2017 年 11 月 21 日。

［8］闻学臣、何柄谕：《信息安全传统市场稳增长，新兴市场多点爆发》，东北证券研究报告，2017 年 7 月 30 日。

［9］徐勇、高峰：《围绕电子行业价值链条、探索高成长性行业机会》，渤海证券研究报告，2016 年 8 月 25 日。

［10］张帆：《3 大模式 15 家平台盘点智能投顾》，2017 年 5 月 4 日，亿欧网，https：//www. iyiou. com/p/44601。

［11］*IoT Hardware：Top IoT Chip Manufacturing Companies*（*Omnim2m*），http：//omni - m2m. com/iot - hardware - top - iot - chip - manufacturing - companies/.

［12］*Top 13 Best Big Data Companies of 2018*（*2017*），http：//www. softwaretestinghel - p. com/big - data - companies/.

［13］*Top Internet of Things Companies*（*Postscapes*），https：//www. postscapes. com/compani - es/.

［14］Chris Neiger，*3 Top Internet of Things Companies You Can't Afford to Miss*（*2016*），https：//www. fool. com/investing/general/2016/01/14/3 - top - internet - of - things - companies - you - cant - miss. aspx.

［15］DavidRamel，*Report：Microsoft Chasing Cloud Leader AWS with 93 Percent Growth Rate*（*2017*），https：//awsinsider. net/articles/2017/05/15/canalys - cloud - report. aspx.

［16］Rahul，*IoT applications spanning across industries*（*2017*），https：//www. ibm. com/blo - gs/internet - of - things/iot - applications - industries/.

［17］StreetAuthority，*3 Chipmakers Powering The Internet Of Things*（*2017*），http：//ww - w. nasdaq. com/article/3 - chipmakers - powering - the - internet - of - things - cm862255.

［18］Tom and Kevin，*How Big is the Fintech Addressable Market*（*2017*），https：//www. b - ouldere quityanalytics. com/single - post/2017/08/08/How - Big - is - the - Fintech - Addressable - Market.

2018年养老健康业最新趋势与投资机会

韩知佑

经济学硕士，建投控股有限责任公司投资部业务副经理

投资提示

- 养老服务方面：养老服务机构的发展趋势是连锁化、规模化和医疗化，社区及居家养老服务方面尚未有成熟的商业模式；关注从事连锁运营、管理输出的养老服务机构以及小型连锁医护机构。

- 医疗服务方面：医改持续深化，企业医院剥离进入收官年，民营医疗机构仍是热点，第三方独立医疗机构具备发展的机会，中医药获得政策空前支持；关注医院、康复机构、第三方独立医疗机构、中医药的相关机会。

- 其他方面：关联行业开发老龄产品或服务存在机会，包括医械企业开发家用康复器械，旅游企业开发老龄旅游产品，护理人员培训和认证类机构发展迅速，健康险需求迫切。

一、2017年养老健康业[①]发展回顾

2017 年 10 月 18 日，党的十九大在北京召开，会议明确实施“健康中国”战略，这是继“健康中国 2030”规划之后，再次将大健康产业提升到国家战略层面。

2017 年，大健康产业仍然是各路资本追逐的热点。据不完全统计，全年共有接近 40 只大健康产业基金设立或拟设立，基金整体规模预计接近 1000 亿元。[②] 基金投资领域涉及医院、医疗器械、医疗耗材、体外诊断、养老服务、健康管理、生物技术、康复、影像等领域。2015 年以来，已有近 2500 亿元的资金布局或拟布局大健康产业。

（一）2017年养老服务业发展回顾

1. 2017 年养老服务市场投资并购概况

2017 年，国内资本持续布局养老健康领域。不同于前两年的资本疯狂涌入，2017 年资本对于养老服务业的投资更加谨慎，投资并购市场表现出两个明显的趋势，即大资本产业布局火热和创业项目趋冷。

大资本产业布局火热主要体现在保险企业、房地产企业和上市公司的强势参与。保险系企业利用其保险产品的天然优势以及保险与养老之间的天然联系，持续推进在养老健康服务业的布局。泰康保险布局最为广泛，在一线城市及武汉、沈阳、大连等城市逐步开发养老社区，配合医院收购，迅速推进保险、医疗、养老的结合布局；中国人寿在北京、天津、苏

① 养老健康业涵盖内容较多，本文将主要就养老服务、医疗服务展开。

② 根据公开资料统计和估计。

州等地布局国寿嘉园；太平人寿在其梧桐人家机构养老的基础上，持续签约全国专业养老社区，打造机构养老与旅居式养老结合的模式；合众人寿则在国内外持续发力，收购美国 39 处养老资产，并在长三角地区收购 7 家养老院，逐步完善其在大健康领域的版图。

房地产企业则利用其天然的物业开发及运营方面的资源优势，继续深入在养老健康领域布局。碧桂园收购北京九华山庄，进军养老公寓；万科持续其在养老健康领域养老社区、养老机构及社区居家的布局；绿地集团与复星星堡合作进军养老地产；保利地产开展首个嵌入式社区养老机构“保利慧福享”长者照护之家，由机构向社区扩展；恒大健康以健康管理为切入点，在原有社区健康诊疗的基础上，融入康复、养老等服务板块，开发恒大养生谷，逐步完善其房地产 + 保险 + 健康的产业版图。

上市公司则以转型需求和产业链延伸为主，泰达生物收购上海睦邻养老 70% 的股权，为自身业务增加新的赢利点；宜华健康在收购亲和源后，斥资收购 4 家医院，完善其在健康领域的版图；金陵药业收购湖州福利发展 67% 的股权，湖州福利发展持有湖州市社会福利中心和湖州康复医院 100% 的权益，推进医养结合业务布局。

创业项目趋冷主要表现在养老行业创投项目投融资数量急剧下降。据动脉网统计，2017 年，养老服务领域仅有 3 起投资事件，分别为智慧养老和旅居养老项目，融资金额 3500 万元。相比于 2016 年的 13 起，投融资市场冷至冰点。

2. 2017 年养老服务市场发展特点

供需结构失衡仍然存在：根据 Wind 的统计数据，截至 2016 年底，中国养老服务床位达到 730 万张，但同期床位利用率不足 60%；与此同时，部分地区的养老机构存在一床难求的情况。排队入住与高空置率同时存在，2017 年供给结构仍未有根本性转变，中国养老床位需求供给存在结构性失衡。

机构养老赢利能力仍需提升。根据民政部 2015 年 1 月的公开数据，

50% 以上的民办养老机构收支刚刚持平，40% 的民办养老机构长期处于亏损状态，能赢利的养老机构不足 9%。[①] 根据我们的调研，2017 年，机构养老赢利能力仍然严峻，养老机构面临赢利能力亟待提升的问题。通常，运营 3 年以上的养老机构收支平衡且稳定，扩张期困难，前期投入成本是关键因素。

社区养老尚未成体系，模式仍需探索。《中国家庭发展报告（2015）》的调查结果显示，中国家庭老年人最强烈的需求是健康医疗，特别是对社会化需求比较强烈。中国社区健康养老体系尚未成熟，当前多以社区日间照料中心或社区服务中心的模式运营，对老年群体的养老支撑缺乏力度。根据 Wind 的数据，中国社区服务机构覆盖率在 2015 年底达到 52%，包含社区服务中心、社区服务站、社区养老机构和设施等；社区养老机构的覆盖率更低。国务院《“十三五”国家老龄事业发展和养老体系建设规划》指出，依托城乡社区公共服务综合信息平台，以失能、独居、空巢老年人为重点，整合建立居家社区养老服务信息平台、呼叫服务系统和应急救援服务机制，方便养老服务机构和组织向居家老年人提供助餐、助洁、助行、助浴、助医、日间照料等服务。

居家养老模式尚不清晰，市场仍处于探索期。根据《中国家庭发展报告 2016》，中国家庭对社会化照料的需求较大，调查结果显示，近九成家庭有不同程度的照料需求，近四成家庭有双重照料需求（即儿童照料和老人照料）。中国居家养老方面已有一些服务提供商，但规模小，且多数仅能提供日常照料和家政类服务，能够提供医疗护理等专业化服务的机构较少。居家养老的服务模式仍需探索，上门服务的高成本、低效率与客户的支付能力和意愿存在较大差距，是制约居家养老模式发展的核心问题。

社区、机构存在地域局限性，连锁化经营企业较少。社区及机构养老服务具有一定的服务半径，仅能覆盖一定范围内的社区和居民，且社区养

① 参考 2015 年中国老龄科学研究中心发布的《中国养老机构发展研究报告》。

老究竟是面向可自理老人还是非自理老人，定位仍不清晰。因此，成熟的运营模式和可复制性是社区养老机构与机构养老机构发展的关键。

养老人才缺乏仍是行业痛点。根据国务院关于“十三五”期间国家老龄事业发展和养老体系建设的主要指标，未来护理型养老床位占比不低于30%，根据现有养老床位规模730万张及1∶10的床位护工比例，仅对专业护理人员的需求就超过70万人，若考虑基本照护床位、社区照料中心及居家服务人员，对专业养老护理人员的需求会更多。

3. 养老服务行业的主要服务模式

居家养老：指为居家生活的老年群体提供社会化的日常照护、健康管理及医疗服务。当前安康通的主要客户为政府购买服务。

社区养老：指通过日间照料中心和社区小型化养老机构提供的社会化服务，为覆盖社区内老人提供专业的日间照护服务，并承担部分居住护理功能。该模式的关注点在于成熟可复制的运营模式、社区单体盈利来源等。

机构养老：指专门的养老机构（包括福利院、养老院、托老所、老年公寓等），对老人进行全方位的照顾。机构养老是重要的养老模式之一，也是当前市场最为认可和追捧的养老方式。根据投资主体和经营主体的不同，结合国际国内的养老实践，可将养老机构分为公建公营、公建民营、民建公助以及民建民营养老机构，鉴于本文主要讨论养老产业市场的主旨，公办公营的情况将不作为重要模式介绍。

公建公营养老机构是由政府部门投资、经营的非营利性养老机构，具有很强的福利性质，一般收费较低，且为五保及贫困老人提供保障。

公建民营养老机构是由政府部门投资，社会方运营的养老机构。政府部门通过租赁、承包、股权转让等方式将养老机构的场地及设备使用权转让给社会资本方，由社会资本方负责具体经营事务。自民政部2013年12月启动第一批公办养老机构改革试点工作以来，截至2016年10月，已有

1100 多家公办养老院实施了公建民营改革。[①] 公建民营的定价受政府指导价影响，且多数需要承担一定比例五保老人的养老责任，运营成本主要为前期部分适当性改造投资、人工成本、餐饮成本、少量的场地租金。公建民营的养老机构主要关注合作性质、经营权限、社会资本方的盈利来源、未来运营权利的更迭等方面。

民建公助养老机构主要是指由社会资本方投资并运营，政府提供适当政策优惠的养老机构，该类养老机构多为非营利性养老机构，可从政府部门获得的优惠政策主要包括税收优惠、财政补助以及养老运营的补贴等。该类养老机构实质为社会资本运作，收费会有一定的限制，主要成本构成有物业租金或自有物业摊销、物业改造装修摊销、养老设备投入摊销、人力成本、老人餐饮成本等。该类养老机构主要关注营利性质、社会资本方的回报情况、物业持续性、管理运营能力等方面。

社会化运营的养老机构是社会资本投资运营的营利性养老服务机构，是市场化程度最高的养老机构。该类养老机构收费根据市场确定，主要成本构成包括物业租金或自有物业摊销、物业改造装修摊销、养老设施投入摊销、人力成本、老人餐饮等。该类养老机构主要关注物业权属、运营能力、可复制性等方面。

（二）2017年医疗服务行业发展回顾

1. 2017 年医疗健康行业投资并购概况

2017 年，中国医疗健康行业处于变革的重要时期，医疗体制改革不断深化，人口结构变化加剧医保控费的压力，分级诊疗、处分外流等改革措施逐渐深入，技术驱动下的医疗服务逐渐改变传统医疗，越来越多的前沿

① 《民政部办公厅发展改革委办公厅关于开展以公建民营为重点的第二批公办养老机构改革试点工作的通知》。

技术渗透至大众消费领域，精准医疗和基层医疗或将改变现有诊疗格局等。

2017 年，医疗健康行业的投资热度稍减，市场趋于理性。投资热点主要围绕技术驱动和医疗服务扩展和重构两方面，技术驱动主要包括生物技术、医疗器械、人工智能等，医疗服务扩展和重构主要包括基层医疗、民营医疗、公立医院改革、医药零售和医联体等方面。与此同时，医疗健康行业海外并购持续火热，前十起并购交易额即达到 455 亿元。

技术驱动方面，生物技术中基因检测、生物医药领域最为活跃，基因检测更是伴随华大基因和贝瑞和康的相继上市成为年度热点，全年融资金额接近 100 亿元；生物医药领域，各种创新药等核心疗法不断推出，创新性企业获得关注。医疗器械方面，与人工智能、物联网、信息化和 3D 打印技术等的结合成为热点。

医疗服务扩展和重构方面，基层医疗领域，包括连锁诊所和第三方医疗服务机构，共计获得数十亿元的融资，其中连锁诊所获得 24 亿元融资额，有望重构基层医疗体系；民营医疗方面，基于良好的政策环境，社会资本对医疗机构的投资热情高涨，据不完全统计，2017 年社会资本参与接近 100 个医院项目的建设、改制和剥离；医药零售领域，多家医药零售连锁企业登陆资本市场；中医服务领域在政策支持下逐渐受到资本青睐。

海外并购持续火热，大额交易案例不断诞生：2017 年 1 月，三胞集团宣布 8.19 亿美元收购美国生物制剂公司 Dendreon；2017 年 4 月，科瑞集团 13 亿欧元收购德国血制品企业 Biotest；2017 年 10 月，复星医药以 10.9 亿美元收购印度药企 GlandPharma。海外并购的火热展现了资本对于医疗健康行业的信心，海外优质标的或将持续成为中国资本追逐的目标。

2. 2017 年医疗服务行业发展特点

医疗需求持续增长（见图 1）。人口老龄化持续改变人口结构，高患病率群体增加；慢性病患病人群低龄化；二胎政策实施，新生儿数量回升等因素提升对医疗服务的需求。

图1 2010~2015年医疗机构年诊疗人次及增速

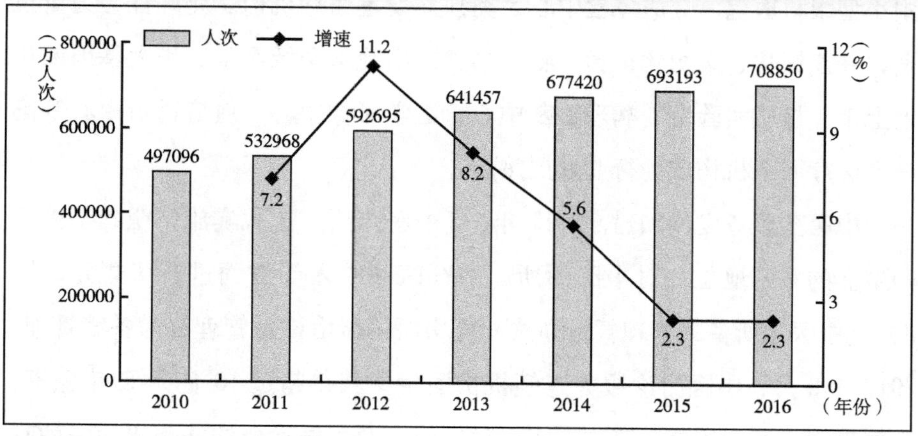

资料来源：中国卫生与计划生育委员会，Wind。

医疗机构供给呈现结构性失衡。中国各级医疗机构病床使用率存在严重差异，根据2015年统计数据，三级医院病床使用率为98.8%，二级医院为84.1%，一级医院为58.8%，呈现二级、三级公立医院供不应求，基层医疗机构与民营医疗机构空置率较高的局面。

公立医院仍占据绝对主导地位。2015年民营医院机构数量超过公立医院，占比52.6%，但民营医院的床位数仅占19%，床位空置率接近40%，仅承担了12%的诊疗任务。民营医院在服务能力上仍然落后于公立医院。

基层医疗服务能力弱，或将成为行业新宠。2015年，中国基层医疗卫生机构占医疗机构数量的93.82%，但仅承担了56.36%的诊疗任务。分级诊疗鼓励发展基层医疗机构服务能力，政策鼓励开设基层诊所等基层医疗机构。2017年，有12家新型诊所获得融资，基层医疗机构或成为大健康行业布局新入口。

医联体迅速发展。截至2017年11月底，专科医联体已在全国28个省级地区落地，数量达到50个。医联体的迅速发展得益于医疗改革的逐步深化，有助于医疗资源的共享和流动。

第三方医疗服务机构成热点。2017年，国家卫计委在已有的5类独立设置医疗机构的基础上，新增康复医疗中心、护理中心、消毒供应中心、中小型眼科医院、健康体检中心 5 类独立设置医疗机构。允许社会力量投资，并连锁化、集团化运营。随着第三方实验室金域医学、华大基因的相继上市，检验实验室、病理诊断中心、医学影像中心、血液透析中心等第三方医疗服务机构成为行业发展热点。

中医药服务发展加速。2017 年，《中医药法》正式实施，明确了中医药事业的重要地位，对中医诊所、中医医师准入等方面进行了规定，同时，《中医诊所备案管理暂行办法》将中医诊所由许可管理改为备案管理。2017 年 8 月，中医门诊服务连锁机构固生堂获得超过 10 亿元 D 轮融资，中医连锁诊所开始进入资本视野。对中医院及中医诊所的并购成为一种趋势，据不完全统计，2017 年已发生 4 起中医医疗机构的收购事件，资本布局中医药健康服务全产业链趋势初现端倪。中医药服务或成为医疗健康行业发展的又一热点。

3. 医疗行业政策影响回顾

医疗改革不断深化。2017 年 4 月，国务院办公厅发布《深化医药卫生体制改革 2017 年重点工作任务》，指出以“健康中国”建设为引领，坚持把基本医疗卫生制度作为公共产品向全民提供，坚持保基本、强基层、建机制，深化医疗、医保、医药联动改革，着力推进分级诊疗、现代医院管理、全民医保、药品供应保障等工作。

持续鼓励社会办医。2016 年政府工作报告将民营医院作为卫生事业的优先发展项目和新医疗改革的一部分，中国政府鼓励民营资本成立并运营医疗机构。

允许多点执业。2016 年 11 月，国家卫计委发布《医师执业注册管理办法（征求意见稿）》明确鼓励医师多点执业，允许医疗机构在职、因病退职或者停薪留职的医务人员申请设置医疗机构。多点执业将助力基层医疗服务能力提升。

公立医院改革持续深入。2017 年，公立医院综合改革试点全面推开，城市三级医院门诊人次占医疗卫生机构总诊疗人次的比重初步降低，药占比降低明显，医疗服务价值获得认可。

企业办医院剥离快速推进。2016 年，国务院印发《加快剥离国有企业办社会职能和解决历史遗留问题工作方案的通知》，要求剥离企业办医疗、教育等公共服务机构，并于 2018 年底前完成企业办医疗、教育机构的移交改制或集中管理工作。2017 年 3 月，徐矿集团旗下原有 19 家医院被一次性打包改制；2017 年 10 月，晋煤集团下属 7 家医院一次性重组改制。企业办医院剥离改制快速推进。

（三）2017年医养结合成为养老健康业重要发展方向

医养结合是养老健康业重要的发展模式，是缓解中国医疗资源分布不均及基层医疗资源严重不足等问题的养老模式，其发展重点在于医疗服务。2017 年，医养结合模式已经成为养老健康业发展的重要方向之一。2017 年 5 月，国务院常务会议确定支持和鼓励社会力量举办全科诊所，促进有实力的社会办门诊部跨省市连锁经营。基层诊所建设的大力推进有利于基层社区及养老机构医养结合的实施。2017 年 10 月，党的十九大报告提出积极应对人口老龄化，构建养老、孝老、敬老政策体系和社会环境，推进医养结合，加快老龄事业和产业发展。医养结合具有以下几种发展模式。

1. 医疗机构延伸养老服务

现有的医院、社区医疗服务中心，只要有条件就可延伸养老服务，结合当前公立医院改革，原有的医疗机构也可以改造成康复医院、护理中心等，为老年群体提供连续的医疗养老服务。

2. 医疗机构与养老机构合作

该种模式最为可行，养老机构与附近的医院、社区医疗中心等进行合作，为养老机构的老人提供定期巡诊，遇到紧急情况优先处理并及时转诊。

3. 养老机构增设医疗服务资质

目前，中国的大多数养老机构没有开设医疗机构、诊所或康复护理中心，国家鼓励养老机构内设医疗机构。2015 年国家卫计委印发了养老机构医务室、护理站的基本标准；2017 年国家卫计委发布《关于深化“放管服”改革激发医疗领域投资活力的通知》，指出取消养老机构内设诊所的设置审批，实行备案制，该项举措将促进基层养老机构养老服务与医疗服务的衔接。

4. 家庭医生及基层医疗机构协助居家养老

随着分级诊疗系统的扩展，未来家庭医生、社区医疗中心等会成为居家养老、医养结合的主要网络终端，通过家庭医生及社区医疗中心，可及时了解居家老年群体身体情况，为居家老年群体提供医疗养老服务。

二 2018年养老健康业发展趋势展望

（一）从政策角度看，社区居家、医养结合、社会办医是趋势

养老健康业具有一定的公益性，从政策角度看，可以一窥 2018 年养老健康业的发展趋势及主要变化。

党的十九大报告提出，实施健康中国战略。要完善国民健康政策，为人民群众提供全方位全周期健康服务。深化医药卫生体制改革，全面建立中国特色基本医疗卫生制度、医疗保障制度和优质高效的医疗卫生服务体系，健全现代医院管理制度。加强基层医疗卫生服务体系和全科医生队伍建设。全面取消以药养医，健全药品供应保障制度。坚持预防为主，深入开展爱国卫生运动，倡导健康文明生活方式，预防控制重大疾病。支持社会办医，发展健康产业。积极应对人口老龄化，构建养老、孝老、敬老政策体系和社会环境，推进医养结合，加快老龄事业和产业发展。

2017 年 3 月，国务院发布关于《“十三五”国家老龄事业发展和养老体系建设规划》，明确到 2020 年中国老龄事业发展的目标：以居家为基础，社区为依托，机构为补充，医养结合的养老服务体系更加健全，其中政府运营的养老床位数占当地养老床位总数的比例不超过 50%，护理型床位数占当地养老床位总数的比例不低于 30%，65 岁以上老年人健康管理率达到 70%，二级以上综合医院设老年病科的比例不低于 35%。

大力发展居家社区养老服务，推动专业化居家社区养老机构发展，且鼓励有条件的地方通过委托管理等方式，将社区养老服务设施无偿或者低偿交由专业化的居家社区养老服务项目团队运营。

完善医养结合机制，支持养老机构开展医疗服务，支持养老机构按规定开办康复医院、护理院、临终关怀机构和医务室、护理站等，对养老机构设置的医疗机构，符合条件的按规定纳入基本医疗保险定点范围。

发展老年医疗与康复护理服务，加强老年康复医院、护理院、临终关怀机构和综合医院老年病科建设。提高基层医疗卫生机构康复护理床位占比，积极开展家庭医生签约服务，为老年人提供连续的健康管理和医疗服务。到 2020 年，35% 以上的二级综合医院设立老年病科。

国务院关于《“十三五”卫生与健康规划》提出的医疗卫生服务体系主要发展目标见表 1。

表 1 “十三五”医疗卫生服务体系主要发展目标

指标	单位	目标	现状	指标类型
每千人口医疗卫生机构床位	张	<6	5.11	预期性
每千人口执业（助理）医师	人	>2.5	2.22	预期性
每千人口注册护士	人	>3.14	2.37	预期性
每万人口全科医生	人	>2	1.38	约束性
社会办医院床位占医院床位的比重	%	>30	19.4	预期性

发展老年健康服务，健全老年健康服务体系，重点发展社区健康养老服务，提高基层医疗卫生机构为居家老年人提供上门服务的能力。加强综

合性医院老年病科建设。提高基层医疗机构康复、护理床位占比，鼓励其根据服务需求增设老年养护、安宁疗护床位。完善治疗—康复—长期护理服务链，发展和加强康复、老年病护理、长期护理、慢性病管理、安宁疗护等接续性医疗机构。推动医疗卫生与养老服务融合发展，统筹医疗卫生与养老服务资源，创新健康养老服务模式，建立健全医疗机构与养老机构之间的业务协作机制。鼓励二级以上综合医院与养老机构开展对口支援、合作共建。推动二级以上综合医院与老年护理院、康复疗养机构、养老机构内设医疗机构等之间的转诊与合作。支持养老机构按规定开办医疗机构，开展老年病、康复、护理、中医和安宁疗护等服务。推动中医药与养老结合，充分发挥中医药在养生保健和疾病康复领域的优势。

根据以上国家层面的主要政策和发展目标，可以看出政策支持的要点有以下几方面。

居家养老服务方面：完成以居家为基础的养老健康业布局，加强基层医疗机构的建设，每万人口全科医生达到 2 人以上为约束性指标，有利于基层医疗机构如诊所、小型康复机构的发展。

社区养老服务方面：建立以社区为依托的医养结合服务体系，大力发展居家社区服务，推动专业化居家养老运营机构发展，且鼓励社区将养老服务设施低偿或无偿转交专业化项目团队运营，有利于具备服务输出能力的轻资产公司的发展，以及基层诊所等小型医疗机构的发展。

机构养老服务方面：鼓励机构养老内设医疗机构，该类医疗机构无须审批，采用备案制，鼓励养老机构设立康复医院、护理院、诊所等，符合条件的可纳入医保范围。同时，鼓励二级以上综合医院与养老机构开展合作。2018 年，养老机构的医养化趋势明显；到 2020 年护理型床位（社会办医院床位占比）不低于 30% 的目标显示，2018 年养老机构床位结构护理化也是明显趋势。

社会化办医方面：鼓励发展老年医疗和康复护理服务，加强老年康复医院、护理院、临终关怀机构和综合医院老年病科的发展，且到 2020 年二级以上综合医院开展老年病科的比例不低于 35%，有利于老年康复机构、护理院等的发展，同时有利于服务于医院科室建设的服务型企业发展。

（二）从社会需求变迁角度看，医护刚性需求、健康管理是趋势

老年群体会随着时间变迁而不断变化，2015 ~ 2020 年的老年群体为 1955 年之前出生的人，他们经历过“三年自然灾害”、文化大革命、改革开放、高考改革、第一次国企改革等重大历史事件，这些历史事件对这部分人产生了很大的影响，他们形成谨慎的消费观且支付能力较弱，家庭观念相对浓重，国家支付体系覆盖较为薄弱使得当前以该部分人作为主要服务对象的养老服务业赢利能力不强。

2020 年后，1960 年之后出生的人逐步进入老年，该部分人相比当前老年群体具备更强的消费能力，加上养老支付体系更为完善，对信息技术的接受程度更强，能够适应各种使用终端，他们主要以独生子女为主，养儿防老的基本观念更为薄弱，需求更为多样。

从老年人健康程度来看，60 岁以上老年群体患病率较高，相比其他年龄群体，60 岁以上老年群体的医疗支出也相对较高，且随着年龄的增长，健康的老年人比例逐步降低，对于养老照护、健康管理、康复护理、基层医疗的需求较为迫切。

从人群需求变迁看，其发展变化有利于社区居家智慧养老服务、基层医疗机构以及养老服务机构的发展。

（三）从行业特点角度看，管理输出、规模复制、医养结合是趋势

1. 养老服务及医养结合的行业共性

行业具有一定公益属性。养老健康服务业态包含养老服务、医养结合服务，具有明显的公益属性，国家养老保险、医疗保险等参与支付，保障

人民生活。

行业具有明显的服务半径。养老健康业的核心业态为服务业，养老服务、医疗服务的开展需针对服务对象在特定场景中进行。因此，养老健康服务具有很强的场景特点，单个养老机构或医疗机构在地域上具有明显的覆盖半径，其大部分服务对象均来源于其覆盖范围。

行业属于人力密集型行业。养老健康的核心服务业，因服务对象的特殊性，无论是养老照护、护理、康复还是医疗，均需要足够的专业服务人员作为支撑。

行业需求依赖性随着时间推移逐渐变强。由于老年群体的特殊性，在变成纯消费群体之后，随着时间推移其行动能力、抵抗力逐步变差，对养老健康行业的服务依赖会逐渐加强，对养老照护、医疗服务的依赖程度也会越来越强。

行业需求逐渐变迁，从多样性需求向基本需求转化。处于60多岁的可自理状态时，老年群体的需求多样，对精神生活、旅游、娱乐等均有较强的需求；当老年人行动能力逐步下降，患病率提升后，需求逐步降低为可以健康体面地生活，对健康管理、护理、康复及医疗服务的需求会越来越强。因此，老年群体的需求逐步从多样性向基础性、从弹性需求向刚性需求过渡。

2. 养老服务的特点

照护长期持续性：由于服务对象的特殊性，对老年群体的照护具有持续性、长期性的特征，一旦老年人入住养老机构，其对照护、护理的需求就持续不断，且依赖性逐步加强。

客户群体在地老化①：老年群体入住养老机构之后，伴随而来的是年龄的不断增加和身体状况的逐步恶化，养老服务业需要在老年群体在地老化的基础上保持服务的持续性和稳定性。

---

① 在地老化是指老年群体在入住机构之后，年龄逐渐增大、身体健康状况逐步下降的过程。

3. 医疗服务的特点

专业化和复杂性：医疗服务消费者的医疗服务需求具有不确定性和个体化特征，每个人因身体状况、年龄、外部环境因素等的影响，其临床症状、体征等均可能不尽相同，这直接导致医疗需求的复杂性，从而使得医疗服务要具备特定的设备、药品、物品等物质保障才能开展，有很强的专业性特点。

基本医保覆盖范围广泛：中国已经基本完成了基本医保的全面覆盖，基本医疗服务的国家支付部分覆盖范围广。

从业人员要求高：医疗服务具有复杂性和专业性，对医疗服务人员的素质要求必然较高，人们需要经过特殊学习和培养才能成为合格的医疗从业人员。

4. 医养结合的特点

保持养老服务和医疗服务的连续性。医养结合是养老健康服务业未来的重要发展模式，其行业的主要特征是要保证对于老年群体养老服务、健康管理、康复护理和医疗服务的连续性，老年人可获得基本的照护，日常定期的健康管理和体检，重急病及时就诊治疗，病后康复护理等一系列服务保障，且各项服务之间的连续性是医养结合机构区别于传统养老机构与医疗机构的最大特征。

综合以上行业特点，养老服务机构面对老年群体不断变化的需求特征、明显的服务半径限制，要能提供长期的稳定照护并能进行专业人才的培养和输出，具备管理输出能力、模式可复制性强的企业具有较好的发展前景，同时具备专业人才培养和输出能力的企业也有较强的发展潜力。

医养结合机构强调养老服务和医疗服务的连续性，因此，具备医疗资源的企业或可复制性强的连锁医疗机构，如基层连锁诊所等具有较大的发展潜力。

（四）从收入成本看，连锁化经营、精细化管理是趋势

企业要实现持续性发展，持续赢利是重要因素之一，影响收入及成本的因素会在一定程度上影响企业的经营状况。

1. 收入端主要影响因素

养老健康业的收入端主要基于客户数量增长和价格的提升。

影响客户数量增长的主要因素包括以下几个。

老龄人口的不断增加：伴随中国老龄化的加速，老年群体不断扩大，对养老服务及医疗服务的需求不断提高，是推动行业收入端增长的重要因素之一。

患病率的提升：老年群体患病率的提升，尤其是慢性病的高发，使其对健康管理、康复护理及医疗服务的需求增加。

影响服务定价的主要影响因素有以下几个。

政府政策影响：鉴于养老服务、康复护理服务及医疗服务的公益特性，政府对其服务定价具有一定的影响，但随着行业向社会资本开放，市场化程度提高，企业也将具有一定的自主定价能力。

老年人群的主要收入来源及财富特征：根据2010年第六次人口普查数据，在60岁以上老年人口主要供养来源中，家庭其他成员供养占比41%，自身收入占比29%，离退休金覆盖24%，基本社会生活保障占比4%，财产性收入仅占比2%。60岁以上的老年群体的生活来源仍然主要是家庭其他成员及自身收入，养老金和社会保障的覆盖范围仍然有限。这也是当前65岁以上老年群体支付能力低的重要原因。

随着老年群体的变化，未来5～10年，具有离退休收入的老年群体逐渐增多，拥有房产或一定财产性收入的人群逐渐步入老年，其支付能力及意愿较强，这是未来养老健康业规模增长及模式创新的重要动力。

支付体系的不断完善（养老金覆盖程度及长期照护保险的覆盖程度）：中国基本养老金替代率由制度建设之初的70%下降到2015年的45%。根据《中国养老金发展报告2016》，2016年，企业年金缴费金额1343.17亿元，仅占全国各类养老金的3.45%，在发展了12年之后，企业年金的保障水平依然很低。商业养老健康保险的发展水平依然有限，尚未形成稳定的支付补充。未来养老金三支柱体系的逐步完善以及医疗改革的逐步深入，将助力养老健康业的发展。

2. 成本端主要影响因素

成本端的变化，包括养老成本变化、规模经济情况、技术或模式替代情况等。

一是养老成本指数的趋势变化。2017 年 7 月 25 日，中国保险资产管理业协会协同生命保险资产管理有限公司共同发布了中国保险资产管理业协会的第一只指数产品——“中资协 - 生命资产中国养老成本指数”（ISLCI），指数涵盖居住、医疗保健、食品、娱乐、旅游等方面，将居民个人和家庭的未来养老成本显性化，引导居民做好长期理性的养老储备规划，提升居民养老理念。

2001 年以来，ISLCI 以及 CPI 持续增长，2017 年 6 月数据显示，ISLCI 较 2001 年初增长了 81%，CPI 指数较 2001 年初增长了 48%，两者涨幅差逐渐增大。

从图 2 可以看出，ISLCI 逐年走高，这直接反映养老健康服务业的成本上升，叠加企业价格调整的滞后性，增加了养老健康企业的赢利难度。

图2　2001 年以来 ISLCI 及 CPI 走势

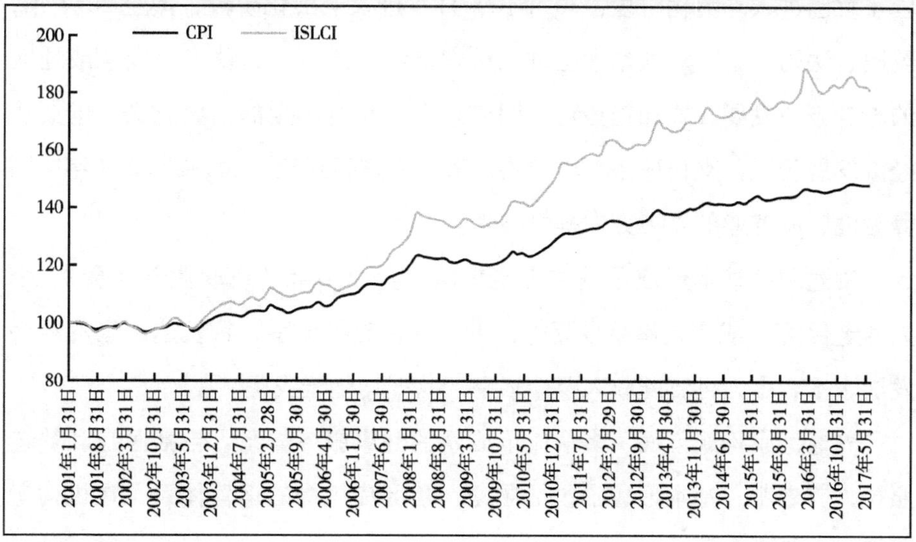

注：以 2001 年 1 月 31 日为 100。

资料来源：中国保险资产管理业协会。

二是规模经济情况。养老健康服务业成本构成中，有一定比例的固定资产投资（包括租金），行业存在规模经济效应，在各种服务模式下均需一定的客户规模才可实现较高的盈利水平，企业营销能力、客户稳定性、盈亏平衡点是企业实现规模经济的重要影响因素。

三是技术或模式替代情况。医养结合的服务模式，作为传统养老照护服务的替代或升级，在未来一段时间内，传统养老服务机构的医养结合改革持续推进，新建医养结合服务模式将是行业的新发展趋势，医疗服务方面，基层医疗机构、健康管理机构发展是重要趋势。

养老健康服务收入端仍处于发展阶段，需求增长但支付能力仍缺乏，同时，养老成本面临上涨压力、规模经济尚未实现以及模式替代不确定的问题，养老健康服务在未来一段时间内仍存在赢利压力。

（五）从成熟市场发展看，商业健康险、医养结合具备投资机会

人口老龄化首先出现于发达国家，20 世纪 50 年代，美国及欧洲部分国家就已进入老龄化阶段，70 年代，日本进入老龄化阶段，截至 2017 年，英国、法国、德国、加拿大已进入深度老龄化阶段，这些发达国家或地区的养老服务发展模式和趋势对中国未来发展具有一定的借鉴意义。本文从经济发展阶段、支付体系、养老构成等方面进行对比，为判断 2018 年中国养老健康服务业的发展方向提供参考。

发达国家基本形成了基本养老保险、企业年金（或职业养老金）、个人养老保险（或个人储蓄投资等）的三支柱支付体系，且发达国家的经济发展水平、个人可支配收入及个人财产状况均优于我国。

养老健康构成方面，多形成了成熟的健康服务体系，包括医疗和养老照护，养老服务基本形成了包括居家、社区和机构的运营体系，在机构运营特点上各有侧重。

总结国外发展经验，中国尚处于产业发展初期，未来仍将有一段产业

沉默期，结合中国当前的医疗体系和养老服务产业现状，在医疗体系深化改革的基础上，发展医养结合模式是未来养老健康业发展的重要趋势。

三、2018年养老健康业投资机会分析

养老健康业涵盖范围广泛，养老服务、医疗健康为其核心服务业态，其他周边产品和服务多与其他行业融合。2018 年，在良好的政策环境下，预计行业整体仍处于快速布局发展中，养老服务领域具备产业升级、新模式探索的发展机会，医疗健康领域，基层医疗服务重构，民营医疗机构、公立医院改革等方面均有机会。周边融合业态方面，看好传统行业自身发展能力，拓展养老健康领域市场的机会。

（一）养老健康业服务业态投资机会分析

养老服务机构：2018 年养老服务机构的发展方向是连锁化、规模化、医疗化，具备连锁化经营和管理输出能力的企业值得关注；同时与医疗资源合作或具备医疗资源的机构同样有快速布局发展的潜力。

社区居家服务：2018 年社区居家服务仍将在摸索中前行，成熟的商业模式尚未出现，市场参与者多数面临区域限制，小型机构连锁运营，叠加智慧健康管理与养老服务提供，是有望突破当前行业困局的方式。

医疗服务方面：2018 年是医改持续深化的重要时期，企业医院改革进入收官阶段，具备较好的投资机会，同时公立医院改革也有一定的机会；民营医疗机构仍是投资的热点，重点关注大专科方向；中医药医疗机构进入较好的布局时期；基层小型医疗机构是未来发展的热点，专科诊所、综合诊所、中医诊所的布局具备机会，与此同时，分级诊疗带来的基层医疗机构整合、第三方医疗机构发展也具有一定的投资机会。

（二）养老健康业周边融合业态投资机会分析

2018年，养老健康业中的融合业态存在一定的转型投资机会。

老年群体康复用品方面，看好具有一定营销渠道的家庭康复用品生产企业，或传统医疗器械企业拓展康复器械领域，关注医疗器械和康复器械领域的投资机会；老年旅游及旅居方面，看好传统旅行社根据自理老年人特点，配备相应的医疗看护资源，布局老年旅游业务；旅居领域，特色康养小镇、疗养院等具备一定机会，但市场尚需培育；护理人员培训方面，看好专业护理人员培训和认证类职业培训机构的发展；老年金融方面，布局健康险的保险公司具备投资价值；老年理财产品等领域尚需市场验证；其他方面，看好老年食品及保健品领域，关注知名品牌拓展健康老年食品，谨慎参与老年群体保健品的投资。

参考文献

[1] 国家卫生与计划生育委员会：《中国家庭发展报告（2015）》，2015。
[2] 国家卫生与计划生育委员会：《中国家庭发展报告（2016）》，2016。
[3] 中国养老金融50人论坛：《中国养老金融发展报告（2017）》，社会科学文献出版社，2017。
[4] 中国老龄科学研究中心：《中国养老机构发展研究报告》，2015。
[5] 中国建投投资研究院：《中国投资发展报告（2017）》，2017。

区域投资篇

REGIONAL
INVESTMENT

雄安新区规划发展与投资机会分析

刘霄露　卢　鹏　张　屹　李雨风
刘霄露，中国投资咨询有限责任公司咨询总监
卢鹏，中国投资咨询有限责任公司咨询经理
张屹，中国投资咨询有限责任公司咨询经理
李雨风，中国投资咨询有限责任公司分析师

投资提示

- 雄安新区高新产业领域投资机遇集中在以下几个方面：智慧城市、人工智能、数据科技、新能源。

- 雄安新区高端服务领域投资机遇集中在以下几个方面：绿色金融、国际文旅、医疗健康、科研教育、长租公寓。

- 雄安新区基础设施领域投资机遇集中在以下几个方面：土地开发、交通运输、生态城市、园区运营。

一、雄安新区设立背景

（一）设立背景解读

根据《中华人民共和国国民经济和社会发展第十三个五年规划纲要》以及2015年政府工作报告中的相关内容，本届党中央将实行三大国家战略，分别是“一带一路”建设、京津冀协同发展、长江经济带发展。这三大国家战略都是未来我国经济增长的重要引擎，其中，京津冀协同发展战略的核心是以疏解非首都核心功能为基本出发点，调整优化城市布局和空间结构，构建现代化交通网络系统，扩大环境容量生态空间，实现京津冀三地作为一个整体的协同发展。因此，设立雄安新区是落实国家京津冀协同发展战略的核心举措之一。

值得关注的是，此前我国18个国家级新区的设立都是由国务院批复，而此次雄安新区的设立是历史上首次由中共中央与国务院联合发文批复的，足见其政治地位之高。

（二）政策机遇分析

1. 国土资源政策

国土资源部计划将雄安新区作为国土资源管理改革试点和创新政策的先行先试区，重点从保障用地需求、土地供应政策、城市地质调查、不动产统一登记和土地税费相关政策等方面给予支持。国土资源部的这一举措，将有利于国土资源管理体制和政策制度在雄安新区的改革创新，进一步激活土地资源要素在新区发展中承担的作用，释放改革红利，带动雄安新区的发展。

2. 交通运输政策

2017年6月，交通运输部全面深化改革领导小组召开会议，会议要求，要认真做好雄安新区交通运输领域改革工作，将雄安新区建设成交通运输改革创新示范区。河北省政府办公厅印发的《河北省综合交通运输体系发展“十三五”规划》明确指出，将建设雄安新区以城市轨道交通为主的城市道路系统，形成京津冀核心区域1小时交通圈和区域内部通勤交通网。雄安新区未来作为交通运输改革创新示范区，其交通网络一体化的建设将大大推进京津冀一体化建设的速度，并将承担京津冀区域又一重要交通枢纽的历史使命。

3. 环保政策

在中央确定设立雄安新区时，习近平总书记就对雄安新区的规划建设提出了“打造优美生态环境，构建蓝绿交织、清新明亮、水城共融的生态城市”的任务目标。环境治理、生态保护已成为雄安新区建设发展的一项十分重要的工作，国家层面和地方层面陆续出台了多个政策文件，就雄安新区环境治理的工作指明了方向也提出了要求。

在国家层面，环保部制定了《关于近期推进雄安新区生态环境保护工作的实施方案》，成立了雄安新区生态环境保护工作领导小组，建立了有效的领导工作机制，做好了顶层设计工作。中央财政还在中央水污染防治专项资金中特别安排5亿元用于雄安新区开展环境综合整治工作。未来，环保部还将组建雄安新区生态环境保护技术咨询委员会，发挥国家层面的政策指导和技术支撑作用。

在地方层面，河北省政府办公厅印发了《雄安新区及白洋淀流域水环境集中整治攻坚行动方案》，河北省环境保护厅出台了《雄安新区“散乱污”工业企业集中整治专项行动工作方案》。在政策指导下，当地政府迅速推进落实各项环保工作，将直接提升雄安新区的生态质量和环境水平，也将对未来雄安新区的产业规划和社会经济的可持续发展产生深远的影响。

4. 税收政策

2017 年 10 月，河北省政府宣布雄安新区成为河北省国地税全方位、深层次合作试点。雄安新区在税务机构的设置上将会进行优化与创新，充分利用多元的信息化手段，打造便捷服务体系，为雄安新区的纳税人提供国税、地税无差别办税服务。未来涉及国税和地税的业务，只需一次申请就可以一并受理和办理，将大大提高办税的效率。

除此之外，河北省国税局还上报了《省国税局为雄安新区建设提出 16 条税收政策建议》的专报，对雄安新区未来的税收制度提出了一系列实施税收优惠的建议。可以预见的是，雄安新区作为国家未来重点支持建设的新区，将会参考深圳特区、浦东新区以及其他国家级新区设立的税收优惠政策，结合雄安新区的总体经济布局和产业规划，制定针对雄安新区的更加适合的税收优惠政策，充分发挥税收激励在雄安新区未来经济发展中，特别是新区建设起步阶段的重要作用。

5. 后续政策展望

国家将雄安新区的建设发展定位为千年大计，其历史与战略地位之高可见一斑。中国共产党第十九次全国代表大会报告中也提到了要高起点规划、高标准建设雄安新区，国家层面的重点关注将带来显著的政策倾斜。

随着新区的各项规划陆续发布，预计 2018 年国家会结合雄安新区的总体规划、产业布局和发展目标，出台产业、财税、金融监管、投融资等各领域的具体政策，为雄安新区吸引国内外知名企业和产业资本集聚提供重要支撑。

二、雄安新区发展环境

设立雄安新区是千年大计、国家大事，是以习近平同志为核心的党中央做出的重大决策部署，是一项具有重大历史意义的战略选择。雄安新区位于北京、天津和保定三城市的中心位置，区划范围包括保定市的雄县、容城县和安新县，辖内人口约为 100 万人，具有区位交通优势显著、资源环境承载能力强、总体开发程度低等叠加优势，有利于疏解并集中承载北京的非首都功能，助力京津冀区域构建世界级城市群。

（一）京津冀空间结构待优化

北京市人口调控的目标是 2020 年不超过 2300 万人，但目前北京市 2100 多万人口已接近目标值，人口数量不断增长的主因是北京承载了过多的非首都功能，带来了房价高企、交通拥堵、教育医疗资源超负荷等“大城市病”。

目前，国内外普遍采用“新城”/“新区”方案来缓解大城市发展压力，例如我国通过深圳特区和浦东新区的建设开发，带动了珠三角和长三角区域的整体发展。雄安新区的建设开发总体上也沿用上述模式，通过“做减法”来疏解、承载北京的非首都功能，通过“做加法”来集聚国内外具有高引领性、高附加值、高联动效应的若干产业集群，实现京津冀区域空间结构的优化。

（二）区位交通优势显著

雄安新区在地理位置上较好衔接了首都新机场、天津国际机场、石家庄国际机场，具备紧密对接北京、天津和石家庄等周边城市资源的天然区位优势。并且，根据铁路部门近期披露的雄安新区铁路规划相关文件，未来将建设 4 条城际高铁线路通过雄安，可形成雄安—北京—天津—石家庄半小时通勤圈，为雄安新区的发展构建以轨交为骨干的综合交通体系。

（三）资源环境承载力强

一是自然资源丰富。华北平原最大淡水湖白洋淀位于雄安新区的安新县境内，随着白洋淀生态环境修复工程的推进，白洋淀丰富的淡水资源将大幅提升新区景观格局并保障各领域用水需求。此外，雄安境内还蕴藏着丰富的清洁能源——地热，具有储量大、开发易、品质优等优势。

二是承载能力较强。目前新区人口刚过百万人，现有开发程度较低、辖区范围内人口密度低、建筑少，拆迁安置任务不重，可开发建设的土地较为充裕且集中连片，正是承载北京非首都功能的首选之地。表 1 数据可初步印证雄安新区蕴含的巨大发展潜力。

表 1　雄安新区与深圳特区、浦东新区的发展潜力比较

项目	雄安新区	深圳特区	浦东新区
规划面积	2000 平方公里	1992 平方公里	1210 平方公里
当前人口	约 100 万人	约 1100 万人	约 550 万人
生产总值	约 200 亿元	约 2 万亿元	约 8700 亿元
总值占比	占河北省不到 1%	占广东省约 25%	占上海市约 32%

资料来源：新华社及网络公开数据。

（四）高端产业发展潜力巨大

雄安新区现有产业基础可概括为低附加值、高污染、不可持续，各县具体情况如下。

1. 雄县

雄县目前以塑料、电缆、制革、乳胶等产品制造产业为支柱，2016 年产值分别为 149 亿元、60 亿元、46 亿元和 25 亿元。其中，塑料产业占地方 GDP 的 70%，但塑料产业的污染问题使产业转型迁移迫在眉睫。品牌

授权、环境污染等问题也制约了与制革、乳胶等产业有关的制鞋业的进一步发展。

2. 容城县

服装业是容城县支柱产业，2016 年完成产值 256 亿元，而汽车灯具、食品加工、箱包、毛绒玩具等产业年产值也超过 60 亿元，但总体面临外贸形势不景气、立县强县项目少、产业结构不优等老问题与新挑战。

3. 安新县

安新县主要发展旅游、有色金属加工和羽绒加工等产业，2016 年安新县共接待国内外游客 214 万人次，旅游社会效益约 17 亿元；有色金属加工业年总产值 100 多亿元，属于支柱型产业；羽绒加工业年总产值不到 7 亿元。

综合来看，雄安新区目前产业格局落后，对社会经济发展造成较大的牵掣，新区对高端高新产业的引入抱有非常大的期待。

三、区域规划与产业规划

习近平总书记在党的十九大报告中强调，以疏解北京非首都功能为“牛鼻子”，推动京津冀协同发展，高起点规划、高标准建设雄安新区。2018 年 2 月 22 日，习近平总书记主持召开中央政治局常委会会议，听取了雄安新区规划编制情况的汇报，标志着雄安新区的规划建设进入一个新的发展阶段。雄安新区将成为中国未来城市规划建设的标杆，只有从“高”处着眼，才能挖掘城市本身深刻而丰富的内涵，为全国乃至全世界打造一个值得借鉴、可以复制的城市“样板间”。

（一）区域整体规划

雄安的发展一直广受社会关注，特别是 2017 年 4 月 1 日新区设立的消息正式公布后，雄安新区迅速成为舆论焦点，引人注目。习近平总书记提出要坚持“世界眼光、国际标准、中国特色、高点定位”的具体要求，把雄安新区的每一寸土地都规划清楚再开始建设，“精心推进不留历史遗憾”。当前，随着各项工作的深入推进，雄安新区的规划框架基本成熟，将在党中央、国务院审批后对外发布。

据了解，新区规划体系可概括为“1 + 3 + 54”：“1”是指雄安新区总体规划；“3”是指启动区控制、起步区控制和白洋淀生态环境治理和保护三项重点详细规划；“54”是指22个专项规划和32个重大课题研究。

根据中央的计划部署，2020年前要完成对外骨干交通路网、起步区基建、产业框架布局三项任务，2030年前建成具有一定影响力和竞争力、人与自然和谐共处的现代化城市，做到绿色低碳、信息智能、宜居宜业。

要顺利实现以上目标，确保完成中央的部署安排，需要不断深化医疗、教育、住房、户籍等领域的改革，营造良好的发展环境，吸引优质人才、发展创新产业，承接教育、医疗等非首都功能。

（二）产业规划布局设想

基于目前了解的区域整体规划情况，雄安新区将加快形成北京的第二翼，加快成为区域经济发展引领者，并且有助于京津冀地区形成世界级城市群，这三个方面的发展定位给雄安新区产业规划布局提出了具体的方向和约束条件。

一是加快形成北京的第二翼。通过高起点、高标准的产业规划顶层设计，与北京城市副中心共同形成北京新的两翼，进而为疏解北京非首都功能创造良好的条件，从根本上解决北京在人口、交通、住房、环境、资源等方面的问题。

二是加快成为区域经济发展引领者。通过设置产业发展白名单并扩大投资、培育产业、补齐短板，提升区域发展质量和效益，促进河北全省经济社会稳步发展。

三是有助于京津冀地区形成世界级城市群。作为枢纽城市，带动京津冀一体化协调发展，调整优化区域内城市空间布局，探索形成京津冀世界级城市群开发新模式，并将成功经验复制输出到国内外其他区域。

为确保以上发展定位的实现，预计雄安新区将以链条长、附加值高、引领性强的高端高新产业作为主导产业来布局，包括生态环保、医疗健康、电子科技、高端制造、大数据、智慧城市、人工智能、新能源、科技金融、数字文创、现代服务业等，也将着力发展租售并举导向的房地产业。同时，河北省也将进一步压缩钢铁、水泥、平板玻璃、煤炭、低端轻工业等产业的空间，持续推进产业结构调整工作。

（三）国外标杆新城发展经验借鉴

1. 英国新城运动

"二战"后，英国政府为解决城市人口过度集中和农业区落后的问题，采用霍华德"田园城市"理论，实施了"新城运动"，对城市产业结构进行调整。英国"新城运动"有三个典型特点：一是由专业咨询机构对新城整体建设规划方案进行设计；二是建设工程任务由市场化的特定公司承担；三是分批次开展新城建设。

从20世纪60年代起，英国政府着力打造"独立""自足""平衡"的"反磁力中心"城市发展模式，典型案例有南安普顿、朴次茅斯、米尔顿·凯恩斯等。该模式的成功主要表现在规划技术方法有所发展、城市规模合理扩大及经济与社会规划相对合理等方面。具体来说有以下6个特点可供雄安新区借鉴：（1）采取疏松分散的城市布局模式；（2）科学规划生活区与工作区的布局，避免"睡城"与"潮汐式通勤"的情况出现；（3）设计网格化的城市主干道，严格实施人车分流；（4）在居住区的中心区域或活动较为集中的区域提供便利的公共服务基础设施；（5）城市中心采取集中紧凑的土地利用模式；（6）大面积连贯成片、平衡分布的开放空间。

2. 日本东京筑波科学城

日本因自然资源贫瘠，素来重视“技术立国”。为进一步振兴科学技术，充实高等教育，同时有效缓解东京城市和社会日益发展带来的压力，日本政府在20世纪60年代启动了筑波科学城建设。

目前，筑波科学城聚集了40多个国家级教育和研究机构，成为日本首屈一指的科学研究和技术创新的“高地”，其研究经费占政府研发类财政预算的40%，成为典型的由国家主导建设的政策型城市。

筑波科学城50余年的发展经验及教训，给雄安新区发展提供了五点启示：一是吸引高校、科研机构等单位聚集，不断打造知识密集型产业；二是科学规划，将新区按功能划分，将高校、研发机构、企业等按照功能进行分区；三是将开放式的创新理念与市场化的运行机制进行有效融合，将创新作为新区发展的驱动力；四是着力打造生态环境优良、生活环境舒适、交通环境便利的城市发展环境；五是多主体共同推动运营管理体系建设。

四、雄安新区投资机会分析

雄安新区的设立无疑吸引了全世界关注，各类产业资本亦蜂拥而至，截至2017年底已有阿里巴巴、京东金融、中国建筑等48家企业落户雄安，谋求斩获大额订单、获取投资兴业优惠政策、落地标杆示范项目、提升品牌影响力等发展机遇。展望2018年，预计雄安新区将在高新产业、高端服务业、基础设施等三大核心领域启动一批示范项目。

（一）高新产业投资机会

1. 智慧城市

智慧城市系统集成信息通信、物联网与大数据等软硬件技术来提升城市建设、管理、安防、教育、政务等领域的城市管理水平，实现自动化、智能化的强政（政务服务）、兴业（行业服务）、惠民（利民服务）三大核心功能，创造更加安全、绿色、节能的城市环境。

2017 年 11 月 8 日，雄安新区管委会与阿里巴巴签署了战略合作协议，双方将结合大数据技术和阿里巴巴云计算，携手打造以“云计算”为基础、“物联网”为桥梁、“城市大脑”为 AI 中枢的智能城市，推进“数字雄安”项目建设。与此同时，360 集团、中国电信和东土科技等企业也将积极参与雄安智慧城市建设。

我们预计，2018 年雄安新区将力推智慧城市体系的规划建设，融合全球最先进的个性化、人性化、立体化智慧城市软硬件系统，并前瞻性、系统性地整理地质、经济、社会等各类数据，打造标杆性的公共管理与服务体系，进而促使智慧城市与数据科技产业体系在雄安新区发挥示范应用并形成产业集群。

2. 人工智能

由于深层次神经网络模型的研究取得突破，人工智能（Artificial Intelligence，AI）技术取得跨越式发展，其主要应用领域包括语音、图像识别和各类专家系统等，如经常下出“神之一手”的围棋专家“阿尔法狗”（AlphaGo）。未来人工智能将与机器人实现完美融合，使智能机器人呈现感知智能、计算智能、认知智能和操作智能等特点。人工智能技术的革新可以改变我们个人的学习生活方式、工作社交潜力，同时提升国家的国际竞争优势，提振经济发展水平，增强国民幸福感和安全感。

以 BAT 为代表的国内一流互联网企业纷纷加码布局人工智能产业链，希冀在 AI 领域复制互联网行业的成功经验，已经围绕 AI 战略制高点展开激烈竞争，引发人工智能投资热潮。其中，软件算法核心系统、图像语音识别技术、计算机视觉及有关传感器等都是投资研发奇点，目前在 AI + 金融/安防领域的应用场景已开发出来。例如，2017 年 11 月，中国农业银行人工智能抢滩雄安新区，率先采用安全度更高的红外双目摄像头活体检测技术，同步采集近红外和可见光两种图像，通过分析辨识人脸纹理和一些细小动作产生的光流场变化规律来进行活体检测。该技术可以有效防范照片、换脸视频、翻拍和面具欺骗等，精准度极高，还具备检验静默活体、动作活体、唇语活体等操作方式，AI 的应用加强了银行取款机的安全性，“刷脸”取钱已步入现实社会。

预计 2018 年国内人工智能市场将达到 380 亿元规模，雄安新区也将敞开大门欢迎全球人工智能领先企业集聚发展，打造中国 AI 产业高地。

3. 数据科技

加快大数据产业发展是国家重大战略之一，也是“智慧雄安”建设的基础设施之一。大数据、5G、物联网等信息基础产业及其应用产业，有望在雄安新区优先发展，在未来 10 ~ 20 年内，推动雄安新区成为数据科技应用领域的先锋，并为中国各省份产业结构转型打造示范案例。

中国电子科技集团与雄安新区已成功达成合作协议，双方将在建设大数据中心与智慧城市等方面展开合作，未来将形成新区高新科技企业共享的创新研发与云计算基础设施，并为传统产业转型提供有效支持。2017 年河北省围绕补齐信息化短板大力推进大数据建设，浪潮集团投资 18 亿元的涿州基地即将开工建设，将在雄安新区规划建设整个集团的大数据服务基地。

2018 年将成为雄安新区数据科技产业发展元年，正式将大数据及其科技应用作为雄安新区规划建设的重要组成部分，这将会改写基础设施建设领域“N 通一平”的历史。

4. 新能源

雄安新区拥有丰富的太阳能、地热、风能等新能源，其中太阳能大约为 9000 万千瓦，地热储量 821.78 亿立方米，但目前资源开发程度只有总资源的 6%。对此，倡导生态优先的雄安新区在发展初期就有可能选用新能源电力，新能源电力工程项目与配套产业体系的投资机遇值得关注。预计 2018 年将会落地具体的新能源开发项目。

同时，新能源应用领域的产业资本方尤其要关注雄安新区新能源公交汽车与出租车的大额采购订单，以及在雄安新区直接投资创新研发中心落地的机遇，亦可通过共享、分时租赁等商业模式创新应用来分抢蛋糕。

（二）高端服务业投资机会

1. 绿色金融

绿色金融是指银行、信托公司、基金、融资租赁公司等各类金融公司提供的环境金融产品与服务。金融机构一方面可收获经济效益；另一方面可支持低碳产业、循环经济与生态产业的发展，为美丽中国建设增“绿”添彩，创造大量的社会效益。

但目前雄安新区内各类金融要素发展水平不高，经济底子薄弱，产业结构传统且融资较为困难，大力发展绿色金融体系既符合雄安新区战略定位，也有助于辖区内绿色产业领域优质企业获得充足的金融支持。

预计 2018 年雄安新区将陆续制定完善的绿色金融政策，加快筹建雄安证券交易所，优先提供绿色债券发行、绿色产业内优质企业 IPO 等绿色金融服务，进而吸引国内外绿色金融机构与专业中介机构入驻雄安。此外，依据党的十九大工作报告中关于实体经济与现代金融协同发展的要求，以及雄安新区“租售并举”住房产业的发展需求，预计将组建若干特色平台型交易所以及科技金融与住房金融等特色金融机构。

2. 国际文旅

习总书记高度重视人文历史保护工作，要求雄安新区组织好考古工作，在规划编制中倡导文化先行、凸显文化建设，以中华优秀传统文化传承示范区为目标打造文化雄安。

雄安新区文旅资源丰富，包括史前文明超过 5000 年、燕国文化 2500 年、宋辽边关文化逾千年，还有近代的红色文化等，具体来说有世界上规模最大、功能最全的古代大型地道防御工程，北宋水长城防御体系，华北平原最大的淡水湖白洋淀等众多优质的旅游资源。

国内外文旅产业内的创意研发与投资机构应尽早进驻雄安，关注雄安新区主题博物馆及主题公园项目的投资机会，带动周边文化经济的发展并吸收大量传统产业就业人员，进而助力雄安发展成国际文旅度假区，进一步营造有利于吸引国内外优秀人才和企业落户的软硬件环境。

3. 医疗健康

雄安新区首先要完成好承接医疗等非首都功能的任务，一是要对当前集中在北京的医疗人口进行疏解；二是将全国各地涌向北京的医疗人口疏解至此。其次要从人口吸引角度考虑，实现各项社会公共服务指标高于周边地区。这就意味着雄安新区将着力打造高标准、新理念、大容量的医疗健康服务产业集群。

对此，雄安新区和河北省62个贫困县的县级医院将于2017年底前全部纳入医联体建设，进一步充实雄安新区目前的医疗资源。

更为关键的是，预计北京的三甲医院、国内外顶级医疗科研院所、药物研究中心等医疗机构将从2018年开始陆续落户雄安。例如，宣武医院、北京301医院已公布落户雄安的计划；美国麻省理工学院麦戈文脑研究所将与雄安新区合作建设脑健康特色小镇与脑智能产业创新研究院。

4. 科研教育

由各级各类科研教育机构打造智力软环境，已经成为支撑区域产业与社会发展的核心基础设施之一。硅谷的智力软环境就是由斯坦福大学在内的8所大学、9所专科学院和33所技工学校、100多所私立专业学校等科研教育机构联合营造出来的。它们为硅谷输送大量科学家、技术人员、企业家和创意天才，很多公司的诞生和大学里的创意与教职工或学生存在渊源。可以说，要拥有硅谷那样的创新发展驱动力，首先需要营造独特的智力软环境。

雄安新区各县出于产业发展的需要，已在开展对接北京教育资源的行动，例如，北京服装学院为了加强与新区的合作，曾在2015年派校内干部去容城县任职，容城县政府也强调要与京津各大高校合作，通过学校间的联盟来吸引更多的高科技复合型人才。2017年8月，北京、河北两地政府共同签署了《关于共同推进河北雄安新区规划建设战略合作协议》，提到北海幼儿园、史家小学、北京四中等优质教育项目将落地雄安，河北在雄安选择现有的幼儿园、小学和完全中学各1所，由北京方面结合学校的需求及办学特色进行有效的管理。同月，京津冀三地教育部门共同签署备忘录，就探索义务教育融合、优质教育服务雄安等议题达成共识。

目前已有清华大学、北京大学、中国人民大学、北京邮电大学等十余所在京高校表态，将积极参与雄安新区建设。预计2018年将有更多高端、优质的国内外科研教育机构落地雄安，将吸引国内外创新资源、创新创业与技术人才。

5. 长租公寓

为了规范新区的房屋租赁，杜绝违法违规现象，坚守“房住不炒”红线，新区政府表示将采取六项措施加强监管体系，加大房屋调控范围。预计新区将在房地产领域进行相应的制度创新，推进实施租售并举和以公租房为主的住房产业体系。

国内目前不断涌现的长租公寓类REITs产品的出现，如保利地产发行的首单央企租赁住房类REITs、新派公寓权益型房托资产支持专项计划等，给房地产行业构建新的“轻资产、重运营”商业模式，具体来说包括RBO模式（租地建房—建设—运营）、MRO模式（参股/收购成熟物业—改造—运营）、ABO模式（竞拍自持地块—建设—运营）等。

预计2018年将有大量房地产企业陆续参与到雄安新区租售并举住房体系的建设中，装配式建筑、BIM技术应用、安置区建设、物业管理和房产运营等具体业务领域投资机会凸显，将为新区居民提供多渠道、高品质的长期住房服务。

（三）基础设施投资机会

据初步统计，滨海新区、两江新区以及西咸新区三个国家级的新区建设，仅在基础设施和公共事业方面的投入就超过万亿元。从雄安新区内现有规划建设目标来看，土地开发、交通运输、园区运营等方面的基础设施投资需求将会持续释放，预计雄安新区起步区及外围区域的基础设施投资需求均将超过2000亿元，未来20年内基建投资总额有可能突破万亿元。

1. 土地开发

雄安新区各县虽然有一些基础设施配套，但总体来说距离开发要求还存在较大差距，尤其是雄安新区正着力打造“地上地下”立体开发示范区，将在摸清地下万米以内的地质结构之后，采取充分利用地下空间的“透明雄安”规划思路，相应土地一级开发理念将会发生巨变，开发任务量与技术难度都将加大。

随着雄安新区地下空间开发利用相关规划和透明雄安数字平台的发布，预计从2018年开始雄安新区地下空间开发具体项目将会陆续公布，包括地下道路、商业中心、地铁系统、地下停车场、地下管廊、排水隧道、研发中心、水务设施与发电设施等，届时将会吸引日本以及欧洲等地区的发达国家的地下空间开发商。

与此同时，常规的水务、管廊、供热、燃气、通信等基础市政项目也将陆续启动。

2. 交通运输

交通运输是新区建设的重中之重。铁路交通方面，2016年12月国家发改委批复的京津冀地区城际铁路网规划涉及安新县和雄县的白沟；2017年12月13日发布的《新建北京至雄安新区城际铁路环境影响报告书简本》介绍了京雄城际概况，线路全长约93公里，设黄村、新机场、固安东、霸州北、雄安等5座车站，预计2019年投入运营。届时，雄安到新机场与北京预计分别需要12分钟与30分钟左右。

总体来看，已有至少4条高铁线路经过雄安新区，分别为京雄城际、津九联络线、京港台高铁以及石雄城际，2018年上述铁路的建设运营工作将正式推进，地铁等公共交通项目的具体规划建设工作也将启动。基于此，预计铁路及地铁沿线的物流地产与商业地产等投资机会也将显现。

3. 生态城市

现任京津冀协同发展专家咨询委员会组长徐匡迪院士曾表示，要把保护和修复白洋淀生态功能作为前提，打造生态城市。

河北雄安新区9号地块一区造林项目在2017年11月被中国建筑、中国中铁、中国铁建、中国交建等央企斩获，这象征着雄安拉开了建设的序幕。该地区项目涉及两个乡镇八个村，共占地9934.6亩，将分为今年秋种和明年春种两期实施，预计将在2018年4月底完成。

随着雄安新区建设的序幕拉开，雄安新区将被建设成一座生态环境优美的国际化城市，建材、基建、园林和环保等行业的产业资本方将在2018年收获大额订单，并获得可持续的投资发展机遇。其中，白洋淀生态环境治理与修复事关新区发展格局，预计在未来五年催生超千亿元的环保业务订单。

4. 园区运营

雄安新区的土地利用效率将达到新高度，将营造若干高度集中的产业园区，这要求相关社会资本方具备园区一级土地整理、园区立体（地上+地下）空间开发建设、产业规划、创新研发共享平台建设、优质企业引入及整合服务等全流程的运营能力，以在寸土寸金的雄安新区抢占投资机遇。

预计2018年雄安新区将发布具体产业用地规划，届时将吸引国内外顶级园区规划设计与运营商踊跃参与。

参考文献

［1］丁梅：《城市进化与产业优化协调发展研究——以天津市为例》，河北工业大学，2012。
［2］白雪洁：《日本筑波科学城的发展对雄安新区建设的启示》，《经济与管理》2017 年第 4 期，第 9 ~ 10 页。
［3］白雪洁、庞瑞芝、王迎军：《论日本筑波科学城的再创发展对我国高新区的启示》，《中国科技论坛》2008 年第 9 期，第 135 ~ 139 页。
［4］姜懿翀：《雄安新区“新”在哪?》，《中国民商》2017 年第 5 期，第 18 ~ 25 页。
［5］蒋伟：《探析雄安新区的设立对京津冀协同发展的影响》，《经贸实践》2017 年第 7 期。
［6］李云新、贾东霖：《国家级新区的时空分布、战略定位与政策特征——基于新区总体方案的政策文本分析》，《北京行政学院学报》2016 年第 3 期，第 22 ~ 31 页。
［7］律星光：《将从四方面规划建设雄安新区》，《财经界》2017 年第 13 期，第 14 ~ 14 页。
［8］潘进琼：《拓宽企业融资渠道解决企业融资困境》，《中国商论》2015 年第 21 期，第 85 ~ 87 页。
［9］彭珊：《国家级新区先行先试政策体系构建对贵安新区的启示——以上海浦东新区为例》，《中国管理信息化》，2015 年第 18 期，第 133 ~ 134 页。
［10］盛雨：《中共中央、国务院决定设立河北雄安新区》，《中国金融家》2017 年第 7 期，第 20 页。
［11］汪劲柏：《浦东新区的政策驱动开发及其解释——关于“政策区”发展模式的研究》，《上海城市规划》2014 年第 5 期，第 84 ~ 91 页。
［12］汪玉凯：《雄安新区建设的规划分析与发展前瞻》，《北京行政学院学报》2017 年第 4 期，第 1 ~ 4 页。
［13］吴良镛：《京津冀地区城乡空间发展规划研究三期报告》，清华大学出版社，2013。
［14］肖松：《雄安新区　绿色交通规划助力经济腾飞》，《驾驶园》2017 年第 5 期。
［15］佚名：《雄安新区，中国新区 3.0》，《中华儿女》2017 年第 8 期，第 62 ~ 63 页。
［16］张旭东、曹国厂、王敏等：《高起点高标准推进河北雄安新区规划建设——新华社记者专访国家发展改革委主任何立峰》，《共产党员：河北》2017 年第 8 期，第 4 ~ 5 页。
［17］张旭东、曹国厂、王敏等：《雄安新区确保一张蓝图干到底》，《晚霞》2017 年第 8 期，第 19 页。
［18］张旭东、李亚红、王敏等：《解读河北雄安新区》，《商周刊》2017 年第 8 期。
［19］赵新江：《雄安新区催生哪些投资机遇?》，《理财》（市场版）2017 年第 5 期，第 54 ~ 55 页。
［20］北京市规划和国土资源管理委员：《北京城市总体规划（2016 ~ 2035 年）》，2017 年 9 月 29 日，http：//zhengwu. beijing. gov. cn/gh/dt/t1494703. htm。
［21］新华社：《中华人民共和国国民经济和社会发展第十三个五年规划纲要》，2016 年 3 月 17 日，http：//news. xinhuanet. com/politics/2016lh/2016 – 03/17/c_ 1118366322. htm。
［22］河北省人民政府办公厅：《河北省综合交通运输体系发展“十三五”规划》，2017 年 8 月 24 日，http：//www. hebei. gov. cn/hebei/10731222/10751796/10758975/13999016/index. html。

粤港澳大湾区规划投资机会分析

邹继征
中国建投投资研究院高级研究员

投资提示

- 粤港澳大湾区是继美国纽约湾区、美国旧金山湾区、日本东京湾区之后的世界第四大湾区，是国家建设世界级城市群和参与全球竞争的重要空间载体。

- 基于粤港澳大湾区优越的基础条件，整体看好粤港澳大湾区相应的投资机会，基础设施互联互通建设、提高货物服务贸易水平、巩固全球金融中心、培育创新高地和先进制造中心等领域蕴藏巨大潜力。

- 2018 年应该积极关注粤港澳大湾区规划的出台，并重点关注交运基建、服务贸易、新兴制造与科技创新等多方面投资机会。与此同时，应关注粤港澳大湾区区域间体制机制协调的挑战。

湾区经济是全球经济发展的重要增长极。从地理上看，湾区是由一个海湾或相连的若干个海湾、港湾、邻近岛屿共同组成的区域。湾区经济是指依托世界级港口（群），发挥地理和生态环境优势，背靠广阔腹地，沿海湾开放创新、集聚发展，具有世界影响的区域经济。

一、粤港澳大湾区的概念以及提出背景与历史沿革

粤港澳大湾区指的是由广州、佛山、肇庆、深圳、东莞、惠州、珠海、中山、江门九市和香港、澳门两个特别行政区形成的城市群，是继美国纽约湾区、美国旧金山湾区、日本东京湾区之后的世界第四大湾区，是国家建设世界级城市群和参与全球竞争的重要空间载体。

20 世纪八九十年代，深圳经济特区的建立开启了粤港“前店后厂”的工业合作与地域分工模式，由港澳提供技术和平台，利用流入广东的廉价劳动力等自然资源进行生产，最终产品借助港澳出口外销，粤港澳三地形成了不可分割的加工贸易链条。进入 2000 年以后，以服务业为主的粤港合作进入 2. 0 时代，粤港澳合作着眼于突破单纯的产业合作局限，向纵深化发展。鉴于粤港澳三方优势产业互补性特征，粤港澳在此阶段的合作以服务业为主要内容，尤其在生产性服务业领域合作不断加强。广东与香港的贸易额从 2003 年的 592. 56 亿美元增加至 2012 年的 5916. 6 亿美元，增加近 9 倍。2014 年粤港澳地区也率先实现了区内服务贸易的自由化，极大地增强了粤港澳三地的发展动力。2014 年广东自贸区成立后，宏观战略导向的粤港合作进入 3. 0 时代，制度创新为粤港澳生产服务业和服务贸易提供更便利的条件，“一带一路”倡议推进了粤港澳在跨境金融、航运物流、服务贸易等领域更深远的合作，粤港澳在对外开放中扮演更为重要的战略角色。

2009 年完成的《大珠三角城镇群协调发展规划研究》把“湾区发展

计划”列为空间总体布局协调计划的一环，并提出四项跟进工作：跨界交通合作、跨界地区合作、生态环境保护合作和协调机制建设。2010 年，粤港澳三地政府联合制定《环珠三角宜居湾区建设重点行动计划》，以落实上述跨界地区合作。广东省 2016 年政府工作报告也有“开展珠三角城市升级行动，联手港澳打造粤港澳大湾区”等内容。

2017 年 3 月 5 日召开的十二届全国人大五次会议上，国务院总理李克强在政府工作报告中提出，要推动内地与港澳深化合作，研究制订粤港澳大湾区城市群发展规划，发挥港澳独特优势，提升其在国家经济发展和对外开放中的地位与功能。

2017 年 4 月 7 日，国家发改委制定印发了《2017 年国家级新区体制机制创新工作要点》。其中，广州南沙新区的工作要点为深化粤港澳深度合作探索，推动建设粤港澳专业服务集聚区、港澳科技成果产业化平台和人才合作示范区，引领区域开放合作模式创新与发展动能转换；创新与港澳在资讯科技、专业服务、金融及金融后台服务、科技研发及成果转化等领域的合作方式，推进服务业执业资格互认，吸引专业人才落户；完善“智慧通关”体系，构建国际国内资源双向流动的投资促进服务平台；探索建立法院主导、社会参与、多方并举、法制保障的国际化、专业化、社会化多元纠纷解决平台，优化法治环境。

2017 年 7 月 1 日，《深化粤港澳合作推进大湾区建设框架协议》在香港签署，国家主席习近平出席签署仪式。

党的十九大提出“以粤港澳大湾区建设、粤港澳合作、泛珠三角区域合作等为重点，全面推进内地同香港、澳门互利合作，制定完善便利香港、澳门居民在内地发展的政策措施”。

中央提出了在粤港澳建设世界级城市群的构想，对粤港澳大湾区的城市建设给予高度期待：不仅要有高端要素和高端功能的大规模积聚，包括现代工业职能、商业金融职能和文化先导职能，还要在区域内实现高度一体化，形成经济文化高度交互的网络化结构，使其成为国家和全球连接的门户。

二、世界湾区的特征与发展

目前，东京湾区、纽约湾区、旧金山湾区是世界公认的知名三大湾区，湾区经济已成为带动全球经济发展的重要增长极和引领技术变革的领头羊。

湾区经济四大特征是高度开放、创新引领、宜居宜业、区域协同。高度开放：由于依托港口发展，湾区海运发达，港口城市成为交通枢纽与对外开放的门户，便利了国际贸易与外来投资，经济开放性较强；同时湾区吸引大量外来人口，加强了湾区的民族文化融合，形成了开放包容的移民文化，如纽约湾区外籍居民来自全世界150多个国家和地区，约占纽约总人口的40%。创新引领：湾区经济由于高度开放，相较于内陆城市更容易汇集人才资源与信息，催生创新成果；同时创新又反作用于湾区城市的经济发展，推动新的产业衍生与集聚，故而创新是湾区经济发展的根本动力。宜居宜业：这是湾区经济发展的环境优势，湾区自然环境优美，并且港口城市作为新兴城市在设计时注重以人为本，依山临海、适宜居住，自然环境得天独厚，加上文化氛围开放，吸引了众多投资和新兴产业发展。区域协同：港口城市与湾区腹地相互依存，港口城市壮大后对周边区域会产生外溢效应，周边区域可承接产业转移，此外港口的金融、物流等服务业的发展也需要广阔的湾区腹地作为支撑。

从湾区经济形态演变看规模效应。湾区经济发展形态演变主要经历了港口经济、工业经济、服务经济、创新经济四个阶段。港口经济阶段。20世纪50年代以前，港口城市经济活动单一，主要是装卸运输，范围局限于港区内部，对于周边城市的经济发展推动也不显著。此阶段港口是湾区最重要的形态，港口区位优势起决定作用。工业经济阶段。20世纪50~80年代，港口城市以临港工业为主导，经济活动范围向港区外扩展，港口城市成为制造业中心，加上工业文明和海洋运输的优势，推动了临港工业的集聚发展。以东京湾区为例，由横滨港、东京港等6个港口延伸发展，形成了京滨、京叶两大工业地带。服务经济阶段。20世纪80年代到21世纪初，以服务业为主导，港口经济活动拓展至周边城市，湾区核心城市成为区域或全球资源配置的重要节点。例如东京、纽约湾区，此阶段出于劳动力成本及环境保护等原因，临港工业大规模转移，金融、船舶租赁等服务业兴起，城市功能由制造中心向生产服务中心转移，湾区核心城市对周边小城市的辐射带动作用更为显著。创新经济阶段。21世纪以来，湾区以信息产业为主导，经济活动范围更广阔，形成多极增长的区域发展格局。此阶段的主要代表是旧金山湾区。经过前期几个阶段的发展，旧金山湾区的人才、资本、技术、文化等诸多要素集聚融合，规模效益促进了创新型经济的兴盛，成为全球高新技术发祥地，硅谷内现有8000多家高技术公司，以信息技术产业为主导引领全球科技潮流。

三、粤港澳大湾区区域特色以及可能的政策与发展趋势

（一）特色

粤港澳大湾区具有三大独特优势。首先，地理位置优越，交通发达，产业链条完整，科技创新要素丰富，人才汇聚，对外开放程度高，国际金融及专业服务水平高。其次，湾区内拥有中国两个特别行政区、两大一线城市、三个自贸区，对内对外竞争优势明显。最后，湾区最大特点是“一国两制”，它包括三个各具特色的经济体系，其多元差异是世界上其他湾区都不具备的。湾区的规划及发展顺应了中国经济发展的三大新趋势：第一，更多的消费由城市群中的中小城市拉动；第二，投资的转型，越来越多的投资倾向于创新型和知识型投资；第三，投资反弹开辟了中国出口的

新方向。

粤港澳大湾区经济体量大、增速快。粤港澳大湾区行政区域总面积5.6万平方公里，占全国土地面积的0.6%；常住人口总计6666万人，占全国人口总数的4.8%。2016年粤港澳大湾区GDP总额达到9.3万亿元，仅用全国0.6%的土地和4.8%的人口，就创造了全国12.5%的GDP，其中排名前三的香港、广州、深圳的生产总值均在2万亿元左右。从经济发展速度来看，2016年粤港澳GDP较上年增长9.1%，增速超全国总体GDP增速2.4个百分点。从人均水平来看，2016年粤港澳大湾区人均GDP达到13.99万元，远高于5.39万元的全国水平。体量巨大且增速强劲的经济硬实力，为粤港澳大湾区奠定了坚实的发展基础。

区位优势明显，对外贸易发达。粤港澳大湾区扼珠江入南海的出海口，河网密布，毗邻港澳，靠近东南亚，历来是华南、中南、西南地区对外联系的主通道，是我国南部沿海地带重要的交通枢纽，区位优势明显，对外贸易发达。粤港澳大湾区是世界上吞吐量最大的湾区，拥有三个吞吐量排名世界前十的集装箱港口（深圳港、香港港、广州港），2016年三大港口集装箱吞吐量总计约6232万标箱。2015年粤港澳大湾区对外贸易进出口总额达到2万亿美元，占全国进出口总额的比重近40%，是我国对外贸易的重要门户和窗口。

交通网络完善，枢纽地位突出。粤港澳大湾区处于全国交通运输网络最密集的核心地区。公路方面，截至2016年底，广东省高速公路通车里程达7018公里，居全国首位，形成了以粤港澳大湾区为核心，以沿海为扇面，以港口为龙头向山区和内陆省份辐射的路网。未来港珠澳大桥、深中通道、深茂铁路和虎门二桥的通车，必将大大缩短珠江口两岸的交通距离和通勤成本。铁路方面，我国交通大动脉的“五纵七横”有三纵途经粤港澳大湾区。粤港澳域内高速铁路运营里程达1360公里，居全国首位。航空方面，广东省民用机场共开通航线530条，其中国内航线370条、国际航线160条，初步形成覆盖国内主要城市、通达五大洲重要城市的航线网络。

无论是内通还是外联，陆运抑或水运，粤港澳大湾区与国内外的连接都十分便捷。随着港珠澳大桥、深中通道、南沙疏港铁路等项目工程的加快推进，粤港澳大湾区的交通网络还将进一步完善。

产业布局持续优化，粤港澳优势互补。粤港澳大湾区由“九市二区”组成，各个城市的功能和定位各不相同，在产业布局上的明确分工和优势互补，是粤港澳大湾区协同发展的有力支撑。各城市通力协作以共同打造一个层次更立体、覆盖面更广阔的“产业湾区”形态。具体来说，香港是全球金融中心，澳门是全球最大赌业基地，广州是国际产业服务中心和岭南文化中心，深圳拥有IT服务、电子信息、生物医药和新能源四大支柱产业，东莞是国际产业制造中心，惠州是世界级石化产业基地，佛山致力于打造先进制造业城市，中山和江门定位于国家级先进制造业基地，珠海是国际重大装备制造业中心，肇庆则定位于传统产业转型升级齐聚区。粤港澳合作可以充分发挥内地和港澳的比较优势，形成体制和生产要素的更优组合，依托香港、澳门的服务业和广东九市的制造业，实现强强合作、互利共赢。

研发投入持续增加，创新生态环境形成。2014年5月，国务院批复同意建设深圳国家自主创新示范区。2015年9月，珠三角国家自主创新示范区正式获得批复。广东省已形成以深圳、广州为龙头，粤港澳大湾区其余七市为支撑，功能错位、协同发展的“1+1+7”区域创新一体化建设格局。截至2015年底，粤港澳大湾区内地九市共有国家级高新技术企业10560家，约占全国高新技术企业总数的1/7。深圳市连续三年位居福布斯中国大陆创新城市榜首，全社会研发投入占GDP比重超过4%，规模实现5年翻番。国家自主创新示范区的建设实施，将在粤港澳大湾区内形成完善的创业生态环境，吸引各地创新型人才，激发各类创新主体活动，推动技术进步。此外，香港拥有4所世界前100强大学，科研实力雄厚，在粤港澳大湾区创新发展中能够发挥重要作用。

粤港澳大湾区11个城市或地区分工明确、优势互补。目前，粤港澳大湾区共涉及珠三角9座城市和港澳两个特区，香港定位于国际金融中心、航运中心、贸易中心。澳门是世界旅游休闲中心，以及中国与葡语国家商贸合作服务平台。广州是区域政治、经济、文化中心；深圳着力发展高新技术产业；东莞打造国际制造名城；惠州建设电子信息产业和世界级石化产业基地；佛山力争成为中国制造业一线城市、广东民营经济第一大市；中山与江门都定位于发展高端装备制造业，其中江门致力于打造世界级轨道交通产业基地；肇庆积极利用自身的地理位置优势，定位于建设珠三角连接大西南的枢纽门户城市；珠海则将成为连通内地与澳门的桥头堡。

（二）可能的政策

2017年政府工作报告正式提出研究制订粤港澳大湾区城市群发展规划，标志着继京津冀、长江经济带之后，粤港澳大湾区正式成为又一个国家战略区域。同为国家级战略区域，三地定位各不同，京津冀一体化重“疏通”，政治属性更浓，2015年4月《京津冀协同发展规划纲要》提出京津冀要有序疏解北京非首都功能。长江经济带重“保护、转型、城镇化”，2016年9月《长江经济带发展规划纲要》提出大力保护长江生态环境，加快构建综合立体交通走廊，创新驱动产业转型升级，积极推进新型城镇化。而粤港澳大湾区重“对外开放”，2017年政府工作报告提出发挥港澳独特优势，提升其在国家经济发展和对外开放中的地位与功能。与京津冀及长江经济带相比，粤港澳大湾区市场化程度更高，民营经济更为活跃，环境更为宜居。

从珠三角到大湾区，对外开放高地的地位进一步凸显。粤港澳大湾区的前身是珠三角，2008年广东省发布《珠江三角洲地区改革发展规划纲要（2008～2020年）》，对珠三角的战略定位是科学发展试验区和改革先行区，重在扩内需和区域一体化。这一省级战略改革主要集中于珠三角内部，而毗邻港澳的协同优势未得到充分发挥，于是2014年深圳市政府工作报告首提“湾区经济”，2015 年粤港澳大湾区写入《推动共建丝绸之路经济带和 21 世纪海上丝绸之路的愿景与行动》，2017 年政府工作报告将粤港澳大湾区建设上升至国家战略，粤港澳大湾区城市群规划接力珠三角发展规划，有望成为未来十年泛珠三角地区的顶层设计。港澳两个特别行政区的加入让之前的省内一体化战略升级为国家规划下的三地跨制度合作，这标志着我国对外开放进入一个新阶段。回顾党的十八届三中全会公告，对对外开放的态度由原本“引进来”和“走出去”结合深化为国内外要素有序自由流动、资源高效配置、市场深度融合，其中特别提到扩大对香港、澳门、台湾地区的开放合作，未来粤港澳大湾区有望接力珠三角成为对外开放的新高地。

发挥湾区经济优势，三地协同发展。不同于雄安新区的“新建”，粤港澳大湾区城市群是在历经改革开放 30 年三地经济发展，为实现区域间经济协同发展并激发经济新动能而设立的，其发展的核心问题是如何实现三地互利互补。首先，香港和澳门可以给珠三角带来高素质的营商环境。香港作为国际金融中心、航运中心、贸易中心，可向珠三角输送金融服务、国际化人才、国际法律会计准则以及营商环境；澳门作为世界旅游休闲中心、中国与葡语国家商贸合作服务平台，可以与珠三角及内地开展旅游、会展商贸、中医药等产业合作。其次，珠三角能够给香港和澳门提供两方面便利条件：一方面利用自贸区放宽准入限制、简化审批环节，推动港澳企业赴内地投资；另一方面双方可实现人才流动，珠三角给港澳的年轻人，特别是底层的年轻人提供就业机会，缓解港澳地区部分青年对大陆的偏见和极端情绪。在互利互补基础上，双方有望实现要素的自由流动与优化配置，如债券通开通后，泛珠三角区域内企业将可以在香港发行人民币债券，香港企业也可以在境内发行人民币债券，加强资本市场和金融创新合作。

（三）发展趋势

粤港澳大湾区 2030 年前后将成为全球人口最多、经济体量最大的湾区。目前，粤港澳大湾区常住人口约7000万人，占全国总人口的5%左右。摩根士丹利中国首席经济学家邢自强认为，到2030年前后，粤港澳大湾区的人口会增长1800万人，成为全球人口最多的湾区。研究显示，2016年粤港澳大湾区经济总产值约9.31万亿元，折合约1.4万亿美元。未来10~15年，粤港澳将成为全球经济体量最大的湾区。

粤港澳大湾区具备世界一流湾区条件，具有赶超世界其他三大湾区的潜力。目前粤港澳大湾区地区生产总值已达1.3万亿美元，已经超越旧金山湾区，与东京湾区、纽约湾区的差距逐渐缩小。港口集装箱吞吐量达6232万标箱，是东京湾区货物吞吐量的8倍；机场旅客吞吐量已达1.5亿人次，超出纽约湾区、东京湾区机场旅客吞吐量3000万人次，是旧金山湾区机场旅客吞吐量的2倍。可以看出，目前粤港澳大湾区在许多经济指标上相比世界三大湾区处于领先地位，国际交往功能、集聚外溢效应和规模效应不断提升，具备成为世界一流湾区的现实条件。

从发展贸易口岸角度出发，应当把粤港澳大湾区打造成“21世纪海上丝绸之路”的新支点，与“一带一路”倡议形成良性互动。在近代历史中，广州十三行是世界第三大对外通商口岸，广州也一直是全球繁华的世界级城市。鸦片战争之后香港的崛起，改革开放后深圳的发展，以及广州港的快速建设，都使得粤港澳大湾区以特殊的历史文化及区位优势承载着对外开放的使命。在国际贸易方面，粤港澳大湾区的资源和能力卓越而突出，以其作为粤港澳大湾区共同发展的站位和支点，打造服务于全球的中国通商口岸品牌是值得期待的。此外，香港、深圳、广州作为一个整体的枢纽港在全球和中国范围内地理跨度都不算大。同时，三个港口共享华南腹地，在经济发展上都已经实现完全的市场化运作，香港已经是全球运作非常成功的自由港。所以，把香港港、深圳港、广州港作为一个整体的世界超级枢纽港来看待，组合形成粤港澳大湾区既具有合理性又十分经济。

粤港澳大湾区将会成为中国的金融中心。金融创新是大湾区建设的独特优势。在互联互通的机制下，大湾区比较容易形成金融创新的集成优势，为区域内企业提供更为广泛的投融资和成长平台，帮助企业“走出去”，向全球价值链高端持续迈进。

三地优势互补并实现协调发展。首先，大湾区符合国际发展潮流和时代需要，符合地区客观发展形势。其次，世界已经从工业经济引领的时代转向知识经济或创新经济引领时代，为实现产业金融创新的有机联合，湾区或城市群的发展是必要的。最后，粤港澳大湾区基于客观形势及三地优势互补的现实，粤港澳大湾区的九个市和两个特别行政区处在微笑曲线不同位置上，所以，这三个地区优势互补性强。另外，中国在全世界服务贸易中序列位置比较靠后，这会对制造业造成一些阻碍，而港澳在服务业出口方面有巨大的比较优势，在服务业贸易的发展方面，广州应加强和港澳地区的交流。

四、投资机会与风险

综观三大国际湾区经济的发展，总结起来大致经历四大发展阶段：20世纪40～50年代，单一的港口经济，这一时期周边发展推动不显著，港口是最重要形态；20世纪50～80年代，以临港工业为主，经济活动向外扩展，以港口城市为中心，加上工业文明和海洋运输的优势，临港工业开始聚集和发展；20世纪80年代到21世纪，以服务业为主导，经济继续向周边延伸，港口成为区域和全球资源配置的重要环节；21世纪以来，湾区进入创新经济时期，以信息产业为主导，经济范围更广阔，形成多级增长。

（一）粤港澳大湾区发展基本路径

一是加强基础设施互联互通，形成与区域经济社会发展相适应的基础设施体系，重点共建“一中心三网”，形成辐射国内外的综合交通体系。

其中，“一中心”是指世界级国际航运物流中心，“三网”是指多向通道网、海空航线网、快速公交网，形成辐射国内外的综合交通体系。

二是打造全球创新高地，合作打造全球科技创新平台，构建开放型创新体系，完善创新合作体制机制，建设粤港澳大湾区创新共同体，逐步发展成全球重要科技产业创新中心。

三是携手构建“一带一路”开放新格局，深化与沿线国家基础设施互联互通及经贸合作，深入推进粤港澳服务贸易自由化，打造 CEPA 升级版。

四是培育利益共享的产业价值链，加快向全球价值链高端迈进，打造具有国际竞争力的现代产业先导区。加快推动制造业转型升级，重点培育发展新一代信息技术、生物技术、高端装备、新材料、节能环保、新能源汽车等战略新兴产业集群。

五是共建金融核心圈，推动粤港澳金融竞合有序、协同发展，培育金融合作新平台，扩大内地与港澳金融市场要素双向开放与联通，打造引领泛珠三角、辐射东南亚、服务于“一带一路”的金融枢纽，形成以香港为龙头，以广州、深圳、澳门、珠海为依托，以南沙、前海和横琴为节点的大湾区金融核心圈。

六是共建大湾区优质生活圈，以改善社会民生为重点，打造国际化教育高地，完善就业创业服务体系，促进文化繁荣发展，共建健康湾区，推进社会协同治理，把粤港澳大湾区建成绿色、宜居、宜业、宜游的世界级城市群。

（二）近期建议关注的投资机会

2017 年 4 月 11 日，国务院总理李克强提出中央将研究制订粤港澳大湾区城市群发展规划。继 2008 年广东省发布《珠江三角洲地区改革发展规划纲要（2008～2020 年）》后，粤港澳大湾区城市群发展规划有望成为未来 10 年东南区域的发展总规划。结合 2016 年 3 月《国务院关于深化泛珠三角区域合作的指导意见》，粤港澳大湾区应重点关注以下几个方面。

交通基础设施。根据国外湾区的发展经验，湾区建设的第一步就是全方位提升区域内互联互通水平，建设立体化、密集化、现代化的交通网络体系。粤港澳大湾区现有交运基建基础好，但距离世界一流湾区仍有提升空间，未来将有大量新的铁路、公路和机场的建设订单催化相应企业。交通技术设施的完善是资源要素自由流动的基础，而大湾区交通建设的主方向是跨境交通基础设施，完善连接港澳与内地的综合交通运输网络，如港珠澳大桥、广深港高速铁路、莲塘/香园围口岸、深港西部快速通道、粤澳新通道等项目，加强粤港澳轨道交通衔接。港口航运中心建设方面，粤港澳大湾区是“21 世纪海上丝绸之路”对外开放的重点区域，香港作为国际航空枢纽和航运中心，统筹航路航线，未来内地与港澳通关便利化水平有望继续提高，泛珠三角区域港口间合作将不断加强。

片区功能改造与产业集聚。大湾区的发展离不开片区功能改造以及产业集聚带来的资源整合和产业升级。此外，城市群也将向绿色、宜居的世界级城市群发展。产业合作升级方面，粤港澳大湾区将实现单体城市成熟发展后的协同发展，内地与港澳企业相互投资共同“走出去”，扩大人民币双向流动渠道和规模，以香港为中心进行科技交流合作、知识产权贸易，而澳门重点发展会展商贸、中医药等产业，这将是未来粤港澳大湾区城市群发展的可能方向。

湾区政策不断升级，域内房地产升值空间巨大。根据国外湾区城市群发展经验，湾区的建设将全方位提升城市的开发水平和地产价值。与世界其他三大湾区对比，粤港澳大湾区面积最大、常住人口最多，但土地产值、人均 GDP 最小，目前粤港澳大湾区处于起步阶段，仍有较大的提升空间。如果按照土地产值和人均 GDP 提高到世界其他三大湾区平均水平估计，粤港澳地区的 GDP 将远超世界三大湾区，人口流入和经济发展等将给粤港澳大湾区城市的土地产值带来巨大的增值空间。随着粤港澳大湾区的发展规划和支持政策逐步落地，湾区在国家经济中的地位逐步上升，大量人口和产业将会涌入，域内土地房产资源越发稀缺，升值空间巨大。

参考国内其他城市群规划经验，规划实施后相关城市房价也明显上升。2010 年发改委印发了《长江三角洲地区区域规划（2009～2020）》，从经济结构、社会建设和民生改善等方面入手推动长三角区域发展改革。规划发布后，区域内的重点城市上海、杭州、南京、苏州和无锡等房屋均价大幅度增加。粤港澳大湾区以全国 0.6% 的国土面积和 4.8% 的人口，创造了 12.1% 的经济总量，是中国经济最发达的地区之一，并且粤港澳大湾区人口密度、人均 GDP、土地产值均高于国内长三角、京津冀等地区，国家层面的大湾区发展规划将会促使城市群的房地产有更大的发展空间。

世界级超级湾区必然是世界级的金融创新高地。香港是全球三大金融中心之一，同时拥有全球最大的离岸人民币资金池，处理全球约七成的离岸人民币支付交易，是全球离岸人民币业务枢纽。

粤港澳大湾区或将建立“21 世纪海上丝绸之路”金融服务平台。将加强大湾区与“一带一路”沿线国家和地区金融市场的战略合作，促进资本市场的互联互通，包括推动出台“深港跨境金融创新若干政策”，进一步推动与香港、澳门在保险、证券、银行市场等领域的深度对接合作，探索将香港金融中心的服务功能延展至区内。推动亚洲基础设施投资银行和广东省丝路基金在区内设立分支机构并投入运作，大力发展海外投资保险、出口信用保险、货物运输保险、工程建设保险等业务。

“世界级旅游目的地”定位催化旅游文博新机遇。粤港澳大湾区现有服务业基础雄厚，拥有丰富的旅游资源，具有极强竞争力的软硬件优势。我们认为，在粤港澳大湾区一体化规划的催化下，粤港澳三地服务业特别是旅游业和文博业未来将步入协同发展的轨道，打造观光、娱乐、会展、休闲一体化的旅游产业链，建成世界级旅游目的地，全方位挖掘服务业附加价值，带动全区域产业发展。我们看好在粤港澳三地拥有大量旅游开发资源和丰富运营经验的企业，它们将更能把握本轮机遇实现跨越式增长。

（三）风险提示

粤港澳大湾区发展在“一个国家、两种制度、三个关税区、四个核心城市”背景下深化合作，既有体制叠加优势，也亟待优化体制机制改革以最大限度推进人流、物流、资金流、信息流畅通。大湾区涵盖“一国两制”方针下的香港和澳门两个特别行政区、自由港，还有深圳、珠海两个经济特区，南沙、前海蛇口和横琴三个自由贸易试验区，以及广州、深圳、香港、澳门四个核心城市。特别行政区和自由港、经济特区、自由贸易试验区等叠加，虽是体制优势，但也需深化合作的体制机制创新。

粤港澳大湾区面临的挑战在于粤港澳体制机制的协调。粤港澳大湾区的前途是光明的，但在建设过程中仍然面临一定的困难和阻碍。该湾区的一体化面临区域本位主义、同质竞争、体制障碍三个难题。粤港澳大湾区在与内地的合作中要解决运行机制、体制机制、文化环境三个落差。构建粤港澳大湾区协同创新机制需要以优势互补、分工协作为基础；需要融合各个方面共同的需求转向；需要从优势互补转向优势整合，从各展所长转向协同共进，从各有精彩转向繁荣共造；需要产学研企的合作，打造湾区创新型人才培育机制。大湾区的建设面临不少的挑战，比如，在一国两制的制度下，大湾区需要体制机制的协调和创新。

除了体制机制等宏观层面的问题和挑战，大湾区建设过程中可能面临一些具体问题。要将粤港澳建成一个大湾区，意味着要对这三个地区长期存在的竞争局面进行修整，这带来了寻找平衡的问题。中国过去30年经济发展的成功，很重要的一个推动力量来自地区政府之间的相互竞争，所以在大湾区的建设上，可能需要在保留一定竞争和开放的前提下，引入政府的干预指导，找到政府与市场的边界。湾区还应该关注信息的流动。中国内地的科研、人才教育需要进一步发展，也需要吸收大量外部信息。但是，到目前为止，无论是信息还是人才流动依然存在阻碍。除此之外，还有两方面挑战，分别是对人才的吸引以及贫困问题的缓解。一个城市想要留住人才，关键要解决住房问题。如何降低房价或发展本地的租赁市场，这是湾区需要思考、解决的问题。同时，能不能在湾区内实现土地建设指标的相互调剂，以及在湾区之外通过市场化购买进行补贴，更好地留住湾区内的人才，值得政策性关注。与此同时，目前香港有近 100 万人生活在贫困线以下，如果不能对收入分配问题给予足够的重视，以解决湾区的贫富差距问题，那么湾区的发展即使很快，也不能称之为成功。目前大湾区的建设实际上是分隔的，这表现在很多方面，比如，市场、资金、人才的流动都没有完全打通。所以，要想建成世界上最大的湾区经济体，必须要打破分隔，实现一体化，当然这可能需要一定的时间。

2018 年中国海外投资并购趋势分析

马天月
中国建投投资研究院博士后

投资提示

- 2017年中国海外投资规模整体下降，“一带一路”沿线投资逆势增长。区域上，中国企业对欧美投资额仍然保持领先，对亚太投资呈升温态势。行业上，交通、能源、金融领域投资额领先，高科技、消费品和健康医疗领域投资有所增长，投资结构趋于优化。主体上，国有和民营企业并驾齐驱，财务投资者表现积极。

- 在供给侧结构性改革和创新驱动引导下，2018年中国企业海外投资将更多转向新兴产业。重点投资行业包括TMT、人工智能、先进制造、健康医疗、清洁能源、绿色产业和现代服务业。

- 随着欧美外资监管升级，英国、欧洲非核心国及亚太发达经济体将发挥替代优势。2018年更多中国投资将流向英国、荷兰、瑞士、新加坡、以色列、日本等国的先进科技和现代服务业，替代美国、德国的高科技产业。

- “一带一路”沿线国家投资前景依旧广阔。除能源和基础设施外，物流业、金融业以及跨境电商将成为新的投资热点。东盟将吸引更多劳动密集型产业投资。大洋洲将成为现代农业和消费升级的热门投资地区。

一、2017年海外投资并购特征

（一）海外并购特征

1. 投资规模整体下降，“一带一路”沿线逆势增长

2017 年中国企业跨境并购呈降温态势。商务部公布的最新数据显示，截至 2017 年 12 月 31 日，中国企业海外并购交易 341 起，同比下降 55.4%；交易总额 962 亿美元，同比下降 28.9%（见图 1）。其中，直接投资 212 亿美元，同比下降 75.5%。中国企业海外非金融类直接投资总额 1200.8 亿美元，同比下降 29.4%。相比 2016 年的爆发式增长，2017 年中国企业海外并购回归理性。

图 1　2014 ~2017 年中国资本海外并购趋势

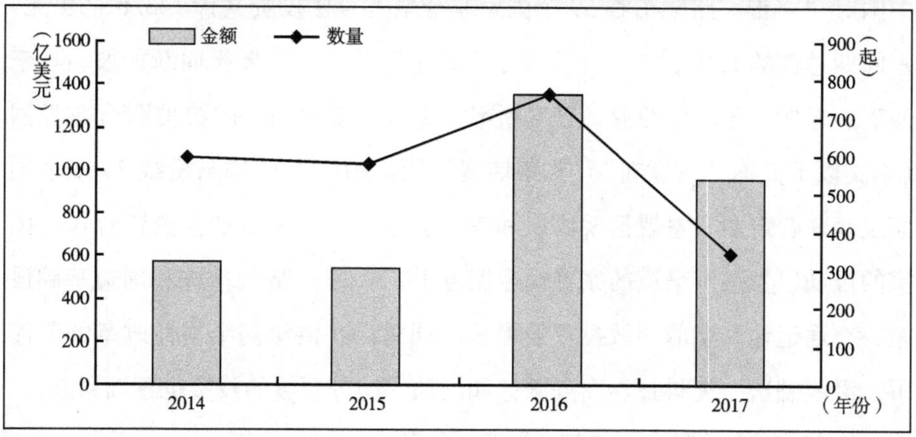

资料来源：商务部、国家统计局、国家外管局 2014 ~2016 年《对外投资统计公报》；对外投资和经济合作司编《对外投资合作统计快报（2017 年）》。

影响 2017 年海外投资规模的一个重要因素是国家监管的收紧。国家监管部门于 2016 年底以来针对境外投资中的一些非理性投资行为出台了相关政策进行规范引导。2016 年 11 月 28 日，国家外管局实施单笔对外支出超

过500万美元的交易约谈机制；2016年11月29日，中国人民银行印发《关于进一步明确境内企业人民币境外放款业务有关事项的通知》，提高对企业对外放款的要求；2016年12月2日，商务部发布通知，要求对外投资企业提交额外的备案或核准申请材料；2017年1月7日，国资委颁布了修订的《中央企业境外投资监督管理办法》，加强对央企境外投资风险的管理和监督；2017年1月26日，国家外管局发布《进一步推进外汇管理改革完善真实合规性审核的通知》，强调加强境外投资真实性、合规性审核；2017年8月18日，国务院办公厅印发《关于进一步引导和规范境外投资方向的指导意见》，明确了海外投资监管的鼓励、限制和禁止范围，对敏感国家、敏感地区、敏感行业投资加强管控。同时，2017年下半年以来，外管局加强了对银行内保外贷业务的外汇监管，强调了银行对境外债务人的规范审核。在国家一系列审慎监管政策影响下，限制类交易量下降，大额交易的审批时间延长，备案流程更加复杂，投资热度降低。

“一带一路”沿线跨境投资逆势增长。据商务部公布的数据，2017年中国对“一带一路”沿线59个国家非金融类直接投资共计143.6亿美元，占同期总额的12%，较上年提升了3.5个百分点。主要投向新加坡、马来西亚、老挝、印度尼西亚、巴基斯坦、越南、俄罗斯、阿拉伯联合酋长国（本文以下简称“阿联酋”）和柬埔寨等国。2017年中国与沿线20多个国家发表联合声明、签署框架协议和谅解备忘录，进一步加强投资合作，国家的推动以及融资渠道的完善畅通促进了“一带一路”推进和周边基础设施、交通运输和能源领域投资的增长。同时，在供给侧结构性改革的驱使下，沿线制造、高科技、商务服务和医药保健等领域的投资也逐渐兴起。

2. 投资区域上欧美保持领先，亚太升温

投资区域上，欧美发达经济体仍受青睐，对亚太投资呈升温态势。商务部数据显示，2017年中国企业境外投资主要分布在美国、欧洲西部、亚洲以及大洋洲地区。其中，在北美洲投资占比7.6%，同比下降了11.1个百分点。在欧洲投资占比7.3%，同比上升了0.5个百分点。包括中国香港地区在内，在亚洲直接投资额占总投资额比重为58%；剔除中国香港地区，在亚洲直接投资额为140.0亿美元，占总投资额比重为11.7%；在大洋洲直接投资额为40.8亿美元，占总投资额的3.4%（见图2）。

图2　2017年中国企业海外直接投资额区域分布

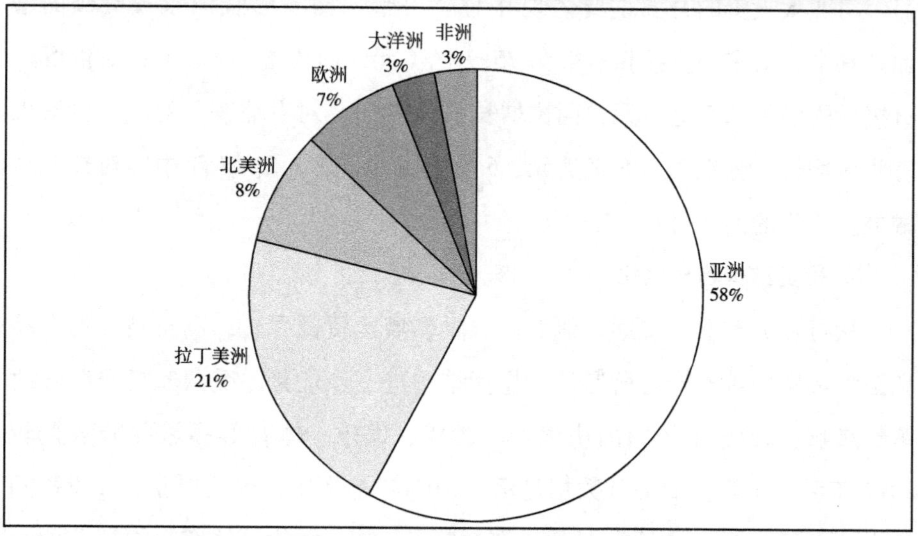

资料来源：对外投资和经济合作司编《对外投资合作统计快报（2017年）》。

尽管美国是中国资本并购交易最活跃的国家，但受中美双方政府严格监管影响，截至2017年11月2日，中国资本在美国仅完成了总值138.8亿美元的交易，同比大幅下降近80%。前3个季度交易规模超过10亿美元的仅有1单，明显少于2016年前3个季度公布的8单超大额交易。2017年中国对美国投资最多的行业是制造业，其次是租赁和商务服务业、科学研究与技术服务行业，此外，批发零售、信息技术和房地产也是热门领域。中国企业对美国投资热度的大幅下降源于娱乐业和矿产领域投资的降温。国家对非理性投资的遏制以及供给侧结构性改革引起的对矿产需求的下降，影响了企业投资美国娱乐业和矿产领域的热情。采矿业投资自2015年以来出现大幅下降，已不再是对美国的主要投资领域。

2017年中国资本对欧盟投资规模达75.7亿美元，同比增长了3.8%，占总投资百分比为6.3%。主要投资领域是制造业、房地产、金融业和商务服务业，主要流向国家是德国、英国、荷兰和意大利。中国企业对欧盟投资的领域与我国现阶段产业结构互补性很强，因此在整体投资规模下降的情况下，对欧盟投资不降反升。

对亚太投资的升温主要体现在对“一带一路”沿线国家投资额的增加。其中，对东盟直接投资额为75.7亿美元，同比增长1.7%；对俄罗斯直接投资额为7.5亿美元，同比增长了36.4%。对柬埔寨、阿联酋投资也有明显增长，分别为5.5亿美元、6.1亿美元，进入2017年中国对外非金融类投资额的前20位。

3. 投资结构趋于优化

从行业分布看，交通、能源、金融领域投资额领先，高科技、消费品和医疗健康领域投资有所增长，投资结构进一步优化。受国家投资监管政策的影响，2016年热门的房地产、酒店、娱乐、体育等领域并购数量较2017年明显下降。商务部数据显示，2017年上半年，房地产业对外投资同比大幅下降82%，占同期对外投资总额的2%。文化、体育和娱乐业的海外并购也大幅下降82.5%。相较之下，TMT、机械制造、能源及矿产、连锁及零售、生物技术/医疗健康领域等成为中国企业海外投资热门（见图3）。TMT并购交易数量最多，截至2017年12月25日达108起。医药保健领域并购交易数量增长最快，共55起，由2016年占比4.6%增长到2017年占比10.3%。中国对外投资行业结构的持续优化说明国家监管政策下非理性资产增长得到有效遏制。

4. 国民共进，财务投资者表现积极

2017年，民营企业成为海外并购活动的主要力量。2017年上半年，民营企业完成海外并购交易数量295起，国有企业66起，财务投资者121起。从交易金额上看，民营企业并购交易金额最高，达245.8亿美元，同比下降57.2%；国有企业交易额为184.9亿美元，同比下降60.6%，财务投资者交易金额为236.5亿美元，同比增长8.5%。

图3　2017 年中国资本海外投资主要流向领域

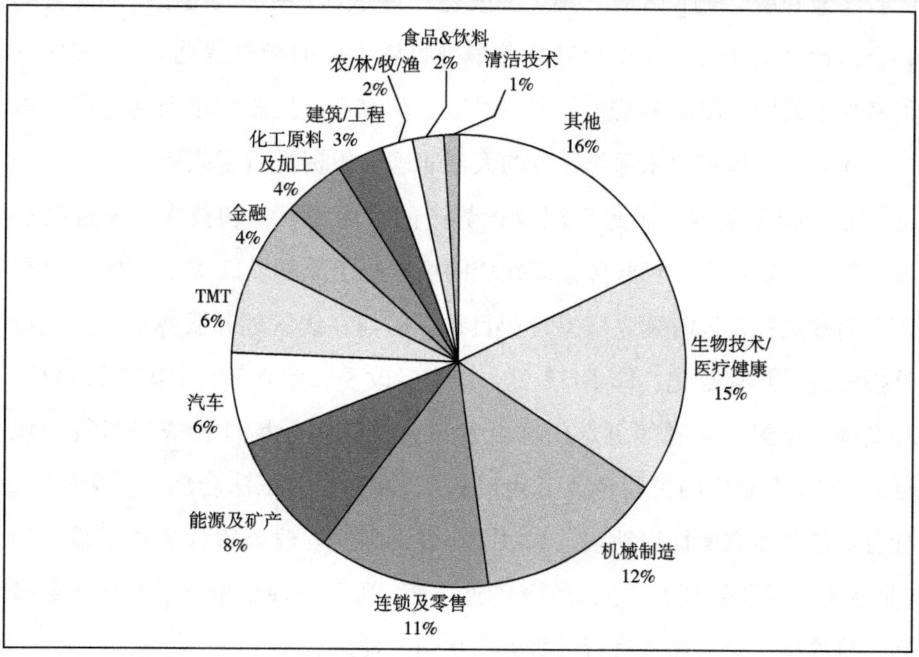

资料来源：私募通。

从行业分布上看，国有投资集中于能源（46%）、交通（23%）和房地产（22%）等领域，而民营投资较均匀，分散在消费（20%）、文娱（17%）、科技（13%）、房地产（13%）、能源（9%）、交通（7%）等领域。

从地域分布上看，国有投资主要流向东南亚（51%）、大洋洲（13%）、西亚和中东（12%）以及欧洲（11%）；而民营投资主要分布在欧洲西部（33%）、美国（22%）、东南亚（22%）以及大洋洲（7%）。

二、2018年海外投资并购趋势

（一）政策明朗化，投资增速有望回升

2017 年国家出台了一系列跨境投资规范和监管政策，国家政策的明朗

化使企业境外投资方向更为明确，有利于今后海外投资在规范化轨道上稳健有序地开展。8月18日，国家发改委、商务部、中国人民银行和外交部联合出台《关于进一步引导和规范境外投资方向的指导意见》，对海外投资确立了鼓励、限制和禁止范围，对敏感国家和地区投资以及房地产、影城、娱乐业、体育俱乐部等行业的大额非理性投资进行了限制，而对“一带一路”相关基础设施建设以及优势产能、优质装备和技术、先进制造业、能源、农业和现代服务业等领域的投资给予鼓励。11月，国家发改委下令简政放权，同时建立敏感行业目录，搭建在线管理和服务平台，使境外投资进一步规范化。12月18日，国家发改委、商务部、中国人民银行、外交部、全国工商联等五部门联合发布《民营企业境外投资经营行为规范》，支持有条件的民营企业“走出去”，同时也对依法合规、风险防范、社会责任等多方面加以明确。12月26日，国家发改委审议通过了最新的《企业境外投资管理办法》，围绕“放、管、服”三原则推出了八项改革措施，将放权、监管和提升行政服务质量同时推进。

政策的明朗化、细致化和监管机制的健全化有利于海外投资的规范开展，使非理性投资得到有效遏制，同时引导资金投向鼓励类行业。对国有、民营企业投资行为的全面规范增强了投资主体的规则意识、责任意识和风险意识。而“一带一路”沿线投资审核标准提高以及对失信主体的惩戒和记录，则利于降低风险、把控投资质量。简政放权和行政服务质量的提高为境外投资提供更多便利，促进更多企业“走出去”。总之，国家出台的诸多新政将利于今后海外投资在规范化轨道上稳健增长。

（二）向先进科技和消费升级领域迈进

与中国经济转型升级相匹配，近年来，我国境外投资领域中能源资源领域占比逐年减少，而先进科技和现代消费领域持续增加。与2012年相比，2017年能源资源行业投资占比减少，其中资源领域投资比重下降十分迅速，由 2012 年的 15.4% 下降到 2017 年的 6.9%；而新兴产业如信息传输、软件和信息技术服务业占比由 2012 年的 1.4% 增加到 2017 年的 8.6%。党的十九大进一步确立了高质量优先的经济发展目标，国家将继续推动供给侧结构性改革，加快实体经济、科技创新、消费升级和现代金融的发展。政策的引导有利于加快国内经济结构调整。2018 年，中国企业有望在先进制造、新型科技、消费升级、金融创新等领域进行海外战略布局，通过内外整合提升整体竞争力。战略新兴产业如 TMT、人工智能、先进制造、医疗健康、清洁能源、绿色产业、现代农业和服务业等行业代表了未来中国市场的需求，中国企业在海外对这类行业的关注和投资也会增长。

2012 ~2017 年中国对外直接投资行业分布情况见表 1。

表 1　2012 ~2017 年中国对外直接投资行业分布情况

排名	行业					
	2012 年	2013 年	2014 年	2015 年	2016 年	2017 年
1	租赁和商务服务业	租赁和商务服务业	租赁和商务服务业	制造业	租赁和商务服务业	租赁和商务服务业
2	采矿业	采矿业	批发和零售业	信息传输、软件和信息技术服务业	制造业	批发和零售业
3	批发和零售业	金融业	采矿业	金融业	批发和零售业	制造业
4	金融业	批发和零售业	金融业	采矿业	信息传输、软件和信息技术服务业	信息传输、软件和信息技术服务业
5	制造业	制造业	制造业	文化、体育和娱乐业	房地产业	采矿业

资料来源：商务部、国家统计局、国家外管局 2012 ~2017 年《对外直接投资统计公报》。

（三）英国、欧洲非核心国及亚太发达经济体的替代效应

美国和欧盟监管机构都在酝酿加强外资收购监管以保护关键技术，这会

给企业在高科技领域的并购活动带来一定制度性障碍。美国外国投资委员会（CFIUS）正在酝酿审查投资范围，对中资企业在美国涉及知识产权转让、敏感技术等方面的收购表示担忧。欧盟监管机构也正在起草法案以保护拥有“关键技术”的公司不被外资收购。德国政府已经出台新规对涉及关键技术的外国并购进行程序烦琐的审查，成为欧盟首个严格监管外资并购的国家。法国总统马克龙也是技术保护主义的积极倡导者。预计2018年美国和欧盟对涉及关键技术的外资收购监管都会收紧，这将影响中国资本对欧美国家的技术收购。

在欧盟和美国监管升级的趋势下，2018年，英国、欧盟非核心国及亚太发达经济体将替代传统发达经济体成为高科技投资新热点。受“脱欧”的影响，英国自2016年6月以来商业投资受到极大冲击，但中国对英国投资逆势增长。“脱欧”后的英国正处于迫切需要外资维持经济活力之时，且不受欧盟外资审查制度影响，这对中国投资者来说是一个很好的机遇。除英国外，欧盟非核心国家如荷兰、瑞士也成为中国资本关注的新亮点，集中在信息技术、农业食品、工业工程和化工领域。中国企业对瑞士投资自2015年以来大幅上升，比2010年增长了两倍。荷兰是中国企业对欧洲投资主要目的国之一，中国企业对荷兰投资正从以往单纯针对欧洲销售业务扩展到更多新职能，如欧洲配送中心、欧洲总部和研发中心等。在农业食品、汽车零部件、金融服务等领域也出现更多并购交易。此外，亚太地区一些发达经济体如以色列、新加坡、日本和韩国的高科技领域也将成为中国企业投资的热点。2016年，进入以色列的中国投资上涨了超过10倍，达165亿美元。资金主要涌入互联网、网络安全和医疗设备等创业公司。这些对以色列的投资在2016年第三季度大幅增长，与美国加强投资监管在时间上几乎是同步的。相比之下，2016年，中国竞购者在美国废弃的投资为263亿美元。一涨一跌显示了以色列在科技领域投资的替代效应。新加坡是中国在“一带一路”沿线投资最多的国家，占总投资的1/3。投资领域主要集中在金融业、批发零售业和制造业。

随着中国经济向高质量发展迈进，上述国家的高科技和消费升级领域将日益成为中国企业海外投资的新宠。这些国家的金融业、制造业、现代服务业和高科技行业都将成为吸引中国投资的热点。未来中国企业对欧盟、美国的投资热情将逐渐转移到英国、欧洲北部和亚太发达国家，从而加强了中国与欧盟非核心国的经济联动及亚太区域内的合作深化，走出一条由边缘到核心的技术并购新路径。

（四）物流、金融和电商成为“一带一路”沿线投资新亮点

“一带一路”倡议实施已四年。随着沿线能源和基础设施的建设与完善，一批相关产业的合作与发展也逐渐兴起。一是物流业。伦敦投行格里森斯皮克公司数据显示，截至 2017 年 11 月，中国物流企业宣布的收购交易总额已超过 322 亿美元，远高于 2016 年全年的 129 亿美元，而这些交易绝大多数是在“一带一路”沿线区域。随着基础设施互联互通，港口物流将成为今后沿线的热门投资领域。二是金融业。能源和基础设施建设项目的投资带动了沿线融资需求，使中国与“一带一路”沿线金融业合作更加深化。2017 年 11 月，中国与爱沙尼亚、斯洛文尼亚、立陶宛等国签署文件，成立了“中国 - 中东欧”银行联合体，国家开发银行将提供 20 亿等值欧元开发性金融合作贷款。而此前成立的中国 - 中东欧投资合作基金二期已完成设立，募集资金 10 亿美元，主要投向中东欧 16 国。同月，银联国际与葡萄牙商业银行达成战略合作，在欧洲地区开展银联卡受理和发卡业务。俄罗斯外贸银行也与中国多家银行签署价值超过 280 亿元的贸易融资协议，涉及冶金、交通、石油天然气及基建等多个行业的业务。沿线融资需求扩大日后将带来更多金融领域的创新与合作。三是互联网和跨境电商。目前，中国各大电商公司已经在东南亚市场竞相布局。腾讯投资了电商初创公司 Garena，开设跨境电商业务；京东在印度尼西亚开设电商平台；阿里巴巴收购电子商务平台 Lazada 并且与东南亚 O2O 平台 Fave 合作，通过支付宝为东南亚客户提供无缝跨境支付体验。除了这些电商巨头，一

些支付公司也纷纷出海，PingPong 于 2017 年 9 月初获得由卢森堡政府颁发的首张欧洲支付牌照，并推出新品“光年”，致力于为跨境商家提高收款效率；宝付支付也通过与境外支付公司和进出口电商合作的方式，为中国企业提供人民币收单、海关支付推送、跨境付款等服务。“一带一路”沿线经济与贸易往来的快速增长，以及留学、旅游、劳务等人员跨境流动日益频繁，使跨境电商成为投资新热点，为跨境交易支付提供便利服务。

（五）大洋洲将是现代农业与消费升级投资的新热点

随着人们对绿色食品和绿色衍生品需求的增加，现代农业成为具有竞争力的产业，海外投资前景广阔。中国企业对农业的海外投资增速不断加快，投资领域更为多元化，合作层次也逐步升级，由单纯合作开发资源发展到资本联合经营。2017 年，中国化工集团以 430 亿美元高价收购瑞士农业化学巨头先正达，成为迄今为止交易金额最大的海外收购案，体现了中国企业对农业跨国经营的重视。大洋洲拥有国际先进的现代农业产业，也是目前中国农业对外直接投资存量最大的国家。中国对大洋洲投资自 2013 年以来迅速增长，主要集中在房地产、采矿业、运输业、租赁商务服务业、批发和零售业、医疗健康业以及农业。未来中国资本在大洋洲现代农业与消费升级领域如医疗健康、金融业、租赁商务服务业等领域将有所作为。

（六）国有企业和民营企业投资偏好将趋同

因为运行机制和所嵌入的制度场域不同，国有企业和民营企业在海外投资的区域和行业上呈现不同偏好。民营企业在区域上侧重发达国家，领域上各个行业投资分布较为均匀；国有企业则侧重投向“一带一路”国家，领域上集中在能源、矿业、交通和金融等行业。但近年来二者海外投资结构有趋同趋势。国有企业在高科技、医疗健康、媒体娱乐等领域投资逐渐增加。根据普华永道统计，2013 年国有企业在高科技行业仅发生 1 项并购投资，而 2016 年共完成 11 项并购，占国有企业海外并购交易总量的 9.5%。2013 年国企“其他”类海外并购仅 3 项，占当年国企海外并购总量的 5.1%，而 2016 年则达到 36 项，占总量的 24%。2016 年国有企业在“消费”领域发生的海外并购也达到 12 项，是 2013 年（5 项）的 2.4 倍。与此同时，原来占较大比重的能源、电力及工业领域以及原材料领域的并购所占比重正逐渐下降（见图 4）。国有企业海外投资越来越重视科技含量和技术水平的提升，行业分布也更加多元化。

图 4　国有企业海外并购交易行业构成（2013 ~2016 年）

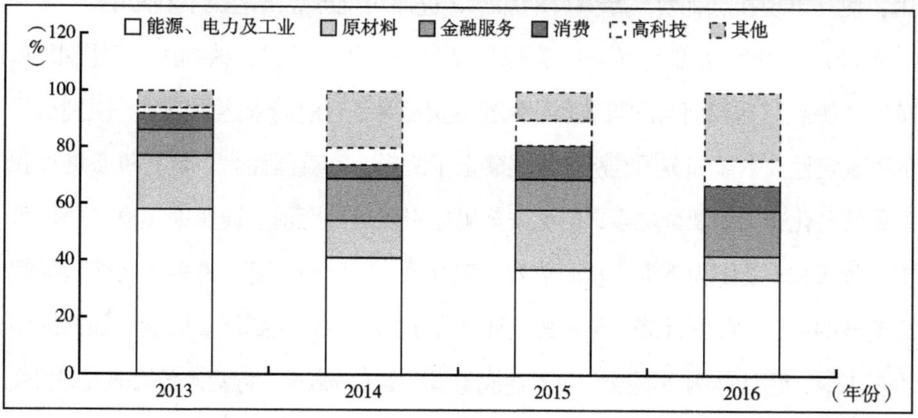

资料来源：汤森路透，投资中国及普华永道。

今后，国有和民营企业海外投资偏好的趋同趋势将更加明显。一方面，党的十九大和中央经济工作会议都强调深化国有企业改革，发展混合所有制经济，建立公平竞争的市场环境，加快实现要素市场化配置；另一方面，国家支持民营企业发展的同时加强对其监管，体制改革后，国有企业和民营企业所处环境将趋于一致，服从同一管理制度，实行市场化运营机制。因此，国有企业和民营企业投资偏好也将更加趋同。可以预见，在“一带一路”区域投资上，国有企业完成基础设施先导布局后，民营企业会大规模跟进投资，国有企业随后将退出主导角色而与民营企业平等合作、公平竞争。

（七）2018年境外投资风险

（1）通胀与加息风险。2017 年，美联储加息三次，同时开启缩表，推进货币政策正常化。税改落地后，通胀水平或将显著上升，美联储可能加快加息步伐。美元升值过快将会给新兴经济体带来不利影响。一些国家美元债务负担会加重，增大违约风险。本币贬值压力加大也加剧了资本外流压力和国内通货膨胀，使这些国家不得不收紧货币政策。还可能造成大宗商品价格下跌，不利于资源出口国经济发展。而且美元升值过快有可能对美国经济起负面作用，使其出现拐点，贸易摩擦可能加剧，进而对全球经济造成不利影响。

（2）地缘政治风险。英国“脱欧”谈判进入第二阶段，谈判进程缓慢艰难。英国“脱欧”后如何与欧盟其余国家建立贸易关系目前尚未达成协议。谈判结果的不确定性为欧盟和英国经济的发展蒙上了阴影。对英国而言，贸易税费增加和贸易便利化丧失以及金融客户的流失都可能引发英镑贬值、通胀率飞涨、居民可支配收入和消费能力下滑，从而陷入经济衰退。对欧盟而言，许多项目将因为缺乏英国的资金贡献而停滞。英国的主要贸易国出口也将受到严重影响。如德国的汽车工业，预计英国“脱欧”可能造成德国汽车工业衰退，近两万名德国人即将失业。除“脱欧”谈判外，意大利、爱尔兰大选也为欧洲经济局势带来很大不确定性。一旦持反欧立场的候选人胜出，欧洲一体化将受到沉重打击，欧洲经济也会受到影响。此外，朝核问题、中东乱象都有可能对全球经济和资本市场造成深远影响。

（3）保护主义升温风险。2018 年，欧美国家对外国投资准入审查将更加严格。美国外国投资委员会年度报告显示，2017 年对美投资主动撤回并再申报的交易数量和申报后被否决案件数量均较前两年大幅上升。未能通过审查的案件中，有多起是中国赴美投资项目，主要涉及金融服务和高科技领域。较为知名的案例包括蚂蚁金服收购速汇金案和 Canyon Bridge 收购莱迪思半导体公司案。2018 年，美国外国投资委员会针对外国投资的审查将上升到立法层面。2017 年 11 月，美国国会提交了《2017 外国投资风险审查现代化法案》，扩大了外国投资委员会的管辖权，增加了终止交易权、重启审查交易权和司法豁免权，提高了审查费用并延长了审查时间。与美国同步，欧盟委员会也提议对太空、运输、能源、电信、机器人、半导体、网络安全等涉及重要领域和关键技术的外资收购项目启动审查程序，由各成员国掌握最终决定权。德国已经率先出台新规，对非欧盟国家对德国企业超过25%股权的收购进行国家安全审查，并对交易进行限制或否决。欧美国家对外资的监管趋严增加了并购技术类、金融类企业的风险。中国企业应早作打算，寻找替代美、德的其他发达经济体，减少监管升级带来的损失。

（4）东南亚营商环境变化风险。主要体现在以下两方面。一是东南亚、南亚国家的劳工成本大幅上升。2018年，马来西亚、泰国、缅甸劳工组织都纷纷提出要求，将最低工资上涨50%。据《日经亚洲评论》报道，过去四年东南亚国家首都低技能劳工工资上涨明显，涨幅从11%到91%不等，柬埔寨制衣工人工资在过去五年时间甚至增长了150%。最低工资的快速上涨极大地增加了人工成本，给劳动密集型产业投资带来十分不利的影响。二是债务风险加大。近年来，东南亚国家杠杆率上升较快。2017年，马来西亚政府债务已达9000亿令吉（人民币1.4万亿元），随时面临破产风险。缅甸政府2017年制定战略，拟向外国借款约合人民币1.8万亿元，意味着每年巨额的外债偿还。印度尼西亚财政预算赤字占GDP比例也已接近3%的控制红线。菲律宾政府债务2017年增至6.65万亿比索，同比增长了9.25%。债务增加和杠杆率上升过快都会影响这些国家的偿付能力，成为中国对东南亚投资的隐患。

参考文献

［1］商务部：《2017年对外直接投资统计快报》，2018年1月。
［2］商务部：《对外直接投资统计公告》2012。
［3］商务部：《对外直接投资统计公告》，2017。
［4］美国传统基金会：《中国全球投资追踪》，2017年6月。

中英文摘要

ABSTRACT

中文摘要

2018 年中国投资市场分析与展望

张志前　马天月

摘　要： 2017 年全球经济复苏，中国经济结束了连续七年的下滑，实现了 6.9% 的增幅。中国 A 股市场 IPO 领跑全球，主要指数表现分化，权重股类指数领涨。中国债券市场全年低迷，房地产市场进入调整阶段，但全国商品房交易量增长。大宗商品整体处于上涨格局，银行理财和信托产品收益触底反弹，私募股权投资行业洗牌的迹象加剧。展望 2018 年，世界经济环境有望继续改善，全球经济继续保持良好复苏态势。中央经济工作会议确定 2018 年经济工作的总基调依然是稳中求进，以供给侧结构性改革为主线，重点打好“防范化解重大风险”、“精准脱贫”和“污染防治”三大攻坚战。在金融防风险和严监管的背景下，各类资产很难形成趋势性机会。2018 年整体的大类资产配置思路应是坚持价值投资理念，紧跟国家政策动向，寻找收益确定性较高的资产，避开高估值风险资产。

关键词： 宏观经济　投资市场　资产配置

2018 年全球宏观经济形势分析展望

万建发

摘　要： 2018 年，全球经济和赢利继续同步复苏将是主基调，支撑增长延续的主要动力有望来自私人部门投资的强劲增长。需求向好下大宗商品价格和通胀水平有望回升，贸易投资增长持续但趋势放缓。与此对应的是，全球主要经济体的宽松货币政策将进一步退出，财政政策登上舞台，国际金融市场动荡不定，全球产业竞争力格局出现新变化。2018 年经济形势面临一些不确定性因素，诸如贸易投资保护、地缘政治冲突以及其他非经济性风险等，需警惕“灰犀牛”和“黑天鹅”事件发生。

关键词： 世界经济　形势分析　展望

2018 年中国宏观经济形势

张志前

摘　要： 2017 年，世界经济复苏势头超预期，中国经济也表现不俗，投资和消费表现平稳，出口出现明显回升，全年经济增速达到了 6.9%。从三次产业对经济增长的拉动率看，2017 年，第一、二产业增长较为平稳，拉动力主要来自于第三产业。党的十九大定调中国经济由高速增长转向高质量发展，预示着决策层对经济增速不再纠结，经济工作的重点将转向结构调整和提升质量。2018 年，世界经济将继续保持较好复苏态势，受投资增速放缓以及出口拉动边际效益递降的影响，中国经济增速可能将不及上年，但是发展的质量将进一步提升。2018 年投资应该紧跟政策的取向，关注“一带一路”、雄安新区、长江经济带和粤港澳大湾区等的规划和落实，关注高端制造、生态环保、消费升级等行业。

关键词： 宏观经济　政策　走势　预测

新时代中国投资发展环境和形势分析

文玉春

摘　要： 投资，并非现代社会的属性。但是新时代经济大环境发生了新变化，深刻影响着投资行为、投资领域和投资重点。投资应紧跟社会主要矛盾转化和政策变化。要保持定力，重点挖掘公共产品和服务供给、新型产业体系构建、“双创”战略等领域的机会。在落实“发挥投资对优化供给结构的关键性作用”的精神上，国有资本应勇于担当。

关键词： 有效投资　供给侧结构性改革　新时代

2018年资产管理行业发展趋势分析与展望

祝伟清

摘　要： 2017年，在强金融监管政策环境下，我国资产管理行业出现明显调整和分化。从全球资产管理业务发展趋势看，“被动投资”的概念在国外已被广泛接受，增长迅速；智能投顾逐渐成为全球资管行业的热点，增长迅猛。展望2018年，在强金融监管的环境下，我国资产管理行业将加速回归本源，资产管理行业将继续分化，重塑新的格局；随着我国深化投融资体制改革、资本市场不断完善和发展，将有更多支持实体经济发展的创新资产管理产品在国内市场出现，给我国资产管理行业带来广阔的发展前景。

关键词： 加强金融监管　调整分化　回归本源　重塑

2018年中国私募股权投资行业发展趋势

王　申

摘　要： 2017年私募股权市场有所调整，基金募集规模大幅下滑，股权投资更青睐于大项目，重组并购增速放缓，退出仍主要靠IPO。政府引导基金、产业资本、并购基金共同助力供给侧结构性改革与产业升级，人工智能、共享经济、智能制造、半导体、新零售等领域是未来几年重点投资行业。展望2018年，投资机构加剧分化，GP通过提升服务质量提高竞争力，项目估值趋于合理，私募股权投资将继续保持相对活跃。

关键词： 私募股权　投资　趋势分析

2018 年信托行业发展趋势分析与展望

应汇康

摘　要： 2017 年度，信托行业保持着稳健发展的良好趋势，截至第三季度末行业受托资产总规模达 24.41 万亿元，同比增长 34.33%。信托行业资产结构持续优化，赢利能力稳定增长，风险管理能力不断提升，资本实力更加雄厚，信托在金融行业以及国民经济中的重要性进一步凸显。展望 2018 年，在供给侧结构性改革的推动下，信托将迎来重要的发展机遇。在监管趋严的背景下，信托行业将继续服务实体经济，严控金融风险，顺应经济发展形势的新变化，保持行业的健康稳定发展。

关键词： 信托　稳定发展　结构优化　监管加强

2018 年公募基金行业发展趋势分析与展望

陆筱薇

摘　要： 随着国内经济在“L”形底部逐渐稳定，经济结构不断优化，企业微观层面不断改善，公募基金在 2017 年整体为客户创造了良好的收益。产品方面，受监管政策影响，债券型基金规模较 2016 年有较大幅度下降，货币基金规模快速增长。2018 年公募基金行业预计将延续“强监管、防风险”的监管思路，监管趋严趋同、政策套利空间不断收紧，短期内对行业的发展提出挑战，但也将不断推动行业回归本源。同时，Fintech 的兴起、FOF 基金获批、养老金窗口打开，也为行业的未来发展打开了新的想象空间。

关键词： 公募基金　回顾　展望

2018 年融资租赁行业发展趋势分析与展望

课题组

摘　要： 2017 年，融资租赁企业数量和业务规模增速有所放缓，但行业整体仍保持高速发展。租赁模式创新、融资渠道多元化、资本运作加速等特点突出。但信用风险加大、资金成本上升、专业人才紧缺等因素给融资租赁企业的发展带来较大的挑战。展望 2018 年，在监管趋严、同业竞争激烈的背景下，专业化经营成为融资租赁企业的发展方向，实力不同的企业分化或将集中呈现。

关键词： 融资租赁　市场环境　市场展望

2018 年先进制造业最新趋势与投资机会

张人支　林　隆

摘　要： 当前中国经济已经进入由高速增长转向高质量发展的新常态，中国制造业正处于周期性调整的阶段，面临大而不强、产能过剩等方面的问题。中国政府通过确立明确“制造强国”纲领性战略，提出《中国制造 2025》，并推进落实相关配套政策，在有序健康推进发展中国先进制造业方面，已经取得一定成效。先进制造业将呈现高端化、智能化和自动化发展趋势，并优先发展国家战略支持的细分领域，在全球并购和技术升级等方面创造更多的投资机会。

关键词： 先进制造　高端化　智能化　自动化　技术升级

2018年文化传媒业发展趋势与投资机会

张璐璐　袁春健

摘　要： 2017年，我国文化传媒业保持平稳增长态势，影视行业、游戏行业和互联网行业纷纷进入深耕存量用户价值的时代，投资市场无论从一级市场还是从二级市场都呈低迷态势。展望2018年，文化传媒业主要有三大趋势：全球化趋势加强，文化出海盛行；从“免费”到“付费”，文化传媒业付费经济逐渐开始；文化传媒业渠道下沉明显。未来，围绕“十九大”、“一带一路”和“文化走出去”等国家战略方针，在混改、数字文化、“文化＋产业”融合、传统工艺品、会展组织、文艺作品翻译等领域都将出现投资机会。

关键词： 文化传媒　发展趋势　投资机会

2018年信息科技业投资机会分析

陈长玲　林兆祺　黄　迪

摘　要： 本文第一部分从两个维度鸟瞰信息技术产业发展和投融资动态，并分析了产业未来发展趋势；第二部分预测了重点关注领域的投资机会，并提示了投资风险。本文建议关注5G通信、物联网等尚未形成行业垄断但集中度正在提高的领域，以及人工智能、大数据、信息安全等存在确定性投资机遇的领域。

关键词： 信息技术　发展趋势　股权投资

2018 年养老健康业最新趋势与投资机会

韩知佑

摘　要： 2017 年，养老健康业继续较快发展，养老服务机构仍然是布局的热点，社区及居家养老服务尚不成熟，医养结合成为重要发展方向，公立医院改革不断深入，基层医疗成为大健康领域的投资新热点。展望 2018 年，养老服务机构的发展方向是连锁化、规模化、医疗化；社区及居家养老服务仍需探索，小型医疗护理机构连锁运营，叠加智能养老可能成为行业热点；各类型医院具备投资机会，大健康领域依然是投资热点；其他方面，看好商业健康险的发展。

关键词： 养老　医疗　大健康

雄安新区规划发展与投资机会分析

刘霄露　卢　鹏　张　屹　李雨风

摘　要： 设立雄安新区是贯彻落实三大国家战略之京津冀协同发展战略的核心举措，其政治地位的重要性、发展环境的优越性以及多方政策的倾斜性，全面展现出雄安新区社会、经济与产业发展的巨大潜力。基于雄安新区规划框架、产业规划布局构想与国外标杆新区规划建设经验，本文作者多次前往雄安新区实地走访，研读大量信息数据，现从高新产业、高端服务业、基础设施等三大领域，展望雄安新区在 2018 年即将呈现的投资机会。

关键词： 京津冀　雄安新区　投资机会

粤港澳大湾区规划投资机会分析

邹继征

摘　要： 粤港澳大湾区将是继美国纽约湾区、美国旧金山湾区、日本东京湾区之后，世界第四大湾区，是国家建设世界级城市群和参与全球竞争的重要空间载体。粤港澳大湾区的经济总量背后是雄厚的物质基础、丰富的人才资源、发达的交通网络和密切的国内外经济交往。2018 年，随着国家粤港澳大湾区发展规划的出台，粤港澳大湾区发展前景可期。粤港澳大湾区会成为中国未来发展新的经济增长极，发展的速度、发展的质量、发展过程中的效率和公平，还有可持续方面，应该都存在投资机会。

关键词： 粤港澳大湾区　投资分析

2018 年中国海外投资并购趋势分析

马天月

摘　要： 2017 年中国海外投资规模整体下降，“一带一路”沿线投资逆势增长。区域上，中国企业对欧美投资额仍然保持领先，对亚太投资呈升温态势。行业上，交通、能源、金融领域投资额领先，高科技、消费品和健康医疗领域投资有所增长，投资结构趋于优化。主体上，国有和民营企业并驾齐驱，财务投资者表现积极。2018 年中国海外投资增速有望回升。随着国家政策的明朗化，企业境外投资方向更为明确，有利于今后海外投资在规范化轨道上稳健有序地开展。行业方面，投资结构将进一步优化，有望在先进制造、新型科技、消费升级、金融创新等领域进行海外战略布局，通过内外整合提升整体竞争力。战略新兴产业如 TMT、人工智能、先进制造、健康医疗、清洁能源、绿色产业、现代农业和服务业等行业将成为投资热点。区域方面，随着美国和欧盟监管趋严，英国、北欧及亚太发达经济体的替代效应将凸显；“一带一路”沿线投资除能源和基础设施外，物流业、金融业以及跨境电商将成为新的投资热点；东盟将吸引更多劳动密集型产业投资；澳洲将成为现代农业和消费升级领域的热门投资地区。

关键词： 海外投资　趋势　展望

英文摘要

Analysis and Prospect of China's Investment Market in 2018

Zhang Zhiqian　Ma Tianyue

Abstract: The global economic recovery in 2017. China's economy has ended seven consecutive years of decline. China's GDP has achieved a 6.9% increase. China's A share market IPO led the world, the main index showed differentiation, the weight share index led the rise. The Chinese bond market is sluggish throughout the year. China's real estate market has entered a period of adjustment, but the volume of commercial housing in the country has increased. The overall commodity is in a rising pattern. Bank finance and trust products rebounded. Signs of shuffling in the private equity sector have intensified. Looking forward to 2018, the world economic environment is expected to continue to improve, and the global economy continues to maintain a good recovery. In 2018, the overall tone of China economic work is still in progress while maintaining stability, supply side structural reform as the main line, focus on playing well "to prevent and resolve major risks" and "accurate poverty" and "pollution control" three battle. Under the background of financial risk prevention and strict supervision, it is difficult for all kinds of assets to form a trend of opportunity. The overall arrangement of 2018 should adhere to the concept of value investment. Investors should pay attention to changes in national policies. Investors should look for assets with higher income certainty and avoid overvalued risk assets.

Key words: Macro Economy; Investment Market; Asset Allocation

---

Global Macroeconomic Situation and Prospects for 2018

Wan Jianfa

Abstract: The global economy will continue to recover in 2018. The main force that sustains economic growth is private sector investment. With strong global demand, commodities prices are expected to increase, so is the level of inflation. Investment in global trade will continue to grow moderately. Accordingly, major economies will end their Q. E. monetary policy, using fiscal policy instead. International financial market might be unstable, which would bring change in global industrial competitiveness. Some unpredictable factors might take effect in 2018, including trade investment protection, geopolitical conflicts, and other noneconomic risks. We should also be cautious about Grey

Rhinoor Black Swan events.

Key words: World Economy; Analysis; Prospects

The Forecast of China's Macroeconomic Situation in 2018

Zhang Zhiqian

Abstract: In 2017, the recovery of the world economy was over expected. China's economic performance is not vulgar, investment and consumption performance is stable, and exports have risen sharply. The annual economic growth of China's GDP reached 6. 9% . The growth rate of the three industry to economic growth shows that the growth of the first and the second industry are stable. The driving force of economic growth mainly comes from the third industry. The nineteen main party of the party put forward that China's economy has shifted from high speed to high quality development. This indicates that the decision-making level is no longer entangled in economic growth. The focus of China's economic work will turn to structural adjustment and improve the quality. In 2018, the world economy will continue to maintain a better recovery. Affected by the slowdown in investment and exports affect the marginal benefit descending, China economic growth may be less than the previous year, but the quality of the development will further enhance. In 2018, investment should follow the policy orientation. Investors need to pay attention to Belt and Road Initiative, Xiongan district and Guangdong Bay area planning, focus on high-end manufacturing, environmental protection, consumption upgrade and other industries.

Key words: Macro Economy; Policy; Trend; Forecast

Giving Full Play to the Key Role of Investment in Optimizing the Supply Structure
—Study on the Nineteen Major Reports

Wen Yuchun

Abstract: Investment is not the attribute of modern society. However, new changes have taken place in the economic environment of the new era, which have a profound impact on investment behavior, investment and investment. Investment should be closely related to the transformation of major social contradictions and policy changes. To keep the concentration, focus on mining the supply of public goods and services, new industrial system construction, the "double" strategy in the field of opportunity. In the spirit of implementing the "key role of investment to optimize the supply structure", state-owned capital should be carried on.

Key words: Effective Investment; Structural Reform of Supply Side; New Era

---

The Outlook of Asset Management Industry Development in 2018

Zhu Weiqing

Abstract: In 2017, under the environment of strong financial supervision and regulation, China's asset management industry has been obviously adjusted and differentiated. From the development trend of global management, the concept of passive investment is widely accepted in foreign countries and has increased rapidly. At the same time, smart investment has gradually become a hotspot of global information management industry, the rapid growth of. Looking forward to 2018, China's asset management industry will accelerate the return of its source, and the development of management will continue to differentiate and reinventing the new pattern. With China's deepening of investment and financing system reform and the continuous improvement and development of capital market, there will be more innovative asset management products supporting the development of real economy in the domestic market, which will bring broad prospects for China's asset management industry.

Key words: Strengthen Financial Oversight; Adjusted; Return to the Source; Reinventing

---

Trend of Private Equity Industry in China in 2018

Wang Shen

Abstract: In 2017, the private equity market has been adjusted. The scale of fund raising has declined sharply. Equity investment is more favored by big projects. The growth rate of M&A is slowing down. The exit of PE fund is still mainly through IPO. Government guidance fund, industrial capital, and M&A fund play important role in supply side reform and industrial upgrading. In the next few years, artificial intelligence, sharing economy, intelligent manufacturing, semiconductor, new retail and other areas is the focus of the investment industry. Outlook 2018, the investment institutions have become more differentiated, and GP will be more competitive by improving the quality of service. The valuation of the project tends to be reasonable, and the private equity investment will continue to be relatively active.

Key words: Private Equity; Investment; Trend Analysis

Development Trend Analysis of the Trust Sector and Its Outlook in 2018

Ying Huikang

Abstract: China's trust industry has sustained a growing trend in 2017. The amount of total assets under management has reached 24.41 trillion in the end of the third quarter, with a YOY growth of 34.33%. The structure of trust assets is continuously optimized, and trust companies have a promising profitability. The risk management ability keeps improving, and the capital strength has been enhanced. The trust industry has gained greater importance in the financial industry and macroeconomy. In 2018, the trust industry will face an important opportunity of development under the environment of the supply-side reform. With a trend of tightening regulation, trust will continuously provide financial services to the real economy, control financial risks, follow the changing trends of the macroeconomy, and keep a healthy and stable development of the industry.

Key words: Trust Industry; Steady Growth; Structure Optimization; Regulatory Tightening

---

The Development Trend Analysis and Outlook of the Mutual Fund Industry in 2018

Lu Xiaowei

Abstract: As the domestic economy gradually stabilized, the economic structure and the enterprises conduction are optimizing constantly on both macro and micro level, while the mutual funds generally had delivered solid earnings for their clients in 2017. Due to the regulatory reasons, the size of bond funds has declined significantly comparing with 2016, while the size of money market funds has been growing rapidly. For 2018, we hold the opinion that the industry will continued the regulatory path of "strong supervision and risk prevention" and the space for regulatory arbitrage will be tightening even more, which may pose challenges for the industry in short term, but also will push the industry to return to its origin of active management. Meanwhile, the rise of Fintech, the approval of FOF funds, and the progressive development of elder-care and pension funds, all have opened up new imagination spaces for the mutual funds industry in 2018.

Key words: Mutual Funds; Review; Outlook

Review of Financial Leasing Market in 2017 and Outlook in 2018

Research Group

Abstract: In 2017, the development of financial leasing market remains to be rapid, while there is slowing growth in the number of financial leasing companies and the business scale. The business innovation, the financing channel multiplication, and the increasing capital operation have been highlighted. However, the increasing credit risk, the climbing cost of capital and the shortage of professionals bring great challenges to financial leasing companies. In 2018, under the background of strict government supervision and fierce competition, specialized operation will be the direction of financial leasing companies, and the business differentiation will be more apparent.

Key words: Financial Leasing; Market Environment; Outlook of Market

---

Trend and Investment Opportunity of Advanced Manufacturing in 2018

Zhang Renzhi Lin Long

Abstract: China's economy has already entered a period of new normal, shifting from high speed to high quality development. China's industry of manufacturing is at the stage of cyclical fluctuations, facing issues like overcapacity, low added value and so on. Chinese government specified the national strategy of "upgrading of the country's manufacturing sector", brought out "Made in China 2025" Plan, promoted and implemented a series of relevant policies. Several achievements has been made upon developing China's advanced manufacturing. The trends of advanced manufacturing industry are high-end oriented, intelligently and automatically. Sub-sectors will be developed with priority which are supported by national strategy and policies, and much more investment opportunities will be created though global M&A and technology upgrading.

Key words: Advanced Manufacturing; High-end Oriented; Intelligently; Automatically; Technology Upgrading

TheTrends and Investment Opportunities in Culture&Media Industry in 2018

Zhang Lulu　Yuan Chunjian

Abstract: China's cultural and media industry maintained a steady growth in 2017. The film and television industry, the game industry and the Internet industry have entered the era of profiting from payment of every user rather than depending on payment from numerous additional users. The primary market and secondary market in the media industry are all in a downward tendency in 2017. According to our analysis, there will be three trends in 2018. The first one is media globalization and Chinese media company will go abroad to extend the market. The second one is that the profit model of media industry develops from advertisement touser payment. The third one is that channel sinks in media industry. In the future, the investment opportunity will emerge instrategic guideline: the 19th National Congress of the Communist Party of China, "One Belt And One Road" policy and "Cultural Going Out" strategy.

Key words: Media Industry; Development Tendency; Investment Opportunity

---

The Outlook of Information Technology Investment in 2018

Chen Changling　Lin Zhaoqi　Huang Di

Abstract: The first part of this report presents an overview on the development and investment situation of information technology industry, as well as the overall trend of the industry. In the second part, we forecast upcoming investment opportunities while prompting some investment risks. On investment opportunities, we suggest 5G telecommunication and IoT fields, which are concentrating but not monopolized, as well as AI, Big Data and Information Security fields, which show more certainty.

Key words: Information Technology; Development and Trend; Equity Investment

The Latest Trends and Investment Opportunities of Health Care Industry in 2018

Han Zhiyou

Abstract: In 2017, the health care industry continued its rapid development. Institutional nursing services is still the center of market. The community and home service are still immature. The combination of medical and nursing service has become an important development direction. Public hospitals' reform is deepening. Primary medical chain may become new focus. In 2018, nursing service institutions will chain operating, scaling and medicalization. Community and home service are in exploration. Small health care institutions operating in chains and intelligent technology may get more attention. There are hospital investment opportunities. Healthcare industry will still be hot investment area. In addition, health insurance will develop rapidly.

Key words: Pension; Medical; Health Care Industry

The Analysis of Development Planning and Investment Opportunities of Xiong an New Area

Liu Xiaolu Lu Peng Zhang Yi Li Yufeng

Abstract: Establishing the Xiongan New Area is the core measure to advance the coordinated development of the Beijing-Tianjin-Hebei region, which is one of the three national strategies. Due to the importance of its political status, the superiority of its development environment and the advantages of various policies, Xiongan New Area has a great potential for society, economy and industrial development. Authors made numerous visits to Xiongan New Area and put efforts into data research. Based on the planning framework of Xiongan New Area, the conceptions of industrial planning layout and the experience of foreign benchmarks, authors provide an outlook of investment opportunities of Xiongan New Area in 2018 from the aspects of high-tech industry, high-end services and infrastructure.

Key words: Beijing-Tianjin-Hebei; Xiongan New Area; Investment Opportunities

Analysis of Planning Development and Investment Opportunity of the Guangdong-HongKong-Macao Greater Bay Area

Zou Jizheng

Abstract: Guangdong-HongKong-Macao Greater Bay area will be the world fourth Bay are aafter the New York Bay area, San Francisco Bay area and the Tokyo Bay Area in Japan, and also will be an important carrier of China to build a world-class city group and participate in global competition. Guangdong-HongKong-Macao Greater Bay area has solid material foundation and abundant human resources, developed traffic network and close economic exchanges at home and abroad. In 2018, with the national development plan of Guangdong-HongKong-Macao Greater Bay area introduced, Guangdong Bay area development prospects can be expected. Guangdong-HongKong-Macao Greater Bay will become the future development of the new economic growth pole, the speed of development, the quality of development, the development process of efficiency and fairness, and sustainable. There should be more investment opportunities in Guangdong-HongKong-Macao Greater Bay area.

Key words: The Guangdong-HongKong-Macao Greater Bay Area; Investment Analysis

---

Overseas Investment Trend Analysis for Chinese Capital in 2018

Ma Tianyue

Abstract: Under the political guidance of supply-side reform, more investment will go to emerging industries, including TMT, artificial intelligence, advanced manufacture, health and medicine, clean energy, green industries and modern services. With the escalation of foreign investment supervision, more Asian Pacific developed nations such as Singapore, Israel, Japan and Australia will become substitutes of European and American nations that receive Chinese investment in high technologies. Investment prospect in "One Belt and One Road" countries is still promising. Except for energy and infrastructure, logistics, finance and cross-border e-business are becoming new fields that attract increasing Chinese investment. ASEAN countries will attract more labor intensive investment, whereas Oceania will become the hot spot of investment in modern agriculture and consumption upgrading fields.

Key words: Overseas Investment; Trend; Prospect

图书在版编目（CIP）数据

中国投资发展报告.2018 / 中国建银投资有限责任公司投资研究院主编.--北京：社会科学文献出版社，2018.3（2018.8 重印）
（中国建投研究丛书.报告系列）
ISBN 978-7-5201-2372-3

Ⅰ.①中… Ⅱ.①中… Ⅲ.①投资-研究报告-中国-2018 Ⅳ.①F832.48

中国版本图书馆 CIP 数据核字（2018）第 044327 号

·中国建投研究丛书·报告系列·
中国投资发展报告（2018）

主　　编 / 中国建银投资有限责任公司投资研究院

出 版 人 / 谢寿光
项目统筹 / 王婧怡　许秀江
责任编辑 / 陈　欣

出　　版 / 社会科学文献出版社·经济与管理分社（010）59367226
地址：北京市北三环中路甲 29 号院华龙大厦　邮编：100029
网址：www.ssap.com.cn
发　　行 / 市场营销中心（010）59367081　59367018
印　　装 / 北京虎彩文化传播有限公司

规　　格 / 开 本：787mm × 1092mm　1/16
印 张：28　字 数：388 千字
版　　次 / 2018 年 3 月第 1 版　2018 年 8 月第 2 次印刷
书　　号 / ISBN 978-7-5201-2372-3
定　　价 / 128.00 元